楚史

张正明 著

楚学文库

张正明 主编
刘玉堂 执行主编

长江出版传媒
湖北教育出版社

图书在版编目（CIP）数据

楚史 / 张正明著. -- 武汉 : 湖北教育出版社,
2024.5
（楚学文库）
ISBN 978-7-5564-4384-0

Ⅰ. ①楚… Ⅱ. ①张… Ⅲ. ①中国历史－楚国(?-前
223) Ⅳ. ①K231

中国国家版本馆CIP数据核字(2023)第112251号

楚史　CHUSHI

出品人	方　平	责任编辑	孙艳魁　刘　宁
封面设计	蔡立国	责任校对	李庆华
美术编辑	李　枫　何亦明	责任督印	刘牧原

出版发行	长江出版传媒	430070	武汉市雄楚大道 268 号
	湖北教育出版社	430070	武汉市雄楚大道 268 号
经　销	新　华　书　店		
网　址	http://www.hbedup.com		
印　刷	湖北新华印务有限公司		
地　址	武汉市硚口区长风路 31 号		
开　本	787mm×1092mm　1/16		
印　张	22		
字　数	301 千字		
版　次	2024 年 5 月第 1 版		
印　次	2024 年 5 月第 1 次印刷		
书　号	ISBN 978－7－5564－4384－0		
定　价	120.00 元		

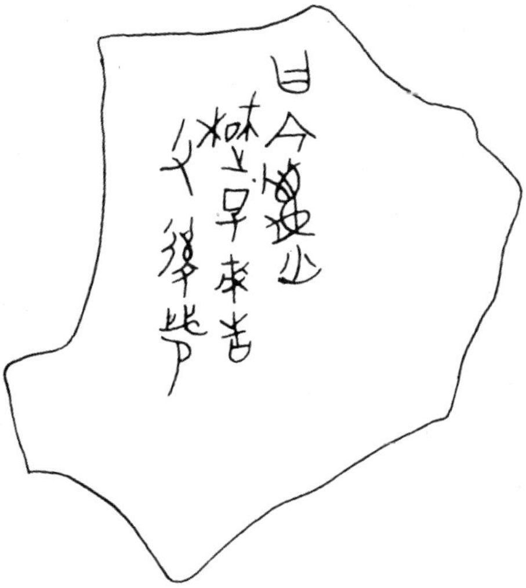

周原甲骨H11：83（6:1）

释文“曰今秋楚子来告父后哉”

黄凤春据陈全方摹本影写

睢山主峰

摄影　喻小林

缩酒（1990年春·湖北南漳县薛坪）

摄影　邵学海

飞廉像
（湖北江陵县出土）
摄影　喻小林

箭箙（湖北江陵县出土）

摄影　郝勤建

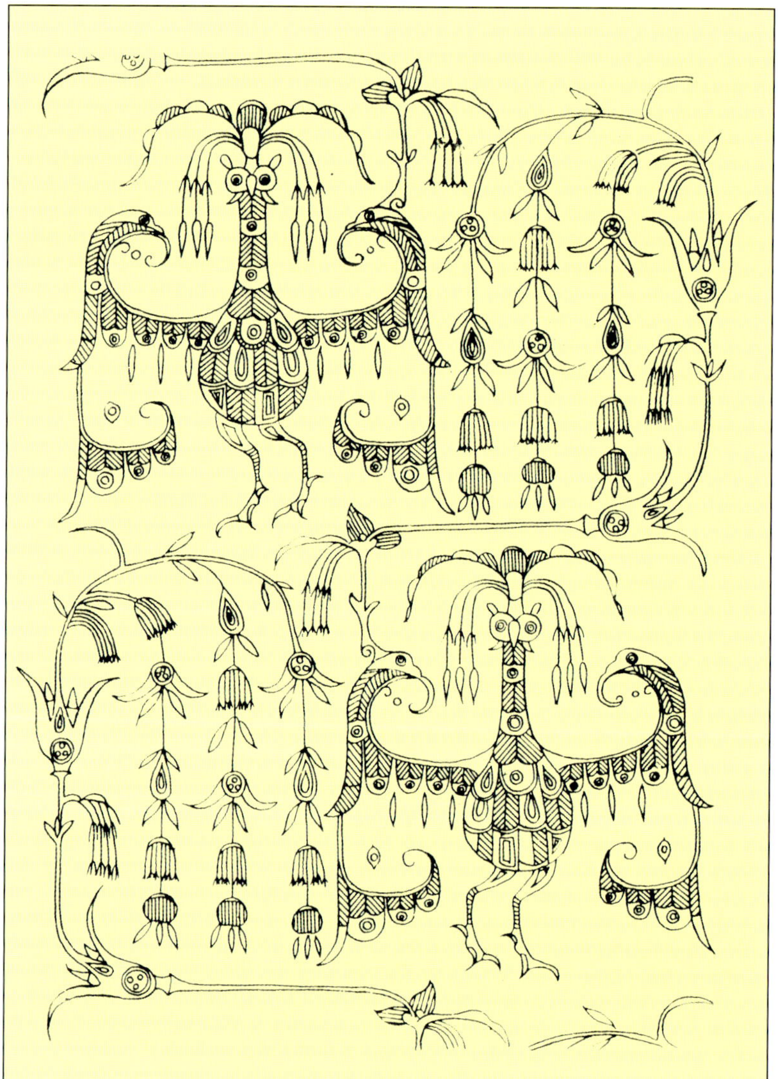

“三头凤”纹绣纹样

黄凤春据《江陵马山一号楚墓》摹绘

方城内外略图

春秋早期

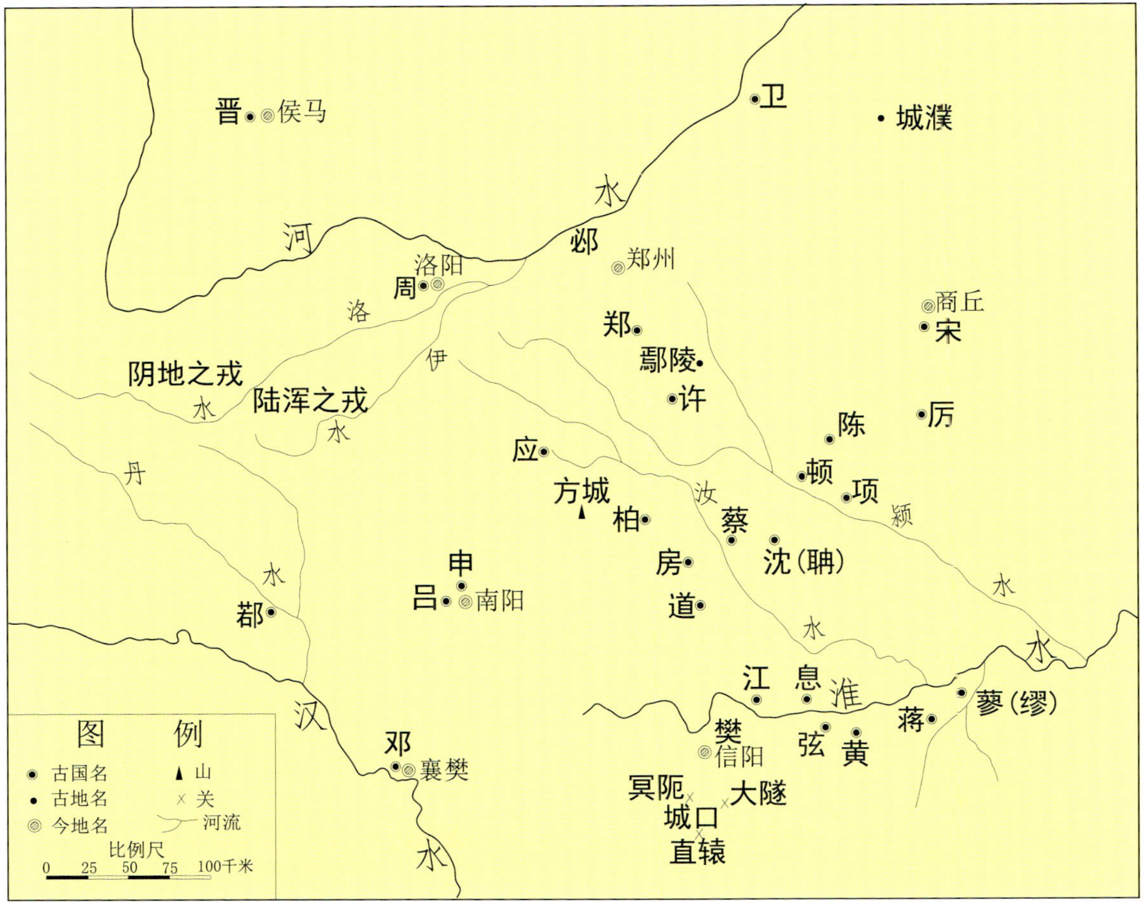

晋
侯马
卫
城濮
河
水
邲
郑州
洛阳
周
洛
伊
商丘
宋
郑
鄢陵
许
阴地之戎
陆浑之戎
水
水
陈
厉
应
顿
项
颍
方城
汝
柏
蔡
丹
沈(聃)
申
房
水
水
吕
南阳
都
道
水
水
江
息
淮
蓼(缪)
蒋
汉
樊
信阳
弦
黄
邓
襄樊
冥阨
大隧
城口
直辕
水
图例
古国名
古地名
今地名
山
关
河流
比例尺
0 25 50 75 100千米

“江汉之阴阳”略图

春秋早期

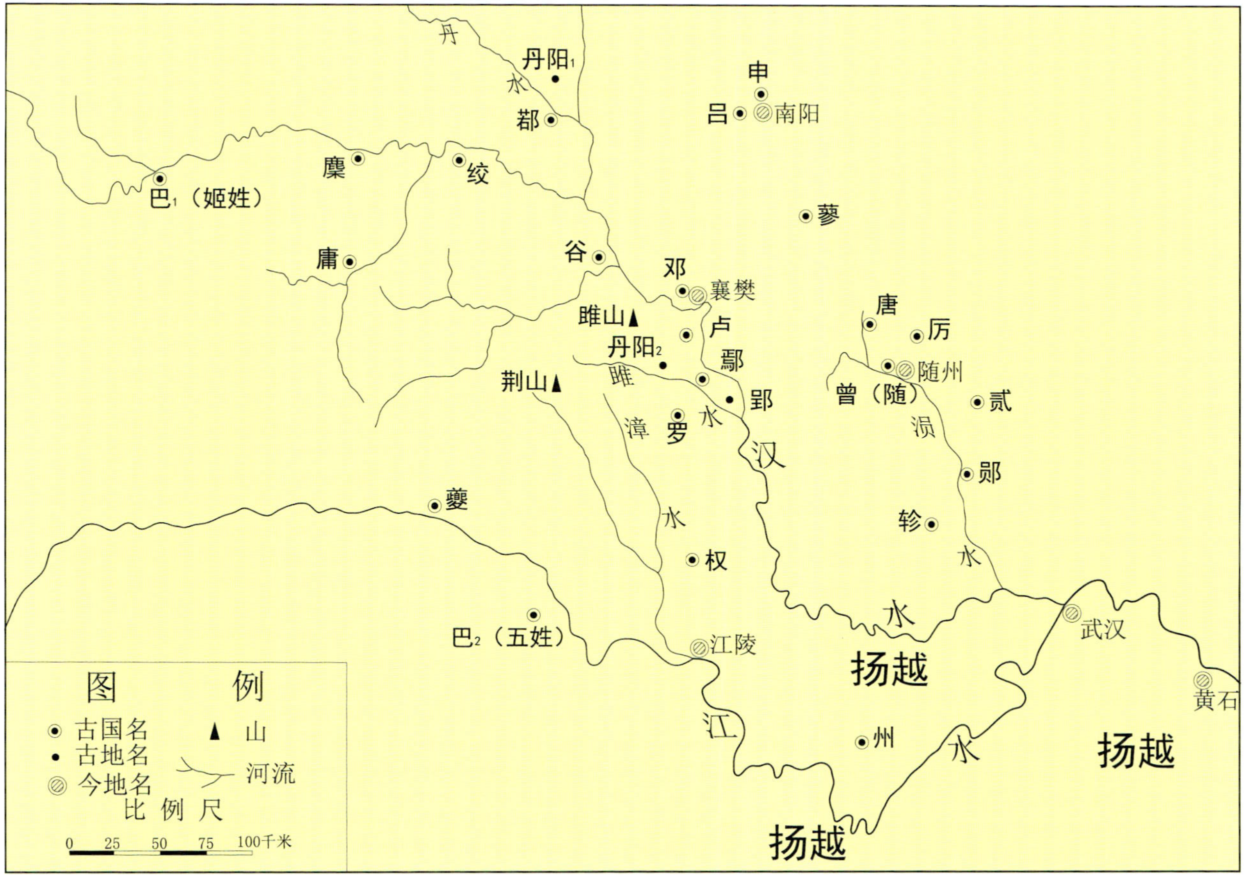

淮南、淮北略图　春秋中期

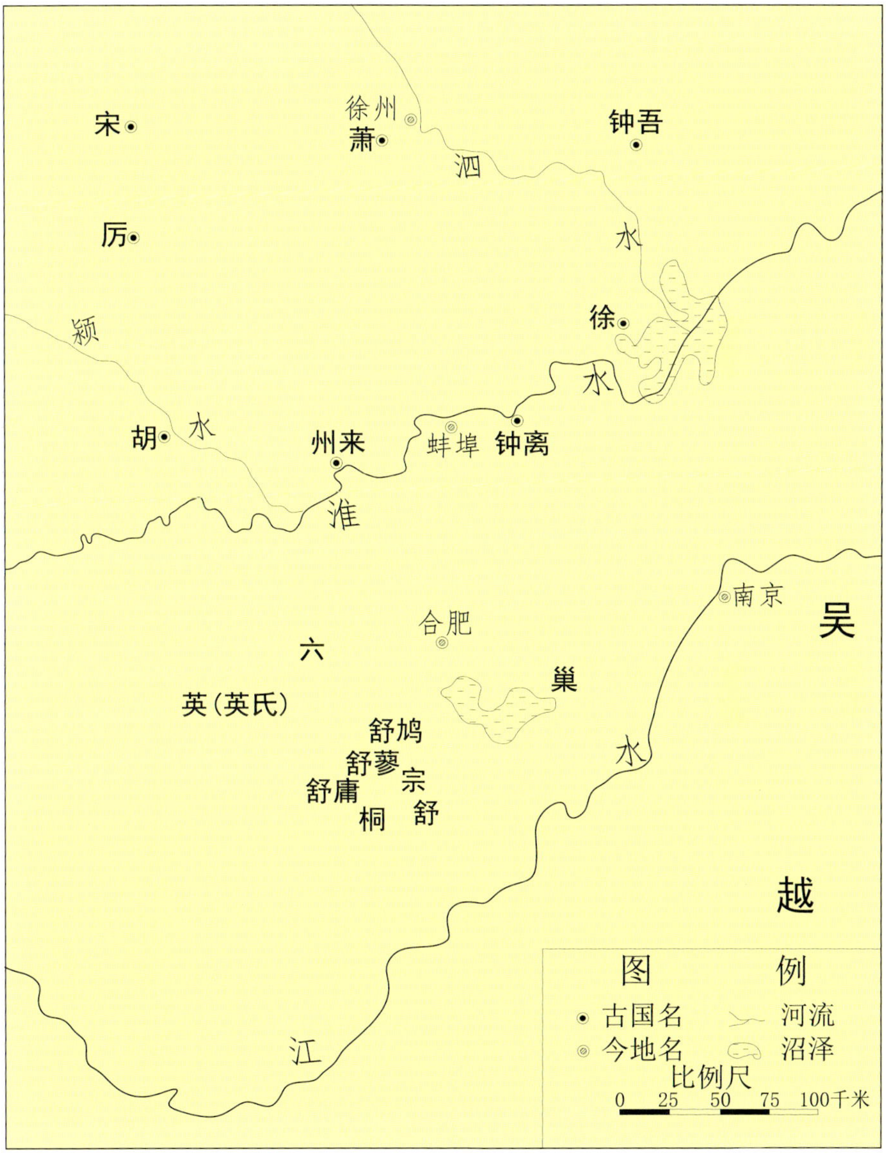

徐州
宋
萧
钟吾
泗
厉
水
徐
颍
水
胡
水
州来
蚌埠
钟离
淮
南京
吴
合肥
六
巢
英（英氏）
舒鸠
舒蓼
宗
水
舒庸
桐
舒
越
图　例
古国名
河流
今地名
沼泽
比例尺
0 25 50 75 100千米
江

楚国极盛时期疆域略图　公元前318年

总　　序

光阴荏苒，岁月不居，弹指间《楚学文库》初版问世已近三十个春秋。蓦然回首，当年的盛况仍历历在目：《楚学文库》甫一亮相，即在北京召开了出版座谈会与楚学研讨会，著名学者季羡林、张岱年、何兹全、任继愈、邹衡、庞朴、黄展岳、俞伟超、黄景略、瞿林东、刘梦溪、王渝生、徐敏、白翠琴和主编张正明等先生欣然赴会，畅所欲言，对《楚学文库》给予了高度评价，称其"是本世纪楚文化研究成果的一次重要总结和集中展示"，为"区域文化研究树立了里程碑"，"对其他地域文化的研究必将产生强大的推动作用"，《光明日报》以《光彩神州，丰润中华》为题，整版刊发了与会学者的精彩发言。李学勤先生因故未能莅临盛会，特意致函主编张正明先生，盛赞《楚学文库》"不愧为楚文化研究的集大成之作"。社会反响异常强烈，文化史学界更是好评如潮，虽多次重印，某些专著仍一书难求。

然而，自《楚学文库》出版以来，有关楚文化的考古发现层出不穷，出土文献联翩而至，相关研究成果亦如雨后春笋，学术界对楚文化的认知已由量的积累上升到质的飞跃，加之初版《楚学文库》已难以购全，因此，增补、修订《楚学文库》成为学术界和广大读者的共同心愿。湖北教育出版社审时度势，毅然决然对《楚学文库》进行增修，堪称远见卓识之举！

相较于原版《楚学文库》，增修版至少有如下优长。

一是体量增大，即所收专著数量增加。初版《楚学文库》共有专著18部，除《楚人的纺织与服饰》尊重作者意愿未纳入外，其他17部全部纳入增修版，并在此基础上增加了3部专著，即张正明先生的《楚文化史》，刘彬徽、刘长武先生的《楚系金文汇编》和宋公文先生的《楚令尹制研究》，共计 20 部。其中，《楚系金文汇编》弥补了初版有简帛文字研究而无铜器铭文研究的缺憾，与原《楚系简帛文字编》可谓珠联璧合，便于人们在一套丛书中得窥楚文字之全豹；《楚令尹制研究》不仅填补了楚令尹制度研究的空白，还为楚官制研究向纵深推进提供了有益的借鉴，二书的重要意义不言而喻。尤其值得关注的是张正明先生《楚文化史》的收入，该书堪称海内外第一部全面、系统、深入研究楚文化的精品力作，不仅在楚学界具有开榛辟莽之功，而且在中国区域文化乃至中华传统文化研究领域享有盛誉，其影响力并未因时光流逝而消减。回想起 1987 年《楚文化史》横空出世，旋即在历史文化学界掀起一股先睹为快的热潮，书中锦句如“从楚文化形成之日起，华夏文化就分成了北南两支：北支为中原文化，雄浑如触砥柱而下的黄河；南支即楚文化，清奇如穿三峡而出的长江……”等，一时为楚文化研究者和爱好者广泛征引传诵，几近“有井水处皆歌柳词”之情状。正是由于《楚文化史》一书思接千载，视通万里，新意纷披，文采斐然，故虽屡屡再版，依然洛阳纸贵。此次其被纳入增修版，与初版中的《楚史》相映生辉，更利于人们对楚国历史文化的全面认识和整体把握。

二是内容增加，即每部专著都增添了新的内容。近 30 年间，随着湖北枣阳九连墩楚墓、河南新蔡葛陵楚墓、湖北宜昌万福垴遗址等的发掘，尤其是湖北荆门郭店楚简和上海博物馆、清华大学、安徽大学珍藏的战国竹简等出土文献陆续问世，极大地丰富了楚文化的内容。各位作者秉持精益求精的态度，对新资料悉心梳理、精细甄别，进而充实到原书相关部分，从而使原著更加丰满。

三是精度更高，即匡谬正误，推陈出新。随着新材料的出现、新方法的运用和新技术手段的推广，楚文化研究高潮迭起。增修版各位作者在充分吸收最新研究成果的基础上，提出了一系列新的见解，纠正了原著中存在的谬误，廓清了初版中某些模糊的认识，调整了不甚合理的结构，文字表述也更加准确、精炼和畅达。

人们常常以章太炎先生的“前修未密，后出转精”来形容作品的初版和修订版的差别，我们虽不敢如此自诩，但增修版的质量超越初版则是毋庸置疑的。时值《楚学文库》初版问世29周年和主编张正明先生仙逝18年之际，湖北教育出版社历经9年艰苦细致的工作，郑重推出《楚学文库》增修版，充分体现出该社对学术的尊崇、对事业的执着和对楚文化研究一如既往的关心与支持，其中也饱含着对张正明先生的敬重和缅怀。

作为忝列张正明先生门墙的弟子，我承蒙湖北教育出版社真诚而盛情的邀请，有幸主持了《楚学文库》的增修工作。受命之日，我即摒弃其他琐务，全身心恭奉其事，未敢有丝毫懈怠。因为从某种意义上说，我把这项工作当作是恩师张正明先生布置的一次特殊作业，只不过评判这次作业的不再是恩师，而是广大热心的读者。

因我学识浅陋和能力有限，各位作者增修的时间也较为仓促，增修版错讹之处在所难免，诚望读者诸君不吝指正。

刘玉堂

2024年4月28日

于武汉东湖之滨

编者献辞 *

楚学是一个正在开拓中的学术园地，从初辟草莱到蔚成气象，还不满半个世纪。

楚学的任务是对楚国的历史和文化做多层面的、全方位的研究，需要众多志士仁人为它献出智慧和辛劳。

楚学的对象自成一个博大精深的体系，从神话、传说到信史，从石器时代、铜器时代到铁器时代，从天文、历法到地理，从物质形态的、精神形态的到制度和风俗，从民族、语言到文字，到玉帛到干戈，从科学到巫术，从老、庄的“玄览”到屈、宋的“流观”，从事象到模式，等等，凡上古文化涉及的一切，无所不包。只靠一个学科或者几个学科的力量，断难窥其堂奥而得其神髓。

中国的古代文化是多元复合的，它的主体华夏文化是二元耦合的。所谓二元，就方位来说是北方与南方，就流域来说是黄河与长江，就代表性的始祖来说是黄帝与炎帝，就象征性的灵物来说是龙与凤，就学术的主流来说是儒家与道家，就风格的基调来说是雄浑、谨严与清奇、灵巧。早在先秦，就形成了这样的格局。春秋战国时代的华夏文化，北方以晋（韩、赵、魏）为表率，南方则由楚独领风骚。近数十年来，学术界论及中国古代文化，大抵重北轻南，重河轻江，重黄轻炎，重龙轻凤，重儒轻道，总之，不免失之偏颇。要全面地认识中国古代文化，不可不研究楚学。

世界的古代文化更是多元复合的，它的主体即旧大陆的古代文化也是二元耦合的。这个二元，简单地说来，就是西方与东方。从公元

---

* 本文系 1995 年版《楚学文库》编者献辞。

前6世纪中到公元前3世纪中，西方的希腊与东方的楚竞辉齐光，宛如太极的两仪。然而，近百余年来，学术界论及世界古代文化，往往重西轻东，也不免有偏颇之失。要全面地认识世界古代文化，也不可不研究楚学。

我们奉献给读者的这套《楚学文库》，结集了晚近的楚学专著，总计有书18部。出齐之后，则非仅一斑，而足使读者获睹楚国历史文化的全豹。

对于学术问题，见仁见智是正常的现象。我们的编纂宗旨是择善而取，不拘流派，不分门户，不求千口一腔。各部专著分开来看，都自成一家言。整套文库合起来看，则可谓："纷总总其离合兮，斑陆离其上下。"

《楚学文库》编委会

目　录

第一章 “司天”“司地”的远祖

据孟子说，楚国有一部名为《梼杌》的史籍[①]。《梼杌》的体例或许同鲁国的《春秋》类似，记东周列国的大事，而以楚国为中心。可惜它久已亡佚，只留下了一个古怪的书名。梼杌，相传是一位凶神或者一头恶兽。后人别创新解，不一而足，但都杳无实据。梼杌同楚国究竟有什么关系，这是一个不解之谜。在楚人的心目中，梼杌大概不是什么凶神或者恶兽吧？史籍以《春秋》为名，借时序的流迁喻世事的演变，显得典雅而正大；以《梼杌》为名，就显得神秘而奇特了。这一正和一奇，似乎透露了上古北方文化和南方文化的风格差异的一点信息。

西晋咸宁或太康年间，从汲郡的战国魏墓中，出土了大批竹简。其中有一篇记楚事，据见过的人说其字最为工妙，可惜也失传了。

古老的中国有一堆庞杂的神话和传说，楚史的起点就在神话和传说的时代之中。这些神话和传说介乎有序与无序之间，最易使人发“剪不断，理还乱”之叹。想要从中察访楚人先民的踪影，恰如在迷宫中寻出路来那么麻烦。好在这不是索然无味的苦差，我们终将走到豁然开朗的洞天。

第一节 祝融与古帝的世系和位次

古代任何一个民族都有自己生活在洪荒时代的始祖，那是一位神格化的人，或者一位人格化的神，通常享有建不世之殊勋的荣耀。他们受到这个民族笃实而真诚的崇拜，赋予这个民族以生存的勇气和进取的信念。他们的事迹夸张地记录了这个民族对人类文化的贡献，而且集中地显示了这个民族对世界的认识和理想。

---

① 《孟子·离娄篇》。

那么，楚人的始祖是谁呢？

假如只追溯到祝融，那是众口一词，绝无疑义的。从文献记载和考古发现中，都能找到力证。《左传·僖公二十六年》记楚国的别封之君夔子不奉祀祝融和鬻熊，楚王忍无可忍，兴师问罪，把夔子废黜了，把夔国灭掉了。鬻熊是楚国始封之君熊绎的曾祖，祝融则是楚人的始祖。不奉祀鬻熊已罪不可恕，不奉祀祝融则罪莫大焉。《国语·郑语》记周太史伯答郑桓公问，明确指出楚国的公族是祝融的后裔，这是述及楚人始祖为祝融的一则最早的记载，时在西周末。1986 年发掘的湖北荆门市包山 2 号墓，墓主是战国中期与晚期之际的楚左尹邵㝨，墓中出土的竹简记录着墓主奉祀的祖先的名字，其中就有祝融，这是证实楚人的始祖为祝融的一个最新的发现。

假如不满足于祝融，而要上推到比祝融更早的颛顼或者高阳，似乎也不无线索可寻。屈原在《离骚》中自述家世说“帝高阳之苗裔兮”，《史记·楚世家》的起句是“楚之先祖出自帝颛顼高阳”。屈原博闻强志，以楚人言楚事，其必有据。《史记》的作者司马迁相传也是祝融的后代，而且治史如理丝，所言也绝非无稽之谈。那么，楚人的族谱似乎可以从别称高阳的颛顼写起了。无奈《离骚》的上述说法是附会，《史记》的上述说法是误会，附会加上误会，就失真愈甚了。这牵连到神谱的形成和变迁，不能不多费些口舌。

中国的民族是多元的，各民族的神话和传说自然也是多元的。民族是在动的，是会变的，与此相适应，神话和传说也在动，也会变。民族的融合，国家的兼并，以及正统观念的形成，促使来源各异的诸多古帝实行纵向的整合，本来没有从属关系的有了从属关系，本来没有裔嗣关系的有了裔嗣关系，全不顾资历的深浅和神通的大小，总是强者为尊，后来居上。民族的流徙，国家的播迁，以及五行与五方、五色相配的学说的确立，促使先已整合的诸多古帝实行横向的改组，易位者有之，变姓者有之，升者、沉者亦有之。现在我们所能看到的中国古代的神谱，就是这么一个几经整合、改组的杂拌儿。这个神谱可以告诉我们许多饶有意趣的信息，但它所开列的古帝世系和位次的可信度是不高的。

高阳的资格很老。《左传·文公十八年》记鲁太史克对鲁宣公问，列举了几位古帝，第一即高阳①。高阳为夏人所尊崇，是炎帝的古称。称高阳也罢，称炎帝也罢，都是太阳的化身②。楚人的先民曾依附于夏朝，从而接受了夏人的古帝高阳③。族际的主从关系幻化为神际的主从关系，祝融就被当作是高阳即炎帝的臣僚了。《史记·司马相如列传》张守节《正义》说：“祝融，南方炎帝之佐也。”这个“佐”字，用得相当贴切。长沙子弹库《楚帛书》记有“炎帝乃命祝融以四神降”云云，证明楚人相信自己的始祖是听命于炎帝的。《离骚》乃屈原呕心沥血之作，叙事求其古，用典求其雅，所以不称炎帝而称高阳。至于屈原把炎帝与祝融的主从关系说成祖孙关系，则是攀龙附凤的心态的流露。自从周代形成了正统观念，利用神话和传说来攀龙附凤是人之常情，三闾大夫也未能免俗。这对民族和睦、国家安宁有利，既无可厚非，又无需深究。

---

① 其原文为：“昔高阳氏有才子八人……天下之民谓之八恺；高辛氏有才子八人……天下之民谓之八元。此十六族也，世济其美，不陨其名，以至于尧。尧不能举。舜臣尧，举八恺，使主后土，以揆百事，莫不时序，地平天成；举八元，使布五教于四方，父义、母慈、兄友、弟共、子孝，内平外成。”下文说帝鸿氏、少昊氏、颛顼氏、缙云氏各有“不才子”一人，是为四凶。舜臣尧，“宾于四门，流四凶族”。

② 《左传·文公十八年》记高阳氏有才子八人，杜预注曰：“此即垂、益、禹、皋陶之伦。”庭坚为八人之一，又见《左传·文公五年》，与皋陶连举。由此可知，高阳是夏人尊崇的古帝兼祖神。《国语·周语》记周太子晋说：禹为姒姓。佐禹治水有功的四岳为姜姓。按，姜姓是东部的戎人，尊崇炎帝。对此，史无异辞。炎帝，如《白虎通·五行篇》所指出的，就是太阳。周太子晋还说：“有夏虽衰，杞、鄫犹在；申、吕虽衰，齐、许犹在。”这些国家的公族同鲧、共工之类一样，“皆黄、炎之后也”。姒姓的夏人与姜姓的四岳同族，也尊崇太阳，只是他们称太阳之神为高阳，而不像四岳的后裔那样称之为炎帝。《史记·夏本纪》说，禹都于阳城。所谓阳城，应即高阳之城，亦即太阳之城。后人不知高阳是夏人的古帝，当然也就不知高阳是炎帝的古称了。

③ 《国语·周语》记周内史过说：“昔夏之兴也，融降于崇山；其亡也，回禄信于聆隧。”融是祝融的省称，回禄是祝融的别称。由此可知，楚人的先民与夏朝的关系异常密切。

高阳源于中原，炎帝源于关中，彼此邻接。西周中期和晚期，姜姓的周人多数迁居“南土”，有申、吕、许、厉等国，他们把祖神炎帝也搬到南方来了。战国中期以后，五行与五方、五色相配，炎帝为赤色，别称为赤帝，就被派定在南方火位了。

颛顼与高阳原不相干，他是中原某个古代民族尊崇的天帝，后来被周人接受了。颛顼的神通是无与伦比的，把他看成宇宙的主宰也不算过分。然而他的神格相当模糊，甚至相当抽象。只有一点是明确的，即他在北方。《国语·周语》记伶州鸠说到周武王伐殷纣王之时，“星与日、辰之位皆在北维，颛顼之所建也”，这就泄露出颛顼的秘密来了。身为天帝，总在北方，而有莫大神通的，非北极星莫属。北极星高踞天顶，俯瞰尘寰。古人见到连同北斗在内的众星都绕着它旋转不息，它却纹丝不动，颇有临制四方的态势和气概，因而把它当作全天最尊之神了。其实，由于岁差，北极星不是守位不移的。现在的北极星是小熊座 α，先秦的北极星是小熊座 β——《论语》称之为“北辰”①。这北辰和邻近的二十多颗星一起，构成天宫紫微，全天最尊之神就住在这个天宫里面。既然全天最尊之神为颛顼，那么，颛顼即北极星便无可置疑了。周人构筑神谱之时，出于扬己抑人的心理，把自家的祖神黄帝排在颛顼的前面，不承认颛顼就是天上的北辰，只承认颛顼管着地上的北维，让他住在层冰积雪之地。由此，颛顼的真身是什么才显得不明不白的。

在楚人看来，高阳不是颛顼。《离骚》只说高阳，不说颛顼。《远游》，东汉的王逸以为也是屈原所作的，其中既写到了“高阳邈以远兮”，又写到了“从颛顼乎增冰”，二者显然不可混为一谈。在先秦的北方人士看来，高阳也不是颛顼②。鲁太史克列举的古帝有六位，高阳居第一，颛顼为第五。

---

① 现在小熊座 β 距北天极 15°有余。

② 玄宫为颛顼之所居，如《庄子·大宗师篇》云：“颛顼得之，以处玄宫。”《墨子·非攻篇》所记独异，有句曰“高阳乃命（禹于）玄宫”，误以高阳为颛顼，疑此篇曾由汉儒增补改窜，而此句非《墨子》原文。

高阳与颛顼合流，始于两汉。为了集中和统一，汉朝不能不这样。汉人对太阳的崇拜不像先秦的楚人那么热烈，对炎帝已比较冷淡，对高阳则相当陌生了。恰巧，作为地名的高阳在中原的北面，已经超出黄河流域，正是颛顼管领的地方，汉儒就把高阳和颛顼拉扯在一起，说颛顼以地为号则称高阳了。做得最彻底的是班固，他在《汉书·叙传》中称高阳、颛顼为“高顼”，这就再也拆不开了。

《离骚》说“帝高阳之苗裔兮”，是楚人把自家名声很大的始祖祝融摆进名声更大的炎帝谱系中去，借以表明自身是诸夏的一员，而实为附会。《史记》说颛顼即高阳，是汉人把旧的神谱改造得适合新的需要，借以显示四海的一统，而纯属误会。至于楚人的始祖，则既不是颛顼，也不是高阳，而只是祝融①。

《史记·楚世家》说：“高阳生称，称生卷章，卷章生重黎。”按，重黎即祝融。算辈分，祝融就是颛顼的曾孙了。此说出于经过汉人改组的神谱，不足为据。正像《史记·五帝本纪》说颛顼乃黄帝之孙，同样不足为据。人界有了一个统一的王朝，神界就得有一个统一的世系。原来毫不沾亲带故的诸多古帝，被编排进一个家族的世系中去了，而且做得一本正经，煞有介事。无论高攀的、俯就的、强拉硬捏的，都得其所哉，谁也不会提出抗议的。马克思论古代的希腊，曾说到“真正的氏族”和反映在神话中的“荒诞的系谱”②。古代的中国也这样，人们也乐于以荒诞的古帝世系来囊括真正的氏族乃至民族。假如见到有些文献说楚人的远祖是高阳或者颛顼而信以为真，那就是食古不化了。

---

① 先秦的文献只有一处说到祝融与颛顼的裔嗣关系，即《左传·昭公二十九年》记晋太史蔡墨论五行之官，说祝融乃颛顼之子，其名为犁，居火正。按，此说不确。《国语·楚语》记楚大夫观射父答楚昭王问，说“颛顼……命火正黎司地以属民”，可见当时楚人只承认祝融是颛顼之臣，不承认祝融是颛顼之子。观射父与蔡墨大致同时，而所言相异。事关楚人的始祖，当以楚人所言较为可信。黎（犁）有兄名重，观射父说“重、黎氏世叙天地”；蔡墨却说重即句芒，乃少皞之子，居木正，与犁（黎）无亲缘关系：二说也相异，仍以楚人所言较为可信。

② 马克思．摩尔根《古代社会》一书摘要［M］．北京：人民出版社，1965：173．

祝融的先人，根据现有的资料，只能推到老童。《史记·楚世家》所谓“卷章”，是“老童”的讹写。荆门包山 2 号墓出土的竹简记楚国公族的远祖，“老童”二字赫然在目。老童没有值得后人称扬的丰功，辈分虽比祝融高，名声却比祝融小，因而未能成为楚人奉祀的始祖。

第二节　祝融的功业

祝融作为火正，早在神话和传说的时代已崭露头角。楚国的观射父说他是颛顼的火正，周朝的太史伯说他是高辛的火正，太史伯比观射父早将近三个世纪，司马迁在《史记·楚世家》中采纳了太史伯的说法。高辛即帝喾、帝俊、帝舜，是东夷的古帝。楚人的先民曾依附于崇奉高辛的强大的东夷部落联盟，所以后世才有祝融为高辛火正的传说。

继高辛而起的，是以西戎部落联盟为主体建立的夏朝。文献所记夏朝的世系和史迹，半为传说，半为信史。二里头文化的第一期和第二期是夏文化遗存，对此，考古学界人士所见略同。楚人的先民曾依附于夏朝，所以后世才有祝融为炎帝之佐的传说。

继夏朝而起的，是以追尊高辛的东夷为主体建立的商朝。商朝属于信史时代，而且已有成熟的文字、成熟的青铜文化、成熟的城市、成熟的国度。楚人的先民曾依附于商朝，所以祝融为高辛火正的传说得以确立不移。

如上所述，楚人的先民总是依附于强国大族。他们寄人篱下，实为势有所不得已而然。他们处在强国大族的夹缝之中，只好以弱事强，以小事大。贬之者可以说他们朝秦暮楚，褒之者可以说他们弃无道而就有道。

在那样险恶的环境中，民族的生存和发展是道义的基本准则。楚人对炎帝的崇拜，是其先民同夏人的密切关系留下的印记；楚人对高辛的崇拜，则是其先民同夏朝前的虞人和夏朝后的商人的密切关系留下的印记。子弹库《楚帛书》说到了炎帝，也说到了高辛的别称“帝夋”。其中有“帝夋（俊）乃为日月之行”一句，可证帝俊在楚人的信仰中已升格为天帝了。《离骚》推尊重华，重华是帝俊的号，足证屈原也崇拜高辛。

传说时代的火正，降至商代称“师火”[①]，及至周代称“火师”，总之是司火之官。火正的职责主要有三项：一是观象授时，二是点火烧荒，三是守燎祭天。

先说火正是怎样观象授时的。

新石器时代的黄河下游，土壤沃腴，农业兴旺。农业讲究时令，春种、夏长、秋收、冬藏，一概以时令为转移。时令的更换，一般民众只能凭物候的变化来识别，有天文知识的大巫则能凭天象的变化来判定。这样的大巫以重和黎两兄弟最为著名，号称祝融。上古观象，通常是在天刚黑的时候进行的。被观测的星，恰从东方升起叫“昏见”，恰在南方正中叫“南中”，恰在西方沉没叫“昏伏”。黄河下游的春耕春播，以始于春分为宜。祝融被称为火正，是因为他们能根据火星出现的时辰和方位来判定春分的日期。祝融观测的火星不是被称为“荧惑”的那颗行星，而是被称为“大火”的那颗恒星以及被称为“鹑火”的那个星座。

大火，西名为天蝎座 α，在中国古代的恒星区划体系二十八宿中，它是心宿的二号星，简称“心宿二”。心宿二是颗一等星，而且有与众不同的鲜红颜色，非常容易辨认。在公元前 2300 年左右，大火昏见恰好就在春分时节。火正观测到大火昏见，就可以发布春分来临的消息了。按，分至点在黄道上约每经 71.6 年西移 1°，形成岁差。据此，由前 2300 年上推 100 年，在传说的高辛之世，大火昏见的日期仍在春分时节中，已可进行春耕春播，可见祝融为高辛火正的传说未必无据。夏代晚期以后，大火昏见的日期越来越比春分迟，火正所观测的星就非改不可了。在公元前 1400 年左右，即约为商代的中期，春分时节恰好遇上鹑火南中，火正可以而且必须把观测大火昏见改为观测鹑火南中了。鹑火是二十八宿的柳宿，由一群等次不高、亮度不大的小星组成，状如鸟喙，因而又称“咮”，西名则属于长蛇座。鹑火本来与火毫不相像，它之所以

① 师火：殷墟卜辞有“自火”，丁山以为即“师火”，相当于周朝的“火师”。丁山．中国古代宗教与神话考［M］．北京：龙门联合书局．1961．

被称为鹑火，想必是因为火正把它的南中作为春分来临的信号。楚人的先民大概曾任商朝的师火，商朝尊高辛为远祖，客随主便，臣随君便，因而有祝融为高辛火正的传说。

接着说祝融的第二项职责——点火烧荒。

上古的农业大抵实行斧耕火种，相当于后世的刀耕火种。斧耕即伐木，火种即烧荒。一年的农事始于烧荒，人民为劳作而紧张，因憧憬而激动，把烧荒当作丰收的前奏，要举行欢快而隆重的仪式。《礼记·郊特牲篇》说："季春出火，为焚也。"说的是周代出火烧荒的仪式，但出火烧荒的习惯无疑是在更早的时代形成的。由谁把妥善地保存了一冬的火种引到野外，点燃烧荒的第一把火呢？当然是那位责无旁贷的火正。到了季秋，大火昏伏之后，还要举行"内火"仪式，把火种收藏起来。

最后说祝融的第三项职责——守燎祭天。

《礼记·祭法篇》说："燔柴于泰坛，祭天也。"说的是周代的燎祭。但燎祭的风俗早就有了。祭天要用牲，这牲就供在柴堆上。把柴堆点燃，让肉的焦香随着烟气飘飘摇摇冲向空中。天帝闻到香气，就算是接受献祭了。火正的任务就是布置、点燃和守护祭天的柴堆。祭天，当然包括祭大火和鹑火在内。

前面已经说到，最早的祝融是重和黎两兄弟。《国语·楚语》记观射父说："南正重司天以属神，火正黎司地以属民。"重分管的是天界之火，因观测鹑火南中，所以叫"南正"；黎分管地界之火，都是实实在在的火种、火把、火堆，所以叫"火正"。虽说有这个分工，但管的都是火，因此，把重和黎合起来，当作一个人，称之为火正，也是可以的。

观射父还说：帝尧让重黎的后裔仍司重黎的职守，以至于夏、商、周三代。据《史记·天官书》，重黎的后裔在帝尧之世为羲和。据《尚书·尧典》，羲和是羲仲、羲叔、和仲、和叔四兄弟，分管东、南、西、北和春、夏、秋、冬。这四位官员就是子弹库《楚帛书》所记奉炎帝命随祝融来到世上的四位神灵，按《楚帛书》的说法，他们不是祝融的后裔。神话在流传过程中往往走样，这也是一例。《尚书·尧典》还记述了与羲仲、羲叔、和仲、和叔相对应的四仲中星——即鸟、火、虚、昴四星。按：鸟为张宿一，西名长蛇座α；火即心宿二，上文已指出其西名为天蝎座α；虚为虚宿一，西名宝瓶座β；昴为昴宿，西名金牛座17。据竺可桢研究，《尧典》所记四仲中星是商末周初的天象，不得远在无从考实的帝尧之世[①]。《左传·昭公十七年》说到夏代的一次日食，引《夏书》曰："辰不集于房，瞽奏鼓，啬夫驰，庶人走。"所谓"辰不集于房"，就是发生了日食。"瞽奏鼓"，就是由乐师敲鼓，其用意似与后世击响器驱天狗以救太阳相同。"啬夫驰"，是描写官员慌乱。"庶人走"，是描写民众惊恐。这是我国最早的一则日食记录。伪古文《尚书》以为，情势如此严重，全是由于羲和饮酒误事，忘记发布日食预报了。今人研究，这次日食在仲康五年秋九月，电脑算出应为公元前1876年10月16日[②]。综理有关的线索，羲和应在夏代，可以确认他们是重黎的后裔。至于四仲中星，则与他们无涉。羲和比重黎有了更多的天文学知识，能够推算日食发生的时间了。

后世也有以为羲和是两个人的，如《扬子法言·重黎篇》说："羲近重，和近黎。"按扬雄的意见，羲是司天的，和是司地的。这与《尚书·尧典》的说法不同，我们无需分辨孰是孰非，因为传说类似神话，在流传过程中也会发生歧变的。战国时代，关于羲和的传说愈出愈奇，变成神话，以为羲和只是一位天神。《山海经·大荒南经》说羲和是帝俊的妻子，生下了十个太阳。《离骚》则把羲和视为日御，即为太阳驾车的神。上古的天文学家和历数学家被尊为神之后，竟变成十个太阳的母亲或者一个太阳的车夫，实际的功勋淹没在虚幻的神通之中，科学掩藏在想象之中了。

文献资料表明，在传说时代，最早知名的天文学家和历数学家是楚人的始祖祝融。

---

① 竺可桢. 论以差岁定《尚书·尧典》四仲中星之年代［J］. 科学，1926，11（12）.

② 宋镇豪. 历史天文学研究的最新进展［J］. 中国文物报，1990.

我们的先祖力图在神话的混沌中建立某种秩序，在传说的龃龉中求得某种调和。同时，被释放出来的想象力任意奔突，以致在秩序中出现了新的混沌，在调和中出现了新的龃龉。我在这里所做的，是力求说明混沌和龃龉的来由，以期对楚人的先祖及其功业做出较为近实的介绍。

第三节　大巫·尊神·精灵

祝融凭自己的天文知识、历数知识和巫术特长，成为专职的大巫。把这事说得比较清楚而且比较确切的，还是楚昭王时那位博学多才的大巫观射父。据观射父说：在古帝少皞将衰之时，民间为九黎所惑乱，家家都可以祭祀，人人都可以做巫做史，漫无节制，极不严肃，以致神人混杂，而且因祭祀消费过度而生活困难。颛顼“命南正重司天以属神，命火正黎司地以属民”，神和人的界线才分清了，天和地的交通才阻断了。后来，在帝尧之世，受到三苗干扰，又闹得神人混杂，帝尧让重黎的后人继承重黎的事业，才又拨乱反正了①。

巫术的宗旨是人定胜神、人定胜天，巫术的泛化导致人人以为自己有莫大的权威，神和天都失去了尊严，部落则因没完没了的祭祀而生计维艰。有了专职的大巫，各家才不再能随心所欲地祭祀，各人才不再能随心所欲地做巫做史，神和天恢复了尊严，部落的生计据说也就改善了。

专职的大巫，如有出众的知识和法术，生前受部落民众敬仰，死后就容易被赋予神格。重黎就是这样的。他们生为火正，死为火神。这位

---

① 《国语·楚语》记观射父说：“古者民神不杂。……及少皞之衰也，九黎乱德，民神杂糅，不可方物。夫人作享，家为巫史，无有要质。民匮于祀，而不知其福。烝享无度，民神同位。民渎齐盟，无有严威。神狎民则，不蠲其为。嘉生不降，无物以享。祸灾荐臻，莫尽其气。颛顼受之，乃命南正重司天以属神，命火正黎司地以属民，使复旧常，无相侵渎，是谓绝地天通。其后，三苗复九黎之德，尧复育重黎之后不忘旧者，使复典之，以至于夏、商。故重、黎氏世叙天地，而别其分主者也。”

火神非同等闲，号为祝融，已升格为雷神了。重黎弟吴回，也职居火正，也号为祝融。吴回子陆终，又是一个显要角色。学者多以为雷神是《楚辞》所谓丰隆，而祝融、吴回、陆终都不是雷神。其实，祝融、陆终、丰隆都是状雷声的词。“祝”“陆”为入声，“丰”古读重唇音，配上“融”或“终”或“隆”，恰似雷声。况且，金文的“终”和帛书的“融”是同字异写①，陆终和祝融是同词异写。至于吴回，“吴”可训“大”，“回”则同“雷”。《楚公逆镈》铭文所记“吴回”的“回”字，实为“雷”字。

《楚辞·九歌》有“云中君”，应即江陵天星观1号墓出土竹简所谓“云君”。前人多释为云神，不确。云神在中国是很晚才出现的，在世界其他地方的神话中也殊为罕见。丁山以云中君为雷神②，其说中的。小文《屈原赋的民族学考察》指出，云中君是以别号出现的雷神③。屈原在《九歌·云中君》中，绘声绘影地描写了雷神，其辞曰：“灵连蜷兮既留，烂昭昭兮未央。蹇将憺兮寿宫，与日月兮齐光。”这四句，写的是电火。“连蜷”状闪电之形，“烂昭昭”为闪电之色。天地之间，只有电火可与日月齐光。“龙驾兮帝服，聊翱游兮周章。”这两句，写的是雷电周流于太空，忽而在此，忽而在彼。“灵皇皇兮既降，猋远举兮云中。”这两句，写的是雷电倏然降于地，倏然升于天。“览冀州兮有余，横四海兮焉穷。”这两句，写的是雷电的高远和广大，不知其所极。《九歌》连头带尾共十一章，《云中君》为第二章；如果掐头去尾，得九章，《云中君》为第一章。在《九歌》的神谱中，位居云中君前的只有东皇太一，可见楚人对雷神的尊崇确实异乎寻常。雷必与云俱来，而云未必有雷。《离骚》有句曰“吾令丰隆乘云兮”，说的是作者屈原在幻想中让雷神乘云而行。湖北南漳县巫师（端公）秦应凯作法招魂的唱词有句云“雷公闪将

① 王国维. 邾公钟跋. 观堂集林［C］. 北京：中华书局，1959：894. 李学勤. 谈祝融八姓［J］. 江汉论坛，1980（2）.《邾公釛钟》的“终”字写作“螽”，子弹库《楚帛书》的“融”字写作“䗀”。

② 丁山. 中国古代宗教与神话考［M］. 北京：龙门联合书局. 1961.

③ 张正明. 屈原赋的民族学考察［J］. 民族研究，1986（2）.

云中坐”，正好说明云中君就是雷神。

雷神使天界之火化为地界之火，因而他的地位与日神接近。还是那位周太史伯说：“祝融亦能昭显天地之光明，以生柔嘉材者也。”所谓“生柔嘉材”，就是促使美好的谷物和其他植物生长、成熟，这本来是只有日神能做到的，但周太史伯让雷神也享有此等殊荣了。从自然界的循环来看，雷是生命力的象征。早春时节，雷始发声，卉木维新。晚秋时节，雷乃收声，草木黄落。从早春到晚秋，是雷活跃的时期，也是生命力旺盛的时期。这雷，似乎可怕，其实非常可爱、可敬。楚人的始祖被尊为雷神，是因为他们对中原农业文化的发展做出了后人难以忘怀的贡献。诚如周太史伯说的：祝融“淳耀敦大，天明地德，光照四海”，“其功大矣”！

《左传·昭公九年》记郑国的裨灶说：“火，水妃也，而楚所相也。”“妃”，其义同“偶”。说火为水之妃，一如说阳为阴之偶。“相”，其义同“治”。裨灶也是一位天文学家。《史记·天官书》列举重黎以来“传天数者”，周代共八人，其中就有裨灶。裨灶说火为楚之所相，无疑代表了当时公认的见解。由此，后世都知道楚人的始祖祝融是火神。然而，原祝融之始，他是由火神升格而为雷神的；察祝融之终，他却由火神降格而为灶神了。汉代，岂但祝融沦为灶神①，连他的上司炎帝也同他一起贬为灶神了②，此为后话，毋庸详述。

祝融作何等模样？《山海经·海外南经》说：“南方祝融，兽身、人面，乘两龙。”《山海经·大荒西经》说：“有人名曰吴回，奇左，是无右臂。”《山海经》是战国时代的巫书，收罗着诸多来源不同的神话和传说，对祝融的长相有不同的记载是可以理解的。在楚人的心目中，祝融是半神格化，半人格化的始祖，其形象当然与众不同③。

---

① 《礼记·礼器篇》孔颖达《疏》云：“颛顼氏有子曰黎，为祝融，祀以为灶神。”

② 《淮南子·泛论训》云：“炎帝于火，而死为灶。”

③ 《山海经》和《淮南子》等书所记的“烛龙”，古人和今人都有以为它就是祝融的。其实，这是由于音近而发生的错解。烛龙在北方，祝融在南方，可谓风马牛不相及也。

楚俗尊凤，这是图腾崇拜的遗迹[①]。图腾崇拜和祖先崇拜都以亲缘关系为基础，相互联结，相互贯通，乃至图腾成为祖先的化身。在楚人的心目中，凤与祝融的关系正如此。待到五行学说形成之后，凤和祝融就都被编排到太阳即炎帝所在的南方去了。如《白虎通·五行篇》所记：“太阳……位在南方……其帝炎帝……其神祝融……其精为鸟，离为鸾。”按，鸾为文彩斑斓之凤。在楚人的信史时代，先民的图腾只留下了朦胧的印象，但仍有图腾的象征作用和神秘意味。楚人尊崇凤，也就是尊重自己的祖先；楚人钟爱凤，也就是钟爱自己这个民族。

《山海经》的作者主要是楚巫，一提到凤就流露出压抑不住的激动心情，用了不少赞誉之辞，以为凤的出现是莫大的祥瑞。如《山海经·海内经》说：“南方……有鸾鸟自歌，凤鸟自舞。……见则天下和。”“鸾”和“凤”，“歌”和“舞”，都是互文。“鸾鸟自歌，凤鸟自舞”，实即“鸾凤自歌自舞”。再如《山海经·西山经》说：“女床之山……有鸟焉，其状如翟而五采文，名曰鸾鸟，见则天下安宁。”又如《山海经·南山经》说：“丹穴之山……有鸟焉，其状如鸡，五采而文，名曰凤皇。……是鸟也，饮食自然，自歌自舞，见则天下安宁。”

凤的原型应是一种或者几种凡鸟，雉或称翟是主要的一种。《尹文子·大道篇》记着一则故事，说一个楚人错把山雉当作凤，高价买了来，要献给楚王。不幸，山雉死于途中，然而，楚王仍给此人以厚赏。这个故事不发生在别国而发生在楚国，决非偶然。从凤的原型来说，那位楚人没有错认，楚王也没有错赏。山雉和凤的其他原型，当然不会有楚凤那么美，那么大，那么神。楚人把凤设想成我们现在从楚国文物上所看到的那些模样，无非因为他们相信凤同他们这个民族有一种神秘的亲缘关系，所以把自己认为美好的特性和特征都给了凤。在楚国的文物中，凤的雕像和图像多得数不胜数，远非周代其他各国的文物可比。这些凤的雕像和图像，虽有多种多样的体型和姿态，但都显得雍容华贵，伟岸

① 张正明，滕壬生，张胜琳. 凤斗龙虎图象考释 [J]. 江汉考古，1984 (1).

英武。楚人以为只有在凤的引导下，人的灵魂才得以飞登九天，周流八极。由此，屈原在《离骚》中写道："朝发轫于天津兮，夕余至乎西极。凤皇翼其承旂兮，高翱翔之翼翼。"

楚人好以凤喻己或者以凤喻人，这在先秦各族中是独一无二的。按照一个夸张的传说，楚庄王即位后三年不理政事，还下令要处死进谏者。一位大夫求见，说是要请楚庄王猜一个谜语，楚庄王左手搂着郑姬，右手抱着越女，坐在钟鼓之间，接见这位大夫。这位大夫问道："有鸟在于阜，三年不蜚不鸣，是何鸟也?"楚庄王答道："三年不蜚，蜚将冲天；三年不鸣，鸣将惊人。"[①] 在这个为后人所乐道的故事里，寓谏于谜的大夫以鸟喻楚庄王，楚庄王则以鸟喻己。这鸟，飞能冲天，鸣能惊人，非凤莫属。《九章・怀沙》有句曰："凤皇在笯兮，鸡鹜翔舞。"显然，这是屈原以凤喻己。类似的例子，在文献中还有不少。

春秋时代，楚是夷的代表，晋是夏的代表。还可以说，楚是南方的代表，晋是北方的代表。晋人与楚人不同，他们喜欢以龙喻人或者以蛇喻人。如《史记・晋世家》记晋文公即位后赏功臣，应受重赏者五人，但漏掉了介子推。"介子推从者怜之，乃悬书宫门曰：'龙欲上天，五蛇为辅。龙已升云，四蛇各入其宇。一蛇独怨，终不见处所。'文公出，见其书，曰：'此介子推也。……'"郑人与晋人相似，也喜欢以蛇喻人。如《史记・郑世家》记郑厉公为权臣祭仲所迫，出居边邑。后来郑都发生一件怪事，"内蛇与外蛇斗于郑南门中，内蛇死"。这是一个先兆，不久郑厉公便杀死郑子而复位了。

殷人也尊凤，但不如楚人尊凤之甚。胡厚宣指出，殷墟卜辞表明殷人以为凤是天帝的使者[②]。卜辞"于帝史凤二犬"，即用两只狗去祭号为"帝史（使）"的凤。卜辞"尞帝史凤一牛"，即用一头牛去祭凤。后世也有类似的观念。如《太平御览》第9卷引《龙鱼河图》曰："风者，天地

---

① 《史记・楚世家》。此外，《韩非子・喻老篇》《吕氏春秋・重言篇》《新序》卷二等亦记此事，虽互有出入，而大同小异。

② 胡厚宣．甲骨文商族鸟图腾的遗迹［J］．历史论丛．北京：中华书局，1964.

之使也。”上古“凤”“凤”二字相同，被尊为天使的凤就是凤。上古的风神飞廉是凤的别种，称述“飞廉”最早的文献是《楚辞》。屈原作《离骚》，在幻想中巡天，夜以继日，有句曰：“前望舒使先驱兮，后飞廉使奔属。”望舒是为月亮驾车的神，飞廉则是风神。可见，楚人也以为凤是天使。

日中的踆乌也是凤的别种。它是日神的化身，一如鸾鸟是雷神兼火神的化身，飞廉是风神的化身。日和火都是红色的，由此凤也染上了红色。崇凤的楚人以红色为贵，就是出丁这个缘故。汉代以后，凤有了“朱凤”“赤凤”“火凤”之类代称。唐人杜甫所作诗《朱凤行》有句云：“君不见潇湘之山衡山高，山巅朱凤声嗷嗷。”唐人李端所作诗《江上赛神》有句云：“苍龙随赤凤，帝子上天时。”唐人元稹所作诗《筝》有句曰：“火凤有凰求不得，春莺无伴啭空长。”古代正宗的凤就是这样，虽有五彩文，但以火红为主色。

西方的 phoenix，源于希腊语，也是一种神鸟。西方把中国的凤译为 phoenix，相应地，中国把西方的 phoenix 译为凤。其实，彼此的神性是很不一样的。相传 phoenix 像鹰，但有火红色和金黄色的羽毛，每到 500 岁（也有说是 1461 岁或 7006 岁的）就自焚，而能从灰烬中再生。在 phoenix 身上，寄托着人们对永生的追求。至于天下是否安宁，则与 phoenix 无关。中国的凤多数不像鹰，没有以自焚求再生的神性，却能使天下安宁。在凤身上，寄托着人们对太平世界的向往。

第四节　祝融八姓——陆终六子

如上所述，传说时代楚人的先民生活在黄河下游，文化属于炎帝统系，始祖为祝融，曾因善于观象授时而对农业的发展作出令后人感念的贡献，有拜日、敬雷、崇火、尊凤、尚赤的风俗。我们现在可以从纷乱的史料中钩稽他们的史迹，冷静而平允，力求给予科学的说明。当初他们的头脑却常常是狂热而偏执的，他们的简单而朴素的生活笼罩在神秘乃至怪诞的气氛之中。然而，原始的理性必然采取神秘乃至怪诞的形式，知识即在其中，科学即在其中，文明的曙光即在其中。

普天之下，相信有雷神的民族多得难以数计，但把雷神视为亲己之神的民族为数无多，而把雷神奉为主神的民族则屈指可数，其余的民族都把雷神视为异己之神。无论中国、外国，除了个别的例外，雷神都不是一个讨人喜欢的角色。确实，在雷声震撼大地、电光撕裂长空之时，了无惊恐之感的人是不多的。所谓个别的例外，主要是东方的楚人和西方的希腊人、罗马人。

就对雷神的信仰来说，希腊人有甚于罗马人，楚人则与希腊人相仿佛。罗马人的雷神丘必特是至尊的天神，兼为农神和战神，可是他同罗马人没有亲缘关系。希腊人的雷神宙斯也是全天至尊之神，而且他同某些希腊人有亲缘关系。希腊的一些名门望族相信自己的先祖是宙斯与民女私通而出生的，引以为荣。楚人的雷神虽是全天次尊之神，位在日神炎帝之下，但他被楚人奉为家祭毋忘的始祖，就亲缘关系来说是整个民族至尊之神。

一个民族的原始信仰，是这个民族在自己早期的经历中形成的心理结构转化成为理想模式的投影。神的性格只要降到现实的水平上来，就是人的性格。历史告诉我们，尊崇雷神的民族——即楚人、希腊人和罗马人，在自己民族的青春时期，都有迅雷疾电般的性格、富于奋进的豪气、开拓的胆略和创造的激情。然而，在历史的熹微晨光中，这些民族都有艰厄困顿的经历。

以祝融为始祖的原始民族，据《国语·郑语》所记，曾有八姓。这八姓是：

1. 己姓，有昆吾、苏、顾、温、董；
2. 董姓，有鬷夷、豢龙；
3. 彭姓，有彭祖、豕韦、诸稽；
4. 秃姓，有舟人；
5. 妘姓，有邬、郐、路、偪阳；
6. 曹姓，有邹、莒；
7. 斟姓，无后；

8. 芈姓，有荆。

按，这是一张混乱的名单，其中有错分误合之处。昆吾、苏、顾、温、董等，又是国，又是氏。这国，最初只是部落联盟。这氏，就是在部落联盟中有世选酋长的特殊资格的显贵氏族。已姓的苏、顾、温、董四国，据《国语》韦昭注，“皆昆吾之后别封者”。飂夷和豢龙，据《左传·昭公二十九年》所记晋太史蔡墨的说法，实为一氏，以地称之为飂夷，以事称之为豢龙。这个董姓，实为己姓董氏，即韦昭注所云“己姓之别受氏为国者也。”豕韦和诸稽，韦昭注以为乃彭祖之后别封者。秃姓的舟人，韦昭注以为也是彭祖的别部。妘姓的正宗是郐，其别封者为邬、路、偪阳，这也是韦昭的意见。邹为曹姓，史无异辞。莒是否曹姓则尚有疑问，韦昭注以为是曹姓的别部。最末的荆，则是楚的别称。按韦昭的意见，原来只有五姓，即：

1. 己姓；2. 彭姓；3. 妘姓；4. 曹姓；5. 芈姓。

《史记·楚世家》不说祝融有八姓，只说陆终有六子。这六子是：

1. 昆吾；2. 参胡；3. 彭祖；4. 会人；5. 曹姓；6. 季连，芈姓。

按，昆吾、彭祖、曹姓、芈姓在祝融八姓中也有，会人应即祝融八姓的郐人。与《国语》韦昭注相比，《史记·楚世家》只多出一个参胡。司马贞《索隐》引宋忠曰：“参胡，国名，斟姓，无后。”“参胡”之名独见于《史记·楚世家》，其兴废俱失考，应当存疑。

经梳理之后，祝融八姓和陆终六子的关系就显得醒豁了，原来他们是并世共存的一个族系的两张名单。《史记·楚世家》订正了《国语·郑语》的错误，但失之过简。《国语》韦昭注继承了《史记·楚世家》的长处，又补足了它的短处，功不可没。

《左传·昭公十二年》记楚灵王说：“昔我皇祖伯父昆吾，旧许是宅。”可见，楚人承认：在祝融八姓或者陆终六子中，老大是昆吾。

《史记·楚世家》说，陆终六子是“坼剖而产”的。所谓“坼剖而产”，意即从母体或者父体上某个或者某些并非生殖器官的部位产出。当然，这是表明某些部落、某些氏族有亲缘关系的一种传说，并非实有其事。类似的传说，在其他某些民族中也有。如希腊人，他们以为宙斯虽是男性，也会坼剖而产。雅典人的保护神雅典娜，据说是在宙斯的头颅里发育成长的，由宙斯之子、司冶锻之神赫淮斯托斯用斧头把宙斯的头颅劈开，雅典娜才从中蹦了出来，刚出世就是一位戎装的女郎。为陆终生六子的，是他的夫人女嬇。《世本·帝系篇》记此事，文较疏略，只说女嬇是鬼方氏之妹，共生六子。《大戴礼记·帝系篇》亦记此事，而文较详明，说女嬇怀孕三年还生不下孩子来，剖开左胁，才生下了六胞胎。按，鬼方是西北民族，后世有隗姓戎人，隗通嬇，女嬇应即隗姓戎人之女。由此可知。陆终部落联盟是同鬼方部落联盟通婚而繁衍起来的。

《国语·郑语》说：祝融八姓在夏代有昆吾为伯，在商代有大彭、豕韦为伯，到周代就没有侯伯了。“己姓昆吾、苏、顾、温、董，董姓鬷夷、豢龙，则夏灭之矣。彭姓彭祖、豕韦、诸稽，则商灭之矣。”其中不无疑点，因为西周还有苏国和温国，或许夏朝没有把它们灭掉，但也可能是在被夏朝灭掉之后由商朝重封的。总之，直到商末，祝融的后裔尚有己、彭、妘、曹、芈五姓共计不下十国。李学勤考证“祝融八姓的早期分布”，认为“可以说是环处中原”[①]，其说不误。所谓“早期分布”，显然是经过了裂变和流徙的，因而呈星散之势。早在夏代，祝融部落联盟就已经瓦解了。他们在强国大族的卧榻之旁，虽尚能苟全，而势难鼾睡，分崩离析是他们无计规避的命运。

芈姓的季连[②]相传是陆终的幼子，所谓幼子，应是最后分裂出来的部落。季连生活的时代，或为夏代，或为商代，无从考定。“鬼方”始见于商代，而陆终与鬼方通婚，则季连在商代的可能性较大。

商代中期，约当武丁之时，国势极盛，四出征伐。荆人也是商朝征伐的对象，事见《竹书纪年》。“荆”和“楚”，作为族称，简单说来，它们的关系是这样的：楚人都是荆人，然而荆人并不都是楚人。由此，商朝讨伐的荆人未必即楚人。散居在中原的小国受到大国的讨伐，力不能

① 李学勤．谈祝融八姓［J］．江汉论坛，1980（2）．

② 芈姓，至今仍有，但其人口不过数千。住在河南安阳县东曹马村的最多，也不满三千人。今湖北宜城、江陵两县各有一村名“季连”。

敌，除降服外，只有避走一策。避走的方向，则以南为宜。早在夏代，源于祝融的方国就有南迁的。如昆吾，最初据《左传·哀公十七年》所记在卫地，后来据《左传·昭公十二年》所记在许地，其流徙方向是从东北到西南，但未出中原。商代，楚人的流徙方向与昆吾相似，大致也是从中原的东北方到中原的西南方。

“荆人”“楚人”之所以得名，是因为他们居住的地方生长着许多被称“荆”或者“楚”的灌木。商代作为族称的“荆”和“楚”，都在商朝的南境，大致为淮水迤南地区。《诗·商颂·殷武》写道：“维女（汝）荆楚，居国南乡。”这诗是周代的殷人遗民写下的，用以赞颂先祖武丁的业绩，其中有句曰：“挞彼殷武，奋伐荆楚。罙（深）入其阻，裒荆之旅。”考古发现表明，武丁以后，即商代中期以后，殷人南进，不仅过了淮水，过了汉水，过了长江，而且过了洞庭湖，到了湖南的中部甚至南部以及江西的中部。

殷人为什么要向长江中游挺进呢？我们可以做多种猜测，但任何猜测都不如在长江中游发现的商代铜矿和商代铜器有说服力。铜在当时至关重要，值得我们把话头扯开，先绕到远处去，再回到近处来。

中国已知最早的铜器，是在陕西临潼县的姜寨遗址中发现的，是黄铜片和黄铜管的残件，属于仰韶早期，约当公元前 4675±135 年。到了仰韶晚期，在甘肃的马家窑遗址中，发现了青铜小刀。河南和山东的龙山文化，上限比马家窑文化晚些，下限与马家窑文化出入不大，在其遗址中也发现了铜器。甘肃的齐家文化，上接马家窑文化，在其遗址中发现了多种铜器，有红铜的也有青铜的，有铅青铜也有锡青铜，有冷锻的也有范铸的。二里头文化有了更多铜制的容器、兵器、工具和杂器，铸造工艺有了明显的进步，时在夏代晚期和商代早期。上述这些铜器，都是在黄河流域发现的。已知长江流域最早的人工冶炼铜见于湖北和安徽，相当于龙山时期。

根据现有的考古资料，可以说黄河流域比长江流域较早地进入了铜器时代。然而，进入铜器时代较早的地方并不就是铜的蕴藏量较大的地方。黄河流域，尤其是中游和下游，都缺铜。

中国的有色金属和稀有金属大多分布在南方，这是因为南方在地质史上受喜马拉雅山和燕山两个造山运动的影响，火成岩活动特别强烈，大约在距今0.8～1.9亿年前发生了罕有其匹的花岗岩活动，以四川盆地和贵州高原为中心，向东南方和西南方持继增强，而出现了成矿带。中国的铜矿密集在长江南岸①，锡矿和铅矿更在铜矿以南。青铜时代的战略资源，一是铜，二是锡，三是铅。奠都在中原的夏朝和商朝缺少有色金属资源，不得不到长江流域去找，后来的周朝当然也如此。铜器时代的黄河流域和长江流域，尤其是黄河下游和长江中游，正是以铜为纽带联结起来的。

夏朝向南开拓，反映在传说中，就是禹征三苗。三苗战败了，可是夏人向南推进的距离不很远，没有任何证据足以说明夏人到达了长江。

商朝在中朝以后，以南进为重大国策，成效卓著。吸引殷人跋山涉水深入南方的，正是铜和锡、铅。1988年江西省瑞昌市铜岭发现的古铜矿，开采年代上限为商代中朝。由瑞昌市往西偏北方向走，是湖北的阳新县和黄石市，连成一线，也有古铜矿，已知开采年代上限为西周，而附近有不少商代的炼铜遗迹，估计以后也会找到商代的矿井和炼炉的。湖北省武汉市黄陂区盘龙城，有商代中期的城址。从江西新干县一座相当于商代的“大墓”中，出土了制作精良的铜器多达400余件。湖南也发现了不少商代中期和晚期的铜器，铸造水平不低于中原，造型和施纹则既有纯属中原风格的，也有富于江南特色的。在湖北和湖南出土的某些商代铜器上，有“冈”“戈”等殷人的族徽②。

商朝为了打开通往长江中游的道路，非讨伐“居国南乡”的荆人不可。双方强弱悬殊，胜负立决。有些荆人被征服了，有些荆人被驱散了。这时的荆人，含有众多族系不同的部落，主体应是三苗的后裔。源于祝

---

① 长江中下游鄂、皖、赣三省的铜矿，储量大，品位高，甲于全国。

② 安徽南陵也发现了大型古铜矿，已知开采年代上限为西周。

融的那些部落，凡留在黄河流域的，都不算荆人；凡迁到商朝的“南乡”的，就算荆人。楚人是南迁的祝融部落，既受到殷人文治的熏陶，也遭到殷人武功的打击。他们避开殷人锐利的兵锋，大约在商代晚期迁到了豫西南的丹水流域。

《史记·楚世家》说：“季连生附沮，附沮生穴熊。其后中微，或在中国，或在蛮夷，弗能纪其世。”所谓“或在中国，或在蛮夷”，意即有些部落留居中原，其余的部落流散到边地去了。总之，他们已经散裂了。南迁的祝融后裔主要就是楚人，他们离开历史的主流，战战兢兢地维护着自己的生存。

第二章　“筚路蓝缕”的岁月

周太史伯说：“融之兴者，其在芈姓乎！”时在西周末，楚国还是一个混迹于蛮夷之间的小国、弱国。后来的历史证明，周太史伯确实有先见之明。不过，楚人早在西周初就遇上了转危为安的机缘。

第一节　鬻熊奠基，熊绎受封

《史记·楚世家》说：“周文王之时，季连之苗裔曰鬻熊。”荆门包山2号墓出土的竹简记楚君先祖之名，其中有“𡟜酓”，就是鬻熊①。楚人的信史时代，是从这位鬻熊开始的。

鬻熊的事迹，文献所记只有三言两语，后世乃莫知其详。他被誉为“贤者”，大概颇有见识，而且不无声望。《史记·周本纪》说：“西伯曰文王……礼下贤者，日中不暇食以待士……太颠、闳夭、散宜生、鬻子、辛甲大夫之徒皆往归之。”这个“鬻子”，就是鬻熊。按，辛甲大夫在商末为显官，散宜生在周初为重臣，鬻子在《周本纪》中被写在辛甲大夫与散宜生之间，可见非等闲之辈。

《史记·楚世家》记楚武王说：“吾先鬻熊，文王之师也。”这个“师”，容易使人误解为师保、师傅或者师氏，那官位就高了。其实，他只是火师，虽相当于传说时代的火正，但未必仍有观象授时的职司②。后人有以为鬻熊是一位大谋士甚至大学者的，于是出现了伪书《鬻子》。《汉书·艺文志》记：“道三十七家，九百九十三篇”，其中最早的四家是

① 李学勤. 论包山简中一楚先祖名［J］. 文物，1988（8）.

② 李瑾. 论我国古代“火正”职官之来源及其发展［J］. 史学月刊，1989（1）.

《伊尹》《太公》《辛甲》《鬻子》。楚人推尊鬻熊，把他当作一位大政治家兼大思想家，这是不悖于情理的，正像他们爱凤尊凤，因而把凤当作神鸟，当作天使，当作始祖的精灵了。《鬻子》的班固著录本有二十二卷，估计是战国时代的伪作，《列子》和贾谊《新书》载录了其中的几篇，全书则已佚，原貌不可复睹。今传《鬻子》仅二卷，是清代叶德辉校辑本，第一卷是唐代逢行珪注本，第二卷辑自《列子》和《新书》。

《鬻子》的内容是答周王问，问于鬻子者有周文王和周武王，似乎鬻熊活到了耄耋之年，至少是死在周文王之后的，仅此一端，便见其伪。《史记·楚世家》两次说到鬻熊死得很早，一次说“蚤卒”，一次说“蚤终”，总之没有享尽天年。周武王伐殷纣王时，据《尚书·牧誓篇》所记，有“庸、蜀、羌、髳、微、卢、彭、濮”八族与周人联军，其中无楚人，鬻熊已不见踪影，足见说鬻熊死得早是可信的。严格说来，鬻熊只是商末人，不是周初人。《史记·楚世家》说：“鬻熊子事文王。”所谓“子事文王”，意即事文王如子，这也表明他比周文王要年轻得多。

尽管如此，鬻熊毕竟使他的部众在艰难竭蹶之中获得了生机，为楚国的建成谱成了序曲。他背弃丧失人心的殷纣王，亲附深孚众望的周文王，善于因时乘势，是一位有政治头脑的大酋。他成为周文王的火师，表明他通晓法术，是一位有宗教声望的大巫。

鬻熊的部众聚居丹阳。这个丹阳应即公元前 312 年秦楚大战之地的丹阳，在豫西南，因位于丹水之阳而得名。由丹阳西北行入陕东南，过武关，越蓝关，到当时还是西伯的周文王那里去，交通尚称便利。丹阳一带是商朝和周朝鞭长莫及之处，宜耕宜牧的膏腴之乡，使楚人得以苟全于乱世。

《史记·周本纪》裴骃《集解》引刘向《别录》云：“鬻子名熊，封于楚。”此说断不可信，因为时在商末，西伯还无权封鬻熊于楚。鬻熊之于楚国，有点像西伯之于周朝，虽非开国始封之君，却是肇业奠基之主。由此，在楚君奉祀的列祖列宗之间，鬻熊的地位仅亚于祝融，而季连、附沮和穴熊都相形失色了。

鬻熊去世之后，周楚之间似乎发生了某种隔阂，其缘由不得而知。

周伐商，决战于牧野，南方好些部落都参战了，楚人却置身事外。如果周楚关系还像鬻熊在世之时那样亲睦，绝不至于如此。或许是因为楚人觉得胜负难卜，不敢孤注一掷，托辞未去，但也可能另有原委，这就不便妄断了。

鬻熊子熊丽继为大酋。《墨子·非攻篇》说："昔者楚熊丽始讨此睢山之间……"[①] 按：睢山即雎山，后世称柤山、祖山、沮山，今称主山[②]。主山在湖北南漳县西北部近谷城县边界处，主峰突兀雄伟，附近有若干或大或小的盆地隐藏在丛山之中。

从鬻熊所居的丹阳到熊丽所讨的睢山，意味着从比较富饶的地方到比较贫瘠的地方，若非势不得已，实难出此一举。熊丽不顾旧乡故居之恋，不辞跋山涉水之劳，率部南走，应是出于对周人的畏惧。丹阳的东面有一个吕国，姜姓，与周室联姻。其酋长吕尚辅佐周武王伐灭殷纣王，功盖群臣。熊丽所部与炙手可热的吕国为邻，势难自安。丹阳又恰好位于从周都镐京通往长江中游的咽喉要道上，熊丽所部若不自动趋避，必招周人疑忌。睢山一带易守难攻，是避难的理想场所。后世魏晋之际有蛮族屯聚，以梅氏兄弟为酋帅，因险布防，以强悍著称。可想而知，熊丽选中睢山一带作为新居，是很有眼力的。

上述微妙的周楚关系，由于周室内部一场戏剧性的误会的发生和消解，而戏剧性地好转了。误会发生在周成王及其叔周公旦之间，据《史记·蒙恬列传》，大致是这样的：周成王初即位，尚在襁褓之中。上朝时，由周公旦背着他去。一度病危，周公旦为求神佑，剪下自己的指甲沉进河里，祷曰："王未有识，是旦执事。有罪殃，旦受其不祥。"这，表达了他甘愿代王受祸的悃忱。祷毕，把"沉书"刻在甲骨上，放在收藏文件的"记府"里。周成王长大后，有人对他说："周公旦欲为乱久矣，王若不备，必有大事。"周成王信以为真，怒不可遏。周公旦惧祸及

---

① 毕沅校注曰："'讨'字当为'封'"。毕氏改"讨"为"封"，虽可通，但于史无据。"讨"可训"治"，文义无不通之处。

② 张正明，喻宗汉. 熊绎所居丹阳考［J］. 楚学论丛（《江汉论坛》增刊），1990.

身，逃到楚人那里去了。过不多久。周成王在“记府”看到了周公旦的“沉书”，猛然醒悟，流着泪说：“孰谓周公旦欲为乱乎?”随即诛杀了进谗者，派人把周公旦接回镐京去了。

周公旦所奔的楚，前人曾疑为卫国的楚丘。按，“楚丘”这个地名始见于春秋中期，虽在卫国境内。但不是西周卫国的都城所在，而且不得简称为“楚”。先秦因公族内部倾轧而出走的公子王孙，惯例是自窜于蛮夷之地。如商末周室的太伯和仲雍奔吴，西周晚期楚国的熊挚奔夔，还有叔熊奔濮。楚适在蛮夷之地，离周都不远不近，与周人的关系不冷不热，尚未受封，可谓化外，恰是逃祸的良好去处。周公旦所奔的楚，无疑是芈姓的楚。

周公旦回镐京后，周楚之间捐弃前嫌就是意料中之事了。当时楚人的大酋是熊丽孙熊绎，他自然会受到周室善遇的。熊绎之父熊狂，事迹不明。

《史记·楚世家》说：“当周成王之时，举文、武勤劳之后嗣，而封熊绎于楚蛮，封以子男之田，姓芈氏，居丹阳。”这时，楚君才正式厕身于诸侯之列了。说熊绎为楚国始封之君，这是不错的。熊绎受封的时间，应在周成王中年，即公元前1010年左右。

楚国的传统，只有楚君能以“熊”为氏，凡未成君者有名而无氏。以熊为氏，始于熊绎祖熊丽。由此可想而知，熊丽虽未受封为国君，却可能已自立为国君了。

第二节 栖于幽谷的雏凤

熊绎所居丹阳的地望，聚讼纷纭。或以为即鬻熊所君的丹阳，或以为在陕东南某处，或以为在今湖北枝江县的丹阳聚，或以为在今湖北秭归县的丹阳城，还有以为在今安徽当涂县的小丹阳的，诸说俱误。《左传·昭公十二年》记右尹子革答楚灵王问，说：“昔我先王熊绎辟在荆山”，“辟”，作“避”解或者作“僻”解都可通。总之，熊绎所居的丹阳与荆山相近。荆山在湖北的西部，睢山的南方[1]。熊绎所居的丹阳应在睢山与荆山之间，蛮河中游近上游之处，即今南漳县城附近[2]。说陕东南有熊绎所居的丹阳，纯属想象，与楚人早期活动于江汉之间的史迹全然不合。枝江县的丹阳聚，得名可能早在先秦，见于载籍则在秦汉以后，其地近长江，不得谓之“辟在荆山”。它可能是熊绎四代孙熊渠开疆拓土之后，因有楚国公族移居而得名。秭归县的丹阳城，据考古调查，不是先秦的城，而且附近无荆山可寻。它也称为丹阳，或许是因为熊渠子熊挚别封为夔子，其地在今秭归县。楚人怀旧念祖，国都虽迁，其名不改，于是又多了一个丹阳。此风愈演愈烈，乃至只要有相当数量的公族聚居，就可以称丹阳。当涂县的小丹阳，是秦朝始置的丹阳县治所在，得名可能在楚怀王灭越国前后，大概当初也有相当数量的公族聚居。但“阳”一作“杨”，或许本名“丹杨”，与楚人无涉。况且，小丹阳与荆山相隔太远，绝非楚国始都之地。

《史记·孔子世家》记楚昭王时令尹子西说：“楚之祖封于周，号为子男五十里。”熊绎虽受封为楚君，但名卑号微。陕西岐山县周原出土了一批周初的有字甲骨，其 H11：83 记着“曰今秋楚子来告父后哉”，足证当时的楚君确实只是“号为子男”而已。至于“五十里”，当然不是实数，只是表明版图相当于末等小国。周成王把睢山与荆山之间的蛮荒之地封给熊绎，只是对既成事实的认可，而且不无画地为牢之意。周朝所封的姬姓和姜姓的诸侯国，都在汉水以北。至于汉水以南的以及跨汉水两岸的诸侯国，都是被视为蛮夷的。

熊绎似乎颇能为王事尽心竭力，他以恭谨勤劳换来了周朝的信任和楚国的安宁。周成王去世，周康王继位，熊绎仍克尽厥责。《左传·昭公十二年》记楚灵王说：“昔我先王熊绎，与吕伋、王孙牟、燮父、禽父并事康王。四国皆有分，我独无有。”吕伋是齐太公之子，王孙牟是卫康叔

---

① 丹水上游也有荆山或者楚山，但与鬻熊所居的丹阳相距较远，与熊丽所治的睢山相距更远，熊绎绝无北迁到丹水上游去的可能。

② 张正明，喻宗汉. 熊绎所居丹阳考［J］. 楚学论丛（《江汉论坛》增刊），1990.

之子，燮父是晋唐叔之子，禽父是鲁周公之子[①]。所谓有分无分，是指齐、卫、晋、鲁四国都有周朝分赐的钟、鼎、车、旗、鼓之类象征地位和权力的宝物，楚国却没有。这原在情理之中，子男怎么能同公侯比权量力呢？与周室非亲非眷的部落酋长怎么能同王亲国戚争多论少呢？熊绎是不敢存非分之想的，已是强国的大王的楚灵王可就要为祖先愤懑不平了。

楚，又是族名，又是国名。为什么要用“楚”来做族名和国名呢？顾颉刚说是表示楚人在林中建国，徐中舒说是因为楚人在村寨周围种植别称楚木的牡荆用以防卫[②]。顾、徐二说相近，似较切实。《史记·赵世家》所记“林人”即林胡，是北方的林中人。以北证南，楚人作为南方的林中人，因得“楚”名，可谓无独有偶。假如要按先后顺序给“楚”字开列几个义项，那么，首先是植物名，其次是地区名，再次是族名，又次是国名。北方各国是“荆”“楚”混用的，无褒贬之分。楚人通常自称“楚”，但不讳称“荆”。荆门包山 2 号墓出土的楚简称楚王为“荆王”，足证旧说“荆”为贬称不确。

《左传·昭公十二年》记子革答楚灵王问，在“昔我先王熊绎辟在荆山”之后，尚有“筚路蓝缕，以处草莽。跋涉山林，以事天子。唯是桃弧棘矢，以共御王事”云云。前面两句说的是生活清苦，中间两句说的是职差辛劳，后面两句说的是贡品菲薄，总之是一番牢骚，但对后人了解当时的楚君、楚国、楚人是至关紧要的，需一一解释如下。

“筚路蓝缕”一句后来成为常用的成语，借以形容创业艰辛。“路”为车，“缕”为衣。筚路是简陋的柴车，蓝缕是破旧的袍裳。说熊绎乘柴车，大概是确凿的。说熊绎穿得邋邋遢遢，就未免夸大其词了。无论如

---

① “并事康王”：《史记·楚世家》作“俱事成王”。按，晋唐叔乃周成王之弟，其子燮父所事者为周康王的可能性大，为周成王的可能性小。

② 顾文为《讨论古史答刘、胡二先生》，见《古史辨》第 1 册；徐书为《论巴蜀文化》，四川人民出版社 1982 年版。按：周原甲骨的“楚”字有写作“𣏟”的，《楚公豖镈》的“楚”字写作“𣏟”，都很像林中有房屋，或者有村寨，或者有城邑，但“楚”字还有另外几种写法。

何，熊绎不像北方的公侯那么阔绰，这是可信的。

“跋涉山林”，是说熊绎奔波于丹阳和镐京之间，为周王效力，又纳贡，又当差。

“桃弧棘矢”，即桃木做的弓、棘枝做的箭，熊绎要贡这些玩意给周室。它们不是真正的兵器，而是模仿兵器的法器。古人以为桃树是神物，桃木有神力，用以驱鬼有神效。至于棘枝，则因其多生尖刺，做象征性的箭最为相宜。桃弧棘矢不仅可以驱鬼辟邪，而且可以消灾弭害。如《左传·昭公四年》所记：冬季藏冰，要用黑色的牡羊和黑色的黍子献祭司寒之神；夏季出冰，就该用桃弧棘矢来消禳雹灾。桃和棘所在多有，周室要楚国贡纳，可能有三个原因：一是楚国贫弱，没有什么贵重的方物，只好献桃弧棘矢之类；二是楚地所产的桃木和棘枝或许较好，属于上品；三是楚君作为火神的后裔，用桃弧棘矢来作法御雹最为灵验。

楚君所贡纳给周室的方物，除了桃弧棘矢，还有苞茅。苞茅是一种草本植物，特点是“一茅三脊”，号为“灵茅”。这种茅草似乎微不足道，在先秦却是人与神交通所常用的。

苞茅的第一个用途是做神的坐垫。如《史记·封禅书》记管仲说：“江淮之间，一茅三脊。所以为藉也。”这“藉”在《史记·孝武本纪》中径称“神藉”——就是神的坐垫。裴骃《集解》引孟康曰：“所谓灵茅也。”

苞茅的第二个用途是缩酒以敬神。当时的酒是有点浑浊的，须经过滤，变得清亮了，方可敬神，以示尊崇。缩，义同过滤。过滤的程序等于模拟神在饮酒。缩酒的“缩”字，本作“莤”。《说文解字》释“莤”字云：“礼祭束茅加于祼圭，而灌鬯酒，是为莤，象神歆之也。”祼圭是王者所用的一种酒器，以圭为柄，如盘而有流。鬯酒是一种香酒，祭神最合适。把成束的苞茅放在祼圭上，让鬯酒渗过苞茅滴入祼圭中，就表明神饮了香酒。“莤”字，上有草，下有酒，恰是缩酒仪式的写照。《国语·晋语》记周成王在岐山之阳与诸侯会盟，楚君在场“置茅蕝”，韦昭注曰：“蕝，谓束茅而立之，所以缩酒。”

鄂西直到现代仍有缩酒之祭，已知有两种办法。第一种办法是在地上先铺一层茅草，在茅草上加铺一层沙子，倒酒，让酒经沙子和茅草过滤，流在地上，就算“象神歆之”了。第二种办法是在桌上放一件容器，在容器上竖放几束茅草，倒酒，让酒经茅草过滤，流进容器，也算“象神歆之”了。比较起来，第二种办法更有古意，与韦昭所云“束茅而立之”是相符的。此等缩酒仪式与周王的缩酒仪式，恰如山野之鄙陋与庙堂之壮丽，不可同日而语。但缩酒的祭法逾三千年而不绝如缕，则令人讶异。楚俗源远流长，这也是一例。

苞茅的第三个用途是望祭。所谓望祭，就是祭名山大川。在岐阳之会上，楚君除“置茅蕝”外，还要“设望表”。韦昭注曰：“望表，谓望祭山川，立木以为表，表其位也。”望表虽是木制的，望祭却还得用茅草。《周礼・春官篇》记：“男巫掌望祀，望衍授号，旁招以茅。”这茅，也应是被认为有特异性能的苞茅。

苞茅的第四个用途是做宗庙和王宫的门檐。《韩非子・外储说》记楚庄王有“茅门之法”，不准诸色人等——连同大夫和公子在内——在入朝时驱车及于茅门檐下，以示“敬宗庙，尊社稷”。按：楚国的宗庙称为“大室”，茅门以内除王宫外，必定还有大室，否则就说不上“敬宗庙”和“尊社稷”了。周室有无茅门不得而知，可能也有的，苫在茅门上的茅，其必灵茅无疑。

苞茅的第五个用途是代表宗庙和社稷。如《史记・宋微子世家》记：“周武王伐纣克殷，微子乃持其祭器造于军门，肉袒面缚，左牵羊，右把茅，膝行而前以告。”这是一个活灵活现的投降仪式：微子肉袒面缚表示服罪，持祭器表示甘愿绝祀，牵羊表示犒劳周师，把茅表示献出宗庙和社稷，膝行表示谦卑。这茅，既然代表宗庙和社稷，应即茅门所苫和望祭所招的苞茅。

总之，苞茅之为物也虽细，其为用也则不可谓不大。

上文说熊绎为周王当差，指的是他要“守燎”。守燎别称“监燎”，是点燃和看守燎祭的火堆。参与岐阳之会的楚君应即熊绎，他既要“置茅蕝”，又要“设望表”，还要“与鲜卑守燎”，因而未能参加歃血为盟的典礼。胜任守燎这项职事的，除了楚人和鲜卑的君长，还有微国的君长。岐山周原出土的甲骨，其 H11：4 记有“其微楚ʕ厥燎师氏舟燎”。“舟”通“受”，“ʕ”则释为“勺”而借作“灼”①。全句的文义就是：由微人和楚人的君长点燃火把，交给师氏。至于灼燎的用途，当然是祭天。有些学者因楚君没有参加歃血为盟的典礼，怀疑他本来就没有这个资格。李瑾则以为周朝的守燎者类如某些印第安部落的炬火看守人，乃参加联盟会议的当然成员，所见甚是②。微国近周都，微君地位不很低。与微君同负守燎之责的楚君，作为诸侯之一，名号虽不高，参加歃血典礼的资格应该是有的③。

周朝的火师的职责，除了守燎，还有照明。《国语·周语》所记的火师，是在宾馆里管照明的。这等差事远不如守燎重要而体面，看来楚君还没有干过。

显而易见，熊绎这位楚国的始封之君虽号为子男，而实为大酋兼大巫。他的臣民在雎山与荆山之间的穷乡僻壤耕垦，过着古朴的生活。没有任何证据足以说明当时的楚国已经进入成形的阶级社会，它还只是一个原始社会晚期的部落联盟。

据文献所记，楚君姓芈，氏熊。《说文解字》释“芈”字云：“芈，羊鸣也，从羊，象声。”“熊”字，其义自明，不待诠求。假如见到“芈”字就说楚人以羊为图腾，见到“熊”字就说楚人以熊为图腾，那就错了。在金文里，“芈”作“嬭”，“熊”作“酓”。商代卜辞有“芈”，是族名，或许就是指季连后裔组成的部落，也可能是曾与陆终通婚的女嬇所属的那个部落。姓用“女”旁，上古多见，祝融的部落也染有此俗，如已姓的

① 陈全方. 陕西岐山凤雏村西周甲骨文概论［C］. 古文字研究论文集. 成都：四川人民出版社，1982.

② 李瑾. 论我国古代“火正”职官之来源及其发展［J］. 史学月刊，1986（1）.

③ 王国维以为微即益公敦和散氏盘铭文中的“眉”，“其种族一部早移居于渭水之北”，“然其本国固在南山”，见所著《散氏盘跋》，《观堂集林》卷十八。

“己”在金文中作“妃”。楚人的嬭姓，似为母系氏族留下的胎记。文献改“嬭”为“芈”。应是同音假借，并非蔑称。楚人何以姓嬭，殊难索解。或许母系女嬇为羌人，以牧羊为主要生计，本姓“芈”，后来为求典雅，才改作“嬭”的，但这只是猜测，可备一说而已。至于何以氏熊，则尚可辨而明之。金文的“酓”字，状人饮酒，其实就是“饮”字。楚君以酓为氏。应与缩酒有关，是以职为氏①。此职既为楚君所独得，此氏也就为楚君所独有了。其余的公族成员，连同公子王孙在内，都不得以酓为氏。文献以“熊”代“酓”，一则是由于这两个字读音相近②，二则是出于北方诸侯对楚人曾以禽兽视之的心理。战国时代秦楚交恶，秦人所作的《诅楚文》称楚君之氏不用“酓”字而用“熊”字，就是视同禽兽的证据。

熊绎所居的丹阳，名曰国都，实为村落，估计没有城池，只有“棘围”之类。棘围是荆棘环绕而构成的寨栅，有防御工事的作用。

西周早期，楚国的周围有若干小国。正南有权国，公族为子姓，是商代中期以后南迁的殷人，故址在今当阳市东南，与楚相距约 150 公里。东南有罗国，公族为熊姓，故址在今蛮河中游南，居南漳县、宜城市之间，与楚相距约 40 公里。东北有卢国，公族为妫姓，臣民多戎人，故址在今南漳县境，蛮河中游北，与楚相距不足 40 公里。在罗和卢的东面，今蛮河下游北，有一个鄢国，族姓不详③。在卢的东北，有一个邓国，公族为曼姓，境跨汉水两岸，而都于今襄阳市北郊。西北有一个谷国，族姓也不详，故址在今谷城县，跨汉水支流南河两岸，而都于汉水南、南河北，与楚相距不下 100 公里。在谷国的西面，约三倍于谷楚之间的距离，有一个庸国，族属是濮人，故址在今汉水支流堵河上游，竹山县东南。在庸国的西北，有一个巴国，公族为姬姓，臣民为巴人，故址在

---

① 张正明，张胜琳．楚君姓氏辨［J］．江汉论坛，1983（6）．

② 商承祚《寿春新出土楚王鼎考释》说：“熊读入喻纽，酓读入影纽，古读清浊不分，于声至近。”文见《国风》第 4 卷第 3 期。

③ 先秦文献失载，但其地称鄢，而平旷肥美过于罗、卢之地，宜必有国。这个鄢国不是位于今河南中部的妘姓鄢国，后世亦可称之为郾国，如《括地志》第 4 卷曰：“故偃城在襄州安养县北三里，古郾子之国，邓之南鄙也。”

今陕南汉水上游的东段。庸国北、巴国东有一个麇国，故址在今陕西白河县。此国即《尚书·牧誓篇》和周原甲骨所记的“微”国。“麇”与“微”音近，可通假。“麇”或作“麋”，二字形似，易误用。麇国的东面有一个绞国，是比麇国更小的庶姓小国。绞国西南是庸国，东南是谷国，三者略成一个等边三角形。

罗、卢两国逼近楚国，但不比楚国强大，只要不联合起来，就不会对楚国构成威胁。权国离楚国较远。鄀、邓两国与楚国之间隔着罗、卢两国，它们虽不比楚国弱小，但还不至于危及楚国的生存。谷、楚两国之间有崇山峻岭，彼此往来不易。还有庸国和巴国等，离楚国就一个比一个更远了。《左传·昭公九年》记周詹桓伯说：“及武王克商……巴、濮、楚、邓，吾南土也。”巴即姬姓巴国，濮以庸国为中坚，加上楚和邓，大致是从西向东排列的，都在汉水上中游之间。在南方各国中，楚和巴、庸、邓算是比较出名的，其余各国就不足周人挂齿了。

丹阳位处鄂西山地和鄂中丘陵相错相接的边缘地带：西面是高山，平均海拔约 800 米。附近是低山和丘陵，海拔在 200～300 米之间。东面是河谷和丘陵，海拔只有 100 米上下。这样的地形使楚人退可保聚，进可攻取。当时的楚地虽不是上上沃壤，但农、牧、渔、猎各业咸宜。当时的楚人虽生计不丰，但通常无冻馁之虞。荆山上有铜矿，荆山下有盐矿，虽很小，但对小国寡民的楚也算是重要的富源了。

熊绎所居的丹阳一带尽管远离发达地区，而且不在交通干线上，可是并不闭塞。和鄂西北境土相接的豫西南，早在新石器时代，就是黄河流域文化同长江流域文化交相切劘之区①。源于黄河流域的仰韶文化向南延伸，源于长江流域而与仰韶文化大致同时的大溪文化向北延伸，彼

① 佟柱臣认为这个地带是中国新石器文化的第二个“接触地带”。见佟柱臣所撰《中国新石器时代文化三个接触地带论——中国新石器时代文化综合研究之一》，《史前研究》1985 年第 2 期。苏秉琦、殷玮璋认为汉水中游的南阳、襄阳地区在黄河、长江两大流域的联结点上，见苏秉琦、殷玮璋所撰《关于考古学文化的区系类型问题》，《文物》1981 年第 5 期。

此交会于鄂西北。“在有些仰韶文化的遗址里出有大溪文化的因素，在有些大溪文化的遗址里出有仰韶文化的因素。”[①] 继大溪文化而起的屈家岭文化，时代与仰韶文化末期和庙底沟二期文化相当，北向延伸到豫西南，其文化因素则传播到豫中的禹县一带。继屈家岭文化而起的石家河文化，其北界大致与屈家岭文化相合，其内涵则与中原龙山文化有不少共同的因素。中原王湾类型的文化是龙山文化的一支，与石家河文化相渗透，如前者的少量镂空器和圈足器显示出后者的影响，后者的少量方格纹和绳纹则显示出前者的影响[②]。湖北郧县的青龙泉遗址，下层为仰韶文化，中层为屈家岭文化，上层为带有龙山文化因素的石家河文化。这样的叠压关系，正是南北文化交相激荡的地下实证。楚人的先民长期与华夏的先民交往，吸收了华夏的先进文化。楚人从黄河下游来到长江中游，从豫西南来到鄂西北，与江汉地区的楚蛮相比，他们的人口数量固然处于劣势，他们的文化素质却占着优势。他们像一颗来自北国的良种，落进了南国荒芜而肥沃的土壤，可能遭虫豸啮食，可能被风雨摧折，但也可能生得出众，长得非凡，这就全取决于努力和机缘了。

熊绎安分守己，使他的臣民得以休养生息。对一个几经颠沛流离的民族来说，能有一个宁静的家园，这就够好的了。至于前途如何，则吉凶未卜。假如说，春秋、战国之际的楚国文明昌盛，溢彩流光，像一只美丽的凤，那么，草创时期的楚国就还只是一只刚破壳而出的雏凤，一点也不比凡鸟显眼，栖于幽谷，连同自己在内，谁也想不到它后来竟然会迁于乔木的。

第三节　周昭王南征、周穆王东征与楚人

一阵历史的风波引发了一场历史的误会。

熊绎死，其子熊艾继立。熊艾死，其子熊黮继立[③]。约当熊黮之时，周昭王南征，大败，归途中溺毙于汉水。一说，周昭王是去讨伐楚国的，

---

① 向绪成. 试论长江中游与黄河中游原始文化的关系［J］. 考古与文物，1988（1）.

② 向绪成. 试论长江中游与黄河中游原始文化的关系［J］. 考古与文物，1988（1）.

③ 熊黮：司马贞《史记索隐》作“熊亶”。

他是被楚人打败并且害死的。后来，如《左传·僖公四年》所记，管仲代表齐桓公向楚成王的使者数落楚国的罪过说："昭王南征而不复，寡人是问。"楚辞《天问》所谓"昭后成游"，即指周昭王南征。东汉王逸注此句曰："南至于楚，楚人沉之。"王逸以所著《楚辞章句》名世，家乡又恰在汉水中游，后人多信其说，至今史学家仍有以为王逸所注不误的。古人多贬楚，借此谴责楚人的阴谋。今人多褒楚，借此宣扬楚国的实力。其实，这是一宗冤案或者一场误会。

关于周昭王的南征，其他文献记录了一些情节。据《吕氏春秋·音初篇》：周昭王"亲将征荆"，由身高力大的辛余靡做他的车右。归途中过汉水，"梁"（桥）坏了，周昭王溺毙在水中。辛余靡入水抱住他的尸身，游到了北岸。这里，没有说是楚人害死的。据《史记·周本纪》，周昭王到南方"巡狩"，"卒于江上"，也没有说同楚人有什么牵连，倒是指出了周昭王的过失——"王道微缺"。据张守节《史记正义》引《帝王世纪》，周昭王南征时，乘船渡汉水，"船人"想害他，故意让他乘"胶船"。到了中流，胶化了，船散了，周昭王死在水中，是辛游靡把他的尸身抱上岸的。《帝王世纪》对周昭王也有微词，说他"德衰"。《帝王世纪》与《吕氏春秋·音初篇》有两点重大的出入：其一，周昭王过汉水，不是从桥上走，而是乘着船；其二，是"船人"有意害死周昭王。至于"辛游靡"和"辛余靡"，则只差一个音近的字。所谓"船人"，既可能是当地的船主或者船夫，也可能是为周王掌管船只的官员。据《初学记》第7卷引《竹书纪年》，周昭王十六年"伐楚荆"，过汉水时，遇到"大兕"；十九年，又南征，突然天昏地暗，野鸡和野兔都吓坏了，周朝"丧六师于汉"。据《太平御览》第874卷引《竹书纪年》，说事在周昭王末年，一天夜里有五色光贯穿帝星紫微，这年周昭王"南巡不返"。据《天问》，周昭王南征遇见了"白雉"，没有说是怎么致死的。

已知为周昭王时所作的铜器，有六件在铭文中说到了周昭王南征①。

---

① 《馭簋》《过伯簋》《䨻簋》《史墙盘》，可参考郭沫若《两周金文辞大系》；《䛒簋》《唯叔鼎》，可参考李学勤《论长安花园村两墓青铜器》，《文物》1986年第1期。

所“征”的是“荆”，或称“楚荆”。所“孚”的是“金”，即铜。六器都没有说到周昭王之死。

通观上列史料，可以作出下列判断：其一，周昭王至少曾两次渡汉南征；其二，周昭王所征的对象，简称为“荆”，繁称为“楚荆”；其三，周人在南征时掠夺了荆地的铜锭和铜器；其四，荆人在汉水附近歼灭了周朝的“六师”；其五，兵败之后，周昭王北归渡汉，因船只破散或浮桥断裂而溺毙。

疑问集中到一点上，即周昭王所征的对象是否包括楚国在内。若是，则周昭王之死与楚人有关；若否，则周昭王之死与楚人无涉。

楚人对此是矢口否认的。《左传·僖公四年》记楚成王的使者回答管仲说：“昭王之不复，君其问诸水滨。”杜预注曰：“昭王时汉非楚境，故不受罪。”楚成王的使者说得很轻巧、很俏皮，善辩的管仲竟无言以对，可见管仲提出的责问只是借着地点的相近找来的一个由头，并非深信确有其事。当时的楚人无力犯上作乱，当时的楚国虽有铜而甚少，周昭王既用不着无端问罪于一个服服帖帖的区区子男，也犯不着到穷乡僻壤去搜刮。周昭王的南征，除了一时兴起的巡狩，主要意图应是到产铜区铢索。长江中游的铜矿集中在鄂东南和赣西北，离楚国很远。周昭王南征的路线，应是经由南阳盆地绕到随枣走廊，而后渡过汉水，跟楚国沾不上边。当时的周人还没有足够的经验和器械在汉水上架桥，用船来渡过大队人马又很难。估计周人只能驱使土著把大大小小的船连接起来，架设浮桥。土著出于怨恨，在工程中做了些手脚，让浮桥在周人簇拥着周昭王和他的车经过时解体，以致不会游泳的周昭王死于水中。所谓“胶船”应是传闻失实之辞，殊难置信。

周昭王所征的“楚荆”，应是以地名代族名，泛指长江中游江汉之间桀骜不驯的诸多方国和部落，其中的土著被周人称为“荆”或者“楚荆”“荆蛮”“荆楚”“楚蛮”，此外还有些是殷人的遗民[①]。

---

① 龚维英. 周昭王南征史实索隐［J］. 人文杂志，1984（6）.

南征楚荆的惨败对周朝是一个沉重的打击，从此，周人视汉水为畏途，再也不去问津，只能东征淮夷了。

后世汉水中游每逢暮春上巳之日，民间有投吊的风俗："以时鲜甘味，采兰杜包裹，以沉水中。或结五色纱囊盛食，或用金铁之器，并沉水中，以惊蛟龙、水虫。"用意是祭周昭王以及同他一起溺水而死的延娟、延娱两位"巧善歌笑"的女子①。这应是周代"汉阳诸姬"的遗风余俗，比投吊屈原早。唐人梁洽《观汉水》诗有句曰："求思咏游女，投吊悲昭王。水滨不可问，日暮空汤汤。"

淮夷的南面，长江中游的东段和下游的西段，是当时产铜的渊薮。周人同淮夷作战，既是主动的，又是被动的。主动，是要淮夷的铜；被动，是因为淮夷不服王化，而且曾经侵入中原的腹地。广义的淮夷包括徐夷或称徐戎在内，徐夷是淮夷中最偏北又最偏东的一支，故都在今江苏泗洪县境。徐夷的文化水平明显地高于其余的淮夷方国，因而淮夷唯徐夷马首是瞻。据古本《竹书纪年》，周昭王子周穆王曾大举伐徐，有"楚子"从征。按：熊䵣死，其子熊胜立。熊胜死，其弟熊杨立②。熊杨死，其子熊渠立。从周穆王东征的"楚子"若非熊胜，则必熊杨。周穆王三传至周孝王，淮夷一度逼近洛邑（今洛阳市），此事见《敔簋》铭文。在连续几代的多次伐淮夷之役中，周朝消耗了大量的财力和兵力。正是在这样的形势下，蛰伏在睢山和荆山之间的楚人锋芒初露了。

第四节　熊渠开拓"江上楚蛮之地"

从熊绎到熊渠，五代六君，历时约一个半世纪，楚人惨淡经营，境况大为改善。当熊渠在位时，显示了转弱为强的势头。先前的五位楚君，

---

① 王嘉．拾遗记［M］．卷2．北京：中华书局，1981：55．

② 熊杨：司马贞《史记索隐》作"熊炀"，别本作熊钖。

除熊绎外，其余四位在文献中似乎乏善可陈，徒见名姓而已。其实，他们对内致力于建设楚人的家园，对外实行审慎的睦邻政策，而成效见于熊渠之世。其中的一位，熊胜或者熊杨，因曾从周穆王伐徐，大开眼界，而且获得了较多的铜源。随着人口的增殖，国力的增进，楚君按捺不住掠夺和征服的欲望，而变雌为雄，转守为攻了。在楚国走向振兴的道路上，熊渠和他的臣民树立了第一块震烁江汉的里程碑。

熊渠颇有胆气和勇力，善射，有一则射石饮羽的故事流传到后世。上古以善射著称的神话兼传说人物是射落过九个太阳的羿，然而据说还有射艺在羿之上的真实人物。《史记·龟策列传》说：“羿名善射，不如雄渠、蠭门。”“雄渠”就是“熊渠”。《新序》第4卷说：“昔者楚熊渠子夜行。见寝石，以为伏虎，关弓射之，灭矢饮羽。下视，知石也。”《论衡·儒增篇》以为这是儒者增饰之辞，不可置信。其实，后来的养由基和李广也有同样的故事，未必都出于儒者的增饰。养由基是春秋时代的楚人，李广则是秦裔的汉人。无论如何，熊渠射艺出众是可信的。射石饮羽，表明他所用的镞坚硬而锐利，楚国制作铜质兵器的技术已经不低了。熊渠使出最大的气力，把最好的箭镞射进石缝里去是完全可能的。至于说连同箭翎也全射了进去，这可就真是增饰之辞了。

这位善射的熊渠并非一介莽夫，他颇有野心和谋略。在信史中，熊渠是第一位有声有色的楚人。他使楚国从睢山和荆山之间脱颖而出，不再像先君熊绎那么安分守己了。

熊渠一面继承先君的遗规，小心地睦邻；一面整军经武，大胆地开疆。《史记·楚世家》说：在周夷王时，王室衰微，诸侯交相攻伐，“熊渠甚得江汉间民和，乃兴兵伐庸、杨粤，至于鄂。熊渠曰：‘我蛮夷也，不与中国之号谥。’乃立其长子康为句亶王，中子红为鄂王，少子执疵为越章王，皆在江上楚蛮之地。及周厉王之时，暴虐，熊渠畏其伐楚，亦去其王。”由此可知，熊渠施政、用兵有两大特点：其一是相机乘势，在周朝软弱时奋翼而飞，在周朝强硬时敛翅而息，宜进则必进，须退则暂退；其二是近交远攻，近交以固其本，远攻以展其枝。第一个特点显示了政治家的机敏，这虽是不可或缺的素质，但还不算突出。第二个特点显示了军事家的气魄，既敢于远程奔袭，也善于克敌制胜，这在当时可称得上是罕见的。

楚国东面的邓、卢、罗三国，从北到南，纵向排列，如常山之蛇，击其首则尾救之，击其尾则首救之，击其身则首尾俱救之。熊渠深知对这条常山之蛇还力不能制，未敢启衅，同它修好，让它至少能保持善意的中立，以解后顾之忧。

伐庸，应为突袭。庸、楚之间，山萦水回，道路崎岖，楚师若非突袭，断难奏效。这次突袭似乎不甚得手，或许只是因为曾受庸师骚扰，采取报复性、警告性甚至演习性的军事行动。楚人历来住在平原或者山间盆地中，积久成习，嫌弃山地，在楚国长约八百年的历史中，始终不改。他们在平原用兵容易成功，在山地用兵容易失败，一贯如此。熊渠举兵伐庸，想来是不得已而为之。

伐杨粤，应为先蚕食、后鲸吞。杨粤，或作“扬粤”，即扬越，在长江中游，东部多、西部少，南部多、北部少。“扬越”之名得自扬水，是他称，非自称。扬水在江汉平原中部，连接长江和汉水。楚人最早接触的越人是扬水流域的，因而称之为“扬越”，后来把长江中游的其他越人也笼而统之称为扬越了。楚师伐扬越，从丹阳南下，进入江汉平原西部，到今当阳、江陵、荆门一带，再东下，沿途无险阻。江汉平原西部除了权国之外，没有名见经传的方国，只有楚蛮和巴人的散部错居杂处，便于楚师乘隙而入。打通了江汉平原西部的通道，东向伐扬越就势如顺水行舟了。

熊渠伐扬越，终点是鄂。鄂立国甚早。商末，鄂侯与西伯昌、九侯并称“三公”，见《史记·殷本纪》，当时的鄂国在南阳盆地。入周后不久，鄂国东迁，都于今湖北鄂州市。后世的文献称南阳的鄂为西鄂，称鄂州的鄂为东鄂，其实，西鄂和东鄂不是并世共存而是异时相承的。“鄂”，西周金文作“噩”，像鳄鱼之形。由此可知，鄂国乃以其地多扬子鳄而其人奉扬子鳄为图腾而得名。鄂国东迁，密迩长江中游的铜矿，得其厚利，在西周中期与晚期之际臻于极盛。周夷王死，周厉王立，鄂侯騃方一度颇蒙恩宠，与王宴饮，受王重赐，事见噩侯騃方鼎铭文。但是，不久，騃方与淮夷结盟，为淮夷张目，“广伐南国、东国”。周厉王派西六师和殷八师伐鄂，命令他们“勿遗寿夭”，意即不分老少格杀勿论，然而没有成功。周厉王又派禹率戎车百乘、徒兵千人增援，才擒获騃方，攻灭了鄂国，事见禹鼎铭文。

熊渠伐鄂，应在騃方成为周人阶下囚之后，等于趁火打劫。甚至可能是以“勤王”之名，说是帮周师去打鄂师，待到周师俘获了鄂君，楚师才乘人之危袭取了鄂都。本来，楚不敌鄂，但在鄂师主力被周师击溃之后，楚师去扫荡鄂师的残兵败将却是胜任的。熊渠不畏长江风涛之险，劳师远出以伐鄂，无疑是受了铜矿的诱惑。伐鄂的胜利使长江中游的铜矿不再是扬越和淮夷的奇货以及周朝的禁脔，而成为楚人得以染指之物了，这对楚国的振兴起着莫大的作用。熊渠一生所做出的最重大的决策，以及所建树的最辉煌的功业，就是伐鄂。

熊渠三子：长子“康”，《史记·楚世家》亦作“毋康”；中子“红”，《史记·楚世家》亦作“挚红”；少子“执疵”，《左传·僖公二十六年》以及《史记·楚世家》张守节《正义》引宋均所注《乐纬》亦作“挚”，司马贞《索隐》引《系本》则作“疵”。这般同名异称，应是一为简称而一为繁称，恰如他们的始祖，简称为“融”，繁称为“祝融”。毋康所王之地句亶，据《史记·楚世家》裴骃《集解》引张莹之说，在今江陵。挚红所王之地鄂，在今鄂州，已见上文。执疵所王之地越章，不易指实，可能在江陵与鄂州之间某处①。做这样的布局，想来是为了确保运输红铜的战略通道的安全。至于命三子俱为王，气魄是够大的，但未免冒失了。不久，熊渠见周厉王对反叛的方国态度强硬而手段残暴，自行削去了三子的王号。王号尽管削去，封地依然存在。

① 何光岳以为越章在今湖北安陆，其地有章山，章山亦称豫章，是后来吴楚大战之处，“越”通“豫”，豫章即越章，可备一说，见所著《“越章”考》，《江汉论坛》1984年第10期。

20世纪50年代，湖南发现楚公豪秉戈一件。按，楚公豪即熊渠[①]。此戈为巴蜀式戈，但铭文为原铸而非补刻。江汉平原西部有巴人，如江陵的陀江寺遗址就是巴人的文化遗存[②]。既然熊渠的长子封在江陵，那么，楚人必定已占领江汉平原的西部，必定已接触当地的巴人。楚人所见的巴蜀式戈，应得之于江汉平原的西部。熊渠对巴蜀式戈发生了兴趣，命工匠仿造了一件，还铸上了铭文。此戈制作精良，纹饰华丽而怪异，援的两面都有若干规整的椭圆形黑斑，在同类兵器中殊为罕见。显然，熊渠和他的一些部属愿意吸收其他民族的积极的文化因素，同时喜欢搞别出心裁的创造。仿造一件铜器，尤其是戈之类形制比较简单的铜器，并不困难，只要付出相应的努力，仿造得很好也是容易做到的。但像楚公豪秉戈那样，寓变通于模仿之中，就非有创新的欲望和才能不可了。楚公豪秉戈是已知年代最早的一件楚国铜器，也可以说，在已知的所有楚国铜器中，它是年代最早的一件珍品。不鸣则已，鸣必惊人，这用来描述熊渠的功业和遗物，都是不算过分的。

熊渠的遗物，还有楚公豪钟四枚，多为传世之器，铭文为："楚公豪自作宝大林钟，孙孙子子其永宝。"

第五节 动荡的时世

熊渠嫡嗣毋康早死。熊渠谢世之后，挚红和执疵兄弟相争，结果是挚红继为楚君，执疵挈家远走而自立为夔君。这位夔君可能又曾自号

---

① "豪"：张振林释为"家"，见所著《试论铜器铭文形式上的时代标记》，《古文字研究》第5辑。荆门包山2号墓出土的竹简也有"豪"字，绎其前后文意，确为"家"字。张亚初认为"渠"通"家"，都是鱼部字，"渠"为群纽，"家"为见纽，楚公豪即熊渠，其说可从，见所著《论楚公豪钟和楚公逆镈的年代》，《江汉考古》1984年第4期。

② 江陵文物局. 江陵陀江寺古文化遗址［J］. 江汉考古，1988（2）. 陀江寺濒沮漳河，遗址东西约800米，南北约200米，所出釜形鼎、卷沿盆、大口斜直腹盘和束颈罐等陶器都有巴蜀风格。

“越章王”，其兄挚红听之任之。《国语·郑语》有所谓“芈姓夔越”，前人不知何以将“夔”与“越”连称，唯一可通的解释应是指芈姓的夔子国越章王及其后裔，其他各种解释都不免失之穿凿。

《史记·楚世家》说：“挚红卒，其弟弑而代立，曰熊延。熊延生熊勇。熊勇六年，而周人作乱，攻厉王，厉王出奔彘。熊勇十年，卒，弟熊严为后。熊严十年，卒。有子四人，长子伯霜，中子仲雪，次子叔堪①，少子季徇。熊严卒，长子伯霜代立，是为熊霜。熊霜元年，周宣王初立。”

这里有两个疑点。第一，当周厉王时，竟有三代共五位楚君，即熊渠、熊挚红、熊延、熊勇、熊严。按，周厉王在位连同共和行政时期在内不过三十年，其间楚君如此之多，实难令人置信。熊勇、熊严两人占去二十年，熊渠的后期连同熊挚红、熊延仅得十年，更易令人生疑。第二，《史记·楚世家》上文说“熊渠生子三人”，其中无熊延，这里却说熊挚红为其弟熊延所杀，令人是非莫辨。如果上列五位楚君都实有其人，先后更代也实有其事，那么，熊挚红与熊延的行辈就值得推究了。假如熊延确为熊挚红之弟，他就一定是在熊挚红及其兄毋康、弟执疵俱为王以后出生的，出生不久其父熊渠即去世。以幼年之弟杀壮年之兄，这可能性是几乎没有的，数年之后就由子熊勇继位更绝无可能。看来，《史记·楚世家》是把熊渠之弟误记为熊挚红之弟了。当年这场流血的政变，大概不是弟杀兄，而是叔杀侄，就像后来熊通杀其侄而自立，以及公子围杀其侄而自立那样，这可能性倒不小。也就是说，在三十年之内，除了熊渠占去几年之外，相继袭位的楚君只是两代四位，如此而已。

熊渠去世之后，楚国的公室一而再地发生内讧，乃至自相残杀，这表明当时有权可争、有利可夺，而且不可不争、不可不夺了。氏族的传统，家族的习惯，被越来越增多的私有财产和越来越扩大的政治权力冲决了。

熊严四子，据《国语·郑语》，是为“伯霜、仲雪、叔熊、季紃”。与《史记·楚世家》对照，叔熊即熊堪，季紃即季徇。《史记·楚世家》

① 堪：司马贞《索隐》曰：“一作湛。”

说："熊霜六年，卒，三弟争立。仲雪死；叔堪亡，避难于濮；而少弟季徇立，是为熊徇。"这是楚国公族又一次内讧，结局是：老大死后，老四杀死老二，赶走老三，自立为楚君了。《国语·郑语》称叔熊为"蛮芈"，这是由于叔熊逃到濮地之后，变服从俗，蛮化了。《国语·郑语》还说季紃是一位"聪明"的国君，能"和协"其臣民，"盖其先王"。所谓"盖其先王"，意即超过先前的各位楚君，这显然是誉之过甚了。

周室因危难和衰弊而进入了动荡的时世，楚国则因幸运和兴旺而也进入了动荡的时世。前者在演着有时颇为喜剧化的悲剧，后者却在演着有时不乏悲剧性的喜剧。

《史记·楚世家》说："二十二年，熊徇卒，子熊咢立。"按，熊咢有楚公㚖镈传世。

《史记·楚世家》接着说："熊咢九年，卒，子熊仪立，是为若敖。若敖二十年，周幽王为犬戎所弑，周东徙。……二十七年，若敖卒，子熊坎立，是为霄敖。霄敖六年，卒，子熊眴立[①]，是为蚡冒。……蚡冒十七年，卒。"

文献记楚君在位的年数，始于熊勇。熊勇七传至蚡冒，历五代。其间，周厉王被逐、周宣王初立以及周幽王被杀，使熊勇至蚡冒共八位楚君的元年和末年得以一一考定。

熊勇——元年为公元前 847 年，末年为公元前 838 年；

熊严——元年为公元前 837 年，末年为公元前 828 年；

熊霜——元年为公元前 827 年，末年为公元前 822 年；

熊徇——元年为公元前 821 年，末年为公元前 800 年；

熊咢——元年为公元前 799 年，末年为公元前 791 年；

熊仪（若敖）——元年为公元前 790 年，末年为公元前 764 年；

熊坎（霄敖）——元年为公元前 763 年，末年为公元前 758 年；

熊眴（蚡冒）——元年为公元前 757 年，末年为公元前 741 年。

---

① 熊眴：《国语·郑语》韦昭注作"熊率"。

从熊勇即位到蚡冒弃位，计得 107 年。加上从熊渠弃位到熊勇即位不足 10 年，则从熊挚红到蚡冒共十位楚君历时不过 115 年左右。熊徇、若敖、蚡冒在位时间较长，三人共 65 年。其余七人合计只有 50 年左右。平均每人仅得 7 年左右。从熊延到蚡冒共九位楚君都是善终的，而享国之日较浅，可见那时楚人的平均寿命不长，就连楚君也多数是壮年谢世甚至青年夭折的。

楚国的环境充满了机会和风险，楚国的社会增添着欢乐和悲苦。在若敖至蚡冒时，楚国对内为贵族造福，为平民谋利，同时不免向农奴和奴隶之类贱民肆虐；对外则相机而动，张其兵威，逞其武略，版图有增无已。这样的一个时代，正是楚人与扬越、楚蛮、巴人文化相激相融的时代。

第六节　优越的环境

楚国是在湖北崛起的。湖北在古代历史上所占的地位和所起的作用，以在楚国的统治下最为显赫，任何其他朝代都相形见绌。说到这里，需要把湖北在当时的自然条件和人文条件作一个简要的介绍，以便读者了解楚人是在怎样的一个历史舞台上演出的。

从地貌来看，湖北正好处在东西之中、南北之间。说湖北处在东西之中，这是因为：中国的地势从西到东由高变低，呈三级阶梯之状。青藏高原为第一阶梯，南起云贵高原、中经四川盆地和黄土高原、北至内蒙古高原为第二阶梯，华中迤东的丘陵和平原为第三阶梯。湖北正好处在从第二阶梯到第三阶梯的交接地带：鄂西在第二阶梯的东部，鄂中迤东在第三阶梯的西部。说湖北处在南北之间，这是因为：鄂北连接着秦岭、大巴山、桐柏山和大别山，鄂中迤南则为江汉平原和江南低山丘陵。整个地貌呈箕形：中部的江汉平原又平又低，西部、北部、东部是山地，南部向洞庭湖敞开。

长江中游平原是一个“饭稻羹鱼”之乡，早在新石器时代就已如此。在湖南澧县彭头山新石器时代早期的遗址中，发现了已知年代最早的人工栽培稻谷的遗迹，距今八千余年①。在新石器时代中期江汉平原屈家岭文化的若干遗址中，发现过很多碳化的人工栽培稻谷②。在湖北沙市周梁玉桥商代的遗址中，发现了一些个体大得出奇的水生动物遗迹。以楚人视为珍馐的鼋为例，最大的一件背壳所代表的个体长度不下 40 厘米③。

周代的湖北，植被比现代密，水域比现代宽，水位比现代低。至于气温，则是西周比现代冷些，而东周比现代暖些。从若敖到蚡冒，恰在两周之交，气温由低转高之时。从此，江汉平原显得比以往任何历史时期都更加富饶了。竟东周之世，从襄阳到江陵，都有喜温怕冻的橘和柚生长，可见当时虽夏有酷热而冬无严寒。当时的湖北，不仅是鱼米之乡，而且盛产丝、麻，山中多漆④，泽中多鹿⑤，水中多珠⑥，还有铜、金、银之类有色金属矿和盐矿。其中，铜矿储量既丰，品位又高，开采和运输都比较容易。

在这样的环境里，楚人是不会满足于区区江汉平原西部的。

从民族和文化来看，湖北也恰好位居东西南北之中。汉藏语系的四大语族，最迟在周代已具雏形。汉语族的先民在北，壮侗语族的先民在东，苗瑶语族的先民在南，藏缅语族的先民在西。四个语族相互接触、彼此交错的中心，就在湖北。北来的姬、姜等姓和殷人的遗民是汉语族的先民，扬越属于壮侗语族的先民，楚蛮的多数应是苗瑶语族的先民，还有，巴人属于藏缅语族的先民。

西周晚期，几个姬姓和姜姓的中小诸侯国南迁到淮汉之间。其前锋是姬姓的曾国（随国）和唐国，以及姜姓的厉国，都在今湖北随州市。

① 裴安平，曹传松. 湖南澧县彭头山新石器时代早期遗址发掘简报 [J]. 文物，1990（8）.

② 丁颖. 江汉平原新石器时代红烧土中的稻谷壳调查 [J]. 考古学报，1959（4）.

③ 彭锦华. 湖北沙市周梁玉桥遗址动物骨骼的鉴定与研究 [J]. 考古与文物，1990（1）.

④ 鄂西南的毛坝漆，至今为中国第一名漆。

⑤ 直到五代，江陵周围仍多鹿。《太平广记》卷 443 引《北梦琐言》云："南中多鹿。"

⑥ 《吕氏春秋·重己篇》以"江汉之珠"与"昆山之玉"连称。《新序·杂事篇》以"珠产江汉"与"玉产昆山"连称。

一说，在随州东应山县的贰国和在随州南应城县的轸国也是姬姓的，但不可确考。至于周代所谓“汉阳诸姬”，则除曾、唐等国外，是把桐柏山、大别山以北淮水流域的若干姬姓国也算在里面的。在汉阳诸姬中，文化最高、名声最大的是曾国，它的铜器铸造工艺与中原的水平几乎不相上下。这些姬姓和姜姓的诸侯国，像一个半岛，伸进了蛮夷的海洋。离他们不远的地方，就是扬越、楚蛮和巴人。周昭王南征的惨败提醒他们：就到汉水为止，再也不要往南去了。

扬越，上文已指出，是长江中游的越人。《吕氏春秋·恃君篇》说：“扬、汉之南，百越之际，敝凯诸、夫风、余靡之地，缚娄、阳禺、驩兜之国，多无君。”其中列举的各部，古今史家大抵以为即扬越。其实不全是扬越，也有楚蛮。各部的名号，有的是实录，有的则出于传闻。所谓“阳禺”，应即扬越。所谓“多无君”，意即多数不成国家，没有君主，不相统属。扬越也曾有一个较大而且较强的国家，就是鄂国，但它到西周晚期已不复存在了。扬越的先民原来生活在长江下游，大约在新石器时代中期以后迁徙到长江中游。湖北黄冈螺蛳山遗址的文化内涵，兼有长江下游和中游的因素，应是西进的越人的文化遗存①。

楚蛮的主体应是传说时代“三苗”的遗裔。韦昭为《尚书·吕刑篇》所作的《正义》说，三苗为“炎帝之后”，这是五行学说把炎帝定位在南方以后才出现的一种说法，不足为据。三苗别称“有苗”或者“苗民”。还有人说，苗就是“髳”、就是“蛮”，三字同声互假，这也是可能的。三苗的“三”，恰如九黎的“九”，都是言其多也，以示族类纷繁、部落众多。《史记·五帝本纪》说，三苗在“江淮荆州”。《战国策·魏策》记吴起说：“三苗之居，左彭蠡之波，右有洞庭之水，文山在其南，而衡山在其北。”吴起是战国初期人，他说的彭蠡即今鄱阳湖。他说的洞庭即今洞庭湖。至于文山和衡山的地望，古今学者多所考证而莫衷一是。若非地名古今相异，则必方位南北互倒。总之，一个应在鄱阳、洞庭之南，

① 黄冈地区博物馆．湖北黄冈螺蛳山遗址墓葬［J］．考古学报，1987（3）．

一个应在鄱阳、洞庭之北。江汉地区适居其中，应是三苗的腹地。江汉地区的新石器文化，即年代较早的屈家岭文化和年代较晚的石家河文化，以及在他们的西边而年代更早的大溪文化，都应当是三苗的文化遗存。三苗一度北上中原，后为夏人击退。殷人推进到长江中游，被称为“荆”或者“荆蛮”“楚蛮”“荆楚”“楚荆”的三苗遗部就变得七零八落了。在今湖北监利县东曾有一个州国，其臣民可能是三苗的遗部。

巴人从大巴山脉南下，经由巫山，而进入了武陵山脉。上文已提到的位于陕南的那个巴国，是一个有子男之号的封国。在它的南面有两个巴人的方国：其一可称为七姓巴国，在川东南，而伸张及于湘西北，后世称之为板楯蛮；其二可称为五姓巴国，在今鄂西南，也伸张及于湘西北，后世称之为廪君蛮。此外。还有一些巴人的散部，多数在江汉平原的西部和中部。其中最偏东的一部迁徙到涢水流域，建立了一个郧国，当然也只是方国，其都应在今湖北安陆县境。新石器时代巴人先民的文化遗存，在长江上游和中游的交接地带，即陕南、川东南、鄂西南、湘西北乃至江汉平原西部，已发现了不少，但在涢水流域尚无所见。

濮人，除庸国外，都是“离居”的。所谓“离居”，意与“无君”相近，是部落分散而不相统属。濮人的语言系属至今无法确认，其民族系属也如此。它最初可能是从云贵高原甚至中南半岛迁来的，一路上吸收了其他民族的成分。进入湖北境内的濮人，大概是所有濮人中最偏东北的一些部落了。今湖北房县位于古代庸、楚二国之间，其七里河的新石器时代遗址有拔牙之俗与猎头之风并存的遗迹①，应为曾受越人影响的濮人的文化遗存。

上述自然环境和人文环境，为楚人提供了一试身手的大好舞台。这个舞台无疑是非常优越的，自然条件和人文条件诚然相当复杂，但在汉水以南富饶的平原上，没有一个强大到足以使楚人望而却步的权力实体，

① 王劲，林邦存. 房县七里河遗址发掘的主要收获［J］. 江汉考古，1984（3）. 按：古代拔牙之俗流行甚广，在我国以东南为最盛，但中南、西南也有，主要是越人之俗。猎头之风多见于东南亚和大洋洲，在我国的西南和台湾也有，主要是濮人之风。

楚人在那些“离居”和“无君”的部落中尽可游刃自如。况且，熊渠已经为他们在今当阳、江陵、荆门一带建立了一个牢固的阵地，在今鄂州一带建立了一个虽未必牢固但尚能维持的据点。总之，一切都可以说事在人为了。

第七节 在阶级社会的门槛上

熊仪称“若敖”，“熊坎”称“霄敖”。“敖”的本义是军事首领，相当于统帅，职位仅亚于楚君。楚国的公子如果担任了统帅，便可称“敖”。如果继承了君位，就要在本名的前面加上氏号“熊”字①。若敖和霄敖在未成君时已是楚国的军事首领，而且必定已有卓著的战功，以致后人惯于以“敖”呼之，其原名反而不彰了。“若”和“霄”都是地名，若在商密（在今河南淅川县境），霄无可考②。若即鄀，是一个允姓的小国，其都商密与鬻熊所居的丹阳相距不远。楚人怀念祖居之地，虽已迁离，而仍以其名为氏。鄀地原为楚人所居，在楚人迁离后才为允姓所占的。春秋时代的若敖氏，与鄀结有不解之缘。晋楚战于城濮之后，若敖氏的子西被封为商公。江永《春秋地理考实》以为商即商密，其说中的。楚穆王时，迁鄀至今湖北钟祥市境，其地近敖水。敖水之得名，似与若敖氏有关。东北有郧，是斗氏所封之地。东南有成臼，疑为成氏所封之地，成为邑名，臼为水名。斗、成二氏是若敖氏的大小两支，在春秋中期楚国的历史上颇有影响。楚庄王时有斗克黄，也是若敖氏的后裔，其铜器两件已在淅川县内发现。

---

① 前人以“敖”为夏言，多方求解，或释之为“陵”，或释之为“豪”，都不得要领。“敖”乃楚言，不可以夏言求其正解。春秋时，楚有莫敖掌军，为全军之帅；战国时，又有连敖掌军，为一军之将。由此可知，敖必为军帅。

② 楚君称“敖”者共五人，除若敖、霄敖外，还有文王子熊艰为堵敖（一作“庄敖”），康王子熊麇为郏敖，灵王弟子比为訾敖。史称郏敖葬于郏地，訾敖葬于訾地。循此文例，可知堵也是葬地之名，其地应在后世的堵阳，今河南邓州市境。当然不是死后才称某敖的，应为生前即以其祖居之地名而称之为某敖。

蚡冒与若敖相似，也应是尊号。楚昭王时有申包胥，别称“棼冒勃苏”，“勃苏”应即“包胥”，则“棼冒”似即“申”。疑“蚡”为“申”，而“冒”即“敖”，以音近而假借。申国为姜姓，原在北方，周宣王时迁到南阳盆地，其都与鬻熊所居的丹阳也相距较近。

若敖、霄敖、蚡冒三位楚君，在位时恰逢两周之际。后世的楚人往往将享国仅六年的霄敖略而不计，径称“若敖、蚡冒”。

从文献的零星记载来看，若敖和蚡冒都治国有方。后来，连晋人也承认是这样。《左传·宣公十二年》记晋楚战于邲之前，晋大夫栾武子说：“若敖、蚡冒筚路蓝缕，以启山林。”楚庄王教育民众要发扬这个传统，要懂得“民生在勤，勤则不匮”的道理。当时的国君，像若敖、蚡冒这样，因艰苦和勤俭而受到别国称扬的，绝无仅有。岂但如此，后来西晋的江统也曾上书谏太子说：“蚡冒以筚路蓝缕，用张楚国。”[①] 若敖、蚡冒勤俭建国、奋发图强的事迹感人之深，由此可见一斑。在熊渠时，楚人挥大手笔，开疆拓土；在以后的几代，尤其在若敖、蚡冒时，楚人费细功夫，固本宁邦。对楚国来说，或者对一切为发展而奋斗的国家来说，大手笔和细功夫都是不可不有的。挥大手笔以求跃进式的扩张，费细功夫以求渐进式的建设，一武一文，一张一弛，彼此交相为用。楚人能达到这般境界，可见他们善于在开创中总结经验。

《国语·郑语》说：“及平王之末，而秦、晋、齐、楚代兴。秦庄[②]、襄于是乎取周土，晋文侯于是乎定天子，齐庄、僖于是乎小伯，楚蚡冒于是乎始启濮。”秦国占领了关中，晋国帮助周朝迁都于洛邑，齐国为诸侯盟主，楚国则伐濮获胜，这些，是东周初期的大事。蚡冒伐濮，并非必欲占其地而有之，估计只是为了安定后方。楚人大举开拓，必先安定后方。熊渠就是这样的，为了解除东征的后顾之忧，先去西征。蚡冒也是这样的，但他为天年所限，走了第一步就与世长辞，把第二步留给他的后任去走了。

---

① 《晋书·江统传》。

② “庄”：原作“景”，从韦昭注改。

不妨顺便说到，三国时代的诸葛亮，为了北出祁山，先要南渡泸水，其战略方针也可能是效法于熊渠的遗规。

对于蚡冒以前楚国的社会面貌和文化风采，我们所知甚少。这有两个原因，一是文献的粗疏，二是文物的稀少。前者无可挽回，后者尚能补救。我们现在的考古工作，为主观和客观的条件所限，还难得有根据研究意图自行选点做长时间、大规模的发掘的机会。就研究蚡冒以前的楚国来说，已做的考古工作连筚路蓝缕也还说不上。我们不但对楚国所知甚少，对它的邻国如权、罗、卢、邓、谷、庸、巴等也如此。当然不能说当时楚国的社会面貌本来就恍无定形，也不能说当时楚国的文化风采本来就罕具特色。这只是因为我们的知识有许许多多的空白，写在书里就只好语焉不详了。

现在能使我们得到少许慰藉的，是湖北当阳赵家湖从 1975 年到 1979 年发掘了两周之际至春秋早期的若干楚墓，其中有一些半模糊、半明确的信息。从这些楚墓里出土的随葬品，还够不上“国家一级文物”“国家二级文物”的美称，但物以稀为贵，对于研究蚡冒以前的楚国来说，实不啻为至宝。

按照高应勤和王光镐的意见①，这批楚墓可分为甲、乙 A、乙 B 三类：甲类墓是中型墓，一棺一椁，出铜礼器；乙 A 类墓是小型墓，一棺一椁或者单棺无椁，不出铜礼器；乙 B 类墓也是小型墓，一律单棺无椁，也不出铜礼器。乙 A 与乙 B 两类墓的区别，主要在于所出陶礼器相异。

上述三类墓无论从墓式、葬制和随葬的铜礼器、陶礼器来看，与中原同期同类墓都不乏相似之处。这些相似之处，分别说来，见于甲类墓的最多，见于乙 A 类墓的次多，见于乙 B 类墓的较少。其中，尤为明显的相似之处是：第一，都是长方形竖穴土坑墓；第二，铜礼器的基本组

① 高应勤，王光镐．当阳赵家湖楚墓的分类与分期［A］．中国考古学会第二次年会论文集［C］．北京：文物出版社，1982．

合都是鼎和簋；第三，有些陶礼器的形制大同小异。假如只看这些相似之处，那就可以说，甲类墓与周墓等同，乙A类墓与周墓近似，只有乙B类墓大概不是周墓。其实，所有上述三类墓都是楚墓，原因在于把它们与中原同期同类墓相比，也有许多不相似之处。这些不相似之处是：第一，周人墓头向一概从北，而赵家湖甲类墓头向一概从南，乙A类墓头向多数从南、少数从西，乙B类墓头向多数从西、少数从南；第二，赵家湖墓所出的多数陶礼器的形制虽不脱中原同期同类器的窠臼，但也有并非不足介意的特色，如甲类墓所出的陶礼器一概黑皮，与中原同期的陶礼器迥乎异趣；第三，赵家湖墓所出的少数陶礼器与中原同期同类器显然分别属于两个不同的体系，尤其是乙B类墓所出的红陶小口绳纹锥足鬲，蛮风十足。

楚人来自中原，本来就带着中原的许多文化因素，这是不足为奇的。假如蚡冒以前的楚墓与周墓判若泾渭，倒不可思议了。况且，在一种考古学文化里，可能含有两个以上的民族学单元；反之，在一个民族学单元里，可能容有两种以上的考古学文化。周代，中原的宋墓和周墓像是孪生兄弟，属于一种考古学文化，但宋人是殷人后裔，他们和周人分别属于两个正在同化中的民族学单元。赵家湖则是一个相反的实例，在楚人这个多元复合的民族学单元中，容有下列两种考古学文化：第一种见于甲类墓，内涵与周文化类同，而从铜鼎和铜簋的形态来看，与周文化系统的曾文化尤为接近；第二种见于乙B类墓，内涵为土著文化与客户文化的融合，说得确切一点，是旁系巴人文化、正宗楚蛮文化与早期楚文化的融合。乙B类墓头向多数从西，表明墓主多数源于巴人；其陶鬲是考古学界所谓“楚式鬲”，表明有楚蛮文化的成分；其陶盂与乙A类墓所出的仅有腹圆、腹浅之别，其陶罐与甲类墓和乙A类墓所出的仅有色红、色黑之别和颈长、颈短之别，表明上述三类墓的墓主已构成一个多元复合的民族学单元。

说上述三类墓的墓主已构成一个多元复合的民族学单元，根据不只是陶器的形制和胎土，还有墓区的结构和系列。

从1975年到1979年发掘的赵家湖楚墓共有297座，成群连片，三类墓的共时性的墓主显然结合在一个社会群体的聚落之中，文化面貌尽管显得不够单纯，然而荟萃在一个整体之中，由此，他们与中原的周人、宋人之类分别自成聚落、自成整体是不同的。

赵家湖墓区的年代，上起两周之际，下迄战国晚期，各期文化内涵的衔接和嬗变线索分明，没有缺环，这与两种以上文化遗存的叠压和替代全然不同。

经由上述分析与综合以及比较与鉴别，可以根据赵家湖墓透露的信息作出下述判断：甲类墓的墓主，因有一棺一椁和随葬铜礼器，地位相当于中原的“士”，是下等的贵族、上等的“国人”。乙A类墓的墓主，从多数也有一棺一椁和通常也有兵器随葬来看，与甲类墓的墓主相近而稍逊；从没有铜礼器随葬来看，与乙B类墓的墓主相似而略优。他们应是上等的平民、下等的“国人”以及家道衰微的下等贵族。乙B类墓的墓主，则是下等的平民，不得称“国人”，而只能称“野人”了①。

死后有等差的墓葬规格，反映了生前有等差的社会地位。若敖、蚡冒时期的楚国，贵与贱、富与贫的分化正在加剧。假如说，赵家湖属于这个时代的某类墓的墓主是奴隶主或者农奴主，另有某类墓的墓主是奴隶或者农奴，那么，证据尚嫌不足。然而，原始社会正在向阶级社会转化，这却是明白无误的信息。

直到若敖、蚡冒时代，楚国的贵族仍以仿效华夏的礼制为荣。出于对华夏自卑而对蛮夷自矜的心态，他们必然如此。对华夏的先进文化，他们不胜艳羡之至，效颦是势所必至的。他们从蛰伏的状态中挣脱出来还不久，伸腰展臂，怀着半惊半喜的心情审视着周围广阔的天地和变幻的风云。像熊渠那样敢于躐等破格和领异标新的人还很少，大多数人通常只满足于模仿。模仿到大致形似的程度，就欣然自得了。由此，这个

① “国人”和“野人”是西周和春秋时代通用的术语。“国人”，原意是住在城邑里的人，常用以称贵族和平民，其实并不全住在城邑里。“野人”，原意是住在郊外农村里的人，常用以称农奴和地位与农奴相近的其他依附农民。

时期楚国的铜器还缺乏新意。至于鼎和簋的形制与曾器相像，则可谓近朱者赤。楚人对扬越、楚蛮、巴人等蛮夷的文化相识较晚，相知尚浅，陌生之感和鄙弃之情未尽消失。可是，在陶器尤其是日常所用的炊器和食器的制作上，从胎土和形制到工艺，他们却渐渐入乡随俗，这也是势所必至的。同时，被他们征服的诸多蛮夷也渐渐同他们融合了。

假如只看从若敖、蚡冒时期的楚墓里出土的文物，那是很难相信有自成一体的楚文化的。这也难怪，因为墓葬所能揭示的文化终究是残缺的。但是，我们不能误将残缺认作完整，以为当时楚人的文化不过尔尔，宁有他哉？当时的楚文化如芽方萌，识别颇为不易，仅据残缺的遗物是无法窥其全豹的。譬若种瓜种豆，几种豆苗或者几种瓜苗，乍露新芽之时，大抵芽分两瓣，叶成两片，粗看之下，难分彼此，但在长大之后，就不会混同了。

前面说到若敖、蚡冒时期的楚国正在从原始社会向阶级社会过渡，有些读者也许会觉得奇怪：早在夏商时代，中国已进入阶级社会了，楚人怎么到两周之际还刚踏上阶级社会的门槛呢？既然有阶级分化，怎么还不是阶级社会呢？这样的疑惑确实容易发生，但也容易消释。我们所讲的夏商时代的“中国”，其实只是中原。在一个古国里，尤其是在一个地域辽阔、民族众多的古国里，各地区、各民族的社会发展阶段不可能是划一的。君不见20世纪中叶的中国，某些僻远的边境还有农奴制或者奴隶制的社会存在，个别特别闭塞的边境甚至有尚未形成明确的阶级结构的民族存在，“乃不知有汉，无论魏、晋”。那么，在两千几百年以前，被认为“筚路蓝缕”的民族，其境况为何如就不容高估了。

原始社会末期的农业公社或称农村公社，正好处在从原始社会向阶级社会过渡的历史阶段。马克思认为：“农业公社既然是原生的社会形态的最后阶段，所以它同时也是向次生的形态过渡的阶段。这就是说，它同时也是由建立在公有制上的社会向建立在私有制上的社会的过渡。”①

① 马克思1881年间写给维拉·查苏利奇的信，转引自《史学译丛》1955年第3期。

在农业公社中，存在着家族的胚胎，其中不仅含有奴隶制成分，而且含有农奴制成分，甚至如马克思所曾指出的，“它含有后来在社会和国家中广泛发展起来的一切对抗性的缩影。”① 若敖、蚡冒时期的楚国，也正好处在这么一个过渡的阶段。

赵家湖在当阳市南部，沮漳河东岸，楚人由北向南移殖，这里是一个天然的中继站。从已经发掘的楚墓来看，从西周晚期到战国晚期，这里有一个不小的楚人聚落。沮漳河流域已经给我们献出了早期楚文化的一些重要信息，它以后可望为我们献出更多的这类信息。今沮漳河有两源，西源为沮水，东源为漳水，在当阳市的河溶镇旁边合流而为沮漳河。沮水源出荆山西段的南麓，《山海经·中山经》称之为睢水，容易与在它北面约一百公里左右今称蛮河的睢水混同，想来也是因附近多山楂或者猕猴桃而得名的。漳水源出荆山东段的南麓，当因东有章山而得名。至于章山，当因上多樟树而得名。水以山名，而山则以木名。沮水和漳水在不同的历史时期，或者分流入长江，或者合流入长江，几经变迁。在春秋战国时代，它们是合流入长江的。对楚人来说，重要的不是偏西迂曲于丛山之间的沮水，而是偏东逶迤于河谷之中的漳水。由此，河溶以下，当初的楚人大概仍称漳水，后世才合称沮漳河的。《左传·哀公六年》记春秋晚期的楚昭王曾说：“江、汉、睢、漳，楚之望也。”“江、汉、睢、漳”应是四条水：江在南，汉在北，睢入于汉，漳入于江。沮漳河流域是江汉平原的西大门，楚人正是经由这座西大门而纵横出没于江汉平原之上的。

楚人进入江汉平原，历时渐久，不免沐蛮风、栉夷雨，文化面貌开始发生意义重大的变化。最初的变化源于楚蛮的熏染，而首先显示在陶制的炊器上，缘由是不难理解的：楚蛮铸造铜器虽未能超过楚人，制作陶器却不比楚人逊色。况且，铜器的铸造工艺不受山川形势和饮食风俗的影响，陶器的制作工艺则不然，非受土壤之类地理条件和粮食之类生

① 马克思. 摩尔根《古代社会》一书摘要［M］. 北京：人民出版社，1965：38.

活条件的制约不可，炊器尤其如此。

上古的炊器，黄河流域多用鬲，长江流域多用釜。釜需支架，与支架连为一体则为鼎。粮食作物为北粟南稻，炊器为北鬲南鼎，大致如此。随着北方和南方的部落迁徙和文化交流，鬲也出现在南方，而鼎也出现在北方了。南方最早用鬲类鬶形器和斝形器的是长江中游，在新石器时代的晚期，为龙山文化南渐所致。长江中游真正的鬲则始见于商代，是与殷人俱来的。当时除商式鬲外，已有了少量萌芽型的楚式鬲，见于武汉市的盘龙城遗址。这类萌芽型的楚式鬲的传播方向，是从江汉平原的东部到江汉平原的西部。西周中期以前，江汉平原西部虽有萌芽型的楚式鬲而尚少，主要的炊器是红陶锥足罐形鼎。楚人来到这里以后，才同楚蛮一起，把红陶锥足罐形鼎改造成为成熟型的楚式鬲，即红陶绳纹锥足鬲①。

楚式鬲产生和形成的过程，分明有三个阶段：第一阶段是用夏变夷，即华夏先民创造的鬲类器为蛮夷（三苗）所接受；第二阶段是用夷变夏，即蛮夷从自己的罐形鼎的传统出发，改变了鬲的形态，造出了萌芽型的楚式鬲，这“楚”是一个宽泛的地名，与楚国、楚人无关，因此萌芽型的楚式鬲实以称“苗式鬲”或“蛮式鬲”较为确切；第三阶段是熔夷夏于一炉而冶之，即楚人和蛮夷（三苗的遗裔楚蛮）对华夏的鬲和蛮夷的鬲的形态、工艺、性能融会贯通，造出了非夏非夷、亦夏亦夷的成熟型的楚式鬲。后来其他楚式陶器产生和形成的过程，大致与楚式鬲如出一辙。

随着楚国的强盛和楚人的移殖，成熟型的楚式鬲从汉西扩散到汉东，从江汉之间扩散到汉淮之间，但这是后话了。

楚式鬲的视觉形象，显得普普通通、平平淡淡。如果把它同楚国的文物精品放在一起，那是决不会引来赞美和嗟叹的。但楚人不可一日无此鬲，而它的出现和扩散又与楚国的振兴同步，实不可等闲视之。

---

① 楚式鬲的基本结构和特征，可参阅苏秉琦：《从楚文化探索中提出的问题》，《江汉考古》1982年第1期。楚式鬲的形成过程，可参阅俞伟超：《先楚与三苗文化的考古学推测》，《文物》1980年第10期。

第三章　暴力与文明

西周早期林立宇内的众多诸侯国，尽管都有尊严的封号，却并未都登上文明社会的大雅之堂。尤其是边疆的庶姓小国，本来只是一些部落联盟，它们刚刚看到文明的曙光染红了天边的微云，血缘关系仍是它们的社会组织的基本纽带。楚国就是西周南部边疆的这么一个庶姓小国。它有若干酋长，其中一位是有国君之号的大酋；它有若干巫师，其中一位是由大酋兼任的大巫；此外，它有后来才出现的军事首领，地位仅亚于大酋兼大巫：这等阵容，当然还不足以构成一套科学意义上的国家机器。它借用殷人和周人的文字，这种文字只有酋长和巫师能懂，同楚人自己的语言是不相合的；它的国都丹阳没有稠密的人口，没有发达的商业，没有堂皇的宫殿，甚至可能连城池也没有：这等水平，当然还不足以构成一个科学意义上的文明社会。为了建立真正的国家机器，熊渠做过大胆的尝试。征服蛮夷是成功的开端，但离成功的目标还很远。只要对内和对外的奴役尚未达到非由国家机器来维护不可的临界点，真正的国家机器是不会建成的。熊渠封三子俱为王确实非同凡响，但也只是在不知天高地厚的名号之下实行部落联盟的延伸，与周朝基于成熟的宗法关系和严格的等级制度而实行的众建诸侯不可同日而语。蛮夷君长擅称王或者擅封王，从古代到近代，不乏其例，这可以使当局者陶醉，也可以使旁观者震惊，但未必就是历史前进的标记。就熊渠的尝试来说，戏剧效果比历史意义更胜一筹。

若敖为熊渠的未竟之功踵事增华，组建了一支家族武装。按中原的习惯，这类家族武装叫作“私卒”。若敖的壮举没有留下有戏剧效果的文献记录，其历史意义却不容忽视。在建立真正的国家机器的过程中，组织私卒是有决定性作用的一个步骤。

楚国正式进入文明社会以及正式建成国家机器，是在蚡冒去世之后的武王、文王时代。

第一节　“芈姓有乱，必季实立，楚之常也。”

楚人用玉帛和干戈送走了原始社会，迎来了阶级社会。同时，他们送走了部落联盟，迎来了国家机器。

财富和权势的持续增长，终于使原始公社体制成为部落贵族不堪忍受的桎梏。在这样的历史关头，国人即部落贵族和部落平民都需要强有力的军事首领，稚君幼主则容易被认为是于事无补的。为了强化对外的掠夺和征服，他们不惜激化对内的争斗和篡夺。

蚡冒死，其弟熊通杀其子而代立，时在公元前740年（周平王三十一年）。按：《春秋》记事始于公元前722年（鲁隐公元年），时为熊通十九年。

弑君篡位的熊通，势位牢固，功业显赫，君临楚国的时间又很长，这表明他弑篡伊始就得到了多数国人的拥戴。在楚国历史上，凡弑篡而立的君主必定是公子王孙，大抵有所作为、有所建树，而且都出现在西周晚期至春秋晚期，即楚国转弱为强、变小为大的时期，唯独楚国将亡时公子负刍弑其弟公子犹而代立是例外。

《左传·文公元年》记令尹子上对楚成王说：“楚国之举，恒在少者。”这是局内人说的，必有实据。《左传·昭公十三年》记晋卿叔向对韩宣子说：“芈姓有乱，必季实立，楚之常也。”这是局外人说的，但也不是耳食之辞。验之于史实，应该承认叔向比子上说得更加准确。子上是笼而统之说的，叔向则点出了“芈姓有乱”，这个特定的历史场合。从反面来理解叔向的话，如果芈姓无乱，那就“必伯实立”或者“必长实立”。所谓“必季实立”的“季”，有两种不同的身份，其一是幼弟，其二是小叔。在楚国约八百年历史上，幼弟杀其兄而自立的有三例，即熊徇杀仲雪，成王杀庄敖，平王逼杀灵王和公子比、公子干；小叔杀其侄而自立的也有三例，即熊延杀熊挚红，熊通杀蚡冒子，灵王杀郏敖。此外，有和平方式的兄终弟及四例，即熊胜传熊杨，熊勇传熊严，肃王传宣王，幽王传哀王，后两例是因兄无子而传弟，估计前两例也如此。确实，当芈姓有乱时，在君位继承问题上，“季”有明显的优势。

从民族史和民族志的资料来看，凡实行幼子继承制的，大致有两种因由，其一是长子非己出，其二是长子非嫡出，而根源是两种不同的婚姻关系。长子非己出，原因在于夫妻双方在婚后的一定期限内仍有性自由，这是原始的婚姻关系的残迹；长子非嫡出，原因在于男子先纳妾、后娶妻，妾先妻而生子，这是在宗法制度下发展起来的婚姻关系可能发生的后果。早期的楚国似乎不以长子非己出为怪，中期以后的楚国则长子非嫡出较为多见。在芈姓无乱时，自然是身为嫡长的“伯”有继位的无可争议的优先权；在芈姓有乱时，则是身为嫡幼的“季”有继位的无与伦比的竞逐力。

从部落联盟中蜕化出来的楚国，在充满机会和风险的环境中浮沉。国人一旦尝到了征服和奴役的甜头，就会希望有一位精明强干的楚君，上而言之是一位能征善战而又注意施惠于民的楚君，下而言之是一位健康而又和惠的楚君。如果依惯例继位者连下而言之的条件也达不到，那就得由贵族实权人物来代庖了。代庖的方式有两种：其一是由一位公子自行取其君而代之，其二是由几位元老扶助一位公子废其君而代之，总之，要一废一立。叔杀侄而自立的三例中，所谓成王杀庄敖实为元老杀庄敖而立成王，另两例也都是由一位公子自行取其君而代之。

楚国是自然地生长和成熟起来的，善于同诸夏和群蛮周旋，并且从中吸取外来的文化因素，它的生命力很强。周代那些姬姓和姜姓的诸侯国，则是用类如移植或嫁接的方式，人为地催生和助长的。若不融合土著，其生命力必弱。晋国生命力强，是因为它融合了戎人和狄人。齐国生命力强，是因为它融合了夷人。燕国生命力也强，也是因为它融合了戎人和狄人。此外，还有多到以数十计的姬姓和姜姓的诸侯国，计不出此，乃至或先或后地成为强邻的俎上刀下之肉。与多数姬姓和姜姓的诸侯国相比，楚国名号卑微，可是前程远大。

第二节　灭权国，创县制

熊通在楚国的诸多公子中无疑是一位铁腕人物，做出事来往往惊蛮夷而动华夏。这也难怪，假如熊通像汉水以北一些姬姓和姜姓的小国那样，循规蹈矩，那么楚国非但不能变成大国，而且将很难维持自己的生存。

《史记·楚世家》用速写式的语言介绍了熊通前期的国际形势："十七年，晋之曲沃庄伯弑主国晋孝侯。十九年，郑伯弟段作乱。二十一年，郑侵天子之田。二十三年，卫弑其君桓公。二十九年，鲁弑其君隐公。三十一年，宋太宰华督弑其君殇公。"不是臣弑君，就是诸侯侵天子，总之，王纲行将解纽。熊通觉得江汉之间的天地似乎太小，他要问津于汉水了。

汉水北岸有一个邓国，故址在今湖北襄阳市，公族为曼姓。熊通与邓国和亲，娶其公族女子为夫人，史称"邓曼"①。按，楚国公族与他国公族通婚，最迟始于若敖。若敖的夫人大概不止一位，其中有一位是郧国公族女子。国与国之间的和亲是一种血缘外交方式，旨在睦邻以宁邦，结援以御敌，尽管它的实效往往令人沮丧，但不失为一种可行的常规外交方式。论名号，邓君为侯，楚君和郧君为子；论国势，却是楚较强，邓和郧较弱。这样互见短长，楚、邓和亲以及楚、郧和亲大致都可以说是门当户对的。

据今本《竹书纪年》周平王三十三年，"楚人侵申"，时为公元前738年——熊通三年。申为姜姓，原在北方，周宣王时徙封之以镇南土，其地在今河南南阳市北。汉北的诸侯国，以申为最大。熊通即位不足三

① 除邓曼外，熊通还有一位娶自卢戎的夫人。《国语·周语》云："邓由楚曼，庐（卢）由荆妫。"意即曼姓的邓女和妫姓的卢女嫁到楚国，结果却是邓、卢两国都被楚国灭掉了。按，楚灭卢应在熊通为王之时，则"楚曼"和"荆妫"都应是熊通的夫人。依《左传》文例当称之为"邓曼"和"卢妫"。

年就挥师渡汉，远出南阳盆地，去冲击周朝设在汉北的重镇，此其志不在小。可是，他没有得手。也许正因为有了这个教训，熊通早期仍不得不专力于底定江汉平原的西部，这时他的主要成就是灭掉了权国。

权的故地在今湖北当阳市东南，公族为子姓，是商代中期以后南迁的殷人。国土虽不广，国力却不弱。楚人从熊渠到蚡冒都未能把它击灭，熊通才实现了先君的夙愿。这里值得我们重视的，不是伐权时的用兵方略，而是灭权后的设治决策。熊通以权国故地为权县，命斗缗为权尹。这是一个创举，其影响之深远是连熊通自己也不会料到的。

中原的县早在西周就有了，但县在西周还只是泛指郊外的边远地区，不能构成一级行政区域。以县为一级地方行政区域，即自熊通灭权国而置权县始。直到当代，县仍是中国的一级地方行政区域。楚国的县制与不久以后秦国的县制大体相同，县都直属于国君。晋国和齐国的县制则不尽然，既有直属于国君的县，也有分属于陪臣的县。至于郡制，据已知的资料来推断，应是晋国在春秋中期始创的，也可能要稍早些或者稍晚些。春秋时代的郡，都在县之下。战国时代，除三晋外，其他国家也设了郡，但这时的郡已在县之上了。

楚国的县制从创设到巩固，经历了一次严重的反复。出乎熊通的意料，首任权尹斗缗居然反叛了。斗缗的反叛与周成王时管叔、蔡叔的反叛颇有相似之处，都有殷人为谋主。殷人富有政治经验，利用斗缗来反抗熊通，这比他们自己去反抗熊通和斗缗巧妙得多了。熊通作出了果断的决策，迅即发兵平叛，包围了权县，捕杀了斗缗，然后迁权县于那处。那处在今湖北荆门市，与权县故地相距不远，可是，权县故地位居要冲，那处则不在交通干线上。此后，楚人每灭一国，便把该国的公族迁到楚国的后方，严加监管，对该国的故地则通常设县以统之，因俗以治之。

《左传·桓公二年》记："蔡侯、郑伯会于邓，始惧楚也。"事在熊通三十一年——公元前 710 年。蔡国离楚国较远，郑国离楚国更远，它们都在中原，但也怕楚国了，可见熊通必定组建了车兵。否则，蔡侯、郑伯是不会如庸人之自扰的。不过，只有征服了南阳盆地的申国以及随枣走廊的随国，楚兵方能北上中原。这时，真正受到了楚国威胁的是汉东的随国。

第三节　得志汉东

汉水中游大致为西北至东南走向，其间有两处明显的转折，一处在邓国，一处近权县。邓国迤西，汉水大致为东西向；从邓国到权县，汉水大致为南北向；权县迤东，汉水又大致作东西向，直到汇入长江。因此，可以说，申、邓等国在“汉北”，随、唐等国在“汉东”，它们都在“汉阳”。

汉东诸国，随国为大。汉阳诸姬，随国为首。

“随”是他称，其自称为“曾”。曾是早在商代就有的，姒姓，乃夏人遗裔。“曾”写作“[illegible]”，见殷墟卜辞。这个姒姓的曾国在今河南中部，柘城西，澮水东。大约在西周中期，这个曾国迁到今山东峄县去了，文献作“鄫”，金文作“曾”。周朝在姒姓曾国的故地另封了一个姬姓的曾国，文献作“缯”，而金文仍作“曾”。随着南土的开拓，这个姬姓的曾国一再南迁。第一次，它迁到今河南方城县附近，留下了地名缯丘和缯关。“缯丘”见《荀子·尧问篇》，“缯关”见《左传·哀公四年》。第二次，它迁到今湖北随州市，其地固称随，因而文献多称之为“随”。也有称之为“缯”的，金文却仍作“曾”。曾的第二次南迁，大约发生在西周末叶。已知有铭的曾国铜器，最早的属于西周晚期，与随国历史的上限相合。其出土地点多在随枣走廊和南阳盆地东部，又恰与随国的方位相合。《国语·郑语》记周太史伯论成周南土诸侯，又说到“随”，又说到“缯”，但言随则不与缯同列，言缯则不与随连举，可见“随”和“缯”是一国。

姬姓的曾国和姜姓的申国串通，联合西戎，攻杀周幽王，拥立周平王。正是因为有大功于东周，曾才成为汉阳诸姬之首，申才成为汉阳诸姜之首。与申相比，曾更强，这是因为曾与有色金属的关系特别密切。

传世的《曾伯霥簠》作于春秋早期，有铭文曰："克狄淮夷，抑燮繁汤，金导锡行。"大意是：击败了淮夷，平定了繁阳，使运送铜锡的道路得以畅通无阻。此器应为姬曾之器而非姒曾之器，理由是：繁阳在今河南新蔡县，距姬曾近而距姒曾远，而且，姬曾国力强，姒曾国力弱。周人经略南土，主要目的在于获得以铜为主的有色金属。曾国是最靠南的一个姬姓国，因而也是离长江中游的有色金属产地最近的一个姬姓国，对于维护铜锡北运的道路起着特殊重要的作用。迄今已出土的大量曾国铜器，足以证明曾国是春秋早期长江中游铜器铸造水平最高的一个诸侯国。

楚国要称雄于南方，非全盘控制长江中游的有色金属产地不可；要全盘控制长江中游的有色金属产地，非击败曾国不可；要击败曾国，非使自己的实力和谋略都超过曾国不可。若敖和蚡冒都不敢存这样的奢望，熊通却跃跃欲试了。

鉴于文献称"随"而金文称"曾"，本书将视实际需要，或称之为"随"，或称之为"曾"，只要读者心里有数，这是无妨的。

伐随，比起伐庸、伐鄂、伐权来，要难得多。在蚡冒以前，楚国只有北方称为"徒兵"而南方有时称为"陵师"的步兵。对付群蛮，只要有精锐的徒兵就可以稳操胜算了；对付诸夏，却非有精锐的车兵不可，否则无异乎以卵击石。熊通为伐随所做的准备工作，主要是组建一支能在随枣走廊里驰骋的车兵，以及为兵车平整道路、架设桥梁的工兵。当然，这不是一蹴可就的，非作多年努力不可。

《左传·桓公六年》记大夫斗伯比对熊通说："吾不得志于汉东也，我则使然。我张吾三军，而被吾甲兵，以武临之，彼则惧而协以谋我，故难间也。"文献记楚伐随始于此年，即公元前 706 年——熊通三十五年。斗伯比的话，证明楚国在这之前就曾用兵于汉东，未能得志，经传失载了。这年，熊通又张其三军渡汉伐随。

这次伐随的时机选择得很好，随土歉收，随人乏食。熊通接受了先前单纯"伐兵"的教训，实行以"伐谋"佐"伐兵"。他所追求的不是摧毁随国，而是让随国做楚国的附庸。因此，行近随都时，熊通命其侄芀章入随都见随侯以“求成”。当时所谓“求成”，即建议用和平方式解决争端。这有两种情况，一是弱者向强者乞和，二是强者向弱者迫和。芀章此行的任务当然是迫和，他必须向随侯显示楚国的实力和决心。随侯无奈，命少师随芀章到楚师驻地去“董成”。当时所谓“董成”，即充当和谈的全权代表。大夫斗伯比知道这位少师是随侯的宠臣，此人好大喜功，于是建议熊通把精锐部队隐蔽起来，故意让这位少师只看到一些似乎羸弱的部队，给这位少师造成楚不敌随的错觉，以引诱随师出城与楚师决战。大夫熊率且比说：有季梁在随国，我们是瞒不过他的。斗伯比说：这是为以后着想，少师其人将因得宠而专权，对我们会有利的。熊通听从斗伯比，那位少师回随都后果然主张追击楚师。随侯犹豫不决，大夫季梁适时进言，提醒随侯不可中楚人的诱敌之计。随侯听从季梁，命随师固守不出，楚师则就此收兵回国了。

这一仗没有打成，但楚人并非全无所获。据《史记·楚世家》所记，在和谈中，熊通强求随国替楚国去要挟周天子。熊通说：“今诸侯皆为叛相侵，或相杀。我有敝甲，欲以观中国之政，请王室尊吾号。”随侯慑于楚国的兵威，照办不误，派使者去向周天子进言了。这事尽管没有办成，终究表明随国是顺从楚国的，楚国可以扬威于汉东了。所谓“观中国之政”，意即介入中原的政局。固然可以说这是大言，但它决非虚张声势的空言，其中包含着熊通的真情实意。熊通“观中国之政”的雄图，不久就由他的子孙化为实践了。

季梁是一位贤臣，对他，楚人可能比随人更加尊重。他的影响，在楚国或许比在随国更加深广。据《左传·桓公六年》所记，季梁的学说以民为神之主作中心：“夫民，神之主也。是以圣王先成民，而后致力于神。”“所谓道，忠于民而信于神也。上思利民，忠也；祝史正辞，信也。”按照寻常的认识，神为民之主，逻辑上当然可以引申到民须忠于君而信于神。按照季梁的理论，民为神之主，逻辑上自然应该引申到君须忠于民而信于神。这个思想出现在春秋早期，虽誉之以石破天惊亦不为过。后来真正因季梁的理论而受益的，倒不是他的本国——随国，而恰是他的敌国——楚国。

季氏自称“周王孙”，有铜器铭文可证。随州季氏梁 1979 年出土铜戈两件，都有铭文。其一铭曰：“周王孙季怡孔臧元武之用戈。”其二铭曰：“穆侯之子西宫之孙曾大攻（工）尹季怡之用。”如上所述，曾即随。季怡，可能是季梁的后人。季氏梁，可能是后人为纪念季梁而取的地名。

楚国扬威于汉东，使靠近楚国的几位诸侯寝不安席。谷伯和邓侯跑到泰山下面去，朝见鲁公。他们想靠鲁国来牵制楚国，用心可谓良苦。但他们对一个十分简单的道理却不甚了了，那就是远水难救近火。

公元前 704 年——熊通三十七年，随国通报楚国，说周天子拒绝提高楚君的名号。《史记·楚世家》记熊通闻讯大怒，说：“王不加位，我自尊耳!”果然，他当即自立为楚武王了。显然，“武王”是熊通生前就有的尊号，死后则沿用为庙号。和先君熊渠一样，熊通也说过：“我蛮夷也!”当然，这也是为独行其是辩护所用的遁辞。熊通称王，开诸侯僭号称王的先河。中原诸侯在国内虽偶尔称王，在国外则仍称本爵，而且没有生前就自选庙号的。熊通称王之后，周天子莫如之何，诸夏和群蛮也都莫如之何。

斗伯比认为这时的随有隙可乘，主张再次伐随，武王从其议。这年夏天，武王邀请若干诸侯到沈鹿（在今湖北钟祥市东）会盟，黄、随两国的国君缺席。黄国离沈鹿很远，尚属情有可原；随国离沈鹿不远，随侯拒不到会分明是藐视武王，而这正中武王下怀。武王一面派艻章去责备黄君，一面兴师伐随。那位受宠用事的少师主张速战速决，随侯以为可行，不顾季梁谏阻，引兵迎击楚师。楚师迂回到随都的东面，随师在速杞（在今湖北广水市）与楚师遭遇。将战，季梁对随侯说：楚人尚左，楚王一定在主力左军。大王最好也随左军行动，去进攻楚师的右军，可不要同楚王碰上。季梁的建议是正确的，但少师说要王对王才相称。随侯又听从少师，坚持尚右的传统，仍随右军行动，命少师为戎右，下令进攻楚国的左军。冲锋之后，胜负立决。随师大败，随侯落荒而逃，他的戎车和车右少师一起被楚师俘获。武王接受斗伯比的意见，不灭掉随国，而让随侯在表示愿意悔改之后与武王会盟。从此，随国不敢再开罪于楚国了①。

三年以后，楚国在汉东又打了一场胜仗。那是在公元前 701 年——武王四十年，莫敖屈瑕奉命领兵东行，以期与贰、轸两国会盟。郧是贰、轸的邻国，以为楚与贰、轸会盟将不利于郧，便策动随、绞、州、蓼诸国联兵截击楚师。蓼（飂）在今河南唐河县南，随、绞、州的地望已见上文。随国没有响应，绞、州、蓼三国虽表示响应而尚按兵不动。郧师则急不可耐，已集结在郧郊的蒲骚了。对楚师来说，这样的局面是不难对付的，敌军又散又弱，可以逐个击破。然而屈瑕缺乏主帅应有的素质，稍遇疑难便优柔寡断，将东渡汉水时收到上述情报，竟不知所措。副帅斗廉建议屈瑕顿兵郊郢（在今湖北钟祥市西北或宜城市东南），以观随、绞、州、蓼的动静；斗廉自己则请求带领一支精兵奇袭郧师。屈瑕还是游移不定，打算卜问吉凶。斗廉认为没有卜问的必要，《左传·桓公十一年》记斗廉说："卜以决疑，不疑何卜？"斗廉异乎寻常地坚定，促使屈瑕打消了忧虑。斗廉统率的精兵兼程东行，夜袭蒲骚，一举击溃了郧师。郧人自食其狂妄的恶果，楚与贰、轸则得以在胜利的喜悦气氛中会盟不误。

速杞之役和蒲骚之役确立了楚国在汉东的霸主地位，此后汉东尽管还有一些反复，但大局已定了。

---

① 当时诸夏尚右，如《国语·晋语》记晋人以左为卑、以左为外。随在诸夏之列，也尚右。楚俗适得其反，尚左，例如《左传·僖公二十八年》记楚三军，令尹将中军，司马将左军，一位大夫将右军，左军显然优于右军；《左传·文公七年》记楚、郑、宋会猎的军阵，先书右，后书左，但右盂宋公的实际地位不及郑伯，右司马期思公复遂也不及左司马息公子朱和王孙文无畏，行令执法者为左司马；《左传·宣公十二年》记楚三军，令尹将中军，左尹将左军，司马将右军，左尹为王弟子重，地位高于司马子反；《左传·成公十六年》记楚三军，令尹将左军，司马将中军，右尹将右军，左军的地位更为突出。《左传·襄公十八年》记楚三军，又是令尹将左军，司马将号为"锐师"的中军，右尹将右军。作战需临机应变，虽右军未必尽弱，而左军大抵较强。

第四节　兼顾侧背

武王没有把侧背的安全置诸脑后，东征的胜利使他受到鼓舞，于是有胜利的西征和北征。

还在自立为武王的公元前 704 年，打败了随国之后，武王就曾移师西进，击败濮人，拓宽和加固了后方。

其明年，汉水上游的巴国派使者韩服到楚国来，请求楚国协助巴国与邓国通使修好。于是，楚使道朔陪同巴使韩服访问邓国。不料，刚走到邓国南部的鄾邑，还没有渡过汉水，就遭受暴徒袭击，两人都被杀死，礼币则被抢走。芀章奉武王命向邓国提出抗议，邓侯竟拒不接受。由此，楚巴合兵伐邓，包围了鄾邑。这一仗，楚又是主谋，又是主力。邓侯命大夫养甥、聃甥率援军救鄾邑，迅速渡过汉水攻击楚巴联军。楚巴联军的主帅是那位后来因奇袭郧师而卓著战功的斗廉，这次伐邓围鄾只是小试身手。邓师中了斗廉的佯败诱敌之计，陷入楚巴联军重围，兵败如山倒。鄾邑的守军和居民见状，连夜逃散。

大约在鄾之役以后不久，楚师北渡汉水，击败邓师。战俘中有一位名叫观丁父的，颇有韬略，武王任命他做"军率"。"军率"是高级将领，可以指挥一军。

公元前 700 年——武王四十一年，楚伐绞，问其与郧合谋袭楚之罪，主帅仍为屈瑕。此役情况明了，任务单纯，而且是以石击卵，屈瑕指挥自如，绞被迫为城下之盟。当时为城下之盟等于战败者向战胜者认罪，是战败者的奇耻和战胜者的殊荣。绞人为此而忍辱含垢，屈瑕则由此而趾高气扬了。

楚伐绞，是从东南往西北走。更在楚都东南的罗人企图乘机偷袭楚都，其大夫伯嘉受命到彭水（今南河）去侦察。伯嘉一而再、再而三地点算楚师渡彭水的人数，不禁忘形，被楚人发现了。伯嘉带回罗国的情报，大概是楚师主力没有全部出动，所以罗国按兵不动，以为就此无事了。可是，屈瑕没有忘记要惩罚如此胆大妄为的罗人。

其明年，楚伐罗，主帅还是屈瑕。年事已高的斗伯比为屈瑕送行，见屈瑕有骄矜之色，深为担忧。回丹阳后，请求武王增援屈瑕。其实，这次楚伐罗是全军以出，无援兵可派了。武王听了斗伯比的话，不以为然，斗伯比也没有详说力争。武王回宫后还在想斗伯比那个近乎荒唐的建议，不知所为何来，于是告诉了夫人邓曼。邓曼明达事理，善解人意，她对武王说：大夫斗伯比所担心的，怕不是士卒寡不敌众吧？我想，他所担心的是莫敖轻敌致败哩！武王恍然大悟，派人去追告屈瑕。可是为时已晚，悲剧正等待着屈瑕。

屈瑕只能指挥单打一的战役，对涉及多方的战役和变化多端的战局则束手无策。这正像做代数题，他只能做一元一次方程式。而且，他有一个致命的性格弱点，即在逆境和貌似逆境的顺境中会不由自主地变得多疑难断，在顺境和貌似顺境的逆境中则会同样不由自主地一意孤行。伐罗不像伐绞那么单纯，它是貌似顺境的逆境。邓、卢、罗这条常山之蛇已伤而未僵，在楚国发兵后，它动弹起来了。屈瑕为了尽早攻克罗都，督催全军尽快渡过鄢水（今蛮河）①，队列错乱也在所不惜，以致渡过鄢水之后不成队列了。行近罗都时，正面有罗师迎击，这是谁也不以为怪的；背面有突然出现的卢师偷袭，这却使屈瑕和他的将士都大惊失色了。楚师腹背受敌，迅即溃败。屈瑕因退路被罗卢联军截断，不得已，率残部南逃。由于罗卢联军的追击，屈瑕一行狂奔不止，竟逃到了荒谷一带②。屈瑕无面目见君王、父老，乃自缢；其他将领则自囚，以听罪。武王宣告臣民：这是寡人③的过错。他宽宥了全体将士，但楚人的耻辱

---

① 楚人称今蛮河为睢水，但限于中游西段以上。鄢人称今蛮河为鄢水，但限于中游东段以下。罗人和卢人近蛮河中游东段，从鄢俗也称蛮河为鄢水。一水二名乃至多名，是常见的，恰如白居易《江州赴忠州至江陵已来舟中示舍弟五十韵》诗所云："山逐时移色，江随地改名。"后来，鄢、罗、卢俱灭于楚，楚迁都于鄢而称之为郢，就把整条蛮河都叫作睢水了。

② 据《左传·桓公十三年》，屈瑕自缢于荒谷，群帅自囚于冶父。据前人旧注，荒谷和冶父都在今江陵县境。楚国的元帅如有覆军之败，往往自尽。

③ 春秋楚君多自称"不谷"，战国楚君多自称"寡人"。本书除引文外，一律用一般读者比较熟悉的"寡人"。

不是君王的宽宥所能洗刷的。

屈瑕的自缢开创了楚国统帅以死殉职、以死谢罪的先例，其人其事，于当时虽有过，于后世则不为无功。

伐罗之败给了楚国不止一个惨痛的教训：传统的用兵方针——近交远攻已经过时，要改弦更张了；传统的选官原则——任人唯亲有利亦有弊，要先贤而后亲才最好。

从文献资料来看，此后八年之中楚国没有兴师动众，似乎很难补偿伐罗之役的损失。其实不然，伐罗之役，楚师虽则溃不成军，但其死伤未必惨重。此后八年之中，武王改变了只图远略、不恤近患的一贯作风，实行稳步推进，在巩固腹地的基础上开拓边疆，楚师攻灭了近在肘腋之间的罗国、卢国、鄀国以及较远的州国和蓼国①，而且在灭州之役和灭蓼之役中任用的统帅是做过战俘的鄀人观丁父。

第五节　武王暮年的壮举

武王在位五十一年时，至少有七十岁了，自觉老境已到，而且病势渐重，然而壮心不减。这年，周天子召见随侯，指责他以楚子为楚王而事之。由此，随国对楚国的态度不免有些冷漠。武王以此为借口，又一次大举伐随。像往常打大仗那样，这次他仍然躬临战阵。楚人做了充分的准备工作，车兵装备了戈矛合体的戟②，工兵的装备和技术也改进了。即将为出征而斋戒、祭祀之时，武王觉得心律不齐，便告诉夫人邓曼。据《左传·庄公四年》所记，邓曼为之叹息，她坦然对武王说：大王的福寿怕是要到头了！只要将士没有损失，即使大王不幸在途中与世长辞，国家还算是有福的③。

---

① 楚灭州、蓼，见《左传·哀公十七年》。楚灭罗、卢、鄀，文献阙如，但据武王末年伐随和文王元年迁郢推测，这三国最迟在公元前691年已为楚所灭。

② 戟：楚语谓之“孑”。

③ 原文为：“邓曼叹曰：‘王禄尽矣！……若师徒无亏，王薨于行，国之福也。’”

武王就这样出征了，为社稷而视死如归。到汉水东岸后不久，心疾猝发。他坐在一棵樠树下休息，当即去世。今钟祥市东有樠木山，应即武王病故之处。令尹斗祁和莫敖屈重决定严密封锁武王去世的消息，率领全军继续前进，修整了道路，在溠水上架设了浮桥，在靠近随都的地方扎下了营垒。随人见状，以为楚师有久战之意和必胜之志，不胜惶恐，于是请求议和。屈重代表武王进入随都，与随侯会盟。会盟既毕，楚人才收兵回国。到汉水西岸后，才为武王发丧。

对英雄迟暮的武王来说，樠木之下比深宫之内是一个更好的瞑目之所。他的将领深悉他的心情，让他带着胜利踏上归程。如此壮烈，如此幸运，他可以死而无憾了。在当时的历史条件下，以有道伐无道是可以与“汤、武”媲美的正义事业。因此，穷兵黩武一类的贬词对武王是全然不适用的，这，只要看武王的政治遗产就可以明白了。

武王所留下的，有清朗而安宁的江汉平原。文明的灿烂阳光，从江汉平原的西部照到了东部，从汉水的西边照到了东边。国与国相伐，部与部相攻，这样的人祸近乎绝迹了。铜矿的开采，铜器的铸造，都有蒸蒸日上之势。随国在楚国的卵翼下，正走向更为文明昌盛的未来。可见，武王的征服事业与所谓蛮夷的“乱华”和“猾夏”殊少相似之处。

武王所留下的，有一套初具规模的国家机器。王的下面，有令尹总揽军民大政①，有莫敖掌军②，有县尹为一县之长。当然还有其他官职，只是文献没有一一记录下来。楚国真正的封邑或称赏邑，始于武王封公子瑕于屈③。先前的楚国贵族只是以祖居之地为氏，不曾以封赏之地为氏。在这个国家里，徒兵和车兵各有所用，都是国家的爪牙。

武王所留下的，还有为北上中原而建立的两个前哨，左翼是都，右

① 令尹：或称“命尹”，始见于《左传·庄公四年》，时为斗祁，但最早的一位令尹可能是斗伯比。《左传·桓公十三年》记斗伯比送莫敖屈瑕出征，其官职应高于莫敖，疑即令尹。楚官称尹是向西周学来的，但变本加厉了。

② 莫敖：始见于《左传·桓公十一年》，时为屈瑕。

③ 旧注或谓屈瑕乃武王之子，纯属揣测，不足为据。屈在何处，尚无定论。

翼是蓼，相向窥伺着南襄夹道。下一步所要做的，就是打通南襄夹道和占领南阳盆地了。

在武王的遗产中，尤为珍贵的是发愤图强的锐志和领异标新的勇气。假如以为武王时楚人的发愤图强，只是一味地攻城夺地，杀人越货，那就错了。楚人的发愤图强，表现为继承和发扬先人筚路蓝缕的精神，创业兴国。武王和他的臣僚懂得恤民方能役民的道理，以及足食方能足兵的道理。先前出师不大顾及农忙、农闲，武王末年特意在农闲时出师，这是一大进步。在农闲时出师，即《左传·宣公十二年》所谓“荆尸而举”。“荆尸”为楚历月名，相当于夏历正月，恰在农闲时，“荆尸而举”有“事时”即适时的优点，后世奉之为良规。这就做到了《国语·周语》所讲的：“民之大事在农”，“三时务农而一时讲武”。此外，假如以为武王时楚人的领异标新只是追求与众不同，那也是错的。楚人还像先前那样，歆慕中原的文明，能采用的就采用，能仿效的就仿效，但到武王时，他们开始边模仿、边创造了。武王的名言——“我自尊耳”，并非夜郎自大，而是自尊心和独创性的天然流露。

《史记》裴骃《集解》引《皇览》曰：“楚武王冢在汝南郡鲖阳县葛陂乡城东北，民谓之‘楚王岭’。”按，其地在今河南新蔡县，春秋早期非楚境，不得有楚王冢，《皇览》虽言之凿凿而必误无疑。《史记》张守节《正义》引《世本》曰：“楚武王墓在豫州新息。”按，此说也断不可信，其地在楚武王时非楚所有，也不可能有楚武王冢。楚武王葬地应在汉水之阴，墓上无封土，不得谓之冢。它究竟在何处？我们只能寄希望于偶然的考古发现了。

当楚人在南国崛起之时，那些留居北国的祝融残部都在沦落之中。秃姓的舟人原在淮北，早已为西周所灭。妘姓的郐和鄢靠近郑国，西周末、东周初为郑国所灭。己姓的苏和温已经合二而一，在周、郑、晋之间，春秋时代为狄人所灭。妘姓的路和偪阳靠近晋国，春秋时代都成了晋国的领地。曹姓的邹即邾靠近鲁国，相传为曹姓而实则为己姓的莒靠近齐国，只有他们两家活过了春秋时代，但也乏善可陈。楚人同他们像一群任意游走的鱼儿，已在历史的风涛中相忘于江湖了。

第六节　越汉水，出方城，入中原

武王死，子熊赀立，是为文王。

熊赀早年受过严格的教育，他的师傅是从申国请来的，史称“葆（保）申”。因武王在位长达51年，文王继位时已人到中年了。

文王所做的第一件大事就是迁都于郢①，也许这是武王的遗命而由文王付诸实施的。郢作地名，古义不详，今义为岗地或台地②。何以称“郢”，至今不可索解。当时的郢都故址在今宜城市南部，东不过汉水，南不过蛮河。早在武王中期，楚国就占领了在它东南的郊郢③，用作渡汉东征的基地。武王后期，击灭了罗、卢、鄢诸国，原为鄢地的郢就成为比丹阳更好的奠都之地了。文王迁都于郢，可谓水到渠成。此地是肥沃的冲积平原④，而更加重要的是它处在南来北往、东来西往的枢纽上，南瞰江汉平原，北望南襄夹道，东临随枣走廊，西控荆雎山地，是江淮之间的要冲，汉水中游的重镇。楚国以郢为首都，无论制驭蛮、越、巴、濮，抚绥汉阳诸国，乃至窥伺中原诸夏，都便于策应。

武王给文王留下了一个正在富强起来的国家，一批可信可用的官僚和将领，一支久经实战磨炼的军队。因此，文王做起事来，通常是会称心如意的。他对建设似乎不大关心，至少可以说他没有为建设事业作出显著的贡献。他的兴趣和精力贯注在战争上，他以战争为手段实现了武王“观中国之政”的宏愿。还不能不说到，文王的性格是锋芒毕露的。

公元前688年——文王二年，冬，举兵伐申。楚人北上，这是合乎逻辑的走向，但不先伐近处的邓，而去先伐远处的申，就耐人寻味了。

---

① 此从《史记·楚世家》。《世本·居篇》则云：“楚武王徙郢。”

② 安徽境内称郢的地名特多，在楚国故都寿春（今寿县）一带尤为密集，应与曾有大量楚人聚居有关。

③ 《左传·桓公十一年》记楚有郊郢，详见本章第三节。

④ 至今宜城市号称“小胖子”。

邓在楚、申之间，楚伐申，必须假道于邓。邓与楚为姻亲，当时的邓君祁侯是文王之舅。文王虽有伐邓之意，一时尚无口实。至于假道伐国，却是符合当时的国际惯例的。文王引兵过邓时，邓有三位大夫劝说祁侯乘机杀死文王，祁侯不从，按正规的仪礼接待了文王。其明年春，楚师在自申返楚的途中伐了邓。文献记是役，没有明确指出申、邓已灭与否。从以后的史事来推测，申被楚师攻灭，变成楚国一个大县了[①]；邓虽幸存，但已危若釜底游鱼，不久也被楚师翦除了。这样假邓伐申，与晋献公假虞伐虢十分相像，但比假虞伐虢早 33 年。《左传》记事厚于伐虢而薄于伐申，乃至伐虢之事脍炙人口，伐申之事反而不彰。

公元前 684 年——文王六年，楚伐蔡。当时蔡尚在淮水支流汝水的上游，今河南上蔡县，西北有郑而东北有陈。从郢到蔡，全程约 400 公里，楚人要向一些小国假道，不像在江汉平原上来往那么自由自在。论战略，文王与武王的差别是显而易见的，武王用兵如波浪式推进，文王用兵如跳跃式突进。自从武王扬言——“我有敝甲，欲以观中国之政”，只过了 22 年，其子文王就开始逐鹿中原了。文王上回伐申，除掉了周朝南土最大的一个姜姓国；这回伐蔡，则是意在控制中原南部最大的一个姬姓国。

伐蔡的缘由，从表面上说，是应息侯之请，去惩罚无礼的蔡侯。息是蔡的南邻，故址在今河南息县。蔡夫人和息夫人是姐妹，都出身于陈国公室。蔡侯先娶，息侯后娶。息夫人貌美，自陈过蔡，将赴息，蔡侯以姐夫名义阻留求见，有轻浮的言谈举止。息侯闻知此事，大怒，派使者到楚国，向文王献伐蔡之计，请楚佯为伐息，息乃求救于蔡，而楚即可伐蔡。文王大喜过望，迅即整军出征。楚师与蔡师在蔡的南境相遇，楚师勇锐，蔡师一触即溃。蔡侯献舞被楚师俘获并被带回郢都去了。

蔡侯献舞深恨息侯，为了报复，故意向文王渲染息夫人的美貌。此计竟有奇效，文王立即领兵到息国去，息侯以为文王是去进行友好访问

① 先是，位于今南阳市西的吕国似已并入申国。

的，盛宴款待。文王勃然变色，化殿堂为战场，把息侯捉住，把息国灭掉①。从此，息夫人成了文夫人。这位文夫人在文王面前少言寡语，几乎从不先开口。《左传·庄公十四年》记文王曾问她何以如此不欢，她说："吾一妇人，而事二夫，纵弗能死，其又奚言？"此事也撩动了后世文人的诗兴，竞相吟咏，而各以己意出之。唐人王维《息夫人》诗有句云："看花满眼泪，不共楚王言。"如此想象，增强了哀艳的情调，这是诗人的意匠。唐人汪遵作《息国》诗有句云："家国兴亡身独存，玉容还受楚王恩。衔冤只合甘先死，何待花间不肯言？"如此谴责，实为拿后世的道德标准去衡量前代的人物行状，作诗的精粗巧拙可见仁见智，其于论史则一如隔靴搔痒。文夫人沉默的缘由恐怕不止一个，其中也含有假手于文王以报复蔡侯的意图。文王听了文夫人哀婉欲绝的话，决定继续扣留蔡侯献舞，还派兵去袭扰了蔡国。蔡侯献舞在楚国软禁九年后去世，由其子肸继位。

蔡、息相恶而楚国得利，教训的惨痛与鹬蚌相争而渔翁得利类似。生活细节与国家大事的联系，以此为典型。对一位女子的非礼之言和非礼之行，竟导致两个国家或不祀、或亡君的巨祸，这确实有偶然性。不过，这个偶然性也显示了昏庸不敌明智和弱小不敌强大的必然性。前息夫人即后文夫人异乎寻常的容颜和性情，则为这段历史增添了戏剧色彩。

淮汉之间是当时东西南北文化交汇的一个十字路口，谁占领了这个十字路口，谁就能得到来自四面八方的文化信息，谁就能掌握东来西往和南来北往的锁钥。申在这个地方的西部，息在这个地方的中部偏北。文王灭申、息，占领了这个十字路口，对楚国的前途和中原的前途都是至关紧要的。相形之下，当初在楚、息、蔡之间的种种恩怨，种种是非，就显得无关宏旨了。

---

① 此据《左传》和《史记》。《吕氏春秋·长攻篇》所记与此有异，其文云："楚王欲取息与蔡，乃先佯善蔡侯，而与之谋曰：'吾欲得息，奈何？'蔡侯曰：'息夫人，吾妻之姨也，吾请为飨息侯与其妻者，而与王俱，因而袭之。'楚王曰：'诺。'于是与蔡侯以飨礼入于息，因与俱，遂取息。旋，舍于蔡，又取蔡。"此文殊悖情理，断不可信。

公元前679年——文王十一年，齐、宋、陈、卫、郑五国的国君会盟于鄄邑。《左传·庄公十五年》记此事，评曰："齐始霸也。"《史记·楚世家》则云："齐桓始霸，楚亦始大。"是年，齐为桓公七年，管仲执政，除弊兴利，在诸侯中脱颖而出了。

其明年，楚伐郑，这是为逐鹿而深入到中原的腹地去了，也是向正在成为霸主的齐示威。郑居"天下"之中，郑都的故址在今河南新郑县。

在伐郑前或者在伐郑后，楚灭了邓。邓之于楚，如骨鲠之在喉，不除不快。灭邓后，方城就成了楚的大门，南阳盆地就成了楚的门厅，南襄夹道则成了楚的门廊。

方城是伏牛山东端的山名，在今河南方城县与叶县之间，控扼着伏牛山与桐柏山之间的孔道，是联结黄淮平原和南阳盆地的枢纽。春秋时，这里只有城堡，没有长城。战国时，这里才断断续续地筑成了长城，经过方城，因而称长城为方城。

第七节　文王与国人

强硬如挟雷带电，诡谲如翻云覆雨，这是文王的复合性格。到灭邓和伐郑为止，在国人心目中，文王是一位合格的君主。但文王的性格又是矛盾的，除了七分雄鸷，还有三分昏庸。如果顺其天性，遂其私欲，这个比例可能颠倒过来，成为三分雄鸷，七分昏庸。是什么力量使文王不至于沦落为昏君庸主呢？不是别的，正是包围着他的国人，而首先是簇拥着他的公族。

据《吕氏春秋·直谏篇》所记，楚文王得到了茹邑出产的良犬，宛邑制作的利箭，喜不自胜，带着到云梦去打猎，三个月不回都；他得到了被称为"丹之姬"的一位美女，宠爱逾常，一整年不上朝①。保申对

① 良犬乃"茹黄之狗"，《说苑·正谏篇》作"如黄之狗"，茹或如应为邑名。利箭乃"宛路之矰"，《说苑·正谏篇》作"箘簬之矰"。按，箘簬即美竹，宛路乃宛邑所产之美竹，矰为尾部系有细绳的短箭。"丹之姬"，不知其所从来，疑"丹"字原为"巴"字。

文王说：先王命臣做大王的师傅，占卜得吉兆。现在大王有罪，臣请大王受罚。文王说：寡人不是小孩了，已经与诸侯同列了，寡人可以改过，请师傅免罚吧！保申说：臣受命于先王，不敢稍违。大王如不受罚，就是违先王之命了。臣宁开罪于大王，决不开罪于先王。文王无奈，表示“敬诺”，趴在地席上。保申把 50 根细荆条扎成一捆[①]，自己先跪下，然后举起那捆细荆条，轻轻放下，让它落在文王背上，这样重复了一次，才说：请大王起身吧！文王觉得这么表演一下无关痛痒，便说受罚不受罚一个样。保申听了，深感痛心，对文王说：臣听说君子受笞为辱，小人受笞为痛。现在大王不以为耻，说痛不痛还有什么用处呢？于是，保申快步走出门去，说要投水以请死罪。文王这才认了错，把保申请回来，随即杀死了那条良犬，折断了那些利箭，还放逐了丹之姬。这个故事的一应情节是否一概如实，既不必深究，也无需尽信，总之，它表明文王受着楚国政治体制的约束。文王想做的事，以公族为核心的国人可能不允许他去做；文王不想做的事，国人却可能要求他去做。

相传文王和保申都是有生理缺陷的，并非昂藏伟丈夫，但把楚国管好了。《淮南子·说山训》记：“文王污膺，鲍申伛背，以成楚国之治。”按，污膺即鸡胸，伛背即驼背，鲍申即保申。人固不可以貌相，虽其王鸡胸，且其臣驼背，而其国大治。

先王的训诫，师傅的教导，加上自己的阅历，使文王渐渐学会了分辨直臣和佞臣。据《吕氏春秋·长见篇》：大夫莧譆恪守礼仪，多次冒犯文王，他在旁边时文王心情紧张，他不在旁边时文王怡然自得。文王说：“不以吾身爵之，后世有圣人，将以非不谷。”于是，赐莧譆爵五大夫。申侯善于揣摩文王的心思，文王想要办的事，往往还没说出口申侯就办到了。申侯在旁边时文王觉得自在，不在旁边时文王便若有所失。文王说：“不以吾身远之，后世有圣人，将以非不谷。”于是，送申侯到郑国去了。上述某些细节未必真实。如五大夫乃秦爵，非楚制，应为传闻失

① 原文为“束细荆五十”。《说苑·正谏篇》所记为“束细箭五十”。

误。苋譆，《新序》作“篼苏”，《说苑》作“篼饶”，三者不知孰是。申侯亦见于《左传·僖公七年》，是文王的宠臣，文王弥留之际赐之以璧，同时指出他有“专利而不厌，予取予求”的劣迹，嘱咐他尽快离开楚国。申侯果然在文王下葬后出奔郑国，有宠于郑厉公，留居21年之久，终因涉嫌谋叛，被郑文公诛杀。文王的心理是矛盾的，感情上喜欢佞臣而嫌恶直臣，理智上却背道而驰。这个进直臣而退佞臣的故事发生在文王的晚年，就文王一生来说也许只是曲终奏雅，但总比至死不悟为好。

文王确实注意选贤举能，甚至可以不分民族，不分等级，破格提拔，充分信任，使有用武之地。《左传·哀公十七年》记文王以俘获的申人彭仲爽为令尹，彭仲爽不负所望，战胜攻取，使申和息都成为楚县，使陈和蔡都朝于楚君，使楚国的边界达到了中原的汝水流域。

随着疆域的扩大和财富的增长，上有“予取予求”如申侯的贪官，下有夺人之货以为己有的盗贼，文王对惩治贪官似乎觉得碍难下手，对惩治盗贼则颇能立威。《左传·昭公七年》记文王立《仆区之法》，专治窝赃之罪，规定为盗贼窝赃者与盗贼同罪。如此峻法，表明盗贼的危害至少一度是相当严重的。

大凡一位君主做过一件好事，人们就会说他做了三件好事；做过一分好事，人们就会说他做了三分好事。文王也这样，他曾秉公执法，后人就说他不惜因小过而灭至亲。《说苑·至公篇》记文王伐邓时随身带着两位王子，派他们去摘野菜，两位王子夺了一位老者的畚箕装野菜，老者告到文王那里，文王下令把两位王子关押起来，准备治以死罪。此事，先秦文献不载，应为汉儒所杜撰。伐邓时，两位王子即使都已出生，也还年幼，会说话、会走路而已，没有兴趣去摘野菜，也没有力气去夺畚箕的。不管怎样，历史上的文王是一位比较重视人治与法治结合的君主，传说中的文王却是一个至公无私的典范。

文王做事，既有迅捷、凌厉的一面，也有慎重、严谨的一面。他是不容易轻信和妄为的，但信则不复疑，而发则不可收。《韩非子·和氏篇》记：楚人和氏采得一块璞，即尚在石中之玉，献给厉王[①]。厉王命掌玉的官员“玉人”去鉴定，玉人说是石头，和氏因欺君之罪被砍断了左脚。厉王死，武王立，和氏再把那璞献上去，玉人还说是石头，和氏的右脚也被砍断了。武王死，文王立[②]，和氏在山中抱着璞哭泣不止，泪尽而继之以血。文王听说此事，派人去查问缘由，和氏说：我不是为自己断足而悲伤，我所悲伤的是美玉竟然被说成是石头，讲真话的人竟然被说成是讲假话的人呀！文王觉得需要考查落实，命玉人雕琢那块璞，果然得到了其美无比的玉，做成璧，名之曰“和氏之璧”。当时最好的璞往往被玉人和玉工当作顽石，弃之如敝屣，非独具慧眼者不可识。《战国策·秦策》记范雎说：“周有砥厄，宋有结绿，梁有悬黎，楚有和璞，此四宝者，工之所失也，而为天下名器。”按，砥厄、结绿、悬黎、和璞都是名玉，其中品质最佳、名声最盛的是和璞。三百余年之后，和氏之璧已价值连城，为赵国所得。蔺相如奉璧入秦，完璧归赵，即此和氏之璧。《录异记》说和氏之璧“侧面视之色碧，正面视之色白”，所据为何，不得而知。和璞产于荆山东段北麓，其地在今南漳县巡检司，名曰“抱璞岩”。

文王是楚国的一位明君，对此，楚人出身的汉朝君臣也未能忘怀。相传文王曾猎获一头被人们视为神羊的野羊，其名曰“獬”。用它的皮毛做成一顶帽子，其名曰“獬冠”。文王爱着獬冠，楚人争相仿效。到汉代，这獬冠竟成为执法者的礼帽了。

文王的性格矛盾似乎愈演愈烈，终于在他的晚年演成了一场壮烈的悲剧。

公元前676年——文王十四年，秋，巴师袭击权县的治所那处。这场冲突的远因像长篇小说的伏笔，要追溯到12年以前。文王二年伐申，有巴人与楚人合兵。巴人因违纪而受罚，由此衔恨，慑于楚国的强盛，长久隐忍未发。这场冲突的近因殊难辨明，可能是文王体弱气衰使巴人

① 按，楚无厉王，疑为蚡冒。

② 《新序·杂事篇》误作共王。

以为有隙可乘。由战场的地望可知，这次与楚师为敌的巴人是聚居在清江流域而散居在江汉平原的五姓巴人。楚国的君臣轻视巴人，疏于防范，终至于酿成大祸。事出突然，权尹阎敖因无备而弃守，只身泅水逃命，以致巴师长驱北上，一度进逼郢都的南门。文王大怒，处死了阎敖。留在那处的阎敖的族人不胜其愤，竟与巴师合谋反叛。其明年春，文王自将伐巴。自将的原因，大概是彭仲爽一流杰出的将领已不在人世了。遇大事谨慎的人遇小事可能鲁莽，善于将将的人未必也善于将兵，文王就这样，他竟在一个名为津的地方（在今湖北江陵县或枝江市）打了大败仗。尽管如此，楚师尚未达到溃不成军的地步，巴师则退走了。文王率楚师回到郢都。司宫门守卫之责的大阍鬻拳拒不迎纳。文王无奈，为了以功补过，自将伐黄。黄是淮水上游的一个小国，公族为嬴姓，西北与息县为邻，其故址在今河南潢川县。文王接受了因轻敌而致败的教训，遣将用兵又像先前那样得心应手了。击败黄师之后，文王迅即撤兵。正是夏天，将近郢都时。在一个名为湫的地方（在今湖北钟祥市北），暴病而死。

文王葬在楚俗称为“夕室”的墓地中。葬毕，鬻拳自尽，葬在楚俗称为“经黄”的宫门内。

鬻拳是一位大夫，其刚直和忠诚堪称举国无双。一次，因文王拒谏，鬻拳竟拿兵器威逼文王纳谏，然后自断一足以示服罪。文王对他是理解和宽容的，派他做守卫宫门的大阍。楚人敬重鬻拳，称之为“太伯”。鬻拳自尽之后，他的子孙继为大阍。《潜夫论·述赦篇》说：“自非鬻拳、李离，孰肯刑身以正国?”李离非楚人，可置勿论，《史记》有传。鬻拳的“刑身以正国”，纯属楚式忠臣的风范。

那时楚国的国人，仍然要求他们的君王必须是一位优秀的统帅。武、文两代楚王都抱病出征，又都病死在征途中，表明他们仍然是以公族为核心的国人的工具。他们毕竟是刚戴上王冠的大酋，对自己的天职有清醒而正确的认识，虽死不辞。作为这样的阶级工具，武王与文王的重要区别只有两点：其一，是武王享年长，享国久，资历比臣僚深，功劳比臣僚大；文王则不然，他是被一群资历深、功劳大的臣僚拥戴着并胁持着的一位国君，往往身不由己。其二，武王的性格刚而又刚，文王的性格刚中有柔。武王对内、对外都是令人敬畏的；文王则不然，对外他也是一位叱咤喑呜千军俱废的雄杰，对内他却是一位经常需要老臣耳提面命，甚至不妨用鞭策和戈矛来配合语言迫使他就范的领袖。即使武王也有保申这样的师傅和鬻拳这样的大阍，他们也是不敢举起荆条来教训他，不敢操起兵器来威逼他的。武王之所以为“武”，文王之所以为“文”，可谓良有以也。

旧传统对新体制所起的作用，有消极的，但也有积极的，不可一概而论。原始社会末期的军事民主主义就是这样，它是旧体制向新体制的过渡，在刺激新体制生长的同时，也维护旧体制生存，消极的和积极的难解难分。不经过新体制与旧体制的多次冲突，不经过几代君臣的斗争和妥协，是无法将原始军事民主主义送进坟墓的。新体制总是挟带着旧传统，摇摇晃晃地在陌生的道路上行进，这是正常的历史现象。

第四章　内聚国力，外争霸权

大约在公元前683年，息夫人一变而为文夫人。八年之后，文王去世。在八年中，文王喜得二子：长子名艰（囏），次子名恽[①]。熊艰继位时，至多不过七岁。

当时周室大乱，全无体统。周惠王与五位大夫争利，五位大夫奉王子颓以伐周惠王，不胜。大夫们又引卫师、燕师为援，逐周惠王而立王子颓。近两年后，郑伯和虢公举兵杀王子颓和五位大夫，纳周惠王于王城。齐国渐有霸主的气象，但遇到了重灾。陈国为内乱所苦。中原其他各国也只能自保。楚国方兴未艾，但幼主当国，其命运未卜。

第一节　令尹子文与成王

既然年龄使国君不能像国人所希望的那样做一个优秀的统帅，那么，真正执掌政柄的就只能是元老即旧臣和宿将了。这些旧臣和宿将不像文王初即位时那么心志齐一，文王留下的两位公子就成为他们派系斗争的工具了。熊艰在位三年，无所作为。《史记·楚世家》说到熊艰要杀死他唯一潜在的竞争对手，即他唯一的胞弟，这或许是近臣给他出的主意。可是，熊艰本人未能赢得元老一致的拥戴，一些元老竟带着他的胞弟跑到随国去，由此发生了一场争夺君位的政治危机。结局是这些元老借助于随师袭杀了熊艰，可想而知，也袭杀了忠于熊艰的元老和近臣。本来并不复杂然而至为重大的一个政治问题，就这么干脆利落地用暴力解决了。

---

① 此据《史记·楚世家》。《左传》所记为“頵”，“頵”“恽”音近。传世有《楚王頵钟》，则似以“頵”为正。

熊艰，《史记·楚世家》称之为庄敖，《左传》称之为堵敖。按，楚辞《天问》也称之为堵敖，应以堵敖为是。称“敖”，是因为严格说来他还不成其为国君。冠以“堵”字，则是因为他葬在名为堵的地方。

熊恽取熊艰而代之，是为成王，其元年为公元前 671 年[①]。成王初立时，也还年幼，政事由其叔令尹子元和另外一些贵官执掌。当时中原无大变，陈国内乱未息，晋国内乱突发，齐、鲁、宋合兵伐淮水下游的徐。成王刚即位，他的臣僚就在内政和外交上采取了若干积极的措施，一面抚绥民众，一面派使者到中原去聘问并到周都去纳贡，如《史记·楚世家》所云：“布德施惠，结旧好于诸侯，使人献天子。”周惠王以祭肉赐给楚成王，希望楚国“镇尔南方夷越之乱，无侵中国”。这时，楚国已是方圆逾千里的大国，中原对它已不能不给予相当的重视了。

文夫人顺从命运的安排，不得不把自己放在旁观者的位置上，听凭那些元老杀死她的长子，扶立她的次子。她已是太后了，但刚到中年，依然天生丽质。令尹子元对这位嫂夫人想入非非，居然在她的宫室近旁营造了自己的新邸，以求亲近。一天，子元在新邸中欣赏万舞。万舞集武舞和文舞的大成，而主要是武舞。相传周武王伐殷纣王时，从征的巴蜀将士在战场上载歌载舞，英勇豪迈。殷师前列的徒兵倒戈反走，周师乘机进击，一举击溃殷师。构成万舞主体的武舞，据说就是按照巴蜀将士的歌舞改编的。万舞节奏强烈，乐声嘹亮。子元在新邸中演出万舞倒不是供自己欣赏，而是要让隔墙的文夫人听到。文夫人果然听到了，但出乎子元意料的是她哭着对近侍说：先君在世时演出万舞，意在整军经武；现在令尹不去向敌国开战，却在我这个未亡人旁边作乐，这不是太使人纳闷了吗！文夫人的话传到子元那里，子元不禁大惭。

公元前 666 年——成王六年，秋，令尹子元兴师伐郑。此举纯属无端启衅，子元的唯一意图是要向文夫人显示自己不失为一位元戎。楚师多达六百乘，这在当时算得上是一支罕见的大军了。事出突然，郑人无

① 堵敖在位时间，《史记·楚世家》所记为五年，《左传》所记为三年，前者误而后者正。

备，楚师轻易地冲进了郑都的外城。可是，子元见内城的悬门居然没有放下，似乎郑人故意要引诱楚师闯进去，不禁满腹狐疑。子元同随行的将领商议了几句，怕郑人听明白，不敢说夏言，只是说楚言。不忘楚言，兼通夏言，这是当时楚国贵族的一个优越条件。子元以为内城有伏兵，命令全军退到城外安营。到了城外，子元又怕齐、晋、宋派兵援郑，便连夜不声不响地退了兵，把帐篷丢在原地。次日黎明，郑国的谍报人员发现楚营的帐篷上立着乌鸦不飞走，断定其中无人，立即上报。郑国的君臣获悉楚师退尽，才安下心来。其实，当子元和随行的将领在外城商议时，郑国的君臣在内城正慌作一团，准备逃出都城去。子元是怎样的一位元戎，由此即可判定。

做了这么一次武装游行之后，子元居然搬进王宫里去住了。大夫斗射师谏阻，子元不从，还把斗射师关押起来。斗氏先已对子元有反感，这时忍无可忍了。公元前664年——成王八年，秋，申公斗班杀死了子元。斗班父斗谷於菟是一位颇有令名的元老，被成王任命为令尹，史称“令尹子文”。

申公即申县的县公。楚县的长官，初称尹，后称公。有一段时间又可以称尹，又可以称公。

春秋时楚国的令尹有两位最有名，一位是后来庄王时的孙叔敖，另外一位就是成王时的斗谷於菟。

“斗”为氏，“谷於菟”为名。“谷”，义为“乳”；“於菟”，义为“虎”。“谷”与“於菟”连称，用现代汉语来讲就是“老虎喂了奶的”。何以有这个怪名，要从其父斗伯比说起。

上文曾说到，若敖有一位夫人是郧国公族女子，生了斗伯比。这位夫人不是若敖的正妻，因而斗伯比只是若敖的庶子。若敖死，嫡子霄敖立。当时的楚国没有严格的礼法，国君去世后并非正妻的夫人不必留居夫国。尚在幼年的斗伯比，随其母住在郧国。斗伯比长大后，同郧君的一个女儿，即他的一个姑表妹或者姑表姐相爱，在云梦野合，以致生下一个男孩。对“云梦”，要稍加说明。“云”即“郧”，或作“䢵”，简作

“云”。“梦”乃楚言，旧解为“草泽”，实则不止草泽，也有平原、丘陵、丛林、湖泊，总之是原野，当年植被茂密，风光佳丽，鸟兽孳繁。梦在冬天是极好的狩猎场所，一到春天便成为极好的游乐场所。每逢暮春时节，男男女女到梦中去游玩。按照习惯，这时也可以寻偶追欢。诚如《墨子·明鬼篇》所云：“燕之有祖，当齐之〔有〕社稷，宋之有桑林，楚之有云梦也，此男女之所属而观也。”除了云梦，其他郊外的原野也是这样的游乐场所。不过云梦是特别出名的一个地方，那里自然会有不少风流韵事。屈原在《天问》中写道：“何环穿自闾社丘陵，爰出子文?”说的就是斗伯比和他所钟情的女郎相约出游，绕过闾，穿过社，到丘陵幽会，以致后来生下了子文。

斗伯比的舅母郧夫人可能本来就不大喜欢这个外甥，见他竟让自己的女儿生下了一个男孩，不胜恼怒，派人把这个男孩扔到当初他的父母幽会的野地里去了。事有凑巧，郧君到云梦去打猎，正好经过那里，看到一只雌虎正在给一个弃婴喂奶，大惊失色，当即罢猎而归。郧君向郧夫人说起这件怪事，郧夫人惶恐不已，急忙派人去把弃婴抱了回来。因此，郧君给这个外孙取名“谷於菟”。楚国的一代名相，就是这么生下来和活下来的。据陈士林研究①，“谷”是古越语，“於菟”是古彝语，“谷於菟”是混合词语。按，清江流域今称土家的少数民族，其先世为五姓巴人，有崇虎之俗，而其语言属于彝语支。由此不妨推测，古巴语和古彝语也不乏相似之处。《左传·宣公四年》所云“楚人谓乳‘谷’，谓虎‘於菟’”，是把楚地的人都当作楚人了。其实，应该说楚地的扬越谓乳“谷”，楚地的巴人谓虎“於菟”。正宗的楚人谓虎“班”，见《汉书·叙传》。斗谷於菟有子斗班，可谓虎父生虎子。《汉书》的作者班固就是斗班的后代，用的是虎姓。

斗伯比回楚国后，成为武王倚重的贤臣。其子斗谷於菟在文王时已建功立业，对成王的即位起过特殊重要的作用。《天问》在“爰出子文”

---

① 陈士林．彝文[illegible]与楚语：於菟［C］．中国民族古文字研究：第2集．天津：天津古籍出版社，1993．

一句之后接着写道："吾告堵敖以不长，何试（弑）上自予，忠名弥彰?"细味文意，杀死堵敖和拥立成王的主谋就是斗谷於菟。

子元为令尹时，楚国遇到了财政困难。诛灭子元以后，子文为令尹，他所要处理的一个棘手问题就是如何缓解财政危机。《左传·庄公三十年》记："斗谷於菟为令尹，自毁其家，以纾楚国之难。"所谓"自毁其家"，就是献出自家的私财。对贵族来说，这是难能可贵的。《潜夫论·遏利篇》说：令尹子文"有饥色，妻、子冻馁"。艰苦的程度超过筚路蓝缕，这就无疑是后人张大其词了。《国语·楚语》记昭王时大夫斗且引令尹子文语曰："夫从政者，以庇民也。"确实，令尹子文是反对"勤民以自封"的。但斗且说令尹子文"无一日之积，恤民之故也"，乃至"朝不及夕"，就碍难置信了。《战国策·楚策》记莫敖子华对楚威王说："昔令尹子文，缁帛之衣以朝，鹿裘以处，未明而立于朝，日晦而归食，朝不谋夕，无一月之积。"子华把斗且说的"无一日之积"改为"无一月之积"，但还是夸张了。斗且还说，每逢子文上朝，成王都让人给他准备一串干肉、一筐米饭，作为午餐，这倒可能确有其事。《说苑·至公篇》说令尹子文大义灭亲，此说在较早的文献中全无影踪，大概是汉儒杜撰的。至于斗且说子文"三舍令尹"，则是误把孙叔敖的经历当成子文的经历了。无论如何，在楚国约八百年历史上，子文是首屈一指的廉吏。

第二节　齐楚争霸

公元前 661 年，齐国正高举着尊王攘夷的大旗，伐戎，伐狄。《左传·闵公元年》记管仲对齐桓公说："戎狄豺狼，不可厌也；诸夏亲昵，不可弃也。"

公元前 659 年——成王十三年，楚伐郑，缘由是郑与齐通好。春秋五霸，齐桓公当推第一，但他受到来自楚成王的挑战。这时楚成王已成年了，伐郑可能是他自行作出的决策。这次伐郑只是警告性的，速去速回，政治影响大于军事成效。其明年，再伐郑；又明年，复伐郑。楚师连续三年直捣中原腹地，使中原诸侯无不为之侧目。

公元前656年——成王十六年，齐伐蔡。齐、蔡本来相安无事，而且是姻亲，矛盾是由齐桓公夫人蔡姬惹起的杯水风波。约一年前，齐桓公与蔡姬乘舟游于水上。蔡姬素娇，知道齐桓公很怕落水，故意使舟身晃荡。齐桓公大惊之余，暴怒逾常，命令蔡姬回娘家去。蔡姬回母国后，蔡侯一时糊涂，以为蔡姬和齐桓公的婚姻关系已经了结，就把她嫁给了别人。这使齐桓公深感受辱。由此，齐桓公决定惩罚蔡侯。可是，如果只凭这么一点缘由出兵，未免小题大做。经老谋深算的管仲策划，仍用尊王攘夷的名义，纠集鲁、宋、陈、卫、郑、许、曹，组成八国联军，扬言伐楚。从齐国到楚国，假使不绕路，就要经过蔡国。齐桓公的真实意图，是要在途中偷袭蔡国。《战国策・西周策》记游腾说："桓公伐蔡也，号言伐楚，其实袭蔡。"伐楚以伸张正义是假，伐蔡以发泄私愤是真。果然，联军侵入蔡国，蔡人逃散，齐桓公心满意足了，这才移师到蔡国西面的陉山（在今河南郾城县东南）。陉山在方城东，是楚师出方城入中原的必经之地。管仲是聪明的，假如八国联军径直攻进方城去，可能凶多吉少，不如顿兵方城外，以觇楚人动静。

这时的楚成王，已能亲理国政、自作主张了。据《左传・僖公四年》所记，他派使者去对齐桓公说："君处北海，寡人处南海，唯是风马牛不相及也，不虞君之涉吾地也，何故?"这话，显示了楚人的强硬态度和幽默气质。北海、南海的"海"，并非实在的水域，只是极言其远罢了。当时陉山尚未正式纳入某国的版图，谁也不管，谁也能去，但楚使的话却把它当作楚国的领地了。管仲胸有成竹，他代表齐桓公说："昔召康公命我先君太公曰：'五侯九伯，女（汝）实征之。以夹辅周室。'赐我先君履，东至于海，西至于河，南至于穆陵，北至于无棣。"这一番开场白是管仲立论之本，追述往事，援引故典，虽则摆出挟天子以令诸侯的架势，却是堂堂正正，无懈可击。"履"是活动的范围，非指统治地域。"海"与"河"是一清二楚的，"穆陵"与"无棣"就很难指实了。一说，穆陵在今河南光山县与湖北麻城市之间，无棣在今河北北部。无论如何，穆陵更在陉山以南。接着，管仲反答为问："尔贡苞茅不入，王祭不共，无以缩酒，寡人是征。昭王南征而不复，寡人是问。"一共只有这么两个拼凑出来的罪名，若非小题大做，便是捕风捉影，然而都与周天子有关，似乎非同小可，足见管仲其人善于罗织。对于这样的两个罪名，楚使承认一个，否认一个，承认得痛快，否认得巧妙。所承认的，是应该贡苞茅给周天子；所否认的，是与周昭王之死有牵连。管仲再也没有什么可以数落楚国的了，既然尊王攘夷的名义已经用上，蔡国已经受到惩罚，楚国已经有认错的表示，那就适可而止，于是决定同楚国会盟。

八国联军为了表示会盟的诚意，朝东北方向后撤了一天或两天的路程，移驻召陵（在今河南郾城县东）。这时，楚师已出方城，以备不测。元帅为屈完，他代表楚成王参与会盟。

齐桓公把联军摆弄得整整齐齐，然后同屈完一起乘车阅兵。起初，齐桓公的话很友好，屈完的话很谦虚。可是，齐桓公接着说："以此众战，谁能御之？以此攻城，何城不克？"这是露骨地炫耀武力。屈完毫不示弱，他说："君若以德绥诸侯，谁敢不服？君若以力，楚国方城以为城，汉水以为池，虽众，无所用之。"[①] 屈完义正词严，齐桓公无可奈何。

"汉水以为池"，是把不是护城河的水当作护城河；"方城以为城"，是把不是城的山当作城。楚国的军事思想注重外线作战，对于内线作战则能依托国土的辽阔和人民的众多，这是很有特色的。

召陵之会无失败者可言，倒过来说也是对的，无胜利者可言。齐人所留下的，其实只有虚名和笑柄。

作为诸侯之一，楚君必须承诺对周天子应负的义务，阳奉阴违是可以的，说得多、做得少是可以的，拒不认账却万万使不得。楚国所要贡纳给周天子的，据《左传》只有苞茅，据《国语・齐语》和《管子・王

① 此据《左传・僖公四年》。《史记・齐太公世家》所记为："楚方城以为城，江、汉以为沟，君安能进乎？"

言篇》还有丝，《史记·楚世家》则含混其词说是“赋”。无论如何，苞茅和丝加在一起也只是象征性的。天子也罢，诸侯也罢，都需要这象征性。岂但如此，当时的历史进步也需要这象征性。

召陵之会揭开了齐楚争霸的序幕。

其明年，令尹子文灭弦。弦是姬姓小国①，故址在今河南潢川县西北。同年，周惠王对齐、鲁两国啧有烦言，要郑国靠拢晋、楚两国，这对以尊王攘夷为号召的齐国是辛辣的讽刺。齐、鲁、宋、陈、卫、郑、许、曹诸国之君会于卫邑首止，郑君中途逃归，没有与盟。

再明年，齐以六国联军伐郑，这是对郑逃首止之盟的惩罚。楚师出方城，围许救郑。公元前353年的桂陵之战，齐师围魏救赵，创立了辉煌的战例。其实，这样围甲救乙的战略，在301年以前楚师围许救郑这个战例中已经成熟了。许为姜姓，是齐的盟国，在郑、楚之间。楚师包围了许都，六国联军弃郑而救许。楚师稍退，六国联军全撤。许僖公见楚师仍在方城外，旦夕可至，忧惧不已，央求蔡穆侯带他到武城（在今河南南阳市北）去朝见楚成王。许僖公双手反缚，口衔璧，许国的大夫穿着孝服，许国的士抬着棺材，以请死罪。少不更事的成王没有见过这等场面，便问身边的大夫逢伯如何对待才得体。逢伯说：微子启向周武王投降就是这样的，周武王亲自给微子启松绑，接受微子启献的璧，让人把棺材烧掉，待微子启以礼，使微子启复职。成王心中有数了，依样画葫芦地表演了一通，大大方方地让许僖公回国复位。此役是成王第一次亲将，也是他第一次同中原诸侯周旋。成王围许救郑，实现了不战而屈人之兵的兵家上算。

又明年，齐伐郑，郑不得已而从齐。从这时起，郑就成为立于天下之中的一只风信鸡了，哪里刮来的风大，它就转向那里。因而，这时朝齐暮楚，后来朝晋暮楚。郑国的忧和喜，都从这天下之中而来。所忧者，大国竞逐，天下云扰；所喜者，巨贾齐集，百货通流。动荡加富裕，这

① 一说为隗姓。

是郑人典型的生活。对郑国的君臣来说，利重于义，权术重于公理。

公元前648年——成王二十四年，楚灭黄。两年后，楚灭英。英别称英氏，是一个偃姓的小国，故址在今安徽金寨、霍山两县之间。还有姬姓的蒋、应两个小国，族姓不明的樊国[①]，以及蓼（缪）国，大概都在成王中期被楚国灭掉了。蒋，故址在今河南固始县西北。蓼（缪），故址在今固始县东北[②]。樊，故址在今河南信阳市。应，故址在今河南鲁山县东。

公元前645年——成王二十七年，楚败徐于娄林（在今安徽泗县东）。

这样，三年之内，楚人从淮水上游进取中游，从淮水中游袭击下游，速度之快出乎中原诸侯意料。这时的成王同他的臣僚配合默契，用兵如神。娄林之役，齐又纠合了一支号称八国的多国部队，蹈袭楚师围许救郑的故智，采取围厉救徐的战略。当时有两个厉国：西边的一个在今湖北随州市，姜姓；东边的一个在淮北，其氏姓和故址都不详，同鲁国是姻亲，这时已成为楚国的附庸。八国联军所围的，当然是淮北的厉国。深通围甲救乙之道的成王不为所动，终于取得娄林之捷，而八国联军也随之解散了。

出方城而北上是文王确立的战略方针，成王奉行不替；沿淮水而东下是成王自己确立的战略方针，与出方城而北上并行不悖。楚人北上的意图和意义是容易认识的：投入文明世界的主流，登上政治舞台的中心，争名于朝，争利于市，一举两得。至于楚人东下的意图和意义，就不那么容易认识了。淮水在文明世界和政治舞台的边缘，似乎无足轻重。假如说，楚人东下所追求的只是广土众民，那么，楚国的西面和南面都没有强敌，楚人为什么不像对淮水流域那么热衷呢？楚人东下总是有口实的，无非某国对楚国不友好或者不尊重之类，都是官样文章。隐藏在这

① 樊国，文献失记。据信阳樊君墓所出铜器铭文知有此国。一说，樊是申的别封之国，初在邓国以北。申、邓为楚所灭后，樊乃东迁。

② 这个蓼国不是故址在今唐河县南的那个蓼国。

些口实后面的动机，是要力求垄断长江中游的有色金属并且力争侵夺长江下游的有色金属。简而言之，楚人东下是为铜而战。楚人从东下得到的实惠，比从北上得到的实惠更大。北方的诸侯当然也懂得这个道理，否则就不会有八国联军了。

上文曾说到，淮汉之间是一个十字路口，无论从民族成份来看还是从文化因素来看，都是这样。在楚人占领以前，这个地区的文化景观五花八门，但占优势的是随、息、蒋等国的周文化。楚人进入淮汉之间，获益匪浅，主要得之于文明程度如鹤立鸡群的随国。小国的文化对楚国也不是全无影响的，如河南光山县黄君孟夫妇合葬墓是已知最早有封土的竖穴土坑墓，其封土形制对后来楚墓的封土形制似有导向作用。淮水中游和下游的文化景观与淮汉之间不同，以徐、舒为主体的淮夷文化占优势。徐在淮北而偏东，舒在淮南而偏西，彼此族类相近，文化相似。徐人贵族文化素养在长江下游是最高的，其铜器铭文结体娟秀而用韵精严。舒人的文化素养虽不及徐人，他们的铸造技艺则不让徐人。舒墓所出铜器中的牺形鼎、平盖扁鼓腹鼎、异形盉等独具特色，所出印纹硬陶和原始青瓷则与越文化相通。楚人进入淮水中游，政治上与徐、舒是敌国，文化上却与徐、舒有异曲同工之妙，楚人的创造才能在竞争和交流中受到刺激和鼓舞，从此，楚文化才作为南方文化的表率而形成了自己的体系和风格。

《史记・齐太公世家》说："楚成王初收荆蛮有之，夷狄自置，唯独齐为中国会盟。"所谓"荆蛮"是广义的，楚蛮、扬越、淮夷等一股脑儿都算在里面。楚人"收荆蛮有之"，则楚人本非荆蛮；成王"夷狄自置"，则成王本非夷狄：这都其理自明。在管仲和其他许多中原人士看来，齐是"中国"即中原或华夏的盟主，楚是夷狄的大憝。然而，曾几何时，齐的盟主地位就一去不复返了。

公元前 643 年，管仲和齐桓公相继去世。凡倚重人治的，人亡则政息。其明年，齐国大乱，宋、曹、卫、郑合兵伐齐。是年，郑文公朝于楚成王，楚成王送给郑文公一批铜，刚送掉就后悔，而不便收回，就和郑文公盟誓，让郑文公保证不用来铸造兵器。这使我们想到，现代有些国家出售核反应堆给别国，要别国“保证和平用途”。古往今来，人同此心，心同此理。郑文公回国后，用这些铜铸了三口钟。这时，楚国的铜产量已跃居列国的首位。有了这样的经济优势，楚国的发达和昌盛就可想而知了。

公元前 640 年——成王三十二年，随国串通汉东的小国背叛楚国。这是汉东诸国试图挽回往昔的光荣的最后一次尝试，结局还是失败。令尹子文一出兵，它们就求和了。成王和令尹子文以罕见的大度处理了楚随关系，一度飘荡在汉东上空的阴霾迅即消散，随侯保持了自己的安富尊荣，随人保持了自己的宗庙和制度，只是随国成为楚国忠顺的附庸近三个世纪。允许在自己的腹地保留一个在内政上高度自主的国中之国，如果不是第一流的政治家，一定不会有如此超卓的见识和如此恢宏的气度。

这时，成王踌躇满志了。环顾四周，国内和国外都没有他的敌手了。然而，偏偏有一个宋襄公出来硬充霸主，这在成王看来实在是匪夷所思，他赫然震怒了……

第三节　会盟，交战，燕飨

齐桓公死后，宋襄公忘乎所以，居然想继齐桓公而为霸主。宋襄公其人志大才疏，以为霸主不一定要有强兵和奇才，只要能几次邀集诸侯会盟，就算是霸主了。

公元前 639 年——成王三十三年，春，宋襄公邀请楚成王和齐孝公会盟于宋邑鹿上（在今安徽阜阳市南）。《史记·宋微子世家》记宋公子目夷谏曰：“小国争盟，祸也。”宋襄公置若罔闻。同年秋，宋襄公邀请楚、陈、蔡、郑、许、曹诸国的国君到宋的盂邑（在今河南睢县）会盟。当时的俗话说：“一之谓甚，其可再乎？”楚成王大怒，他觉得宋襄公太不识相，已经主持了一次不该由他主持的盟会，怎么还想再来主持一次呢？当时的盟会有两种：一种是乘车之会，与会的诸侯只能带乘车去；还有一种是兵车之会，与会的诸侯都要带一定数量的兵车去。这次是乘车之会，但楚成王带兵车去了。在会上，楚成王授意随行将士把宋襄公捉住，押回楚国去，宋人一筹莫展。同年冬，楚、鲁、陈、蔡、郑、宋等国在宋的亳邑（即“薄”邑，在今河南商丘市北）会盟，楚成王才释放了宋襄公。

公元前638年——成王三十四年，春，郑文公再次朝见楚成王。宋襄公不自量力，以宋、卫、许、滕四国联军伐郑。是年秋，楚师伐宋救郑。宋师解郑围，撤到泓水附近（在今河南柘城县北）。时已入冬，楚宋战于泓水，史称“泓之战”。楚师在泓水南，宋师在泓水北。楚师北渡泓水，宋大司马公孙固主张待楚师半渡而击之，宋襄公以为这样乘人之危不合作战的惯例，拒不采纳。楚师渡过泓水后，正在布阵，公孙固要求出击，宋襄公仍不接受，理由还是不可乘人之危。待楚师布阵完毕，宋襄公才击鼓进兵，焉知一败涂地，宋襄公腿上也中了箭。宋襄公的迂腐和愚钝，实属罕见。公孙固的主张是正确的，但不足为奇。论者有这样的一种意见，以为只要宋襄公采纳了公孙固的主张，宋师就会打败楚师。实则未必然，因为杰出的兵家善于出奇制胜，有时不辞作背水之战。秦末汉初的韩信和东晋的谢石，都曾创立背水作战获胜的范例。

楚师在泓之战中获胜后，成王乘兴到郑国访问。这时的楚郑关系极为热络，彼此又是盟友，又是姻亲。郑文公的夫人芈氏见兄弟成王奏凯而来，觉得十分风光，便带着郑文公的另一位夫人姜氏，出都相迎。成王喜不自胜，派乐尹师缙把楚师俘获的宋人，以及从战死的宋人头上割下的耳朵，给两位夫人过目。派乐尹办这事，是因为同时要奏乐以助兴。这样的做法在中原人士看来，未免出格了。《左传》引“君子”曰：“非礼也!”成王和芈氏都安之若素，可见楚人对男女之别还不像中原人士那么一本正经。其明日，郑文公在宫中为楚成王举行燕飨之礼，备极隆重。据《左传·僖公二十二年》所记，“九献，庭实旅百，加笾豆六品”，这是最高的礼宾规格。“九献”，即主宾酬酢九次。“庭实旅百”，即陈于庭中的礼品以百计。“加笾豆六品”，即外加六件盛着果品或野味的笾豆。当夜。宴毕，楚成王回到城外的营帐里去，郑文公献给楚成王两位姬姓少女作妾，由芈氏送到楚营。郑大夫叔詹觉得太不像话，竟在背后诅咒楚成王不得好死。

到宋邑会盟，到郑都访问，这些都能使成王增长见识，拓开思路。楚国与中原诸国相比，除礼制外，几乎都领先了。成王对礼制建设深为关注，他要把楚国建设得“郁郁乎文哉”。

这时的成王，虽尚无霸主之名，而已有霸主之实。齐已中衰，晋有内乱，宋创巨痛深，郑俯首帖耳，诸侯莫能与楚争胜，所以说成王有霸主之实。至于成王无霸主之名，则是因为中原诸侯对楚人的民族歧视心理尚未褪尽。

公元前637年——成王三十五年，秋，司马成得臣伐陈，取其焦、夷两邑，又帮助受陈欺凌而不得不迁都的姬姓顿国营建了新都。顿在今河南项城市，旧都在北而新都在西。

成氏也是若敖的后人，得臣字子玉。令尹子文年事已高，想养老了，见子玉有功，便推荐他接班。成王从其请，命子玉为令尹。

是年冬，晋公子重耳访问楚国。重耳是在18年前因晋国公室内乱而出走的，那时只有17岁。出走之后，他先在狄国住了11年多，后在卫、齐、曹、宋、郑诸国住了6年多。狄、齐、宋三国待他以上宾之礼，卫、曹、郑三国对他都未能以礼相待。到了楚国，成王待之以诸侯之礼，重耳受宠若惊。成王飨重耳，九献，庭实旅百，这大概是向郑国学来的。《左传·僖公二十三年》记宴会将结束时，成王问重耳：“公子若反晋国，则何以报不穀?”重耳答道：“子女、玉帛，则君有之；羽毛齿革，则君地生焉。其波及晋国者，君之余也，其何以报君?”成王执意问重耳：“虽然，何以报我?”论财富，当时晋不如楚，重耳的答辞是得体的。成王坦然承认楚比晋富，但仍要重耳说出报答的办法来，这是给重耳出了一道难题。重耳答道：“若以君之灵，得反晋国，晋、楚治兵，遇于中原，其辟（避）君三舍。若不获命，其左执鞭弭，右属櫜鞬，以与君周旋。”这是一席精彩的对话，可以写进《中国外交史》和《世界外交史》中去。只用不卑不亢、亦柔亦刚之类的评语是不够的，问答双方都把话说到了边缘，重耳的答词则是自谦与自尊高难度的结合。这位还过着流亡生涯的晋公子，已显露出雄主的气象。令尹子玉建议成王杀死重耳，成王不许。子玉又建议留重耳的舅父兼谋主狐偃为人质，成王亦不许。

此后不久，秦穆公派使者到楚国来迎重耳，楚成王派使者奉厚币送重耳到秦国。其明年，秦穆公以武力送重耳回晋国。晋惠公夷吾也是秦穆公扶立的，在位14年死，继位的晋怀公子圉不合秦穆公意，因而秦穆公扶立重耳。重耳杀晋怀公而自立，是为晋文公。

秦穆公是一位很有政治野心的明主，平素留意选贤养士，推诚礼贤下士。晋灭虞，获其大夫百里傒，以为秦穆公夫人的媵臣。百里傒逃亡到楚国的宛邑，被守边的楚国将士捉住。秦穆公听说百里傒是贤人，派人探听到他的下落，要把他接回秦国去，但怕楚人不放。于是，派使者到宛邑，不说百里傒是贤人，只说他是逃亡的媵臣，用了五张羖羊皮即黑色公羊皮，就把他赎了回来。秦穆公随即任之以政，人们给百里傒起了个外号叫“五羖大夫”。

第四节　令尹子玉

公元前635年——成王三十七年，秋，秦、晋伐鄀。鄀是介乎秦、楚之间的一个小国，早已成为楚国的附庸。鄀都商密，故址在今河南淅川县西境。秦、晋与楚，在上一年里还玉帛相通，这时突然干戈相向了。秦是伐鄀的主谋和主力，晋只起着张掎角之势的作用。即位才两年的晋文公，为了报答秦穆公，不惜背弃楚成王。其实，晋文公并不真要报答秦穆公，只是无法拒绝秦穆公要他出兵相助的要求罢了。国家利益至高无上，它决定着战争与和平。

楚国在方城内外有申、息两个大县，申公和息公是守卫国门的封疆大吏。这次秦、晋伐鄀，楚人起初不甚在意，以为只是寻常的边境冲突，令尹和司马都还在郢都，只派申公斗克和息公屈御寇以申、息之师去戍守商密。秦师抢在楚师到达商密以前，沿着丹水的大湾绕过商密。到了靠近析邑（在今河南西峡县）的地方，把自己的役徒捆绑起来，冒充析人，押着朝西走。在暮色的掩护下，秦师包围了商密。入夜，秦人燃起许多火炬，在火光中杀牲取血，伪装与申公、息公盟誓。鄀人从城上见到这般情景，以为自己被楚国出卖给秦国了，一传十、十传百，无不信以为真。于是，鄀人向秦师请降。秦师随即东进，突袭正在途中的楚师。申公、息公疏于戒备，都成了秦人的俘虏。秦师怕楚师的大军追来，匆匆离开商密，回秦国去了。令尹子玉闻变大惊，当即发重兵追秦师，未能追上。子玉不自安，为了以功补过，引兵伐陈，同时把正在楚国避难的顿子护送到顿城，才收兵回国。

析之战是秦、楚两国初次交锋，秦之胜在于诈，楚之败在于骄。楚国丧失的兵员不算多，可是两位县公被俘对自己的国际形象有损。假如楚人从初次与秦人交锋起就注意总结经验，以诈制诈，此后是不会重蹈覆辙的。无奈楚人计不出此，对秦人总是宁信其诚而不信其诈，乃至323年之后，在离商密不远的丹阳，吃了更大的败仗。

公元前634年——成王三十八年，齐一再伐鲁，鲁不胜其扰，鲁僖公命公子遂和臧文仲向楚求援。臧文仲多谋善言，对子玉说齐、宋两国“不臣”，自请为楚做伐齐和伐宋的向导。子玉被臧文仲说动了，但他要先去处理另一件大事——灭夔。

夔是楚的别封之国。始君为熊渠次子熊挚，故址在今湖北秭归县，土著是巴人。夔子已经巴化，而且认为楚国歧视夔国的先君，于是拒不祭祀祝融和鬻熊。《左传·僖公二十六年》记楚国派使者去责问夔子，夔子竟说：“我先王熊挚有疾，鬼神弗赦，而自窜于夔，吾是以失楚，又何祀焉？”这虽是牢骚，但分明自外于楚国了。楚国不能容忍夔子公然闹分裂、搞独立，决定予以严惩。是年秋，令尹子玉和司马子西（斗宜申）引兵灭夔，夔子被押解到郢都去。从此，夔国就不再存在了。

灭夔后，子玉可以腾出手来去惩罚齐和宋了。这时，成王显出了倦于国事的迹象，由子玉执政柄。

宋成公因先君宋襄公为楚所辱而耿耿于怀，叛楚即晋，意在以晋制楚。是年冬，子玉、子西引兵东征，号称伐宋，其实主要目的在于伐齐。楚师把宋国的缗邑（在今山东金乡县）包围了几天，让宋人明白楚师随时都可能打进宋国去，就移师伐齐了。对齐，楚是有一笔政治筹码在手中的。先是，齐桓公死，诸子争立，卫姬所生公子无亏被害，郑姬所生公子昭继位为孝公。其余七位公子都逃到了楚国，楚国把他们都封为上大夫。这七位公子中，最有希望取代公子昭的是齐桓公宠姬宋华子所生的公子雍。子玉携公子雍随军东征，在攻克齐国的谷邑（在今山东东阿县）之后，把公子雍安置在那里，派申公叔侯戍守在那里，自己和子西则班师回国了。这样在一个遥远的地方扶植一个傀儡政权，维持一支卫戍部队，在中国历史上还不曾有过。楚人敢这样做，一则是因为他们有遥控飞地的经验，当初熊渠封三子俱为王，就是开辟了三块飞地；二则是因为他们确信当时天下莫强于楚，深知齐人无力把这块飞地吃掉。果然，齐人对谷邑莫如之何。

子玉是一位使敌人敬畏的将才，治军颇严，但苛于枝节而忽于根本。公元前633年——成王三十九年，秋，为了伐宋，成王先派前任令尹子文阅兵于睽，又派现职令尹子玉阅兵于蒍。子文阅兵，只用了一个早晨，没有惩罚一个士卒。子玉阅兵，用了一整天，用鞭子责打了七个士卒，用长箭刺穿了三个士卒的耳朵。一些老臣向子文道贺，说他荐举子玉为令尹是知人善任。子文也高兴，向子玉敬酒。蒍即薳，是邑名，其地应在蒍澨附近，今湖北京山县西近汉水处。蒍贾还年轻，遇上在自己家族的封地举行阅兵大典，也去观礼。事后蒍贾不仅不向子文道贺，还说子玉既不适于治民，也不善于用兵，如带兵超过300乘，非打败仗不可。按，当时每乘战车配属的士卒多少不等，车上的甲士和车后的徒卒合计，至多75人。300乘战车配属的士卒，至多22500人。偌大一个楚国的令尹，充其量只能指挥这个数目的军队，国人道忧尚恐不及，何遑道贺？还是初生之犊的蒍贾容或喜作狂言，但少年蒍贾对子玉的评论乃不幸而言中。

是年冬，成王以楚、陈、蔡、郑、许五国联军包围宋都，由此引发了一场大战——晋楚城濮之战。

第五节　晋楚城濮之战

晋国自从文公即位，渐有起色。文公和他的谋士曾周游列国，熟知国际形势。这时晋国的财力和兵力还不如楚国，但文公和他的谋士已萌发了争霸的雄心。公元前633年冬，楚、陈、蔡、郑、许伐宋，宋向晋求援，晋文公与群臣商议对策。

据《左传·僖公二十七年》所记，大夫先轸说："报施，救患，取威，定霸，于是乎在矣。""报施"，是报宋襄公曾厚赠重耳之恩；"救患"，是解宋都之围；至于"取威"和"定霸"，则是要用打败楚国的伟绩来确立晋国的霸业。大夫狐偃主张攻打曹、卫，因为曹刚成为楚国的附庸，卫和楚则是姻亲，曹、卫若被围，楚必往救，则宋围可解，而齐患可纾。先轸是少壮派的健将，一味主战；狐偃是元老派的重臣，悉心求稳。他们的意见有出入，但不是对立的。晋文公接受了他们的意见，把狐偃的意见作为第一阶段的方案，把先轸的意见作为第二阶段的方案。

决策既定，晋国立即扩军备战。原来只有两军，这时增编一军，共有中、上、下三军，以中军将老臣郤縠为元帅。

其明年为公元前632年——晋文公五年、楚成王四十年。春正月，晋师南渡黄河，先侵曹（都于今山东定陶县），后伐卫（都于今河南滑县）。二月，郤縠病死，先轸受命将中军，为元帅。晋文公与齐昭公会于卫境，共谋救宋抗楚。鲁公子买率兵救卫，卫人多不愿亲鲁从楚，卫成公诈杀公子买，对楚人却说鲁师不曾来救。三月，晋师经过惨烈的战斗，攻破了曹都。楚仍攻宋不止，宋向晋告急。晋文公举棋不定，召集将佐商议，问道：寡人想同楚国打一仗，可是齐、秦两国未必肯帮助我们，我们该怎么办才好？先轸说：可以让齐、秦两国怨恨楚国，办法是让宋人假装不向晋国求救，而以厚赂求齐、秦两国向楚国说情，我们则把曹、卫两国的土地割一些给宋国。楚国一定拒绝齐、秦两国的斡旋，这样，齐、秦两国就会同我们一起去打楚国了。晋文公从其计，当即宣布把曹、卫两国的土地割一些给宋国。

成王闻讯，决定撤军。自己先回申县去，同时派出使者，命令戍守谷邑的申公叔侯以及正在围攻宋都的子玉都领兵回国。成王特意让使者引《军志》的三句话转告子玉：第一句话是“允当则归”，第二句话是“知难而退”，第三句话是“有德者不可敌”。

看来，一场对晋楚两国都吉凶难测的恶战似乎可以避免了。但出乎成王的意料，子玉竟派大夫子越（斗椒）到申县去，代他向成王请战说：不是我一定要建功立业，我是要塞住说坏话的人的嘴。言下之意，是要用自己的胜利去证明少年蒍贾的话是错的。成王动气了，但他没有坚持要子玉撤军，反而给子玉派去了援军。若敖氏执掌着国柄，文武满朝，认为成王仍然是自己的工具。他们对成王的话可听可不听，成王对他们的话却不能不听。君臣的不和，以及国君的迁就和权臣的刚愎，将给楚师带来灾难性的后果。

《左传·僖公二十八年》说，成王所派的援军只有西广、东宫和若敖氏之六卒，少了。按：西广是随从楚王的两广之一，有兵车 15 乘；东宫是随从太子的兵车，也有约 15 乘；若敖氏六卒，以每卒通常有兵车 30 乘计，共有兵车 180 乘。三者合计，援军约 210 乘，不少了。加上原在宋国作战的兵车，子玉所指挥的兵力够多了。说成王故意少派援军，是晋籍楚裔的王孙启的臆断。王孙启为子元之子，在子元被杀后逃奔晋国，受封为大夫，这次随同晋文公出征。《国语·楚语》记晋师得到子玉移兵北上的消息，准备退避，王孙启却对先轸说：与楚国结盟的诸侯大约有一半不再追随子玉了，若敖氏也不再听从子玉了，楚王派给子玉的援军只有东宫和西广，楚师必败无疑，我们怎么能撤退呢？王孙启说动了先轸，先轸才决定迎战。

子玉派使者宛春对晋国的君臣说：只要晋国允许曹、卫复国，楚国就可以从宋国撤军。这是一个极好的建议，既顾全了晋、楚两国的体面，又保全了宋、曹、卫三国的社稷。可见，子玉并非有勇无谋之辈。先轸认为子玉的建议“有礼”，宋、曹、卫三国都会欢迎的。晋国如果悍然拒绝，这三国就会怨恨晋国。先轸的对策是：私下允许曹、卫复国，但要它们叛楚从晋；同时，扣留宛春，借以激怒子玉，待子玉移兵北上后再相机行事。果然，曹、卫两国都向子玉表示他们不能再为楚国效力了。子玉怒不可遏，当即命令全军释宋都之围，直奔晋师所在的卫国。这是一个轻率的决定，释宋都之围是功败垂成，直奔卫国则将冒巨大的风险。

当时，晋师寡而楚师众，先轸没有料到楚师来得这么迅速，唯恐邀击失利，不得不命令全军后撤。晋师一撤就连走了三天，以每天一舍计，等于退避三舍了。鉴于有些军吏表示异议，狐偃对他们说：这是大王先前允诺了要用来报答楚王的。对此，后人多信以为真。其实，晋人何曾有报恩之意。早在三年前，他们就配合秦人，对楚人不宣而战了。假如这次是晋师众而楚师寡，先轸就不但不会后撤，而且会命令全军进击的。

晋师引退之后，楚国的许多将士觉得自己也不妨适可而止，然而，子玉命令全军追击晋师。

四月戊辰，晋师和只是象征性的秦师、齐师到达卫邑城濮（在今山东范县）。楚师追上了晋师，随即据险立营，使晋文公不胜忧虑。子玉派大夫子上（斗勃）向晋文公请战说：请让大王的将士同楚国的将士做一场角力游戏，请大王靠在车轼上观赏，让得臣也开开眼界。晋文公派将军栾枝回答说：寡君没有忘记楚君的恩惠，所以退到了这个地方。原来我们以为大夫（子玉）也退走了，敝军难道敢拦阻贵军吗？既然贵军不退走，那就有劳大夫（子玉）转告贵军的各位将领，收拾好你们的战车，处理好你们的事情，明天一早来和我们相见吧！

次日是己巳，两军对阵。临战时，子玉夸口说：今天可一定要让晋师不再存在了！子玉将中军，子西将申、息之师为左军，子上将陈、蔡之师为右军。晋以中军当楚中军，以上军当楚左军，以下军当楚右军。楚、陈、蔡联军有战车近一千二百乘，晋、宋、齐、秦联军有战车约一千乘。楚右军陈、蔡比较软弱，他们是作为附庸来帮忙的，以保全自己为天职，顺境下尚能冲锋陷阵，逆境下势难坚守顽抗。先轸看准了楚师这个致命的弱点，命令晋下军疾攻楚右军。晋下军战车前列的马披着虎皮，突然出现在楚右军阵前。陈、蔡的战马受了惊，乱了套。陈、蔡的将士见状，争相逃散。在楚右军溃退之际，晋上军佯作后撤之状。子西指挥楚左军出击晋上军，不料受到晋上军和中军的夹攻，伤亡惨重，且战且退。子玉自将的楚中军失去左右两翼的依托，唯恐被晋师包围，只好退出了战场。

这场大战打了不过半天，结局是楚师“败绩”。所谓“败绩”，就是大败。大败的基本缘由，在于君臣不和。君臣不和的主要责任，在于若敖氏。若敖氏居功自傲，飞扬跋扈，成王只能徒唤奈何。假如子玉不是那么轻狂，而能以谨慎为上，战局就会改观，晋文公将后悔莫及。

晋人大胜，或多或少出于侥幸。楚人大败，可是元气没有大损。子玉在晋人心目中也仍是一位令人敬畏的骁将。对此，晋文公是明白的。因而，在战后，他仍惴惴不安。

申和息的财赋和兵员，都等于一个中小国家。申和息的县师组成的左军溃败后，在战场上遗弃了大批辎重。晋师在楚师遗弃的帐篷里住了三天，三天里所吃的是楚师遗弃的粮食。

郑原是亲楚的，这时迫于事势，不得不亲晋了。五月丙午，郑文公和晋文公在郑国境内会盟，这是暂时的妥协，双方都并不满意。

五月丁未，晋文公献楚俘于周襄王，献了披甲的战车 100 乘，徒兵 1000 人。周襄王册命晋文公为侯伯，赐以天子之车（“大辂之服”）和元帅之车（“戎辂之服”），红色的弓 1 张、箭 100 支，黑色的弓 10 张，箭 1000 支，黑黍酿制的香酒 1 卣，以及号为“虎贲”的卫士 300 人。

同月，周太宰王子虎与晋文公以及齐、鲁、宋、蔡、郑、卫、莒诸国的国君会盟于践土（在今河南原阳、武涉二县交界处附近）。

子玉率残部回楚国，行近方城时，成王的使者来对子玉说：大夫要是进方城去，怎么向申县和息县的父老交代呢？子玉无以自白，乃自缢。

先是，范邑有一位名叫矞似的巫，曾当面对成王和子玉、子西说他们三位都将无疾而终。这时，成王想起矞似的话，怕自己会随着子玉、子西死去，连忙派使者去告诉子玉、子西不要自尽。使者到军中，子玉已死去，子西则恰巧因绳子断绝而活了下来。成王封子西为商公，子西到郢都向成王请罪，成王任命他做工尹。

继子玉为令尹的是蔿吕臣，一个老老实实而平平庸庸的人。蔿氏乃蚡冒苗裔，势位虽不及若敖苗裔斗氏和成氏，但也是名门望族。成王似乎有意起用蔿氏，借以牵制斗氏和成氏。而且，成王对桀骜不驯的大臣深恶痛绝，要起用恭顺、谦抑的大臣了。

《史记·晋世家》记晋胜楚于城濮之后，晋文公说："子玉犹在，庸可喜乎?"子玉既自尽，晋文公大喜过望，说："我击其外，楚诛其内，内外相应。"《左传·僖公二十八年》记蔿吕臣为令尹，晋文公喜极，说："莫余毒也已！蔿吕臣实为令尹，奉己而已，不在民矣。"后世有以为子玉之死是楚国重大损失的，如《汉书·傅喜传》记汉哀帝时大司空何武、尚书令唐林上书说："楚以子玉轻重……楚跨有南土，带甲百万，邻国不以为难。子玉为将，则文公侧席而坐；及其死也，君臣相庆。"

同年冬，晋与齐、鲁、宋、蔡、郑、陈、莒、邾、秦会盟。晋文公竟召周襄王到河阳（在今河南孟县西）与诸侯相见，这是挟诸侯以令天子，比挟天子以令诸侯更使天子难堪。《左传·僖公二十八年》记孔子对此事的评论，说："以臣召君，不可以训。"

第六节　成王晚年的变故

公元前628年——成王四十四年，即城濮之战后四年。楚使斗章到晋国聘问，建议晋楚修好。晋使阳处父到楚国回聘，表示有修好的诚意：这是晋楚之间第一次见于经传的外交活动。是年冬，晋文公去世。

晋文公在位不过9年，但他的名声足以与在位长达43年的齐桓公媲美。漫长而曲折的流亡生活，使他在即位前就已名闻天下。在即位后，他使饱经内乱的晋国得到了安宁。在国际上，他只做了两件大事：第一件是帮助出奔郑国的周襄王复位，第二件是打胜了城濮之战。仅凭这两件大事，他就可以成为当之无愧的霸主了。晋文公唯一的长处是辨贤愚、明赏罚，这使他受益匪浅。他的度量并不大，乃至睚眦必报。翻手为云，覆手为雨，这是他的本色。完全可以说，他是一位几近奸雄的霸主。他去世后，那昙花一现的霸业也就枯萎了。

晋文公去世后不过半年。晋师无端伏击自郑归秦的秦师，尽获其三帅百里孟明视、西乞术、白乙丙，尽歼其士卒，使无匹马只轮得返。晋文公留下的僚佐和晋文公一样，也全无信义可言。

艻吕臣任令尹的时间不长，在公元前 627 年——成王四十五年，令尹已是子上了。是年，阳处父率晋师伐蔡；子上率楚师救蔡，两军夹泜水而阵，都不愿先渡河，于是各自引退。太子商臣对成王说，子上是受了晋人贿赂才退兵的。这是商臣有意进谗，成王未能察觉。先是，成王立商臣为太子，子上曾独持异议，商臣为此而衔恨。这时的成王已经丧失了冷静的头脑，偏信商臣，不经查证，便处死了子上。其明年秋，成王发现商臣不是理想的太子人选，打算废商臣而改立其弟王子职为太子，事机不密，竟招来了杀身之祸。

商臣听到了一丝风声，苦于不明究竟，向其师潘崇求教。潘崇想出一个办法来，教商臣设宴款待正在郢都的姑妈江芈，席间故意失礼，惹江芈生气，听她会说出些什么来。《左传·文公元年》记商臣依潘崇之计行事，果然，江芈骂商臣："呼！役夫！宜君王之欲杀女（汝）而立职也。"真相大白了，商臣又去向潘崇问计。潘崇问：你能侍奉王子职吗？商臣说：不能。潘崇问：你能做大事吗？商臣说：能。所谓"大事"，就是不择手段自立为王。商臣率领东宫的甲士包围了王宫，逼迫成王自尽。成王要求在就死之前煮一只熊掌吃。相传这是因为熊掌难熟，成王意在拖延时间等候救援。但商臣不允许，成王终于自缢了。

商臣自立，是为穆王。初即位，尊潘崇为太师，以潘崇为环列之尹，司宫廷警卫之责，并以先前为太子时所有的财物和仆妾赏潘崇。

商臣弑成王，轻而易举，没有遇到明显的障碍，没有引起明显的动荡，何以如此？关键在于若敖氏的中立。成王是若敖氏拥立的，终其世由若敖氏执掌政柄，当性情随和的子文为令尹时，对成王毕恭毕敬，君臣相得如鱼水。性情刚愎的子玉继为令尹，凡事喜自作主张，对成王不尊重，令不必行，禁不必止，君臣之间就有隔阂、摩擦乃至冲撞了。城濮之败，使若敖氏的一颗明星颓然坠落，对此，若敖氏不会责怪保全了中军的子玉，只会埋怨成王对子玉支持不力。商臣与若敖氏的关系尚属不恶，他的宫甲曾赶到前线去增援子玉，后来把他送上王位的正是这支宫甲。子上的被杀，若敖氏可能不知是商臣进谗所致，而也归咎于成王。只要若敖氏袖手旁观，商臣就不难办成他的“大事”了。

成也若敖氏，败也若敖氏，成王的一生——早年的喜剧和晚年的悲剧就是这样。

假如置个人的荣辱于不计，专论国家的盛衰，那么，楚国的霸业无疑是在成王时奠基的。假如置北方诸夏的偏见于不顾，专论诸侯的功业，那么，说成王已是霸主也不算过分。五霸为谁，诸说不一。通常以《春秋》所记为准，五霸即齐桓公、晋文公、秦穆公、宋襄公、楚庄王①。阖庐、句践，年代太晚，而且只是小霸。楚庄王是无可争议的霸主，但年代也较晚，无幸与其他霸主周旋。宋襄公虽曾主盟，但只演了几场闹剧，号为霸主，滥竽充数而已。秦穆公是关中的霸主，在中原却不曾得志。楚成王与齐桓公、晋文公、秦穆公、宋襄公并世而立，论治国的成效，只有齐桓公与楚成王差可比肩；论用兵的艺术，只有楚成王之孙楚庄王可以与乃祖相提并论；论主盟，楚成王虽不及齐桓公而超过晋文公。假如说，楚成王在郑国有违礼之举。那么，晋文公召周襄王就是违礼之尤；假如说，楚成王有城濮之败，那么，秦穆公的殽之败损失更为惨重。总之，不管拿什

---

① 《白虎通·号篇》以昆吾、大彭、豕韦、齐桓公、晋文公为五霸，同书又以齐桓公、晋文公、秦穆公、楚庄王、阖庐为五霸；《荀子·五霸篇》和《吕氏春秋·当染篇》则以齐桓公、晋文公、楚庄王、阖庐、句践为五霸。

么条件来衡量，楚成王都曾是真正的霸主。春秋五霸，楚成王不在其列，这是因为其孙楚庄王的形象更加高大，论者乃舍其祖而取其孙了。

第七节 走向繁荣

晋公子重耳说楚国的物产比晋国的丰饶，这是实情，并非客套。成王答以“虽然……”换成现代汉语，就是“尽管这样……”，可见，成王也确信天下富国楚为首。

当时楚国的物产，羽毛齿革之类尚在其次，铜和锡才是最使北方诸国自叹弗如的。

当时楚国的铜矿，无论从数量看或者从规模看，都超过了其他任何一国。小铜矿且不论，那是北方各国也有的；大铜矿则独见于江南，楚国有，吴国和越国也有，其余各国就都没有了。楚国的大铜矿集中在现在的鄂东南以及与鄂东南相连的赣西北，即今大冶、阳新、瑞昌诸县市，品位比吴、越的铜矿高，当时的开采规模比吴、越的铜矿大。这些地方的铜矿早在商代中期就已开始采炼了，在春秋时代已达到很高的采炼水平。由其遗址中出土的日用陶器可知，采矿者是扬越。鄂东南和赣西北的扬越是东部扬越，文化面貌与湘水流域的南部扬越是孪生姐妹，其典型陶器为刻槽足鬲、带耳甗和长方形镂孔豆，多有拍印纹。

楚成王南抚扬越，北收弦、黄，东征徐夷，控制了大别山南北的通道，使长江中游的铜矿成为囊中之物。大冶铜绿山发现的古矿井和古炼炉，表明春秋时代的采铜、炼铜工艺达到了当时的世界最高水平。

铜绿山在大冶市大冶湖旁，山势作西南—东北走向，长约二公里，宽约一公里，其间所有山头都在海拔一百米以下，山中有丰富的铜、铁矿床，而且有金、银、钴等共生。山以“铜绿”为名，是由于如同治《大冶县志·山川志》所云：“每骤雨过时，有铜绿如雪花小豆点缀土石之上。”故老相传，此处为“古出铜之所”。地下有铜矿，则地上有“铜草花”。每逢春夏之际，铜草花星散于山野之间，成为当地颇有特色的景观。1965 年发现了古代采矿的遗迹，1973 年从古矿井中发现了大型的斧形铜凿，这才引起了有关方面的重视。经发掘证实，这里的古矿冶遗址在全世界年代最早的同类遗址中是水平最高而保存最好的，含有丰富的文化信息，是至可珍贵的人类文化遗产。

铜绿山春秋时代的矿井，深度达 40～50 米。井巷的组合，大致是围绕着几口竖井，开拓出为数较多的横巷，作扇面形展开，横巷下面又开拓出若干盲井。竖井和横巷都有木构的方形支架。竖井支架长宽各约 60 厘米，横巷支架高约 100 厘米而宽约 80 厘米。在竖井与横巷相接之处，有马头门，高度和宽度一如横巷。矿井中有良好的通风系统和排水系统。照明靠燃点竹签，是最原始的方法。采矿用斧形铜凿，已知最大的一件重达 16 公斤。选矿用船形木斗装矿土在水中淘洗，是为重力选矿，可以指导掘进。采出的矿石装在竹篓中，经竖井提升到井外①。

当时的炼炉已发现多座，都是竖炉，外观为圆台状，由炉基、炉缸、炉身三部分组成，除炉基内有石块外，其余都用黏土垒筑。在炉缸的内壁和金门的内口，加衬了以青膏泥和石英砂为主的耐火材料。炉缸截面为椭圆形或长方形，长轴约 70 厘米，短轴约 40 厘米，缸深约 30 厘米。中国社会科学院考古研究所铜绿山工作队筑了两座仿古炼铜竖炉，做了两次仿古炼铜实验，结果证明：春秋时代铜绿山炼铜竖炉的冶炼工艺是铜的氧化矿的还原熔炼，只要有足够的风压和风量，就能进行正常的冶炼；只要炼炉的熔化带中有足够的温度（按，纯铜的熔点是 1083℃），矿石不论品位高低，不论是块矿、粉矿，都可以炼出红铜来；使用这样的竖炉，可以连续投料，连续排渣，间断放铜，持续冶炼，不是只用一次就要破炉取铜的；一座炼炉，一天之内，如果投入物料 3000 公斤，矿石平均含铜量为 12%，在正常情况下，可炼出红铜约 300 公斤②。

---

① 夏鼐、殷玮璋．湖北铜绿山古铜矿［J］．考古学报，1982（1）；铜绿山考古发掘队．湖北铜绿山春秋战国古矿井遗址发掘简报［J］．文物，1975（2）．

② 铜绿山考古工作队．湖北铜绿山古铜矿再次发掘——东周炼铜炉的发掘和炼铜模拟实验［J］．考古，1982（1）．

覆盖在铜绿山古矿区的古代炉渣，总重约达40万吨，由此可知曾炼出红铜10万吨左右，这是一个惊人的数字。铜绿山古矿区曾多次采集到春秋战国时代的圆饼形铜锭，每块重约1.5公斤。楚成王送给郑文公的“金”，大概就是这种成锭的红铜。

按当时的条件和习惯，铜矿石采出后，就地冶炼；红铜炼成后，易地铸造。因此，楚国的冶炼中心就在铜绿山以及与铜绿山相连的古矿区，楚国的铸造中心则在郢都和其他通都大邑。

有了扬越的冶炼技术和随人的铸造技术，在发展中加以提高，楚国的青铜器生产就突飞猛进，无论数量和质量都赶上并超过了北方。

对待先进事物，楚人是不抱偏见的，心悦诚服，趋之唯恐不及，求之唯恐不获。在湖北襄阳市山湾的春秋楚墓中，有邓公乘鼎和上都府簠出土。在河南淅川县下寺的春秋楚墓中，有巴式剑、鄬子之用戟、蔡侯簠和吕王钟出土。这些不同国属和不同族属的器物成为楚人的爱物，体现了楚国的文化开放方针。然而，早在武王和文王时，北方的青铜器就不再是楚人崇拜的偶像了。在仿作的同时，楚人从自己的实际需求、主体心态和审美意趣出发，力求创新。以铜礼器为例，楚人的创新成果就层出不穷。鼎，从来是凡圆形者必圜底，只有个别方形者为平底，而且不束腰。楚人的升鼎虽为圆形，却是平底而束腰，立耳外撇，器周有四只或六只攀附兽，形制特异。楚人的于鼎最初只是模仿北方的一种盖鼎，可是不久就添上了凸棱子母口和装在盖顶的圈形捉手，从而别具一格。铜礼器的组合体现了当时的礼制，周人为鼎簋相配，楚人曾袭用鼎簋相配，但在春秋早中期之际就开始改用鼎簠相配了。从实用的角度去看，簠并非南方所必需，簋并非不能满足南方的需求。楚国的贵族舍簋而取簠，显然是要在礼制上做到与周制有同有异。此外，鼎和簋都是圆形的，簠是方形的，楚人变以圆配圆为以方配圆，可能与审美的倾向也不无关系。

外求诸人以博采众长，内求诸己而独创一格，这是楚国青铜器的发展道路，大而言之，也是楚文化的发展道路。

铸造各类铜器的难度是不等的，礼器和乐器难度高，农器和匠器难度低，兵器则介乎二者之间。铜多了，用铜铸造的农器和匠器也多了，这对生产力的提高起着巨大的作用。

从武王到成王，楚国的发展有奔轶绝尘之势，周代的其他各国都瞠乎其后。何以如此？这是读者自然而然会提出的一个问题，也是作者孜孜矻矻以求索的一个课题。地理环境和人文环境有重要影响，这是显而易见的。如果长江中游缺乏易于开采的有色金属矿藏，如果楚国没有绥服精于冶炼的扬越和精于铸造的随人，楚国的发展速度势必减缓，即使竭力追赶中原的发达国家，也只能踉踉跄跄地掉在后面。然而，优越的地理环境和人文环境并不是一条现成的康庄大道。如果没有良好的社会机制和心理机制，那么，优越的地理环境和人文环境仍将是吝啬的，不仅不足为利，而且可能适足为害。前有殷人，后有周人，北方的诸夏对长江中游垂涎已久。武丁南伐、昭王南征，都是奔着铜来的。如果楚国积弱不振，以随人为先锋的周人就会席卷长江中游，那样，楚人就会备受奴役。求生存尚且不易，求发展就难乎其难了。幸而，从武王到成王，楚人创立了良好的社会机制，养成了良好的心理机制。

是什么良好的社会机制呢？说到底，是楚人在跨进阶级社会的门槛之时，善于因时乘势，选择了适当的社会形态，良好的社会机制即源于适当的社会形态。一个民族在脱离原始社会之后所迎来的阶级社会，不一定和其他民族的阶级社会一模一样。在一切都顺顺当当的条件下，奴隶制是唯一的道路。假如条件并不那么顺顺当当，农奴制也是一条可供选择的道路。马克思认为："现代家族在胚胎时期就不仅含有奴隶制，而且含有农奴制，因为它从最初起，就和土地的赋役有关。它含有后来在社会和国家中广泛发展起来的一切对抗性的缩影。"① 楚人在这样的胚胎时期受到特殊的人文环境的制约，北方是奴隶制早已发达的诸夏，南方是奴隶制尚未成熟的群蛮。如果楚人循着诸夏的奴隶制的老路亦步亦趋，就无法与诸夏抗衡，恐怕拖不到战国，而早已在春秋的舆图上消失了。

① 马克思．摩尔根《古代社会》一书摘要［M］．北京：人民出版社，1965：38．

南方比较原始但也比较自由的风气，促使楚人走上了一条新路。奴隶制成分在宫廷和贵族的家室中缓慢地滋长着，农奴制成分在县邑的里社中迅速地增殖着。楚人灭国越多，设县越多，农奴制的优势就越大。楚人以方兴未艾的农奴制与北方诸夏已到垂暮之年的奴隶制竞争，就占了社会机制比较先进的优势。对于楚国社会形态的详细介绍，将在后文适当的章节中展开，此处暂且从略。

是什么良好的心理机制呢？这要分两点来说：一是兼采夷夏之所长，二是追新逐奇。这个良好的心理机制是在楚人创立良好的社会机制的过程中养成的，绝非天生。以生产为例，随人所代表的诸夏长于铸造，扬越所代表的群蛮长于冶炼，楚人则兼而有之。以管理为例，诸夏的长处是有完备的官僚机构，群蛮的长处是简朴，楚人也兼而有之，模仿诸夏而有所损，参酌群蛮而有所益，也建立了一套官僚机构，可是事简职专，不像诸夏那么烦琐，而且有一套特殊的行政系统。这样兼采夷夏之所长，既是主动的，又是被动的，总之，是一种调适。成功的调适不是拼凑，而是创造。楚人追新逐奇的心理机制，正是在创造的实践中养成的。假如说上文提供的实例还不很多，那么，从下文的若干章节中，读者将发现，楚人实为喜新好奇之尤。

第五章　蜚将冲天，鸣将惊人

回顾中国古代三千余年福祸倚伏的政局，臣弑其君者虽不可胜数，亲子杀亲父而篡位的事却殊属罕见，商臣逼杀成王是情节尤为恶劣的一例。极度的贪婪和残忍在楚国的历史上写下了至可厌恶的一页，芈姓的贵族面临着始料所不及的严峻考验。事发之后，楚国的霸气为之大减，政局却尚称安稳。对君父，商臣尽可不择手段；对贵族，穆王就不能不心怀顾忌了。楚国的旧贵，如斗氏和成氏，那是连颇有才略的成王也驾驭不了的。还有芀氏和屈氏，也都族大根深。纵使穆王愚钝而乖戾，他那老奸巨猾的太师潘崇却深通世故人情。只要潘崇心里明白，对潘崇言听计从的穆王是不敢事事胡作非为的。

穆王在位十二年，全无善政、宏图可言。对他来说，最大的成就乃是得以善终，也许，这样他就心满意足了。

穆王死，其子庄王立，楚国的形势更使贵族中的有识之士为之忧心如焚。然而，曾几何时，楚人便惊喜地发现——邻国则惊恐地发现有其父未必有其子，犬父所生的竟然是虎子，时势比家庭对人更有决定作用。

第一节　转祸为福的庄王

穆王在楚国的历史上留下了平淡的一页，它像风暴来临之前的沉闷，令人不安。

公元前 623 年——穆王三年，楚灭江。江是一个小国，其故址在今河南息县西。公族嬴姓，与秦人为同族。江人国灭祀绝，远在关中的秦穆公为之举哀。当时秦、晋正在交战，楚乃乘机灭江。同年，郑公子士到楚国聘问，其母为江国公族女子。穆王唯恐公子士为害于楚，竟秘密派人在叶县的客舍中毒杀了他。

其明年。鄀国因朝秦暮楚，被秦人击破，南迁到楚国腹地，其新址在今湖北钟祥市西北。楚国在鄀国故址商密设县，谓之“上鄀”，鄀国新址则为“下鄀”①。同年，楚灭六。六，故址在今安徽六安市北。公族偃姓，相传是夏人皋陶的后裔。

又明年，秦穆公去世。

公元前 618 年——穆王八年，春，楚伐郑，动机是趁晋灵公年少，对中原诸侯施加压力，迫使他们背晋从楚。楚师俘获郑大夫三人，郑向楚请和。夏，楚侵陈，取其边邑壶丘（在今河南新蔡县东南），唯一的理由是陈从晋。秋，又伐陈，楚师被陈师击败，公子茷被陈师俘获。陈以小胜大，惧祸及身，向楚请和。

公元前 617 年——穆王九年，工尹子西和大夫子家（斗仲归）谋叛，事泄，二人都被捕杀。

是年冬，与郑穆公、陈共公在息县会盟。随即同赴厥貉（在今河南项城市），与蔡庄侯、麇子会合，商议伐宋。宋昭公大惧，亲自到厥貉慰劳楚师，表示输心从楚。于是，伐宋之议打消。陈共公、蔡庄侯因故先行回国，麇子则擅自逃回国了。宋昭公请楚穆王和郑穆公到孟诸围猎。孟诸在今河南商丘市东北，是一处天然的名胜。围猎必须布军阵、行军令，犹如作战。楚穆王居中路，郑穆公以贵客居尊位为左翼（“左盂”），宋昭公以主人居卑位为右翼（“右盂”）。楚息公子朱和王孙子舟（申舟、文无畏）为左司马，楚期思公为右司马。左司马行令执法，吩咐诸军要带取火用的燧，一早就驾好车。宋昭公违令，子舟责打了宋昭公的御者，并让他在军前示众。宋人因此衔恨，慑于楚国的兵威，暂且隐忍不发。

其明年，为了惩罚逃厥貉之会的麇子，楚两度伐麇，曾推进到麇都锡穴（在今湖北郧县）附近，但战果甚微。

又明年，令尹成大心去世，成嘉继为令尹。成嘉伐群舒，俘获舒子

---

① 旧说上鄀、下鄀互倒。今据友人刘彬徽、陈千万意见改正。淅川下寺楚墓出“上鄀公簠”，公乃县尹尊称，可见上鄀已置县。

平。舒有几个方国，因而号为“群舒”。当时，晋正与秦交战，齐、鲁、宋、卫诸国正在与狄交战，都不遑南顾，因而楚师在淮南可以从容来去。

公元前614年，穆王死。子熊旅[1]继立，是为庄王。

穆王对太子的教育似乎并不重视，为太子遴选的两位师傅都是不受宠信的政客。其一是子仪（斗克），原为申公，在成王三十七年被秦师俘获。八年后，秦败于晋，才放子仪回国，以求与楚结盟。穆王不信任子仪，子仪怏怏不乐。其二是王子燮，曾求为令尹不遂，也郁郁不欢。公元前613年——庄王元年，令尹成嘉和先王的太师潘崇率楚师主力再次伐群舒。子仪和王子燮乘机作乱，扬言成嘉和潘崇有大罪，擅自分掉了他们的资财和仆妾。随即在郢都筑城，准备据守。同时派刺客去杀成嘉，未果。成嘉和潘崇闻变回师，子仪和王子燮与析公串通，胁持庄王逃离了郢都，计划逃往析邑。刚走到庐邑（在卢戎故址，今湖北南漳县东北），子仪和王子燮就为当地的大夫戢黎和叔麇诱杀，析公逃奔晋国，庄王恢复了自由。

这时，庄王年不满二十，威信尚未确立，势位尚不牢固。两位师傅的叛乱和败死，使庄王也不免染上了嫌疑。史称庄王即位三年，不理朝政，淫逸无度。这，可能是自发和被迫兼而有之：自发，即庄王对声色犬马颇有所好，情不自禁；被迫，即庄王为权贵掣肘，事不由己。当时政柄由权贵操纵，不同的派系形同水火。即令庄王即位伊始便有励精图治之志，怕也解不开盘根错节的矛盾，甚至会激起废立之变。堵敖之死、成王之死，都是前车之鉴。自己刚即位就成为两位师傅闹政变的人质，余悸犹存。韬光以远祸，敛翼以待时，这是庄王的上计。在钟鸣鼎食、牵黄擎苍、美目巧笑之中，他的苦心是别人无从洞察的。公元前612年——庄王二年，晋伐蔡，这是到楚的国门之外来耀武了，楚竟坐视不救，以致蔡不得不与晋为城下之盟。可见庄王初立时的执政大夫已无心于远略了。

---

① 此从《左传》，《史记·楚世家》则称“熊侣”。

西汉的贾谊明了庄王的苦衷，在《新书·先醒篇》中说："昔楚庄王即位，自静三年，以讲得失。"话虽讲得绝对化了些，但不乏灼见。

谁也不曾想到，天灾人祸竟帮助了庄王，也帮助了楚国。公元前611年——庄王三年，楚国大饥，西部的几个少数民族相继发动叛乱。《左传·文公十六年》记："戎伐其西南，至于阜山，师于大林；又伐其东南，至于阳丘，以侵訾枝。庸人帅群蛮以叛楚，麇人率百濮聚于选，将伐楚。于是，申、息之北门不启。"旧注，阜山在今湖北房县南，大林在今湖北荆门市北，訾枝在今湖北钟祥市境，大致不误。阳丘地望不明，似应在郢都东南。选，一说在今湖北枝江市境内，疑不确，应在鄂西北。戎，杜预注以为乃"山夷"，其说可从。楚地所谓"山夷"，主要指巴人。这次巴人的骚乱，大概不是政治性的，而是经济性的。饥不可耐，只能去抢粮和游食。当时，既能在楚都西南起兵、又能在楚都东南起兵的，只有巴人。巴人的这次骚乱，波及面虽广，持久性却弱，不足为大患。庸是楚国西面最大的一个邻国，这次充当了叛乱的中坚。麇虽有伐楚以复仇之心，但尚在观望。楚国的执政大夫方寸大乱，商议可否迁都。这时，庄王态度如何就至关紧要了。是庸主还是明主，是弱者还是强者，就看如何处置这场危机了。

《史记·楚世家》记伍举和苏从相继入谏，庄王"乃罢淫乐，听政，所诛者数百人，所进者数百人，任伍举、苏从以政，国人大说"。所诛者、所进者各数百人，或许夸大了①，但有所退、有所进是可信的。在回答伍举所云有鸟不蜚不鸣这个隐语时，庄王自称"蜚将冲天""鸣将惊人"。国难当头，志士仁人挺身而出，庄王有恃无恐，才拍案而起了②。

大夫蒍贾反对迁都，他说：我们能去的地方，敌人也能去，迁都是无益的。为今之计，莫如伐庸。庄王从其议，决定伐庸。这是擒贼先擒

① 据《吕氏春秋·重言篇》所退者为十人，所进者为五人。

② 伍举不确，疑为伍参。

王的善策。当初解救庄王的戢黎，受命为元帅，这意味着庄王力图打破旧贵主宰政柄和执掌军权的局面。麇人和百濮见楚师大动干戈，都散伙了。楚师集结在庐邑。戢黎用官仓的储粮供应军需。前锋推进到庸国的“方城”，与拒守的庸师交战。这个“方城”是庸国为防御楚、秦等国而建的，故址在今湖北竹山县。戢黎是贤臣，但不是良将，没有攻坚的经验，以致初战不利。大夫子扬窗被庸人捉去，关了三天，逃回楚营，主张等主力赶到后再战。大夫潘尫（师叔）认为不妨暂且让庸人得胜，使他们因骄傲而懈怠，再去打败他们。戢黎从潘尫之议，令楚师故意七战七退。庸人果然以为楚师不堪一击，便只派裨、儵、鱼三部蛮卒追逐楚师。这时，楚国已说动了秦人，笼络了巴人，争取了蛮人，使庸国陷于孤立。庄王乘着快速的驲车，随同主力赶到了前线。楚师分为左右两翼，在秦师、巴师的配合下，展开钳形攻势，一举击灭了庸国。于是，楚国转危为安。

庄王实践了自己的誓言，一飞冲天，一鸣惊人。

威信与胜利俱来，国人为他们又得到了一位雄主而庆幸。后生可畏的新贵尽力显示自己的才具，旧贵主宰政柄的偏瘫症状大为减轻。国家机器又能正常地运转了，可是，灾荒投下的阴影又大又长，国力的恢复尚需假以时日。

第二节　问鼎周室

国际环境对庄王并不严酷，倒是给庄王提供了向北方诸侯挑战的良机。当时的齐国君昏臣昧，声望一落千丈。《史记·齐太公世家》记：齐懿公尚为公子时，与丙戎之父争猎获之物，及即位后，问其罪，断其足，而使丙戎为仆；近臣庸职之妻有美色，齐懿公纳之内宫，而使庸职骖乘。丙戎和庸职不胜其辱，弑齐懿公于车上。君臣如此，其国如何就可想而知了。晋国挟霸主的余威，对中原有不小的影响。但楚国已从困境中解脱出来，使中原又感受到它的威胁了。

郑这只风信鸡又忽南忽北地转动起来，晋不能不怀疑郑的忠诚。《左传·文公十七年》记郑卿子家派人送信给晋卿赵盾，表白郑事晋无二心，同时声明如晋逼郑太甚，郑将“铤而走险”。这信写得很直率，赵盾无言以对。公元前610年，晋、郑交质。但不过两年，郑又背晋从楚了。公元前608年——庄王六年，秋，楚、郑合兵伐陈、宋，大捷，缴获宋战车500乘。晋与宋、陈、卫、曹合兵伐郑，郑向楚告急。芀贾率兵救郑，击晋师于北林（在今河南新郑市北），晋师失利，晋将解扬被楚师俘获。其明年，春，郑伐宋，大捷。夏，晋与宋、卫、陈诸国合兵伐郑，因楚救郑而引退。晋灵公暴虐，乃至因熊掌不熟而处死宰夫，在高台上用弹弓射人为乐。赵氏杀晋灵公，立晋襄公弟黑臀为晋成公。

像齐懿公那样荒唐和像晋灵公那样暴虐的君主，在北方各国时或可见，在楚国却不会出现。楚的公族对君主的教育，楚的国人对君主的要求，以及楚的传统对君主的约束，都比北方各国所能做到的要严格得多。民为神主、民为邦本的思想在楚国已成为常识，这也是北方各国所不如的。

公元前606年——庄王八年，春，伐陆浑之戎，这是庄王首次涉足于中原。陆浑之戎在伏牛山与熊耳山之间的伊水流域，自顾不暇，未曾开罪于楚。庄王伐陆浑之戎，是假尊王攘夷之名到中原去试探，可谓醉翁之意不在酒。楚师在陆浑虚晃一枪，就开到伊水与洛水之间，在周都的南郊举行盛大的阅兵仪式。这是又狂妄、又天真的举动，只有年少气盛的庄王才做得出来。即位不久的周定王忐忑不安，派善于应对的王孙满去慰劳庄王。

《史记·楚世家》记庄王问王孙满：周天子的九鼎有多大？有多重？言外之意，分明是要与周天子比权量力。王孙满似答非答地说：“在德不在鼎。”庄王的口气越来越硬了：“子无阻九鼎。楚国折钩之喙，足以为九鼎。”所谓“折钩之喙”，即将戈援的尖端折下来。假如真把楚师的钩喙都折下来，铸九鼎是不成问题的。面对有逼人气焰的庄王，王孙满发表了一通宏论。首先，他以感叹的语调反问：“呜呼！君王其忘之乎？”

然后，他介绍九鼎制作的年代和传承的经过："昔虞、夏之盛，远方皆至，贡金九牧，铸鼎象物，百物而为之备，使民知神奸。桀有乱德，鼎迁于殷，载祀六百。殷纣暴虐，鼎迁于周。"接着，他阐明"在德不在鼎"的道理："德之休明，虽小必重；其奸回昏乱，虽大必轻。昔成王定鼎于郏鄏，卜世三十，卜年七百，天所命也。"他的结论是："周德虽衰，天命未改。鼎之轻重，未可问也。"庄王不再强求，麾师伐郑，以问郑背楚从晋之罪。"问鼎周室"这个典故的来由，大致就是这样。

王孙满的一席话，使庄王受益匪浅。从此，庄王对德和威的关系有了更深的认识。他离周赴郑，应是欣然而行的。没有这样的大度，就不成其为庄王了。

庄王观兵周郊，问鼎周室，北方诸侯噤若寒蝉，这是因为他们一无德，二无威，只好瞠目结舌。

这次伐郑，庄王的意图无非聊示薄惩而已。庄王懂得：谁使郑成为自己的附庸，谁就是事实上的霸主；反过来说，谁要想成为事实上的霸主，谁就得使郑成为自己的附庸。因此，夹在晋、楚两强之间的郑，怎样才能保持中立是任何智者都无法解答的二律背反。

庄王对郑聊示薄惩之后，又略施小惠。其明年，送大鳖给郑灵公，以贺即位。大鳖是珍馐，北方所不产，郑人视之为异味。庄王没有料到，大鳖竟送掉了郑灵公的命。郑国的子公和子家两位公子朝见郑灵公，将进宫时，子公食指弹动，举起食指对子家说：你看，我今天一定大有口福。进了宫中，发现宰夫正在切已经煮熟的大鳖，两人不禁相视而笑。郑灵公问他们何以发笑，子家如实相告，焉知这就埋下了祸根。心胸狭窄的郑灵公觉得那些贵显公子都是潜在的政敌，容不得他们有任何放肆的苗头。当天晚些时候，郑灵公请各位大夫品尝大鳖，子公也在受邀之列，但郑灵公唯独不让他吃这异味。子公大怒，把食指伸进鼎中，蘸上鳖羹，塞进嘴里尝过，才拂袖而去。"染指"的典故，即由此而来。郑灵公要杀死子公，而事机不密，为子公侦悉。子公和子家先下了手，杀死郑灵公，改立其庶弟公子坚，是为郑襄公。这个偶发的细故表现了人物性格的尖锐碰撞，暴露了郑国公族内部的利害冲突，它引来了君位的更替，但对郑国的前途却没有发生可以察觉的任何作用。

灭庸后，庄王命子扬为令尹，子越（斗椒）为司马，蒍贾为工正。蒍氏常以屈居若敖氏之下为憾，蒍贾也如此。蒍贾播散流言，使庄王处死了子扬，以子越为令尹，以蒍贾为司马。在郑灵公被杀之年，蒍贾又向庄王说了些对子越不利的话，子越不自安，以为庄王偏袒蒍氏，竟悍然谋反，公室与若敖氏之间注定要进行的决战，因子越谋反而提前爆发了。

子越在申县诱杀了蒍贾，然后率若敖氏的私卒向郢都前进。庄王派使者告诉子越，愿以三位先王的子孙做人质，保证不杀子越。子越不听，麾师渡汉。庄王紧急调集重兵，与若敖氏战于皋浒（在今湖北襄阳市西郊，汉水南岸）。子越在阵前亲自射庄王，连发两箭：第一箭擦过车辕和鼓架，射中了丁宁（钲）；第二箭又擦过车辕，射中了笠毂。王师见状大惊，前锋为之却步。庄王当即派人传告将士：先君文王灭息时，得到三支利箭，传给后世，子越偷去两支，现在两支都已射出，子越再也没有了。王师士气复振，庄王乃击鼓进兵。若敖氏私卒寡不敌众，迅即溃败。出于除恶务尽的欲望，庄王不惜株连无辜，尽灭若敖氏，子越之子贲皇逃奔晋国，晋君赏以苗邑，遂以苗为氏，称苗贲皇。

斗谷於菟之孙、斗班之子斗克黄为箴尹，奉使至齐国，归途中经过宋国，听到了若敖氏被灭的消息。《左传·宣公四年》记随从劝告斗克黄不要回国，斗克黄说："君天也，天可逃乎？"照常回国，先向庄王复命，再向司败投案。司败是大法官，但对此类特殊人物的特殊案件不敢擅自论处。斗克黄恪守厥职的行止使庄王大为感动，庄王说斗谷於菟不能没有后人，命斗克黄仍为箴尹，而改其名为"生"。

自从蚡冒弟熊通杀蚡冒子而自立，楚国贵族内部就有不止一个实力集团存在。从武王到成王，所倚重的都是若敖氏，尤其是若敖氏中有巴人血统的斗氏。蚡冒的后裔蒍氏受到冷遇，不免心怀觖望。若敖氏执政既久，其后人多飞扬跋扈。庄王试图调和若敖氏与蔿氏，但无效。若敖氏与蔿氏旧怨新仇的大爆发和总结算，使庄王卷入了旋涡的中心。事态的恶化迫使庄王在非此即彼的抉择中投向便于控驭的一边，果断地攻灭了若敖氏。

子越是斗谷於菟之侄，据说，他出生不久，斗谷於菟横看竖看都不顺眼，以为此儿有熊虎之状、豺狼之声，劝其弟杀死此儿，其弟不从。斗谷於菟弥留之际对族人说：如果子越做了令尹，你们就赶紧逃出楚国去，否则将亡宗灭族，若敖氏的鬼就要挨饿了。也许，这是后人杜撰的故事，但楚人深信不疑，乃至为《左传》所采录。总之，为楚国的勃兴作出了最大贡献的一个家族，终于繁华尽消了。

若敖氏覆灭，这发生在仍然盛行血族连坐和血族复仇的楚人社会中，必然使玉石为之俱焚。这个家族太大了，它的历史光辉使任何其他家族都有高山仰止之感。它的敌人为了防止它死灰复燃，不惜罪及全族。在它的敌人看来，甚至在它看来，这样都不算是滥杀无辜，毕竟，人是和他的家族同荣辱，共存亡的。尽管这样，若敖氏的覆灭给楚国留下了短期难以愈合的创伤。此后三年内，庄王伐郑，一而再，再而三，但都无功而返。若敖氏曾经是楚人的战神，胜利和战神一起消失了。要夺得新的胜利，非有新的战神不可。

公元前601年——庄王十三年，群舒叛楚，楚在淮南的属县岌岌可危，有如惊涛骇浪中的数叶扁舟；楚在江南的铜矿的安全也受到威胁，如淮夷与扬越串通一气，楚就可能丧失这些铜矿。不得已，庄王倾其全力大张挞伐，攻灭舒蓼，威服舒鸠、舒庸，为群舒划定了不得擅自逾越的边界。吴国和越国对此表示严重的关切，唯恐楚人得寸进尺，渡江而东，乃相继遣使来聘。庄王在离巢湖不远的地方与吴、越的使者会盟，而后班师。

“吴”和“越”都是简称，吴的繁称是土语“攻敌”，越的繁称是土语“于越”。吴人和越人族类相近，语言相通，居处相连。吴国的腹地在太湖流域，吴人西进和北上的基地是宁镇丘陵。越国的腹地在宁绍平原，越人西进和北上的基地是杭嘉湖平原。吴国的公族是周人与土著吴人混血的，越国的公族是土著越人。早在新石器时代，吴越地区就有了发达的稻作农业和成熟的丝织工艺，而玉器文化尤为一枝独秀。吴人在西周早期已能铸造相当精美的铜器，可是后来发展缓慢。越人铸造铜器的历史比吴人的短些，发展也不快。吴国和越国都有铜矿。它们的铜器以农器、匠器和兵器为大宗，礼器和乐器都很少。春秋早期以前流行铅青铜，不宜作炊器、食器和酒器。春秋中期以后，锡青铜逐渐取代了铅青铜。淮夷受到重创以后，吴人开始渡江而西，把前锋推到了淮南。越人不甘落后，也在吴人的南方渡江而西，把触角伸进了淮南。这次吴、越的使者与庄王会盟，是吴、越两国登上诸侯竞逐的舞台的序幕。

公元前600年和前599年——庄王十四年和十五年，两次伐郑，第一次为晋师所败，第二次遇晋师，庄王仍力不从心。要成为若敖氏诸杰那样的将才，非经受多年实战的磨炼不可，包括经受多次战败的考验在内，庄王正经受着这样的磨炼和考验。

这时陈国大乱，起因在床帏之间：陈灵公偕大夫公孙宁、仪行父与大夫夏征舒寡居之母夏姬私通多年。他们戴着时髦的楚式“南冠”，招摇过市，到夏姬家中聚饮，相互调谑，甚至说到夏征舒又像仪行父、又像陈灵公。以致夏征舒怒不可遏，射杀了陈灵公。公孙宁和仪行父逃奔楚国，太子午逃奔晋国。

公元前598年——庄王十六年，春，起兵伐郑，郑服。移师伐陈，陈服。其实楚人没有经过重大的战斗，只是凭借优势的兵力迫使敌人俯首。是年夏，楚、郑、陈三国在陈邑辰陵（在今河南淮阳县西）会盟。庄王命其弟左尹子重（公子婴齐）侵宋，这是对宋的警告。又派令尹蒍艾猎在沂邑（在今河南正阳县）筑城，其地南控淮域，北通陈、宋，筑城是为了驻军。蒍艾猎乃蒍贾之子，颇有行政管理才能。他让边疆的官员封人拟订规划，交主管赋税的司徒执行，嘱咐他们务必勘定适宜的城址，选用干练的僚属，备足粮食和器材，定好施工的程序、质量和进度，计日程功。结果正像他所预期的，只用了三十天就竣工了。这时，庄王已经有一个安定而富足的后方，一批称职的臣僚，一支强大的军队，几位善于治军用兵的主将，自己也积累了一些宝贵的经验，他可以得志于中原了。

同年冬，楚又伐陈，庄王声明：只杀有弑君之罪的夏征舒，别无他求，陈人毋庸惊扰。为争取齐国中立，还派了大夫申叔时到齐国去游说，楚师未经剧烈战斗就攻进陈都，捕杀了夏征舒。陈人以为楚师即将撤走，不料庄王宣布灭陈国为陈县。已经是楚国附庸的若干诸侯，以及楚国的县公，不仅不敢向庄王进谏，而且莫不向庄王道贺。恰巧申叔时从齐国到陈国，向庄王复命。申叔时述职完毕，当即退走，庄王问他何以不像别人那样为灭陈而道贺。申叔时反问：能容许我申述理由吗？庄王说：当然可以。这样，申叔时才说：伐陈，是讨其罪；灭陈，乃贪其富。大王向诸侯通报的只是讨陈之罪，结果是贪陈之富，这恐怕不好吧？庄王说：你讲得对，别人可没有给我讲过。于是，庄王宣布收回成命，派人到晋国去迎公子午回陈国即位。《史记·陈杞世家》说："孔子读史记至楚复陈，曰：'贤哉楚庄王，轻千乘之国而重一言。'"①

第一流的军事家总是又果敢、又机敏，第一流的政治家总是又刚强、又谦虚，庄王已成长为这样的军事家和政治家。不机敏的果敢是愚勇，只能造就暴虎冯河的莽夫；不谦虚的刚强是刚愎，只能造就暴君和酷吏。庄王生于忧患之时，长于危殆之际，若不听天由命，则必兼果敢和机敏、刚强和谦虚而有之，方能转危为安。奢望和贪欲使他不时地做出一些过分的事来，但他能记住早年的经验，听得进逆耳的忠言，而且能察言观色发现持有不同见解的臣僚，要求他们把不同见解和盘托出，以便听纳。当初问九鼎的小大轻重，何等傲慢！但听了王孙满的尖锐批评，就改弦易辙了。这次见申叔时反应与众不同，当即要求他畅言无隐。申叔时的批评也相当尖锐，但庄王欣然接受了。这，正是庄王的过人之处。

《吕氏春秋·贵当篇》记楚国有一位奇人，善于为人看相，每言必

① 《孔子家语·好生篇》所记为："贤哉楚王，轻千乘之国而重一言之信。"

中。据说，庄王把他请来，问其所以然，此人说："臣非能相人也，能观人之友也。"以国君为例，如果其臣僚多忠志贤能之士，见国君有过失即交相进谏，国家就会安定，国君就有尊荣，天下就能归心，这样的国君就是"吉主"。庄王受到启发，从此罗致贤才，察纳雅言。对这个故事，今人不必推究其情节的真伪，而只需揣度其事理的有无。就事理来说，我们宁信其有，不信其无。庄王灭若敖氏数年之后，贤相良将并出，就是一个证据。

尽管庄王接受申叔时的意见，保全了陈国，但他要陈国每个乡派出一个人到楚国去落籍服役。楚国把这些人安置在汉水下游，设立了一个夏州。州在北方出现较早，《国语·齐语》有句曰"群聚而州处"，《国语·郑语》有句曰"谢西之九州"，这州只是居民点或居民区，相当于聚落，还不成其为行政区域。《国语》韦昭注说"二千五百家曰州"，这是汉儒的推想，而实为无何有之乡。作为行政区域的州是庄王始创的，但州在楚国也没有推广。究其原因，在于州中的人民实为国家奴隶。奴隶制在楚国不占主导地位，既然如此，州在楚国也就没有推广的可能了。

遵照庄王的意思，公孙宁和仪行父这两个无耻之徒回到陈国，仍为大夫。

周朝国中有国，上有天子之国，中有诸侯之国，下有附庸之国。诸侯之间的关系，又是国际问题，又是国内问题。一个诸侯国有变，其他诸侯国可以去干涉，只要符合公认的原则，就等于代周天子行使权力，不同于现代的"干涉他国内政"，拿现代的标准去衡量，庄王伐陈是干涉他国内政，支持衣冠禽兽，掠取他国劳工，完全违背了国际惯例。拿当年的标准去衡量，庄王伐陈是吊民伐罪，是王者的义师。这样，不但可以容许，而且得到赞赏。只要能把握住伐而不残、惩而不灭的度，就是真正的霸主了。

其明年，晋楚战于邲，楚大获全胜，庄王成为公认的霸主了。

第三节　晋楚邲之战

晋楚邲之战发生在公元前 597 年，即晋景公三年、楚庄王十七年。邲是水名，在今河南郑州市东北。

是年春，鉴于郑在晋、楚之间反复无常，庄王决定予以严惩，兴师北上，包围了郑都。十七天之后，城垣已残，旦夕将破，郑人卜：卜和，凶；卜战，吉。于是准备巷战，满城军民哭声震天，以示决死。庄王命楚师稍退，让郑人修补城垣，待修补完毕后再把全城严严实实围困起来，如此一进一退，攻城与攻心俱重，立威与立信并举。围攻三月之久，终于破城而入。

《左传・宣公十二年》记庄王麾师入城，郑襄公“肉袒，牵羊”，在宗庙前面的大路上迎见庄王，表示“敢不唯命是听”：即使被迁往海滨，被贬作臣妾，也在所不辞；如得以保存社稷，则甘愿像楚国的县公那样侍奉庄王。随从庄王入城的一些大夫要求灭掉郑国，庄王不许，对他们说：郑不服我，我才伐郑；郑已服我，我复何求？郑君能以信用其民，是一位贤君。说罢，庄王举起令旗，左右挥动，命令全军退出城外一舍之地，然后派潘尫入城与郑人议和。

时届夏末，晋救郑，三军悉出，荀林父为元帅，先縠为副帅。此举令人疑惑：晋人如有救郑的诚意，则在郑都被围的三个月中早该出兵了。晋师姗姗来迟，或许是想等到楚、郑俱弊之际才去以逸击劳。可是，晋人失计了。晋师刚走近黄河北岸，就获悉郑已降楚。晋国的将佐商议是否继续前进，元帅与副帅意见不合，其余将佐也颇有分歧，最终是求战的一方占了上风。于是，晋师渡过了黄河。

庄王和楚师正在向北行进，准备饮马黄河，然后班师。行至中途，得知晋师正在赶来，庄王考虑到将士已经疲劳，打算退兵。近臣伍参劝庄王迎战，遭令尹孙叔敖申斥。孙叔敖对伍参说：去年打陈国，今年打郑国，够多事的了。要是打不过晋国，你的肉够我们吃吗？伍参称得上是一位奇人，虽官位不高，而见识不浅，且胆量不小，竟对着令尹反唇相讥说：要是打赢了，就证明您无谋；要是打输了，我的肉将为晋人所得，您还能吃着吗？孙叔敖不屑与伍参多言，下令全军把车辕转向南方，把军前的大旗调到南头。伍参又说：晋国的元帅荀林父执政不久，没有足够的威望；副帅先縠不服荀林父，独行其是；其余的将佐虽欲效命，但无所适从。因此，晋人必败无疑。况且，国君遇上敌方的臣子就逃走，对得起社稷吗？这一席话把庄王说服了，可能把孙叔敖也说动了。庄王吩咐孙叔敖下令全军把车辕转回北边，开往管邑（在今郑州市附近）迎击晋师。令尹孙叔敖将中军，子重将左军，子反（公子侧）将右军，三军并力齐进。

这时，晋师已到敖、鄗二山之间，其地在今河南荥阳市北。郑卿皇戌潜赴晋营，对晋将说：楚师因获胜而骄，因久战而疲，全无戒备，只要晋师从正面打，郑师从背面打，楚师就非败不可。先縠听了皇戌的话，兴高采烈。《左传·宣公十二年》记先縠说："败楚，服郑，于此在矣！"诸将有主战的，有主和的，莫衷一是。楚师虽已做好迎战的准备，庄王还是希望晋楚议和。楚师的兵力与晋师相当，其体力则不如晋师，这使庄王不无忧虑。如晋楚议和，则晋人一无所获，而楚人有服郑和却晋的双重美名，庄王也不至于受以君避臣之讥。当晋帅犹豫不决之时，楚使驾到，对晋帅说：敝军纯为安定郑国而来，岂敢开罪于贵国，请各位也不要在这里待得太久了。晋国的上军将士会代元帅致答词，也有议和之意。副帅认为士会在讨好楚人，让中军大夫赵括另致答词说：刚才敝军的代表没有把话说清楚，寡君命令我们到郑国来，是要把贵军的脚印抹掉。寡君嘱咐我们不可避开敌人，我们不能违抗寡君的命令。显然，先縠千方百计要打这一仗，但他毕竟还不是主帅。庄王又派使者到晋营去求和，荀林父表示同意，双方约定了会盟的日期。这次却是楚方没有诚意，庄王再次遣使议和只是迷惑和麻痹晋人的一个手法。但晋人也不是容易受骗的，他们边等着会盟，边等着打仗。事态如箭在弦上，一触即发。

议和的空言被挑战的行动撕得粉碎。楚人求战之心有甚于晋人，正是他们先到晋营去挑战了。当时的挑战，文献称之为“致师”，是由猛将驾着一乘战车飞速冲向敌阵，做一次突袭就回本阵，杜预注《左传》释为“单车挑战”。奉命到晋营去挑战的是三位猛将：许伯居中，负责驾车，要逼近敌营长驱疾驰；乐伯居左，要用良弓利矢射杀敌人；摄叔居右，任务最艰难，要只身闯到敌营前面去杀死敌人或者生俘敌人。三人都完成了任务。当摄叔与晋人搏斗时，许伯下车去不慌不忙地调理马匹，乐伯暂代许伯执辔，以示自由自在。挑战既毕，三人驱车回营。晋师分两翼追击，意在包抄。乐伯左右开弓，又射马，又射人，每射必中，晋师的两翼未能合围。箭只剩一支了，恰巧有一只受惊的鹿跑过，乐伯一箭射中鹿背。摄叔随即下车，拾起死鹿，走向追上前来的晋将鲍癸，毕恭毕敬地对鲍癸说：献鹿的时令未到，可是这里没有适合时令的禽兽，就请允许我把这鹿献给您的随从佐餐吧！晋国的士卒要冲上前去捕捉三位楚将，被鲍癸制止。鲍癸说：他们的车左善射，他们的车右善言，都是君子，放他们走吧！

晋人见楚人来势颇猛，不禁滋生了怯阵的情绪。晋将魏锜请求到楚营去挑战，荀林父不许；请求作为使者前去，才获准了。魏锜到了楚营，言不及和，只是请战。魏锜刚离开，楚将潘党就驾车去追他。即将追上时，魏锜见近旁有六只鹿。他射杀了一只鹿，拎起来，转身献给潘党。潘党见如此，放魏锜走了。晋将赵旃请求领先开战，荀林父不准；请求到楚营去商谈会盟事宜，荀林父才同意他追踪魏锜前去。其时天色已晚，赵旃把一张席子铺在楚营的门外，自己坐下，让随从进营门去寻衅。然而，楚人不为所动，赵旃只得在破晓时回本营去。

次日为七月乙卯，晋楚决战于邲。

护卫庄王的战车有 30 乘，名为“乘广”，左广和右广各 15 乘。是日清晨，庄王乘左广追逐刚离去的赵旃，右广紧随而行。赵旃情急，跳下战车，逃进树林中去。庄王的车右屈荡也跳下战车，追进树林，与赵旃格斗，拉下了赵旃的战袍，赵旃落荒而走。晋师唯恐魏锜和赵旃激怒楚人，以致楚人紧随他们而来，派出一队战车去接应他们。潘党在阵前望见晋国的战车扬起的尘埃，当即派人驾车传告全军：晋人打来了！这时，楚师已列阵而出，孙叔敖传令进兵。《左传·宣公十二年》记孙叔敖说："进之！宁我薄人，无人薄我。《诗》云：'元戎十乘，以先启行。'先人也。《军志》曰：'先人有夺人之心。'薄之也！"他所要求的是先声夺人，直捣晋阵。在庄王的引导和令尹的督催下，楚师全速前进，战车疾驰，徒卒飞奔，很快就冲破了晋阵。荀林父无法组织有效的抵抗，竟击鼓传令全军速退，宣布先渡过黄河回去的有赏。上军将士会善治军，能应变，预先在敖山前面设伏达七处之多。庄王命唐惠侯击晋上军，派骁将潘党率机动战车 40 乘协助唐惠侯。晋上军且战且退，士会亲自殿后指挥，得以保全。晋中军和下军在溃退中乱作一团，死伤枕藉，残部狂奔不可止。中军大夫赵婴齐先已在黄河岸边为自己预备了渡船，战败后抢先渡河逃命①。

赵旃因所乘的战车受阻，再次逃向树林。逢大夫及其二子所乘的战车来到附近，逢大夫看到了赵旃，只当没有看到，加速驱车而过，嘱咐两个儿子不要回头。两个儿子不明缘由，偏回过头去，叫道：赵老头子在后面！逢大夫不得已，停下车来，叫儿子下车，让赵旃上车。逢大夫指着路边的一棵大树对儿子说：我会到这里来为你们收尸的。次日逢大夫赶到那棵大树附近，果然找到了两个战死的儿子的尸体。

晋将知庄子的儿子知罃（荀罃）被楚师俘获，知庄子救子心切，率其私卒反击。此人善射，射杀了连尹襄老，射伤了公子谷臣，把一个死的、一个活的都带回晋国去了。

晋国的一些战车在慌乱中陷进洼地，搅成一团，动弹不得，士卒束手待毙。追上前来的楚人动了恻隐之心，教晋人抽去车前的横木，拔下车上的大旗，才一乘一乘地爬出了洼地。楚人放晋人走，晋人喜出望外，临走时扭头说：我们可不像贵国那样多次逃跑啊！这是解嘲的话，表面

---

① 晋中军大夫有两人，一为赵括，一为赵婴齐。

意思是晋人没有逃跑的经历，因而也就没有处理因逃跑而搅成一团的战车的经验。虽则语含讥刺，楚人并不介意，还是放他们逃跑了。

晋中军和下军为渡河而争船，都拉着船帮不放，船开不了，两军都操起戈来斩对方的手，据说掉在船舱里面的断指可以一把一把地捞起来。

《新序·杂事篇》说，庄王得知晋人因争渡而相杀，便下令停止追击。楚人教晋人逃出洼地，或许是在庄王下达停止追击令后发生的事。

当天黄昏，楚师在邲水旁宿营。晋师残部仍在渡黄河，黄河边终夜人声嘈杂。

次日，楚国的辎重赶上了野战部队。于是，楚师东进，在衡雍（今河南中牟县西北）暂驻。

潘党主张筑几个“京观”，让子孙知道祖先的战功。所谓“京观”，是把敌军的尸体堆成小山模样，封上土，插上表，用以炫耀战绩。《左传·宣公十二年》记庄王对潘党说：这，你可不懂了。从字的结构来看，“止戈”才是“武”。“夫武，禁暴、戢兵、保大、定功、安民、和众、丰财者也。”武有上列七德，而寡人一德也没有，寡人拿什么去告诉子孙呢？古代的明王杀死了首恶元凶，才做成京观以儆效尤。晋人无罪，他们是因尽忠于君命而死的，怎么可以把他们的尸体做成京观呢？作为佐证，庄王征引了《诗·周颂》的《时迈》《武》《赉》《桓》诸篇，即“载戢干戈，载櫜弓矢”和“绥万邦，屡丰年”等句，用得恰到好处。

庄王在衡雍祭了河神，筑了先君之庙，行了告庙之礼，然后班师。

城濮之战的结局是晋胜楚败，邲之战却以楚胜晋败告终，其中的是非和得失，值得军事家和政治家详探细讨，也值得史学家深思长想。历来的评论，无不就国力是否雄厚、武备是否充足、朝政是否修明、士气是否高昂和指挥是否正确等立论，其是者胜而其否者败。由此而得出的意见，即使有些出入，也无关宏旨。国力、武备、朝政、士气、指挥诸因素，都起着重要作用，然而任何单项因素都未必能起决定作用，而且有些因素很难笼统地用“是”“否”或“优”“劣”来表述。在上列诸因素中，只有国力此强彼弱是清楚的，无论在城濮之战和在邲之战前，都是楚较强而晋较弱。但和平时期的国力并不等于战争时期投入的兵力和财力，更不等于在战斗过程中真正起了作用的兵力和财力。在交战双方实力相近的场合下，较强或较弱不是致胜或致败的主要因素。城濮之战的结局，是国力较弱的战胜了国力较强的。在邲之战中，晋国投入的兵力和财力并不少，倒战败了。政治是否修明，在邲之战前不难判别，即晋不如楚；但在城濮之战前很难论定，楚未必不如晋。交战双方的士气，尽管有或高或低的差别，可是并不明显，很难说高多少就必胜无疑，低多少就必败无疑。至于指挥是否正确，后人的认识大抵为结局所左右，以为胜者指挥必正确，败者指挥必错误，这是把后验的当成先验的，把已然且偶然的当成未然而必然的。一言以蔽之，还是以成败论英雄。这样，通常是愈省力则愈失真。

城濮之战和邲之战都是大决战，假如以方程式为喻，它们都是难解的多元多次方程式。必然性不仅是由偶然性展现的，而且是由偶然性组成的。偶然性的无序导致失败，偶然性的有序导致胜利。在这样的大决战中，起决定作用的是有序与否。有序的标志是君臣同心、将佐同德、虑事切实、审势中肯等，无序则适得其反。

邲之战前，晋国的三军将佐发生过几次争论。上军将士会和下军佐栾书深悉楚国的政情，都认为不宜与楚国为敌，《左传·宣公十二年》记其言甚详。

士会说：德、刑、政、事、典、礼六者都走上了正轨的国家，是不可敌的。楚国就是这样，它做到了“德立、刑行、政成、事时、典从、礼顺”。所谓“德立”，即郑国服则舍之；所谓“刑行”，即郑国叛则伐之；所谓“政成”，即连岁出征而“民不罢劳，君无怨讟”；所谓“事时”，即用兵不违农时；所谓“典从”，即有令行禁止的良法；所谓“礼顺”，即贵贱有别、赏罚得当等。士会指出这六点来，虽言之不虚，但未免过誉。如士会说：楚国“荆尸而举，商、农、工、贾不败其业”，这，就言过其实了。当时的楚历，官方行周正，民间行夏正而月名与夏历有异。“荆尸”为民间楚历正月，相当于周历三月。“荆尸而举”即在夏历正月用兵，方值农闲，不违农时。可是，楚国出兵并不总在夏历正月。这次在郑都和邲水连打两仗，由春经夏入秋，历时四月有余，不可能不耽误春耕春种。劳师远出，旷日持久，虽打胜了第一仗，却很难保证把第二仗也打胜。就“事时”这一点来说，楚国不如晋国，晋国这次出兵倒恰在农闲时节。

郑卿皇戌说楚师又“骄”又“老”，而且“不设备”。栾书听了，不以为然，他说：自从攻灭庸国以来，庄王几乎没有一天不提醒国人要认识民生的艰难，要预防随时可能发生的祸患。出征时，庄王几乎没有一天不提醒将士要认识常胜不败是很难做到的，殷纣王百战百胜而终于断子绝孙了。庄王还教育国人要发扬若敖、蚡冒“筚路蓝缕，以启山林”的精神，要懂得“民生在勤，勤则不匮”的道理。由此，栾书认为不能说楚师“骄”了。栾书引晋国名臣狐偃的话说：“师，直为壮，曲为老。”“直”为有理，“曲”为无理，“壮”为体力强、士气高，“老”，为体力弱、士气低。栾书认为这次是楚直、晋曲，由此，不能说楚师“老”了。栾书提出：庄王白天有左广和右广轮番侍从，夜间有内官轮番守卫。由此，不能说楚师“不设备”。皇戌为了怂恿晋师攻击楚师，故意把楚师说得一无是处，这是不难理解的，但一经栾书揭穿，便讨了个没趣。

在邲之战中，晋楚双方兵力的强弱和士气的高低相去无几，但楚国君臣心志齐一，非晋国君臣所能企及。君臣心志齐一，并不等于说他们没有不同意见。在作出重大决策之前，让不同意见充分展开是很有必要的，可以择善而从。心志齐一体现在决策既定之后态度的坚定和行动的协调上，从国君到主帅，从主帅到将佐，从将佐到士卒，如身之使臂，臂之使手，手之使指。城濮之战前的晋师和邲之战前的楚师，内部都有不同意见，但在决策既定之后，曾有不同意见的将佐都能和衷共济。如令尹孙叔敖，出于恤民和求稳的愿望，曾主张退兵，与庄王不谋而合。但在庄王被伍参说服，决定向晋师开战之后，孙叔敖态度很坚定，指挥很果断。战时，庄王先行，孙叔敖继进，中、左、右三军就车驰而卒奔了。在晋、楚双方兵力大致相等的条件下，楚师竟有如此一往无前的气势，晋师当然非败不可。

战胜之后，庄王拒绝筑京观，为此而发表了一席内容精深的谈话，与战胜了就趾高气扬的晋文公相比，优劣立判。

第四节　霸业的顶峰和霸主的本色

邲之战后不足半年，即公元前597年冬，楚伐萧。萧是宋的附庸，公族为子姓，其故址在今安徽萧县。宋、蔡发兵救萧，萧乃固守待援。楚将熊相宜僚和公子丙临阵不慎，被萧人俘获。庄王派使者告诉萧人：只要不杀两位楚将，楚师就可以撤走。萧人不明利害，偏偏处死了两位楚将。庄王大怒，传令攻城。申公屈巫（巫臣、子灵）报告庄王：天冷，士卒挨冻了。庄王巡视三军，慰勉有加。三军将士顶风冒寒，迅即包围萧都，发动了连续的强攻。次日，城破，萧被彻底灭亡了。

人的性格通常都不是单纯的，往往有两种似乎并不协调的性格交缠在一起，此显则彼隐，此隐则彼显，但总有主从之分。庄王也这样，冷静时能做到的，冲动时就做不到。对公理和正义更是这样，言论和行动，认识和实践，有时合拍，有时脱节，可以几经反复，只是合拍的多些，脱节的少些罢了。伐萧正是脱节的一个实例，因而不是值得称道的业绩。尽管这样，当时舆论所贬斥的不是庄王的暴烈，而是萧人的狂妄。庄王心安理得，只是苦了那些挨冻的士卒。

公元前595年——庄王十九年，申舟奉命出使齐国，庄王吩咐他不可向宋国假道；同时，公子冯奉命出使晋国，庄王吩咐他不可向郑国假道。使齐者必经宋，使晋者必经郑，按当时的惯例，越他国之境非假道不可。庄王的意图无疑是要试探宋、郑两国对楚国的恭顺程度，可是难为了使者。申舟说：郑国耳聪目明，宋国耳聋目盲，使晋者可保无恙，使齐者必死无疑。当时郑从楚，宋背楚，郑襄公刚朝见过庄王，宋人则因其先君曾在孟诸受辱而衔恨于申舟，所以申舟预言自己非死不可。庄王对申舟说：如果宋人杀了你，我就去讨伐宋国。申舟无奈，把儿子申犀带进宫让庄王见过，就出发了。

果然，宋卿得到报告说申舟过境不假道，为申舟无视宋国主权的蛮横行为所激怒，杀死了申舟。消息传到郢都，正安坐在宫中的庄王勃然变色，奋袂而起，大踏步向外走去。走到天井里，随从才给他穿上鞋。走到宫门外，随从才给他佩上剑。走到一处名为蒲胥[①]的市区，随从才让他登上车。相传庄王当夜住在城郊，部署兴师伐宋。

是年九月，楚师包围了宋都。这是一场空前持久的恶战，宋人矢志坚守，楚师虽动用了首创的攻城利器“楼车”，仍不能得志。宋向晋告急，晋爱莫能助。拖到翌年五月，农事大忙，楚师准备回国种田。庄王已登车，申犀拉着庄王的乘马，稽首对庄王说：家父明知必死而不敢违命，大王却食言了。庄王默然，无言以对。申叔时为庄王驾车，见状，献“筑室、反耕”之计。“筑室”，即在阵地上建房，宋人一看到就会明白楚师还要围攻下去；“反耕”，即派一部分士卒回国去种田，以应农事之急。庄王从其计。不出申叔时所料，宋人不胜忧惧。当时城中缺粮，民众已在易子而食，析骨以爨，再也守不下去了。于是，由当初主谋杀死申舟的宋卿华元出面，向楚乞和。庄王见宋人有诚意，退兵一舍。楚宋和议既定，双方举行盟誓，据《左传·宣公十五年》所记，其辞有云：“我无尔诈，尔无我虞。”华元到楚国做人质，以示守信。

灭萧之役和围宋之役，都是恃强凌弱，小题大做。庄王不惜用暴力来强化自己的霸主地位，他实现了自己的愿望。诸侯很难指责庄王，因为正是萧国和宋国先采取了促使冲突激化的行动，尽管它们遭到十倍、百倍、千倍的报复，按照当时的政治逻辑，也是咎由自取。而且，庄王言必信，行必果，其品格令人畏服。

春秋五霸，性情最暴烈的是楚庄王，但度量最宽宏的也是楚庄王，无论对国外、对国内，都是这样。对国外，逆者讨而威之，足见其暴烈；

① 此从《左传·宣公十四年》，《吕氏春秋·行论篇》作“蒲疏”。

顺者抚而怀之，又足见其宽宏。对国内，若敖家族的乱臣贼子几乎被斩尽杀绝，足见其暴烈；平时爱护臣僚，珍惜人才，重大节而轻小过，又足见其宽宏。

有一则故事，说庄王不究臣僚的小过，见于《说苑·复恩篇》，大意是：庄王与群臣夜宴，忽而风吹烛灭，有个人暗中拉扯庄王身旁一位美人的衣裳，美人拔下了那个人的冠缨，向庄王告发。不料庄王竟向群臣宣告：你们与寡人饮酒，都要尽欢才好，谁不拔掉自己的冠缨，谁就不算尽欢。于是，群臣都把冠缨拔掉。然后重新燃烛，尽欢方罢。在邲之战中，有一位将领总是走在庄王的前面，奋力作战，五次击退来犯的敌人。庄王问此人何以毫不畏死，此人答道：我早就想肝脑涂地报答大王了，今天才遇到这个机会，我就是那个暗中拉扯美人衣裳的人啊！后人说庄王有这个故事，无疑是因为他确实有容人的雅量，至于这个故事的真伪，却是无需查究的。

对臣僚的爱护和对人才的珍惜，绝不等于纵容。《淮南子·缪称训》记共雍向庄王请赏，庄王对他说："有德者受吾爵禄，有功者受吾田宅。是二者，女（汝）无一焉，吾无以与女（汝）。"庄王力求做到赏罚得当，这在讲究贵贱、亲疏的社会里是政治清明的一个重大因素。

四年之内，楚人伐陈而定其乱，伐郑而降其君，与晋人决战而大捷，伐萧而灭其国，伐宋而使之唯命是从。诸侯莫不重足而立，屏息而听。晋人不敢渡黄河而南进，齐人不敢逾泗上而西进，秦人不敢越崤山而东进，中原诸国则唯楚人马首是瞻，庄王的霸业达到了顶峰。

连年征战，师疲民劳，楚人的生计不免受到损害。对此，不但孙叔敖怀着深沉的忧虑，庄王也不是不明白的。战争与和平的交替，取决于多重因素的交互作用，不以一位国君的意志为转移。在列国竞逐的时代里，霸主是由惨烈的战争造就的，他们是战神的骄子。

伐宋得胜之后，楚国息兵养民，三年没有出征。息兵养民与用兵劳民又是对立的，又是统一的，前者为弛，后者为张。真正有雄才大略的政治家必须善于掌握张和弛的节奏。《说苑·正谏篇》说到庄王伐阳夏，久战而不罢，群臣欲谏而不敢。庄王忙中偷闲，到云梦去打猎，伍举[1]相机进谏说：大王能猎获很多野兽，靠的是马。要是大王的国家灭亡了，大王还能有马吗？庄王答道：你说得好！寡人知道打败了强国可以称雄天下，扩大了国土可以增添财富，却忘掉了民众可能不为我所用。于是，罢阳夏之役。这也只是一个故事，但说明了庄王在贤臣辅佐下能注意掌握用兵与息兵以及劳民与养民的适当节奏。

公元前591年，庄王去世，享年仅四十余。

盛年谢世，原是人生的憾事。但就庄王来说，也许倒是死得其时。假如天假以年，庄王可能为他的国家带来更多的光荣，但也可能为他的国家带来意想不到的耻辱。善始易，善终难。在邲之战后，庄王有些骄矜、傲慢、轻率了。长此以往，他的前景未必仍像过去那么璀璨。庄王的生命在光荣的顶峰上戛然而止，后人对他的评价就会以这座光荣的顶峰做基准，所以不妨说也许死得其时。无论如何，对庄王的评价只能就他在位的二十三年立论。

《左传》记庄王的事迹限于军事活动，《史记》也大致如此，似乎庄王所过的只是戎马生涯。其实不然，平时庄王关心得更多的是民生。相传庄王能体恤民力，如《国语·楚语》记伍举说："先君庄王为匏居之台，高不过望国氛，大不过容宴豆，木不妨守备，用不烦官府，民不废时务，官不易朝常。"也有相反的说法，但那是虚构的故事，如《说苑·正谏篇》说："楚庄王筑层台，延石千重，延壤百里，士有反三月之粮者，大臣谏者七十二人皆死矣。"情节荒诞，文辞夸张，全不足信。

庄王对某些工艺问题曾显示出浓厚的兴趣，如桓谭《新论》记："庄王为车，锐上斗下，号曰'楚车'。"[2] 所谓"锐上斗下"，意即车厢上窄下宽。这样的楚车大概不易倾覆，便于驰逐。

庄王好学深思，博通典籍，熟知故实，力求提高自己的素质。《吕氏

---

① 伍举必误，疑为伍参。

② 董说. 七国考：第八卷［M］. 北京：中华书局，1956：246.

春秋·执一篇》记庄王向詹何问治国之道①，詹何答道："我只听说过治身之道，还不曾听说过治国之道。"该篇的作者说：詹何不是不懂治国之道，但他认为治身是治国之本。《淮南子·道应训》记此事，詹何答庄王之问曰："臣未尝闻身治而国乱者也，未尝闻身乱而国治者也。故本任于身，不敢对以末。"庄王赞曰："善!"后世儒家"修身—齐家—治国—平天下"的理论，实导源于楚人詹何。庄王服膺詹何的主张，治身以治国，在先秦的诸多国君中实属不可多得。

庄王注意物色贤士以为师友，喜欢听他们的直言谠论，对只知唯唯诺诺地趋附迎合的臣僚深感失望。《吕氏春秋·骄恣篇》记庄王建大功、立伟业之后，面露忧色，左右怪而问之，庄王说："仲虺有言，不穀说（悦）之，曰：'诸侯之德，能自取师者王，能自取友者存，其所择而莫如己者亡。'今以不穀之不肖也，群臣之谋又莫吾及也，我其亡乎?"按，仲虺是商汤的左相，《尚书·仲虺之诰》记："予闻曰：'能自得师者王，谓人莫己若者亡。好问则裕，自用则小。'呜呼！慎厥终，惟其始。"显然，庄王是钻研过《尚书》的，他所读到的《仲虺之诰》，文字与今传《仲虺之诰》大概有些出入，要旨则与今传《仲虺之诰》无异。《吴子·图国篇》记庄王对申公说："寡人闻之：世不绝圣，国不乏贤。能得其师者王，能得其友者伯。今寡人不才而群臣莫及者，楚国其殆矣!"《新书·先醒篇》记此事，文字较简略，但指出是在邲之战后，庄王过申县，"戚然忧恐"，"思得贤佐"，中午忘了进食。《新序·杂事篇》记此事，明言申公即屈巫。《说苑·君道篇》记此事，说是在邲之战后，因"将军子重三言而不当"所发的感慨。总之，直到晚年，庄王虽有骄矜、傲慢、轻率的倾向，但头脑仍较清醒。

鉴于国治以身治为前提，庄王为后世着想，对太子的教育异常重视。庄王请士亹做太子的师傅，希望他以己之"善"使太子"善"。士亹觉得

① 原文为"楚王"，参照其他文献，此"楚王"即庄王。

责任重大，向申叔时求教。《国语·楚语》记申叔时说：应该教太子学《春秋》，学“世”（先王的世系和事迹），学“诗”，学“礼”，学“乐”，学“令”（法令和规章），学“语”（格言、警句），学“故志”（前代的成败得失），学“训典”（古帝的训示）。如果不见效，就要以善言相劝，以贤人相辅，以榜样相示，使太子守志从善。如果有效而不大，还要引导太子明了“忠”“信”“义”“礼”“孝”“事”“仁”“文”“武”“罚”“赏”“临”。申叔时所讲的是一套内容丰富的教育理论，比孔子早大半个世纪。

综上所述，庄王不仅是一位雄主，而且是一位明君。

前人对庄王的评论褒贬不一。两汉以前，褒之者较多，《左传》《国语》《吕氏春秋》《淮南子》《史记》等，莫不如此。其时去春秋不远，对争霸有切实的认识。东汉以后，诸事以统一为前提，对庄王的评论就是贬之者较多了。东汉应劭在《风俗通义·皇霸篇》中说：“庄王僭号，自下摩上。观兵京师，问鼎轻重。恃强肆忿，几亡宋国，易子析骸，厥祸亦巨。”明代杨慎《升庵全集》卷五《二伯论》曰：“夫伯也者，攘夫夷者也。楚庄身夫夷者也，是高宗之所伐也，周公之所膺也，而可进乎？况又负其蛇豕之力，凶其水草之性，圣人岂以其伯而与之？若以为强而与之，则夫差也——泰伯之裔也，句践也——大禹之裔也，且犹不与之，而岂以伯与楚哉？故曰：楚，伯之寇者也。”假如说，应劭对庄王的批评还含有悲天悯人的善良愿望，那么，杨慎对庄王的诋毁就纯粹是出于贵夏贱夷的民族偏见了。《左传》记邲之战，于庄王不乏赞誉之辞，杨慎对此大惑不解，在《二伯论》中还说：“邲之战，左氏假借楚子，滔滔千言，沛若有余。楚子夷且陋，又临戎当阵而引三诗、援七德，若横经之儒，其诬可知。”杨慎为明代大儒，在学术上颇有建树，但为民族偏见所蔽，对庄王的评论也是“其诬可知”的。

第五节　令尹孙叔敖

楚国的诸多令尹，以功业和品格而论，当推孙叔敖为第一。

《韩非子·难四篇》说："楚庄举孙叔而霸。"《墨子·所染篇》和《吕氏春秋·当染篇》都说，楚庄王亲近孙叔敖和沈尹，因而成为霸主。《吕氏春秋·尊师篇》说，楚庄王以孙叔敖为师。《吕氏春秋·情欲篇》说："世人之事君者，皆以孙叔敖之遇荆庄王为幸。自有道者论之，则不然，此荆国之幸。荆庄王好周游、田猎、驰骋、弋射，欢乐无遗，尽傅其境内之劳与诸侯之忧于孙叔敖。孙叔敖日夜不息，不得以便生为故，故使庄王功迹著乎竹帛，传乎后世。"说楚庄王"欢乐无遗"和孙叔敖"日夜不息"固然是夸张的，但楚庄王的霸业确实离不开孙叔敖的悉心辅佐。

孙叔敖即蒍敖，是蒍贾之子、蒍艾猎之弟。死后其子封于寝邑，楚人才称之为孙叔敖。"孙"通"寝"，"叔"表明他有两位兄长，"敖"则是他的本名。

童年的孙叔敖受到良好的家庭教育，相传曾杀死一个怪物。《新书·春秋篇》说："孙叔敖之为婴儿也，出游而还，忧而不食，其母问其故，泣而对曰：'今日吾见两头蛇，恐去死无日矣。'其母曰：'今蛇安在?'曰：'吾闻见两头蛇者死，吾恐他人又见，吾已埋之也。'其母曰：'无忧，汝不死。吾闻之，有阴德者，天报以福。'人闻之，皆喻其能仁也。"两头蛇是蛇的变种，极为罕见。20世纪80年代后期，鄂西有农民捕获两头蛇一条，足证确有此物。楚人视两头蛇为不祥之物，以为见之者必死。孙叔敖见两头蛇即杀而埋之，可见他所受的家庭教育非同寻常。

长大以后的孙叔敖状貌奇特，据《荀子·非相篇》说："楚之孙叔敖……突秃，长左，轩较之下……""突秃"，即发短而顶秃；"长左"，即左臂长于右臂；"轩较之下"，即站着还没有车前的直木和横木高：总之，貌丑，形奇，身矮。

青年时期的孙叔敖住在一个名叫期思的小县，故址在今河南固始县。想必是父兄为王事奔忙，一度迁居期思，把子弟也带去了。这是一个营造世家，蒍贾曾任工正，蒍艾猎虽官居令尹而精于筑城。孙叔敖受父兄熏陶，对土木工程和土石工程也发生了浓厚的兴趣。《淮南子·人间训》记："孙叔敖决期思之水，而灌雩娄之野。"这个水利工程叫期思陂。陂，本义是斜坡，引申为堤坝（泽障）和水库（偃潴）。《汉书·地理志》记庐江郡属县有雩娄，原注："决水北至蓼入淮，又有灌水亦北至蓼入决。"按，决水今名史河，灌水今名灌河，二水自大别山麓北流，相会后今名史灌河，又北流而入淮水。水以"决""灌"为名，应是纪念孙叔敖"决"期思之水而"灌"雩娄之野。《水经》"决水"条记："决水，出庐江雩娄县南大别山，北过其县东。"按，雩娄原为楚邑，在今固始县东南，是楚人进取淮水中游尤其是淮南的一个重要据点。决水过雩娄东，则雩娄之野乃在其西。灌水即期思之水，期思陂应筑在其中游或上游，截引灌水东向分流，以济决水之不足。《水经》郦道元注云："灌水……导源庐江金兰县西北东陵乡大苏山，即注水也。"所谓"注水"，殆与"灌水"同义。

这个期思陂工程，用现代的标准去看只是小型的，放在战国时代可算是中型的，而在春秋中期则是大型的。它的意义不在于算不算大型的，而在于它是中国亘古以来第一个社会性的农田水利工程。

《淮南子·人间训》说，孙叔敖主持筑成期思陂之后，"庄王知其可以为令尹也"。《论衡·超奇篇》说："叔孙（孙叔）敖决期思，令尹之兆著。"在筑期思陂时，孙叔敖还没有官职，因此，《荀子·非相篇》和《吕氏春秋·赞能篇》说他是"期思之鄙人"，《史记·循吏列传》说他是"楚之处士"。《孟子·告子篇》说："孙叔敖举于海。"朱熹注曰："孙叔敖隐处海滨，楚庄王举之为令尹。"所谓"海滨"，是朱熹望文生义；所谓"隐处"，是朱熹想当然耳。其实，这"海"只是水库。在赴郢都前，孙叔敖就住在期思陂附近。

庄王以孙叔敖为令尹，是沈尹即沈县的县尹举荐的。这位沈尹，《吕氏春秋·赞能篇》以为名"茎"，《吕氏春秋·当染篇》以为名"蒸"。"茎""蒸"二字，形音俱近，不知何者为正，何者为讹。《吕氏春秋·赞能篇》说："孙叔敖在郢都待了三年，还是默默无闻。沈尹茎对他说：使国君成为王者或霸主，我不如你；与世俗交接，向国君游说，你不如我。你就回家种田去吧，我来替你游说。”沈尹茎在郢都待了五年，庄王要叫他做令尹，他对庄王说：“期思之鄙人有孙叔敖者，圣人也，王必用之，臣不若也。”于是，庄王派人用“王舆”把孙叔敖接来，命为令尹。十二年后，庄王成为霸主。历史的真相未必如此。“三年”“五年”“十二年”之类，都无据可寻。一位县尹擅离职守达五年之久，也有悖于情理。可信的只有一点，即沈尹茎举荐了孙叔敖。

《新序·杂事篇》和《韩诗外传》卷二另有一说，把举荐孙叔敖为令尹归功于庄王的夫人樊姬。《韩诗外传》卷二说：庄王听朝晚归，樊姬下堂相迎，问道：这么晚才退朝，又饿又累了吧？庄王答道：今天我听了忠贤之言，不知道饿也不知道累。樊姬问：大王所讲的忠贤，是外国人呢？还是本国人？庄王答：就是沈令尹。樊姬遮住嘴笑了，庄王问她何以发笑，她说：妾侍奉大王十一年了，总是派人到国外去找美人来献给大王，现在与妾平起平坐的美人已有十位，比妾贤惠的美人也已有两位了。妾不是不想专宠擅爱，但妾不敢以己之私掩人之美。沈令尹任职多年了，还没有见到他引进贤臣，斥退小人，这怎么能算是“忠贤”呢？次日，庄王把樊姬的话转告沈令尹，沈令尹惭愧之余，才推荐了孙叔敖。孙叔敖执政三年，楚国成为霸主。楚国的史官在策上写道：“楚之霸，樊姬之力也。”显然，这个故事比《吕氏春秋·赞能篇》的那个故事更不可信。《新序·杂事篇》所记与《韩诗外传》卷二所记略同，但说“贤相”是虞丘子。《史记·循吏列传》也说是虞丘子荐孙叔敖以自代，但与樊姬无涉。《说苑·至公篇》以《史记·循吏列传》为张本，增饰其辞，说虞丘子为令尹十年后，引咎自责，荐孙叔敖以自代。孙叔敖就令尹任不久，虞丘子家人犯法，孙叔敖置以死刑，虞丘子高兴了，向庄王道贺。这样的故事连野史也不如，倒像是寓言了。

人们爱听离奇的故事并信以为真，诗人尤其如此。唐人周昙作诗咏樊姬，有句曰：“当时不有樊姬问，令尹何由进叔敖。”汉代以后流传的琴曲《九引》，第一为“烈女”，歌颂的就是樊姬。也许，樊姬确实所见不俗。据传，庄王喜围猎，樊姬曾不食鸟兽之肉以谏，使庄王为之感悟。但是，若说樊姬对举荐孙叔敖有功，就殊难置信了。历史的真相大概是这样的：沈尹向庄王举荐孙叔敖，庄王念孙叔敖筑期思陂有利国利民之功，而且知道他是蒍贾之子、蒍艾猎之弟，出自名门望族，就任命他为令尹了。至于虞丘子，则可能是沈尹的号。这样是没有什么戏剧性的，讲出来可能会令人意兴索然。但事关史实。当戏剧性与逻辑性发生冲突时，我们宁取逻辑性而不取戏剧性。

孙叔敖是破格擢任令尹的，容易招妒、受恶、处怨，但他能做到爵高而以下自处，官大而以小自守，禄厚而以俭自奉。据说，这是受了狐丘丈人的教诲。《淮南子·道应训》记："狐丘丈人谓孙叔敖曰：'人有三怨，子知之乎？'孙叔敖曰：'何谓也？'对曰：'爵高者，士妒之；官大者，主恶之；禄厚者，怨处之。'孙叔敖曰：'吾爵益高，吾志益下；吾官益大，吾心益小；吾禄益厚，吾施益博：是以免三怨，可乎？'"为官而能如此，颇有道家的风骨。《淮南子》正是把孙叔敖看成道家先驱的，其《道应训》接着上文写道："故老子曰：'贵必以贱为本，高必以下为基。'"

《韩非子·外储说》云："孙叔敖相楚，栈车，牝马，粝饼，菜羹、枯鱼之膳，冬羔裘，夏葛衣，面有饥色。"尽管说过了头，但不全是虚构的。孙叔敖自奉不奢，这是可信的。

相传孙叔敖为政务清静，这又是道家的本色。《淮南子·主术训》记："昔孙叔敖恬卧，而郢人无所害其锋。"高诱注曰："郢，楚国都也。孙叔敖，楚大夫也。盖乘马三年，不知其牝牡，言其贤也。但恬卧养德，折冲千里之外，敌国不敢犯害，故郢人不举兵出伐，无所害其锋于四方也。"高诱所注既有失实的，也有如实的。说"郢人不举兵出伐"，显然与史实不合；说孙叔敖是一位务大而忘小的贤相，却实如其人。为驾车而用了三年的马，竟不知是母的还是公的，这就是因务大而忘小。《说苑·杂事篇》说："孙叔敖相楚三年，不知轭在衡后。"这和"不知其牝牡"相像，也是因务大而忘小。《淮南子》所谓"郢人无所害其锋"，是说国人不致因用兵而受害。为政务清静，不是无所作为，而是凡所作为都能因势利导，不扰民，不疲民，不虐民。最好能做到像《淮南子·主术训》说的那样："不知为之者谁，而功自成。"

这有两个例子，都见于《史记·循吏列传》。第一个例子是：

庄王觉得楚国的铜钱太轻，下令改小钱为大钱，百姓深感不便，市面萧条。市令向孙叔敖诉苦，孙叔敖向庄王如实上报，请庄王下令仍用小钱。庄王从其议，收回成命。不久，市面就繁荣如初了。楚国的货币原为海贝，这时通行铜贝而兼用海贝。所谓"大钱"和"小钱"，或称"重币"和"轻币"，都是就铜贝面值而言的。已知楚国的铜贝号为"蚁鼻钱"或"鬼脸钱"，都是很小的。无端提高铜贝的面值，可以敛民财入府库，可是物价势必飞涨，商、农、工、贾将俱受其害。孙叔敖主张仍用小钱，无疑是为了维护民众的利益。

第二个例子是：民间多用牛车，车厢较低，庄王要下令把车厢升高，以便战时用作马车。孙叔敖说：命令下得太多，民众就会不知所从，这样不好。大王如果一定要让车厢升高，无需大王命令，只要臣让闾里把闩门的木桩加高些就行了。木桩一加高，低车过不去，要让乘车的人下来，把车抬过去。乘车的都是贵族，他们不愿在进出闾里的大门时下车，一定会自己把车厢升高的。庄王从其议，果然，半年后民间的车厢都升高了。

太史公为循吏立传，以孙叔敖为第一人。《史记·循吏列传》说孙叔敖"施教导民""政缓禁止"，秋冬劝民众取利于山，春夏劝民众取利于水，民众得其所便而乐其所业。孙叔敖所追求的是把民本思想贯注在为政的实践中，因此，有时他的意见不免与庄王相左，这就是他在宦海中三浮三沉的缘由。《吕氏春秋·知分篇》说："孙叔敖三为令尹而不喜，三去令尹而不忧。"《史记·循吏列传》说："孙叔敖……三得相而不喜，知其材自得之也；三去相而不侮（悔），知非己之罪也。"[①]《左传》记孙

① "侮"字，当从《史记·鲁仲连邹阳列传》改为"悔"字。《论衡·问孔篇》将三为令尹、三去令尹系于子文，是王充的失误。

叔敖为令尹独见于宣公十二年，而宣公十一年的令尹是蒍艾猎，这是一个线索，表明孙叔敖在仕途中确实有起有落。能三起三落而不喜不忧，孙叔敖实为亘古第一人。

孙叔敖最后一次去令尹位，大概是因病而告退。邲之战后不久，孙叔敖就去世了。他为子孙做了深谋远虑的安排，后世传为佳话。据《吕氏春秋·异宝篇》所记，孙叔敖临终之际对他的儿子说：大王几次要给我封地，我都谢绝了。我死后，大王会给你封地的。你要记住，决不可接受肥美的封地。有一个地方，在楚、越之间，叫“寝丘”，土质不好，而且地名难听。楚人怕鬼怪，越人信禨祥，都不喜欢那个地方。你能得而不失的，正是那个地方。寝丘在今河南沈丘县南，孙叔敖早就知道它的贫瘠了。孙叔敖死后，庄王果然要把肥美的田土赏给他的儿子。他的儿子遵照他的遗训，请求改封在寝丘。《吕氏春秋》的作者说，直到他们那个时候——战国晚期，孙叔敖的后人还领有那个封邑。孙叔敖的智慧，在于懂得不争而得利，这也是后世道家的思想。《淮南子·人间训》记此事较详，指出孙叔敖的死因是“病疽”。

《史记·循吏列传》裴骃《集解》引《皇览》曰：“孙叔敖冢在南郡江陵故城中白土里。”但《皇览》还有另一说：“民传孙叔敖曰：‘葬我庐江陂，后当为万户邑。’”所谓“庐江陂”，应即芍陂，后名安丰塘，在今安徽寿县南，相传也是孙叔敖主持兴建的，但尚有争议。据《宋书·索虏传》，北魏永昌王破刘宋建武将军刘康祖，“屯孙叔敖冢，胁寿阳城”。按，寿阳城即今寿县。可能孙叔敖冢确实有两处，但其中之一只是衣冠冢。这是一个疑案，使追慕孙叔敖的后人平添了一段惆怅。

还有一个疑案，即螳螂捕蝉这个寓言的出处。《说苑》以为出自少孺子，《韩诗外传》以为出自孙叔敖。两位作者——刘向和韩婴都是汉儒，孰是孰非，不易判别。《说苑·正谏篇》记：“吴王欲伐荆，告其左右曰：‘敢有谏者死。’舍人有少孺子者，欲谏不敢，则怀丸操弹，游于后园，露沾其衣，如是者三旦。吴王曰：‘子来何苦？沾衣如此！’对曰：‘园中有树，其上有蝉。蝉高居，悲鸣，饮露，不知螳螂在其傍也。螳螂委身曲附，欲取蝉，而不知黄雀在其傍也。黄雀延颈，欲啄螳螂，而不知弹丸在其下也。此三者皆务得其前利，而不顾其后之有患也。’吴王曰：‘善哉！’乃罢其兵。”《韩诗外传》卷十记：“楚庄王将兴师伐晋，告士大夫曰：‘有敢谏者死无赦。’孙叔敖曰：‘臣闻畏鞭笞之严而不敢谏其父，非孝子也；惧斧钺之诛而不敢谏其君，非忠臣也。’于是进谏曰：‘臣闻园中有榆，其上有蝉。蝉方奋翼悲鸣，欲饮清露，不知螳螂之在后，曲其颈，欲攫而食之也。螳螂方欲食蝉，而不知黄雀在后，举其颈，欲啄而食之也。黄雀方欲食螳螂，不知童子挟弹丸在榆下，迎而欲弹之。童子方欲弹黄雀，不知前有深坑，后有掘株也。此皆贪前之利，而不顾后者也。非独昆虫、众庶若此也，人主亦然。君今知贪彼之土，而乐其士卒……（按，此处有脱文），楚国不殆，而晋以宁，孙叔敖之力也。”《说苑》所记有两个疑点：其一，“少孺子”其人不见经传，而其义乃如今称“小孩子”；其二，王者之臣，不得称“舍人”。《韩诗外传》所记虽也有夸饰之处，但大体近情合理。楚庄王正是一位喜听政治谜语和政治寓言的明主，孙叔敖则正是一位虑事深远、莅事谨慎的贤臣。这个典故出自孙叔敖的可能性，比出自少孺子的可能性大得多。况且，孙叔敖比所谓少孺子早一个历史阶段，即令二者都实有其事，孙叔敖也应该是这个寓言的创作者，少孺子则只能是这个寓言的传播者。楚庄王在位的最后三年没有出征，是否受了这个寓言的启示，那就不可妄断了。

第六章　抚有蛮夷，以属诸夏

一个伟大的国君去世之后，总会给嗣君留下又顺手、又棘手的双重遗产。嗣君在先君显赫功业的荫庇之下，只要恪守遗规，就不难坐享其成，这是顺手的一面。先君令人敬服和畏服的作用消失之后，本来只是隐性的祸胎容易演成显性的危机，嗣君在品格、智术、威望等方面不如先君的缺陷可能使他无法驾驭局势，这就是棘手的一面了。

庄王留给共王的遗产正是这样的双重遗产。共王初即位时，倚仗雄厚的基业和忠贞的老臣，还不觉得费力。尤其是因为年龄还小，政柄由老臣执掌，共王无需操心，自然觉得轻松。年龄越大，在位的时间越长，躬亲的国事越多，共王就发现要维护庄王留下的遗产是越来越难了，他甚至不得不做一位忍辱负重的国君。

共王是庄王的长子熊审①，继位时只有十岁。在他的政治生涯中，遗憾多于满足。

第一节　晋楚修好之盟前后

庄王末年，齐、鲁交恶，鲁向楚求援。事不凑巧，逢上庄王去世，爱莫能助。鲁不得已，求助于晋。共王既立，因鲁已背楚从晋，楚乃与齐结好，以期与晋争雄。

公元前589年——共王二年，春，齐伐鲁。夏，晋以兵车八百乘救鲁伐齐，比城濮之战晋师的兵车还多一百乘，元帅为郤克。郤克是满怀着怨恨去伐齐的，因为三年以前他曾在齐受辱。那时，郤克为晋使，和

① 此从《左传》和《史记》，《国语》作“熊蒇”。

鲁使、卫使一起谒见齐顷公。晋使驼背，鲁使跛脚，卫使独眼。齐顷公做了一个荒唐的安排，派一位驼背的官员接待晋使，派一位跛脚的官员接待鲁使，派一位独眼的官员接待卫使。齐顷公母听到这等无独有偶的奇事，便在楼上看稀罕，看到得意处笑出声来。郤克受辱，大怒，发誓非报复不可。这次伐齐，就是郤克报复的机会了。六月，晋、鲁、卫联军败齐师于鞍（在今山东济南市西）。

是年秋，楚国为了援助齐国，准备讨伐鲁国。出师以前，派申公屈巫到齐国访问。屈巫一反常规，带着亲属和细软同行。原来，他要利用这次出访的机会，到郑国娶夏姬，一去不复返了。夏姬即夏征舒之母，楚伐陈，俘夏姬。庄王要娶她，因屈巫谏庄王不可“贪色”而止。子反也想娶她，因屈巫以其人“不祥”相劝而止。经庄王允许，夏姬嫁了连尹襄老。在襄老战死后，夏姬与襄老子黑要同居。屈巫本人有意娶夏姬，但不便在楚国办婚事，便唆使夏姬回到了娘家郑国。这时的夏姬年逾四十五，而仍有魅力使屈巫做出不爱祖国爱美人的事来。屈巫到了郑国，请副使把准备送给齐国的礼品带回楚国，自己则和夏姬携亲属到晋国去了，晋景公以屈巫为邢邑的大夫。司马子反建议厚赂晋国，以求禁锢屈巫终身，共王不许。共王说：屈巫为自己盘算是错了，他为先君谋划却是忠诚的。假如他对晋国有用，晋国是不会遵从我们的意图去禁锢他的；假如他对晋国无用，我们又何必让晋国去禁锢他呢？这时，共王年仅十二，他对屈巫叛楚入晋事件所持的态度，显示了他智慧有余而见识不足的素养，以及宽厚有余而刚猛不足的性格。屈巫在执行公务时公然带着亲属和细软，表明在庄王去世后老臣骄狂而法纪松弛了。

令尹子重和司马子反联合沈尹和王子罢，杀死了屈巫的族人子阎和子荡，以及黑要和清尹弗忌，瓜分了他们的田宅和仆妾。屈巫写信给子重和子反，说一定要让他们疲于奔命而死。

大臣如此胡作非为，年幼的共王无可奈何。

是年秋冬之际，楚伐鲁、卫。子重是先朝老臣，懂得恤民方能用民，出兵之前，豁免欠税，赈济贫民，大赦刑徒。然后，连同王卒在内，全军出动，郑、蔡、许三国合兵从征。共王因年幼不行，但他的戎车由将军彭名居中执辔，随军而出。蔡景公和许灵公都比共王大几岁，都得亲历戎行，分别坐在彭名的左右两侧。楚师先伐卫，后伐鲁，所向披靡。晋人见楚师强大，不敢发兵救鲁、卫，鲁、卫乃向楚乞和。十一月丙申，令尹子重与齐、鲁、卫、秦、郑、陈、宋、蔡、许、曹、邾、鄫、薛诸国的国君或执政大夫在鲁国的蜀邑（在今山东泰安市西）会盟。鲁国献工匠给楚国，执斫（木工）、执针（缝纫工）、织纫（纺织工）各一百人。

其明年，晋国送公子谷臣回楚国，同时把连尹襄老的遗骸归还楚国，这是一个友好的表示。楚国作出了相应的表示，送荀罃回晋国。《左传·成公三年》记共王问即将去楚返晋的荀罃："子归，何以报我?"荀罃答道："无怨无德，不知所报。"共王说："虽然，必告不穀。"荀罃说："以君之灵，累臣得归骨于晋，寡君之以为戮，死且不朽。若从君之惠而免之，以赐君之外臣首（按，'首'乃荀罃父名），首其请于寡君，而以戮于宗，亦死且不朽。若不获命，而使嗣宗职，次及于事，而帅偏师，以修封疆，虽遇执事，其弗敢违，其竭力效死，无有二心，以尽臣礼，所以报也。"共王感其言，以为"晋未可与争"，以隆重的礼节为荀罃送行。

子重安于现状，没有在蜀之会后加固楚国在中原的阵地，扩大楚国在中原的影响，对中原政局的演变趋向缺乏警觉性和洞察力，而且不能及时而适度地作出反应。公元前587年——共王四年，鲁成公朝晋景公，鲁大夫季文子说："《史佚之志》有之曰：'非我族类，其心必异。'楚虽大，非吾族也。"这是叛楚从晋的趋向，起初犹如暗流，但不久就成为明流了。

公元前586年——共王五年，许、郑相侵，先后诉于楚。子重以为许有理而郑无理，未经深思熟虑，便扣留了郑使皇戌和子国，由此，把郑推进了晋的怀抱。晋人在楚人不经意之时，展开了有效的外交活动。是年冬，晋与齐、鲁、郑、宋、卫、邾、曹、杞诸国的国君在郑邑虫牢（在今河南封丘县北）会盟。其明年秋，楚伐郑。冬，晋救郑。绕角之役，楚师先小胜后小败，乃退兵。未几，晋侵蔡，楚救蔡。晋师受阻，也退兵了。又明年秋，楚又伐郑，晋与齐、鲁、宋、卫、邾、曹、莒、杞合兵救郑。郑师有恃无恐，袭击楚师，俘获郧公钟仪。楚师受小挫，知难而退。这时，在晋、楚之间，占上风的是晋。

在北方，楚国要与晋国角逐。在东方，与楚国角逐的是吴国。郑师俘钟仪之年是吴王寿梦二年，楚共王七年，公元前584年。是年，吴伐郯，郯乞和，中原为之悚动。这时吴人已占领宁镇丘陵，与姬姓的吴国或称宜国的公族合流，袭用“吴”这个国号，但按照越语即吴语的发音习惯自称为“攻敔”。寿梦曾经到北方访问，始知中土之辽阔，文明之昌盛。回吴国后，讲求富强之道，并且开始用诸夏的文字和典籍来教育几位公子。屈巫向晋景公献联吴抗楚之计，得到采纳。为此，屈巫出使吴国，甚得寿梦欢心。吴人同越人一样，本来没有车兵，而且不善于用弓箭。屈巫带着战车30乘，教吴人驾车、射箭、列阵，煽动寿梦伐楚。将回晋国时，送战车15乘给吴国，还让其子屈狐庸留在吴国做行人。寿梦对屈巫所献之计深为赞赏，当年就派兵袭击楚、徐、巢诸国，一度攻入州来（在今安徽凤台县）。一年之内，子重和子反七次出兵迎击吴师，果然疲于奔命。

公元前583年——共王八年，晋侵蔡，又侵楚，俘获楚大夫申骊，楚无计可施。晋人有一个严重的弱点，就是待诸侯太苛，诛索无厌，因而不能长久扮演盟主的角色。也许楚人看准了晋人的这个弱点，在公元前582年——共王九年，以重赂诱郑从楚而背晋。郑当然乐意在晋、楚之间左右逢源。于是郑成公先南行朝见楚共王，后北行朝见晋景公。晋人以为郑成公居心叵测，把他软禁起来，随即兴师伐郑。郑遣使向晋乞和，晋不许，还杀了郑使，这是晋把郑推回楚的怀抱里去了。楚发兵侵陈以救郑，意在使晋师分散兵力，拉长战线。陈对楚余悸未消，当即乞和。楚移兵伐莒，意在警告晋的附庸。莒是一个东夷小国，其故地在今山东莒县。楚伐莒势如破竹，但楚将公子平不慎被莒师俘获。楚师传告莒人，要求不杀公子平，许诺遣返莒人战俘。莒人像十余年前的萧人，出于意气，不顾后患，偏把公子平处死。于是楚师连破莒国三城——连同国都在内，莒人逃散。秦和白狄见诸侯多已叛晋，乃相继伐晋。郑围许，意在向晋人表明他们不以国君为虑，可能立新君代旧君。晋人祸出多端，一时颇为窘迫。楚人在与晋人的角逐中，又变劣势为优势了。

晋景公因军情紧急，到兵器仓库去视察，看到那里关押着一个戴“南冠”的人，一问，知道是两年以前被郑人俘获并转送给晋国的楚人钟仪。晋景公问到钟仪的出身，钟仪答称是泠人（伶人）。晋景公让随从取一张琴给钟仪，钟仪用这张琴弹奏了楚曲。晋景公问钟仪楚共王如何，钟仪说那不是我所能知道的。晋景公坚持要钟仪说说对楚共工的印象，钟仪不得已，答道：寡君做太子的时候，有师保侍奉，早晨向公子婴齐（子重）求教，黄昏向公子侧（子反）请益，别的我就不知道了。事后，晋景公向士燮（范文子）说起钟仪同他所讲的话，士燮是主张晋楚和好的，趁机进言，称赞钟仪这位楚囚是君子，不忘本，不忘旧，无私，尊君，可谓仁、信、忠、敏四者俱全。随即建议放钟仪回楚国，让他去促成晋楚两国的和议。晋景公从士燮之言，以厚礼送钟仪回楚国。这是一次音乐外交，取得了良好的效果。是年冬，楚国派太宰公子辰（子商）到晋国报聘，也表达了和平诚意。其明年春，晋国派大夫籴茷到楚国回聘，不久又放郑成公回国复位。籴茷留居楚国半年有余，得到确实的和平信息之后才回晋国复命。

战与和的变换，敌与友的转化，总是在客观的需要和主观的愿望都已大体具备之时，一个偶然的因素就可以成为触媒，加上其他偶然因素就可以实现了。当时宋国由右师华元执政，此人与楚令尹子重和晋上卿栾书（栾武子）的私交都不错，听说晋楚双方正在试探对方的和平诚意，有心玉成其事。于是，华元先访问楚国，后访问晋国，居中斡旋，顿见成效。公元前 579 年——晋厉公二年、楚共王十二年，春，晋楚两国各派执政大夫在宋都西门外会盟，相当于草签和约。然后，晋国派大夫郤至到楚国莅盟，楚国派大夫公子罢到晋国莅盟，相当于正式通过和约。

郤至为莅盟到郢都后，谒见共王。将登堂入室之际，忽然从地室中传出洪亮的钟乐（“金奏”），这通常是诸侯相会的礼节。郤至受宠过望，大惊，退走。经在场相礼的司马子反再三邀请，才定下心来，行礼如仪。

楚国从成王起，就喜欢向诸侯或其使者展示豪华的排场和隆重的仪礼。楚国能办到，因为：第一，楚国的宫殿建筑，上有楼台，下有地室，容易给北方人士留下壮丽的印象；第二，楚国的器乐发展迅速，编钟已超过北方，宫廷乐队安置在地室里，有特殊美妙的效果；第三，楚国物产丰饶，资财富厚，好客成风；第四，楚人有追新逐奇的癖好，容易使北方人士感到新鲜。遇到晋楚议和这样的大事，自然会搞得如锦上添花一般。

这样的和平当然只是暂时的妥协，随时可能因条件的改变而转化为战争。晋楚两国在中原的影响，此长则彼消，此消则彼长，没有均分势力范围的可能，彼此的矛盾是很难调和的，因而信任无法压倒猜忌。不过四年，晋楚之间就又爆发了一场大战。

晋人比楚人精明，在晋楚修好的第二年就纠合齐、鲁、郑、宋、卫、邾、曹、滕等国伐秦，大胜。楚人开始发现和约麻痹了自己而放纵了敌人，筹划采取切实有效的应变措施。在晋楚修好的第四年，即公元前576年——共王十五年，司马子反主张北伐，子囊（共王弟公子贞）以为不可背盟，这时共王二十五岁，还未曾亲临战阵，跃跃欲试，便下令起兵，自己随军出征。这次楚师先侵郑，后侵卫，都是稍进即退，是一次无名而出、无功而返的武装游行，只为了向中原表明楚国的存在。在楚师撤回后，郑国却派兵袭占了楚国的一个边邑。晋人保持着克制，没有作出过激的反应。

也在公元前576年，宋国内乱，左师、大司寇、少司寇、大宰、少宰共五人俱奔楚避难。他们是华元的政敌，由此，华元与楚国之间也发生了隔阂。晋国的伯氏受郤氏迫害，大夫伯州犁奔楚。不久，共王命伯州犁为太宰。许国为郑国所迫，求迁于楚境。公子申率楚师迁许国于叶邑（在今河南叶县南），这等于楚国承认自己在中原的影响减弱了。

第二节　晋楚鄢陵之战

公元前575年，晋楚战于鄢陵。这年，在晋是厉公六年，在楚是共王十六年。春，楚国以割让汝阴的领土为诱饵，笼络郑国。郑国的君臣唯利是图，当即背晋从楚。夏，晋伐郑，楚救郑。

这次晋楚双方都做了充分的准备，彼此不再回避。

令尹子重谨慎有余而勇猛不足，司马子反恰相反，勇猛有余而谨慎不足。如果和衷共济，他们可以成为很好的搭档。可是子反不尊重子重，共王不喜欢子重，这给楚师的前途投上了一层令人忧虑的阴影。共王命子反将中军为元帅，命子重将左军，命子辛（右尹公子壬夫）将右军，共王自己偕王卒随中军行进。这样，让令尹听司马指挥，违背了楚国的传统，颠倒了尊卑的顺序。郑师与楚师为同盟，“东夷”的一些“蛮军”也参加了楚师。

晋师以执政的上卿栾书将中军为元帅，士燮佐之；郤锜将上军，荀偃佐之；韩厥将下军，其佐荀罃留守；郤犨将新军，郤至佐之。起师前，派使者到齐、鲁、卫诸国请求出兵相助。

楚师过申县，子反向已在养老的申叔时请教。申叔时认为楚师将会失败，他说：战争靠的是德、刑、详（祥）、义、礼、信六个要素，六个要素齐备了，上下和睦了，民众愿为君命而尽力致死，才能打胜仗。现在楚国对内不施惠而无德，对外不守盟而无信，用兵违农时而无礼，谁还乐意效死呢？你好自为之吧！我只怕再也见不到你了。申叔时尖锐的批评意见，子反听后感受如何，不得而知，估计他是不以为然的。

晋国的将领也不都是同心同德的，栾书和郤至主战最力，士燮则以为战不如和。《国语·晋语》记士燮在出兵前说：睦内方能图外，“不睦内而图外，必有内争”。在出兵后，士燮又说：我们要是战胜了，大王将更加骄恣，朝政将更加混乱，晋国非受祸不可；战败了，晋国反而会得福。《左传·成公十六年》记士燮还说：先君多次出征，是因为秦、狄、齐、楚四国都很强，我们若不尽力而为，子孙就会保不住。现在秦、狄、齐三国都顺从我们了，敌手只剩下一个楚国，“外宁必有内忧”，何不留着楚国作为我们的“外惧”呢？士燮颇有远见卓识，但他的主张很难被近视而浅识的同僚接受。

晋楚两军在鄢陵相遇，其地古今同名，介乎郑、许之间，离晋国远，离楚国近。可见晋师求战心切，绕过郑都不攻，径奔楚师而来。这次大战像邲之战，也只打了一整天，六月甲午，从天刚亮布阵，到天大黑收兵。开战前，双方都有严整的部署。开战后，由于地形的限制和战局的变化，双方都是军自为战乃至车自为战、人自为战，打成了一场混战。晋人和楚人都是出色的将士，打得异常勇猛。其中有若干情节，很能显示当时战争的特点以及将士的心态。

清早，楚师抢先逼近晋师布阵，这使尚未布阵的晋师受到空间的约束。共王由伯州犁陪同，登上楚师独有的“巢车”眺望晋营。共王问：晋人的兵车有向左驶去的，有向右驶去的，他们在干些什么？伯州犁答：这是去召集军吏。共王说：不错，那些军吏都聚集到中军中去了。伯州犁应声道：他们要商议战斗计划了。共王说：搭起帐篷来了。伯州犁解释道：要在先君的神主前面占卜了。共王说：帐篷拆掉了。伯州犁预测道：快要发布命令了。共王说：人声喧哗，尘土飞扬（“甚嚣”“尘上”）。伯州犁解释道：那是在填井、拆灶，以便就地布阵。共王说：都上车了，可是有些车左、车右拿着兵器又下车了。伯州犁解释道：他们正在听主将的号令。共王问：要跟我们开战了吧？伯州犁答：还不一定。共王问：车左、车右上了车，怎么又都下车了？伯州犁答：他们在祈祷。

共王虽是第二次出征，但亲临前线还是第一次，登上巢车看晋营的动静，样样都新鲜。晋人的风俗与楚人的风俗有不少区别，共王难免莫名其妙。伯州犁以晋人言晋事，了如指掌，因而能够解释得一清二楚。

楚人用兵，也要祈祷，也要占卜。祈祷在将出兵时由楚王举行，地点是宗庙。占卜在将作战时由司马或并非司马的元帅举行，地点通常是战场。晋人临阵而占卜，将战而祈祷，与楚人的惯例是不大一样的。

巢车是当时的先进军械，便于己方了解敌方营垒的布局和动向。子反抢先逼近晋营布阵，可能是事先在巢车上经过瞭望作出的正确决策。

晋师受楚师紧逼的约束，不易施展。鲁师和卫师尚未赶到，齐师虽已赶到而暂时还不能参战。栾书准备固守三天，待楚师引退时反击。郤至认为楚师有几个严重的弱点，即令尹与司马不和以及郑军不整肃、蛮军无阵法等，不难击败。晋厉公一度准备退兵，但为楚裔的苗贲皇劝止。苗贲皇建议以偏师应付楚人的左军和右军，以四个军的主力合击中军王族。苗贲皇的这个战略，对于像庄王那样精通韬略的国君是无效的，对于像共王这样不谙兵法的国君就可能有效了。晋厉公再次行筮，据说得吉兆，这才下令出击。

晋营前面有一片沼泽，战车不得不从两边绕行。晋厉公的戎车陷入沼泽，随从大惊。幸得车右栾鍼身强力壮，一鼓劲把这乘戎车赶上了平地。否则，晋师若陷入混乱，后果就不堪设想了。

楚中军顶住了晋主力的合击，可想而知，楚人打得异常顽强，而且子反的指挥没有发生重大的失误。可是，没有实战经验的共王负了伤，晋将吕锜射中了共王的一只眼睛。共王不胜其忿，派人把养由基找来，要他为自己报仇。

养由基是邓裔楚人，以善射著称。《战国策·西周策》记苏厉云："楚有养由基者，善射，去柳叶者百步而射之，百发百中。"《汉书·枚乘传》云："养由基，楚之善射者也，去杨叶百步，百发百中。"鄢陵之战的前一天，养由基和潘党比赛箭的穿透力，两人都射穿了用七层皮革制作的甲，兴高采烈地对共王说：大王有我们这样的两个臣子，还怕打不败晋人吗？共王或许一时糊涂，或许出于一种反常的心理，竟训斥他们说：只怕明天你们自己会被射死的。待到自己受了伤，共王才不得不求助于养由基。他给养由基两支箭，叫养由基去射杀吕锜。养由基不辱君命，只发一支箭就射中吕锜的头颈，吕锜当即倒毙。养由基拿着剩下的一支箭，向共王复命。

郤至冲得快，三次遇到共王的乘广，每次都跳下战车，脱下头盔，趋前向共王致敬。共王命工尹襄送给郤至一张弓，以表慰问。郤至受弓后，三次向工尹襄顿首，随即退走，登车再战。

郑师被晋师击败，韩厥和郤至先后与郑成公遭遇，他们都以为不可捕捉或伤害国君，因而都暂停追击。郑成公的车右唐苟跳下战车，与晋人格斗而死。车左石首快马加鞭，保护着郑成公逃走了。

子重虽与子反有不同意见，但他指挥左军作战是不遗余力的。栾鍼曾经访问过楚国，见过子重，在战斗中望见子重的旌旗，请求晋厉公允许他向子重敬酒，晋厉公同意了。可是，作为晋厉公的车右，栾鍼这时不便离开晋厉公。于是，请专管外事的行人代他去向子重敬酒。子重听行人说明来意，称赞栾鍼记性不错，接过酒来一饮而尽，吩咐行人回去，自己继续击鼓进兵。

天黑了，双方收兵，各回本营。子反派军吏传告全军：连夜护理好伤员，补充好车兵和徒兵，整修好兵器，收拾好车马，听到鸡鸣就进食待命。晋人风闻楚人如此传令，不免忧惧。苗贲皇奉元帅命巡视全军，下达指令，要求把战车清理好，把马匹喂养好，把士卒补充好，把兵器磨砺好，把工事修筑好，吃得饱饱的，为胜利祈祷，准备明天继续打仗。苗贲皇故意放一些战俘回楚营去，让他们去报告晋营的动静。共王听到了获释的战俘带来的信息，派人找子反来商议对策。不料子反的家仆谷阳竖为了让主子解乏，违反军规，献酒给子反。子反喝得酩酊大醉，无法晋见共王。共王叹道：怕是天意要让楚国打败吧！我不能再待在这里了。说罢，弃军而逃。楚人见国君不告而去，也连夜弃营而逃。楚师遗弃在营垒里的军粮，让晋师足足吃了三天。

楚师退入方城后不久，共王派使者对子反说：前次城濮之败，先大夫子玉有责任，因为先君不在军中；这次鄢陵之败，是寡人的罪过，你无需引咎自责。子反对共王的使者说：大王赐我死也是应该的，我的士卒确实也逃跑了。子重派人对子反说：以前打了败仗的怎么自处，你是知道的，你也该考虑考虑了。这是敦促子反以子玉为榜样，自尽以谢国人。子反对子重派去的人说：即使没有先例，只要大夫（子重）让我去死，我也不敢贪生忘义的，是我打了败仗，我还敢不死吗？于是，子反自尽。

楚师败于鄢陵，论者多归咎于子反醉酒误事。诚然，子反不能辞其咎。身为元帅，律己不严，乃至临敌酗酒，实为玩忽职守。但就激战一天的结局来看，双方其实不分胜负。子反在开战前所作的部署是正确的，使晋人难于施展手脚。他在休战后所作的部署也是正确的，又给晋人添加了精神压力。假如楚共王不弃军而走，翌日再战，鹿死谁手尚难论定。在这样近乎势均力敌的混战兼恶战中，谁能坚持不懈，谁就有比对方更多的获胜机会。可是，楚共王一逃，楚师必定陷于恐慌之中，就非撤退不可了。晋厉公的品性和教养都不及楚共王，但他没有弃军而走，尽到了一个国君在战场上应尽的责任。假如晋厉公弃军而走，那么，败退的就不是楚师而是晋师了。兵者危事，必须慎始慎终。稍有疏忽懈怠，就可能因“一举不得”而“前功尽弃”①，这样的教训层出不穷，楚师败于鄢陵也是一个实例。

晋国的有识之士知道晋师获胜实为侥天之幸，头脑是清醒的。《国语·晋语》记晋师占领楚人遗弃的空营之后，士燮站在晋厉公的车马前面说：大王年幼，诸臣才弱，我们不知凭什么福分才获得了这次胜利！我听说：“天道无亲，唯德是授。”我怎么能知道这不是天意要让晋人获胜以便告诫和激励楚人呢？大王和各位臣僚都要以此为戒才好。德为福之基，无德而福大一如无基而墙高，很快就要垮掉的。士燮大概有某种使他不安的预感，才说出这话来，并非危言耸听。在鄢陵之战后不久，晋国就接连演出了君诛臣、臣弑君的惨剧，相比之下，楚国反而是稳定的。

第三节　“知其惑者非大惑也”

楚国战败了，但它的实力未受重大损伤。郑国也如此，而且没有因

① 《史记·周本纪》。

此而背楚从晋。不过半年多，即在公元前 574 年——共王十七年，春，郑袭晋，这表明晋在鄢陵之战中只是名义上而不是实质上的战胜者，否则郑是不敢轻启边衅的。同年夏，楚公子成、公子寅领兵戍郑。晋与周、齐、鲁、宋、卫、邾、曹合兵伐郑，楚令尹子重率师救郑，联军望风而退。是年冬，联军又伐郑，楚公子申领兵救郑，联军又知难而退。是年末，晋厉公及其嬖臣杀"三郤"——即晋国当时最大的家族郤氏的郤锜、郤犨、郤至，陈尸于朝。其明年春，栾书和荀偃弑晋厉公，迎晋襄公曾孙周子而立之，是为晋悼公，时距晋胜楚于鄢陵仅一年半。

楚败于晋，舒人以为有隙可乘，公元前 574 年——共王十七年，舒庸潜引吴师围攻巢邑。楚公子橐师领兵东征，赶跑了吴师，击灭了舒庸。

其明年，楚伐宋，晋救宋，楚、晋战于宋邑鼓城附近，楚师因不利而退却。

右司马公子申贪黩而跋扈，接受小国的贿赂，侵夺令尹子重和左司马子辛的职权。公元前 571 年——共王二十年，杀公子申。

其明年，令尹子重率师伐吴。楚师首次东渡长江，一度攻占鸠兹（在今安徽芜湖市东），但将军邓廖被吴师俘获。楚师刚退走，吴师即西渡长江，攻占驾邑（在今安徽无为县）。

不久，子重病故，子辛继为令尹。子辛的贪黩甚于公子申，向陈国索贿太苛，乃至迫使陈国背叛楚国。公元前 568 年——共王二十三年，杀子辛，以子囊（公子贞）为令尹。公元前 566 年——共王二十五年，子囊率楚师围陈都。晋、鲁、宋、卫、曹、莒、邾诸国虚言救陈，然而意见分歧，迟迟不出兵。陈不得已，向楚乞和。

郑国在顺境中过了几年，它的执政大夫有点忘乎所以了，居然去袭击楚国的附庸蔡国，俘虏了蔡司马公子燮。公元前 565 年——共王二十六年，冬，楚伐郑以问罪，子囊为元帅。郑国的大夫商议对策，有主张向楚人求和的，有主张等晋人来救的，莫衷一是。执政子驷说：事势危殆，民众已急不可耐，我们姑且顺从楚人吧！以后晋人打来，我们再顺从晋人就是了。我们以后就放一些玉帛和牛羊在边境上，无论楚人、晋人，谁来打我们，我们都毕恭毕敬地献上玉帛和牛羊。小国侍奉大国，只能这样。对策就这么决定了，郑国一面与楚国议和，一面派使者向晋国说明事出无奈。晋人没有表示谅解郑人的处境，但这也并不出乎郑人的意料。当时晋楚势均力敌，郑国只能像钟摆那样摇来晃去，以前是自发的，现在自觉得多了。

其明年，据《左传·襄公九年》所记，晋悼公采纳中军帅荀罃的建议。“三分四军，以逆来者”，即将中、上、下、新四军各分为三部，出征时每军只调用一部，这是使楚人疲于奔命的良策。郑人见楚人果然穷于应付，就转而采取中间偏晋的立场，晋师来伐则从晋而“告”楚，楚师来伐则从楚而“赂”晋。如此一“告”一“赂”，钟摆就晃到晋国那边去了。楚国大为不满，扣留了郑国派来的两位使者。这个粗暴的措施激怒了郑人，郑与晋会盟，郑简公送给晋悼公一份厚礼，计有：著名乐师3人，女乐2佾即16人，歌钟2肆连同相配的镈和磬全套，兵车100乘连同相应的甲兵在内，女工30人。

晋与齐结盟，并使郑和宋成为自己的附庸。楚的对策是与秦结盟，尽力夺回在中原丧失的阵地。公元前562年——共王二十九年，秦伐晋，晋因轻敌而大败。楚与秦相呼应，当秦在为伐晋做准备时，楚联郑而伐宋，又使中原扰动了。

郑国所受的兵祸最多，几乎每个对中原稍有影响的诸侯国的军队都到过郑国。可是，郑国所聚的奇货也最多，它的商人几乎到过任何一个诸侯国。春秋时代，其他诸侯国的商人都不如郑国的商人殷实而且活跃。公元前627年秦师过周都伐郑国，遇见正要到周都去贸易的郑国商人弦高。弦高假托奉郑君之命前来迎接和犒劳秦师，先献上4张牛皮，再献上12头牛，说了些使秦人以为郑人已做好迎战准备的话，又暗中派人乘快车回郑国报警。秦师不敢继续前进，撤回秦国去了。晋国的荀罃被俘后，滞留在郢都，郑国的一个商人到郢都做生意，见到荀罃，打算把他装在货囊中偷带出境，没有办成。楚国放荀罃回晋国后，这个商人到晋都贸易，荀罃待他极好，就像他真把荀罃救出了楚国似的。不久，这个商人又到齐国贸易去了。可见，郑国的商人是国际贸易的主角，挟重赀而交王侯，有时能对政局和战局施加并非微不足道的影响。

郑国是当时转口贸易的中心，最为繁华。打仗归打仗，经商归经商。在郑国的商人看来，战争只是过眼烟云，不须介怀。在商业的刺激下，郑都的风气最为奢靡，次于郑都的是中原东部的卫都。郑、卫之音被圣人视为淫佚之音，采入《诗经》的作品是经过圣人筛选和净化的。《诗经》的《国风》计15国共160首，《郑风》最多——占21首，可见圣人也不是不喜欢郑国流行歌曲的。《郑风·出其东门》有句云："出其东门，有女如云。""出其闉阇，有女如荼。"《郑风·溱洧》有句云："溱与洧，浏其清矣！士与女，殷其盈矣！……洧之外，洵訏且乐。维士与女，伊其将谑。"所描写的是郑都的郊外士女如云，欢情如梦。类似的景象在其他诸侯国虽也有，但盛况与郑都所见不可同日而语。

郑国的青铜铸造工艺是很精的。已知的中原春秋铜器，以郑国的莲鹤方壶为最精。

共王晚年，楚国在北线有得有失，得失大致相当。郑国和楚国的关系时好时坏，但双方的交往一直是频繁的。

公元前561年——共王三十年，吴王寿梦去世，子诸樊继位。

共王晚年，楚国在东线得大于失，局势比较平静。

公元前560年，共王去世，在位凡三十一年。子熊昭继位①，是为康王。

《左传·襄公十三年》记共王遗言，自称"不德"，为鄢陵之败引咎自责，要大夫给他加个"灵"或"厉"的恶谥。既死，有些大夫主张遵从共王遗命。令尹子囊力排众议，认为应当谥之为"共"。子囊说："赫赫楚国，而君临之，抚有蛮夷，奄征南海，以属诸夏，而知其过，可不谓'共'乎？请谥之'共'！"

共王生长在荣华和安宁之中，有父王训诫，有师保诱导，有臣僚拥

---

① 《左传》作"昭"，《史记》作"招"。

戴，一切都是现成的。父王和师保对他的教育，只是细心地把他培养成为一个仁厚贤明的国君，没有大胆地使他锻炼成为一个英勇果敢的统帅。在鄢陵之战前，他还不曾见过政治上和军事上的大波巨澜。一旦事态危急，他就容易失态。如《淮南子·泛论训》所记，撤离鄢陵时，有潘尫、养由基、黄衰微、公孙丙四位大夫簇拥着共王，共王因恐惧而瘫倒在地上。黄衰微急中生智，用脚踢共王。共王见黄衰微如此无礼，变恐惧为震怒，站了起来，四位大夫才乘机把共王抬上了戎车。国君如此，将士的命运就可想而知了。在立嗣问题上，共王也显得优柔寡断。《说苑·建本篇》说："楚恭王多宠子，而世子之位不定。屈建曰：'楚必多乱！夫一兔走于街，万人追之；一人得之，万人不复走。分未定，则一兔走使万人扰；分已定，则虽贪夫知止。今楚多宠子而嫡位无主，乱自是生矣。夫世子者，国之基也，而百姓之望也。国既无基，又使百姓失望，绝其本矣。本绝则挠乱，犹兔走也。'恭王闻之，立康王为太子。其后，犹有令尹围、公子弃疾之乱也。"

国君的优柔寡断，在用兵和立嗣这样的重要关头是一种劣性，在平时却可能是一种美德，因为优柔寡断常常是同宽厚仁慈联系在一起的。相传共王在围猎时遗失了一张宝弓，随从要去找，共王说："荆人遗之，荆人得之。"不算什么损失，何必去找呢？如此豁达实属罕见，因而传为佳话。据说，后来孔子和老子都对此发表过意见。孔子说："去其'荆'而可矣。"去其"荆"，就成为"人遗之，人得之"了。老子说："去其'人'而可矣。"已去"荆"，又去"人"，就成为"遗之，得之"了[①]。一个故事，具体而微地揭示了共王的仁厚以及儒道两家的精义。共王弥留之际能以"不德"自责，恰如《庄子·天地篇》所云："知其愚者非大愚也，知其惑者非大惑也。"

---

① 引文见《吕氏春秋·贵公篇》，原文未明言共王。《孔丛子·公孙龙篇》《孔子家语·好生篇》和《说苑·至公篇》亦记此事。《孔丛子》亦未言明共王，而有"张繁弱之弓，载忘归之矢"等语，《孔子家语》指出亡弓者为共王，而弓名为"乌嗥"；《说苑》亦指出亡弓者为共王，但无弓名。老子的评论仅见于《吕氏春秋》。

子囊所讲的“抚有蛮夷”“以属诸夏”，与其说是共王建树的功业，不如说是楚人奉行的路线。这条路线草创于武王，确立于成王，光大于庄王，共王以后奉行不替，子囊只是用简洁的语言把它表述出来罢了。这条路线显示了贯通南北、融合夷夏的恢宏气魄，是当时最进步的民族思想。蚡冒以前，楚文化尚在滥觞期，楚人被华夏看成蛮夷，被蛮夷看成华夏。这就像西方寓言中的蝙蝠，鸟类把它当作兽类，兽类把它当作鸟类。从武王起，楚文化进入茁长期，楚人的处境大致还是这样。楚人虽乐于以华夏自居，但在与周王室闹别扭的时候也不惜以蛮夷自处。正是由于长期处在非夏非夷和亦夏亦夷的地位，楚人的民族偏见在先秦各族中是最淡薄的，与此相适应，楚国的民族政策在先秦各国中是最开明的。

春秋时代的民族思想，大致有下列三家：第一家以管子为代表，其纲领性主张是：“戎狄豺狼，不可厌也；诸夏亲昵，不可弃也。”[①] 第二家以孔子为代表，其纲领性主张是：“裔不谋夏，夷不乱华。”[②] 第三家以楚国的多数君臣为代表，其纲领性主张便是子囊所讲的：“抚有蛮夷”，“以属诸夏”。第一家的民族思想，切合春秋早中期华夏大国在尊王攘夷的旗号下建树霸业的需求。第二家的民族思想，切合春秋中晚期华夏小国对外务相安、对内务自保的需求。至于第三家的民族思想，则切合春秋时代楚国开疆拓土的需求。相比之下，楚国这一家的民族思想对社会发展、民族融合、中国统一最有利。所以，楚国版图的扩大，财富的增殖，政局的稳定，兵势的强盛，以及文化的进步，都是其他各国所不能及的。

共王在位时，楚人在方城以外受到一些挫折，他们在方城以内却取得了不少值得骄傲的文化成就。从已知的考古资料来看，楚文化的特异风采正是在共王时形成的。为了避免行文的散乱，这里暂且从略，留待

① 《左传·闵公元年》。

② 《左传·定公十年》。

下文详为介绍。

第四节　蔿掩庀赋

康王在位时，中原诸侯相攻不息，虽大战不多，而小战不断。夹在大国中间的郑、宋、陈、蔡等国，公族四分五裂，有不同的国际背景和国内背景的列卿相争不已。他们相互猜忌，相互防范，乃至草木皆兵。宋都的市民追捕一头狂犬，这头狂犬窜进大夫华臣家中，华臣见市民蜂拥而来，误以为仇家要杀他，竟逃到陈国去了。楚国的贵族也忙于内争，对外的蚕食鲸吞放慢了，对内的巧取豪夺加快了。

平庸的康王追慕杰出的先王，总想重振楚国的兵威，以为只要这样他就不至于愧对国人了。即位初年——公元前559年，他就要令尹子囊去伐吴。子囊领命出兵，以棠邑（在今江苏六合县西北）为前进基地，向长江北岸今扬州、仪征一带吴人的据点发动攻击。吴人固守不出，楚师引退。刚到皋舟（在今江苏六合县东南），楚师受吴师伏击，公子宜谷被吴师俘获。子囊领兵回国，嘱咐司马子庚（公子午）一定要筑好郢都的城垣，然后自尽以谢罪。子庚继为令尹，蔿艾猎子蔿子冯为大司马。楚国的司马最初只有一人，成王时增至两人——即左司马和右司马，这时已多达三人——即大司马、左司马和右司马了，但以后未必常设三人。

公元前557年——康王三年，晋伐楚，楚以偏师迎击，晋败楚于湛阪（在今河南平顶山市北）。子庚不以小忿而乱大谋，没有迫不及待地进行报复。

公元前555年——康王五年，郑卿子孔为了排斥异己，派人请求子庚出兵相助，子庚不许。康王却以为机不可失，《左传·襄公十八年》记康王派杨豚尹对子庚说："国人谓不穀主社稷而不出师，死不从礼。不穀即位，于今五年，师徒不出，人其以不穀为自逸而忘先君之业矣。大夫图之，其若之何？"子庚无奈，勉为其难地起兵伐郑。楚师攻郑都的外城，郑师固守不出。楚师求战不得，攻城两天就撤兵了。时值隆冬，又下了一场寒雨，将士受冻，衣着单薄的役徒几乎死尽了。

楚国如此不竞，然而其他有关各国的情势比楚国更糟。

其明年，郑国内乱，子展、子西杀死了子孔，夺占了子孔的田土、仆妾，子展当国，子西听政，子产为辅。子孔的同党子革（然丹、郑丹）、子良奔楚，楚以子革为右尹。

再明年，蔡国内乱，司马公子燮因图谋背楚从晋而被杀，其族弟公子履奔楚以自明。同年陈国内乱，庆虎、庆寅指责公子黄与公子燮同谋，公子黄不自安，效法公子履，奔楚以自明。《左传·襄公二十年》记公子黄临行之际在城中大呼："庆氏无道！……五年不灭，是无天也。"

又明年，晋国内乱，范氏杀逐栾氏，栾盈奔楚。是年为公元前 552 年，子庚病逝，康王命芳子冯继为令尹。

芳子冯见康王主见甚少而宠臣甚多，托病不从命。方值盛暑，芳子冯装病住在地室里，床边放着冰块，身上穿着绵袍和皮裘，少吃、多睡，活像中了暑。康王派一个近臣去查看芳子冯的病情，这个近臣回复康王说：芳子冯瘦了，但气色还不错。康王以为芳子冯果然有病，另派子南（公子追舒）为令尹。

栾盈见楚人无相助之意，跑到齐国去了。

庶人观起受子南宠信，有马数十乘，由此招风。子南任令尹不过一年半，观起就被车裂以示众，子南则被杀于朝中。这在楚国是一场少见的风波，与共王杀公子申类似，对抑制显贵的贪黩有或多或少的积极作用。

康王又任命芳子冯为令尹，这次芳子冯不敢拒命了。芳子冯有八个受宠的庶人官吏，他们都有不少马匹。有鉴于子南之死，芳子冯当即辞退这些庶人官吏，康王才安心了。

公元前 550 年——康王十年，陈哀公来朝，其弟公子黄向康王痛诉庆虎、庆寅的罪状。康王命莫敖屈建（子木）伐陈。屈建率楚师围陈都，城中的役徒杀死暴虐的庆虎、庆寅，打开城门迎接楚师，楚师护送陈哀公和公子黄入城。

伐陈之役，师出有名，师还有功，这使康王受到鼓舞。他不曾亲历战阵，现在却想显示一下自己的武略了。公元前549年——康王十一年，夏，楚国建造了大批战船，以舟师伐吴，康王自将，因不通战略而全无战果。同年冬，康王又两次出征，第一次伐郑，第二次伐舒鸠，都无所获。白忙了三场，康王终于发现自己不是将才。

其明年，芀子冯死。屈建继为令尹，受命伐舒鸠，不但攻灭了舒鸠，而且击溃了驰援舒鸠的吴师。至此，群舒尽灭。

同年，屈建命司马芀掩整顿兵赋，《左传・襄公二十五年》称之为“庀赋数甲兵”。“庀”即“聚”，“数”即“计”。芀掩乃芀子冯之子，精于理财。他做了些调查研究，决定在整顿中实行改革。十月甲午，芀掩写出章程来，交给了屈建。今人或以为芀掩在楚国丈量了耕地，甚至进行了农田水利基本建设，这个看法只是想象的花朵，不是历史的果实。芀掩所承担的任务，既不是查实土地的面积，也不是制定发展农业生产的措施，而只是改订征赋的章程。这个章程的基本原则是“量入修赋”，“入”是得自土田的收入，“赋”则自然就是兵赋。《国语・齐语》记管仲所云“相地而衰征”，以及《汉书・食货志》追述周代赋税所云“各以肥硗多少为差”，其原则与“量入修赋”完全一致。既然到这时才特意指出要实行量入修赋，那么先前楚国征赋的依据就不会是“入”，而只能是“户”或“口”了。由此可知，芀掩所做的工作是一次意义重大的改革，旨在使入和赋构成一种函数关系，入是自变量，赋是应变量，应变量的函数值是官方和民间都能接受的。先前以户计征或以口计征，必然是对上等贵族最宽，对下等贵族较宽，对平民较苛，对农奴最苛，久而久之，成为积弊，使兵赋受损，使士气受挫。芀掩所推行的改革基本上纠正了畸轻畸重的偏差，是一种调适行为，对上等贵族有所损，对平民和农奴有所益，对下等贵族则影响不大，能够保证国家得到较多的兵赋，士卒维持较高的士气，无疑是一种良法，唯一的隐忧是可能激起某些上等贵族的反抗。

按照𫇭掩改订的征赋章程，计“入”的基本单位是“井”。“井”只适用于平坦而肥沃的耕地，其他各类土地必须换算为“井”①。楚国没有井田制度，𫇭掩只是参照井田制度，把“井”作为计“入”的基本单位以便征赋罢了。

是年末，吴伐楚，楚巢邑守将牛臣射杀吴王诸樊。康王为击灭舒鸠而重赏屈建，屈建以为应归功于先大夫𫇭子冯出谋划策，辞赏不受，康王乃改赏𫇭子冯子𫇭掩。

第五节　晋楚弭兵之盟前后

公元前 547 年——康王十三年，夏，楚、秦联军伐郑，楚大夫穿封戌俘获郑大夫皇颉。楚公子围与穿封戌争功，说皇颉是他俘获的。二人相持不下，请伯州犁裁决。伯州犁虽官至太宰，但原是晋人，为求自安，不愿开罪于楚人显贵，鉴于公子围出身高贵，伯州犁想偏袒公子围，但不可太露形迹。伯州犁说：二位所争的是一位君子，只要去问他就可以辨明真相了。于是，当着皇颉的面，伯州犁抬高手介绍道：这位是王子围，寡君的贵长弟；放低手介绍道：这位是穿封戌，方城外面的一位县尹。接着问皇颉：是哪一位把你捉住的？经伯州犁这么上下其手，皇颉心领神会，应声便说：我遇到王子，被王子打败了。言下之意，是被公子围捉住的。穿封戌大怒，操起一把戈，朝公子围刺去，公子围逃得快，穿封戌莫可奈何。

申公王子牟因获罪而出奔晋国，风传是由其婿伍举护送出境的。伍举不自安，也出奔了，经过郑国，行将前往晋国。伍举父伍参与蔡太师

① 据《左传·襄公二十五年》所记：“冬，十月。……楚𫇭掩为司马，子木使庀赋数甲兵。甲午，𫇭掩书土田：度山林，鸠薮泽，辨京陵，表淳卤，数疆潦，规偃潴，町原防，牧隰皋，井衍沃。量入修赋：赋车，籍马，赋车兵、徒兵、甲楯之数。既成，以授子木，礼也。”𫇭掩列举了九类土地，分别对待。从“山林”到“隰皋”计八类，都要换算为“衍沃”的“井”，详见小文《楚国社会性质管窥》，《楚史论丛》，湖北人民出版社 1984 年版。

公子朝相善，伍举则与公子朝子声子（公孙归生）为友。当时，宋左师向戌正在晋楚两国之间斡旋，声子也参与其事。声子准备先访问晋国，再访问楚国。恰巧，他在郑都的郊外遇到了伍举。两人铺草坐在地上，倾诚相叙。声子知道伍举眷恋故国，就对伍举说：你就放心到晋国去吧，我一定能想出法子来让你回到楚国去的。声子到了楚国，屈建向他打听晋的政情，问到晋大夫与楚大夫孰优孰劣。《左传·襄公二十六年》记声子答屈建问，头头是道，娓娓动听。声子首先说：晋卿不如楚卿。这话，无疑是用来博取屈建欢心的。声子接着说：可是，楚大夫不如晋大夫，晋大夫都是可以做卿的好材料。不过，就像杞梓和皮革从楚国运到晋国去，最好的晋大夫都是从楚国跑到晋国去的。“虽楚有材，晋实用之。”楚国施刑太滥，一些大夫被迫逃到别国去做谋主来为害楚国。声子一连举出四个实例：其一是析公奔晋，在绕角之役中使晋师反败为胜；其二是雍子奔晋，在彭城之役中使晋师反败为胜；其三是屈巫奔晋，诱导吴人侵扰楚国，使楚师疲于奔命；其四是贲皇奔晋，在鄢陵之战中使晋师大胜楚师。屈建听了，说这都是真的。声子说，现在有更加严重的事要发生了，伍举奔晋，晋人把他同贤臣叔向相提并论，他若为害楚国，那就不堪设想了。屈建深为忧惧，随即说服康王，派人把伍举请回楚国，给他晋爵增禄，以示荣宠。

公元前546年——康王十四年，向戌的穿梭外交得到了预期的成果，晋楚两国达成了弭兵协议。向戌与晋上卿赵武（赵文子）和楚令尹屈建都有交情，见晋楚关系缓解，便倡议弭兵。晋楚两国都赞成，齐国和秦国也赞成。然后，向戌遍告诸小国，诸小国俱无异议。是年夏，晋赵武、楚屈建，以及郑、齐、鲁、陈、蔡、卫、许、曹诸国的执政大夫，齐集宋国。晋楚两国的大夫先就盟辞达成了协议，于是，宋平公设宴款待晋楚两国的大夫，然后，向戌与到会各国的大夫会盟于西门之外。邾、滕两国的国君也到会了，但邾是齐的附庸，而滕是宋的附庸，都未能参与会盟。会盟时，楚人衵内有甲，争先歃血。《左传·襄公二十七年》记屈建说：“事利而已”，“焉用有信”，意即对楚国有利的事就做，管它有信、无信。这个外交方针，与庄王重信轻利的外交方针相比，是明显的退步。赵武采取克制态度，使这次弭兵之盟得以成礼如仪。

康王在位十五年去世，未发丧时，令尹屈建也去世了，时为公元前545年冬。

其明年夏，葬康王，郑、陈、鲁、许四国的国君送葬到郢都西门外面，其大夫则送葬到墓地。这四位国君是为完成弭兵之盟的未了仪礼，相约来楚国的，走到汉水才获悉康王去世，后来就留在郢都参加康王的葬礼了。宋国的国君和左师与他们同行，但在得知康王去世的消息后返回宋国去了。

康王既葬，子员①即位，是为郏敖，以公子围为令尹。

康王是平庸而不昏聩的国君，子庚、艻子冯、屈建都是干练而不优秀的令尹。他们大致都完成了时代赋予的使命。柄政15年，做了两件大事：一件对内的，是抑制豪强；一件对外的，是结好诸侯。为第一件事贡献最大的，是本国的司马艻掩；为第二件事贡献最大的，是宋国的左师向戌。在15年中，国力持续增长，民气未受损伤。这样的政绩，使康王和他的臣僚有理由为之自豪。

第六节　成熟的文化

杰出的领袖人物不常有，他们是历史的花朵，开于所当开，谢于所不能不谢。在有杰出领袖人物的时代，如武文时代和成庄时代，功业煊赫，但文化的发展不一定很快，他们为文化所做的工作是开垦和播种。反之，在没有杰出领袖人物的时代，如共康时代，政绩平淡，但文化的发展不一定很慢，前人播种的到了后人收获的季节。

1978年到1979年发掘的河南淅川县下寺的24座楚墓，披露了公元前六世纪中叶楚国社会的许多信息。

---

① 此从《史记·楚世家》。《左传》所记为“麇”。

下寺的楚墓，从所出青铜礼器的数量、规格和铭文来看，2 号墓是主墓，1 号墓和 3 号墓是陪葬墓。在这三座墓中，都发现了“楚叔之孙倗”作器的铭文，可证 2 号墓的墓主是“倗”。“倗”即令尹蒍子冯[①]。至于“楚叔”，大概不是蒍子冯的祖父蒍贾，而是蒍氏的始祖章[②]。2 号墓所出的升鼎，腹铭记作器者为公子午即令尹子庚，但盖铭记作器者为倗，应是子庚死后其升鼎为倗所得。按，公子午死于公元前 552 年，蒍子冯死于公元前 548 年，相去仅四年，时当春秋晚期前叶。下寺楚墓所出的铜器和其他器物，无论技术水平和艺术风格，都可以作为共康时代的代表性器物。至于制作这些器物的技术前提和艺术前提，则是在成庄时代创立的。

下寺楚墓所出的青铜器，主要是用分铸法制成的。只有少量的器物和部件，如鬲身连同鬲足以及器盖和圈顶等，用了早期青铜铸造工艺的浑铸法。春秋时代的分铸法，中原以先铸附件、后铸器身为常规。下寺的青铜器不然，多数是先分别铸出器身和附件，再用铜或锡作焊剂把器身和附件焊接起来，这是一种新兴的生产工艺[③]。

当时楚国青铜铸造工艺的最高成就，是娴熟地掌握了熔模铸造法。所谓熔模铸造法，简单说来，就是用熔点和硬度都很低的材料做成模子，在模子上淋浇泥浆并涂抹耐火材料，硬化为铸型，加热使模料熔化并流出，然后浇铸成器。模料通常是蜡，所以这种铸造法俗称失蜡法。熔模铸造法可以制作复杂而精密的器件，因而号称精密铸造法。我国熔模铸造法创始的年代，从文献中考查，只能定在中古。下寺所出的青铜器，以及不知何所出而现已流落海外的楚共王熊审盂[④]，证明楚国早在春秋

① 俞伟超、李家浩等主此说，可从，参考李零：《“楚叔之孙倗”究竟是谁》，《中原文物》1981 年第 4 期。

② 蒍贾字伯嬴，不得称叔。蒍氏为蚡冒后人。蚡冒有弟熊通，也不可以叔称之。蒍章乃蚡冒子，食邑于蒍，因以命氏。蒍章有兄（为熊通所杀），可称叔。

③ 汤文兴．淅川下寺 1 号墓青铜器的铸造技术［J］．考古，1981（2）．

④ 饶宗颐．楚共王熊审盂跋［J］．文哲研究集刊．台北，1991．

时代就已有高度发达的熔模铸造工艺。2 号墓所出的铜禁[①]一件，器身有多层透雕云纹，器周有上下两层共 24 只镂空透雕的攀附兽和兽形足，就是熔模铸造法的杰作，工艺水平的高超即使放在今天也会令人兴巧夺天工之叹。2 号墓所出的 55 号大鼎有 6 只镂空透雕的攀附兽，通体无合范毗缝和锻打或焊接的痕迹，也一定是用熔模铸造法做成的。

西方的熔模铸造法，发明虽比中国要早，发展却比中国要慢。西方任何古国遗留下来的熔模铸造法制成品，与楚国的熔模铸造法制成品相比，无不显得又简单又粗糙，落后了不止一个发展阶段。

当时用青铜铸造的农器和匠器，有镬、斧、锛、镰、凿、削、锥等。当然还有其他器类尚未面世，原因是农器和匠器不登大雅之堂，惯例不用来随葬。而且，木制的器具埋在地下容易朽尽，铜制的器具到不堪复用时要回炉，以免浪费当时被认为“美金”的铜料。下寺楚墓 24 座，唯独 2 号墓有青铜制作的农器和匠器共 26 件出土。在 23 座陪葬墓和殉葬墓的随葬品中，农器和匠器一无所见。已知属于这个时期的楚国的农器和匠器，形制与中原同期同类器大致无异。唯独带锯齿的铜镰有南方特色，无疑是用来收割水稻的。在境土相接、商旅相通的列国之间，生产工具的民族风格和地方风格是不会怎么突出的。还有车具、马具之类，情况也如此。这些器具的制作工艺比较简单，无秘密可言。熔模铸造工艺就不同了，那是尖端技术，楚国要保密的，北方诸国虽欲效之而终不能及。

当时的铜器，可登大雅之堂的是礼器、兵器和乐器。

楚国的青铜礼器虽以中原和关中的青铜礼器为张本，但有不少别出心裁的变化，到春秋中期已自成一体了。

鼎为青铜礼器之冠，青铜礼器的系属和特色首先显示在鼎上。楚式鼎令人耳目一新，在春秋时代可谓鹤立鸡群。

王和上大夫以及附庸诸侯所用的祭器升鼎尤为奇特，此类鼎始见于

---

① 禁是器座，长方形，有足。

春秋中期，自铭为“䵼”，因而考古学界称之为升鼎。升鼎的显著特点是：1. 平底；2. 束腰；3. 立耳外撇；4. 腹周有攀附兽 6 只或 4 只；5. 其精品在口沿、腰周和底缘都有繁缛的环形纹饰，蹄足上部有扉棱。升鼎的怪异和工巧都出人意表，最能显示茁长期楚文化的独创性。随葬升鼎的多少和精粗，与墓主的身份相称。下寺 2 号墓的墓主是令尹，位居上大夫之首，有升鼎 7 件，与周制诸侯的用鼎数相等，当然可以说是“僭越”的。曾国也有升鼎，始见年代与楚式升鼎相近，平底和束腰与楚式升鼎相似，但总体风格与楚式升鼎不同。楚式升鼎与曾式升鼎可能有源流关系，战国时代的曾侯仿制了比较粗劣的楚式升鼎，由此可知，最初曾仿楚的可能性大于楚仿曾的可能性。

已知年代最早的楚式鼎不是升鼎，而是始见于春秋早期的一种折沿附耳鼎。此类鼎的形制显然取法于西周末、东周初的一种周式鼎，可是，进入春秋中期以后，它由不束颈变为束颈，由不折肩变为折肩，足渐高，壁渐直，腹渐圆，有了凸棱子母口，外加圈顶盖，体态由浑朴渐变为精巧，形制由量变达到了质变。自铭为“𩰫”，考古学界称之为于鼎。下寺 1 号墓出土于鼎 10 件，计有对鼎 4 组，单鼎 2 件。每组对鼎尺寸、形制全同，各组对鼎大小递减。最大的一对有六柱圈顶盖，盖和腹都有细密的纹饰，足有兽纹。所有 10 件于鼎，无一非精工铸造。鼎列如此壮观的阵容，实为罕见。周制鼎用奇数，楚制不尽然，升鼎也用奇数，于鼎却用偶数。

郑国和徐国也有于鼎，年代较晚而工艺较劣，无疑是仿楚之作。

还有一种罐形鼎也是典型的楚式鼎，有平盖或拱盖，直领小口，宽肩，圆腹，圆底，肩上附直耳，兽面矮蹄足。最早的 3 件分别出自下寺 1、2、3 号墓，其中 3 号墓所出的 1 件自铭为“浴兴”。

春秋晚期曾国也有罐形盖鼎，其形制与楚国的罐形盖鼎相同。

在楚国的青铜礼器中，还有一种自铭为“盏”的，也是楚式器。盏，似鼎非鼎，似簋非簋，有盖，盖上有 4 个环钮，盖缘有 4 个扣卡，上腹有 4 个与环钮大小略同的环耳，4 个环钮间距相等，扣卡、环耳也如此，钮、卡、耳上下相对或相错，三足特矮。春秋中晚期，盏流行于楚地。

已知属于共康时代的青铜兵器，有戈、矛、戟、殳、剑、钺、匕首、箭镞和铠甲等，显然以戈居多，矛较少，戈矛合体的戟更少，殳尚罕见，剑尚在引进、仿造阶段，钺可能只作仪仗用，匕首无关紧要，箭镞性能优良，铠甲有多种。这时的战争以车战为主，戈、矛、戟、殳都是车战的利器。楚国戈、矛、戟、殳的特点，一是长大，二是精良。例如：下寺 8 号墓所出的 1 件戟，援长逾 30 厘米；下寺 2 号墓所出的 1 件矛，身骹通长也有 30 余厘米。上等贵族所用的戈、矛、戟、殳装饰华丽，通常有铭文，甚至是错金铭文。楚人引进和仿造的剑，起初是巴式剑，即所谓柳叶形剑，后来是越式剑，包括吴式剑在内。越人和吴人的铸剑技术举世独步，楚人虽竭力模仿，仍自愧弗如。《周礼·冬官考工记》说："吴粤之剑，迁乎其地而弗能为良。"

青铜铸造的乐器主要是编钟，此外有钲，或称丁宁。共康时代是否有铙和铎，据现有资料还无法断定。这时楚国的编钟造型巧、音色美、体制大，全面地超过了中原同期的编钟。编钟有甬钟、钮钟、镈钟三类，每套都有严谨的组合关系。下寺 1、2、3 号墓出土编钟 4 套共 52 件，计分：甬钟 1 套，26 件；钮钟 2 套，每套 9 件；镈钟 1 套，8 件。

铸钟有其特殊的难点。事先必须设计好各件钟的不同音响，制作好各件钟的不同铸模，调剂好铜、锡、铅的配比，稍有失当之处就会带来严重的后果，甚至报废，难就难在这里。古人没有现代的科学仪器，铸钟全凭经验，这是非有精深的乐律知识、敏锐的辨音能力和娴熟的加工技艺不可的。《国语·周语》记公元前 522 年周景王铸大钟，单穆公以为不可，他说："先王之制钟也……重不过石。"石为周制 120 斤，相当于今制 50 余斤。周景王不听，强迫匠师铸了一枚大钟，乐工谎报说成功了。一年后，周景王去世，乐工才承认失败了。下寺所出的甬钟，最大的一枚通高 1.22 米，重达 160.5 公斤，估计比周景王所铸的大钟重一倍有余，然而是真正成功的。

青铜器的风格因时而异，楚文化茁长期青铜器的总体风格是：器型清秀，工艺精巧，纹饰富丽。清秀的极致，是由高足、束腰等特征所构成的亭亭玉立的体态。精巧的极致，是由细密的熔模铸造工艺所呈现的玲珑剔透的结构。富丽的极致，是堂皇而优雅，如下寺所出某些铜鼎纹饰的凹入部位镶嵌着光洁乌亮的黑漆，衬托着纹饰的凸出部位，这在北方的铜器上是见不到的。

冶金、髹漆、织帛三大行业，最能显示楚国物质文化的先进性。共康时代的楚国，在冶金这个行业中占着领先地位，大致如上所述；在髹漆、织帛两个行业中是否也已领先，则尚难断言。已知保存完好而年代最早的漆器，出自湖北当阳县赵巷 4 号墓，大致可判定属于共康时代。这些漆器都用厚木胎，比较笨重，可是漆衣至今鲜丽如初。楚地有丰富的漆源，而且气候适于制作漆器。后来的资料表明，楚国的髹漆行业也领先于列国。至于春秋时代的丝绸，则至今还不见完好的实物出土，仅仅根据零星的线索，是很难分辨孰优孰劣的。

武文时代，限于生活天地的狭小，能操夏言的楚人还很少，主要是贵族。经成庄时代到共康时代，多数楚人，无论其为贵族、平民，已经兼通楚言和夏言了。此后的发展趋向是操楚言的日渐减少，操夏言的日渐增多。这是一个进步的趋向，楚人并不因此而抱憾。楚国的上等贵族熟知北方的文献，动辄引经据典。被他们称引得最多的，是《尚书》《军志》和《诗》。他们所受的教育，显然不比北方的上等贵族所受的教育逊色。

关于共康时代楚人的文化素养，不烦缕述，这里只讲知音，以见一斑。《吕氏春秋·本味篇》记：“伯牙鼓琴。钟子期听之。方鼓琴而志在太山，钟子期曰：‘善哉乎鼓琴！巍巍乎若太山。’少选之间而志在流水，钟子期又曰：‘善哉乎鼓琴！汤汤乎若流水。’钟子期死，伯牙破琴绝弦，终身不复鼓琴，以为世无足复为鼓琴者。”据高诱注，伯牙和钟子期都是楚人。按，楚国以伯为氏的家族只有一个，即来自晋国的伯州犁及其子孙。灵王即位后，伯州犁被害。昭王即位后，伯州犁的孙辈逃离楚国。由此推想，伯牙可能是伯州犁的子侄，比后来成为吴国太宰的伯嚭高一辈。楚人不喜鼓琴而喜鼓瑟，迄今已出土的楚国乐器，琴甚少而瑟奇多。晋人则不然，其俗喜鼓琴，这可以作为伯牙乃晋裔的旁证。楚国的钟氏是一个音乐世家，他们以钟为氏，应是由于楚人尚钟成风，因而让司乐之官即司钟之官以钟为氏，类如晋国的孙黡司典籍，其子孙乃以籍为氏，都是所谓“氏于事”[①]。《吕氏春秋·精通篇》高诱注曰：“钟，姓也。子，通称。期，名也。楚人钟仪之族。”此说可从。钟仪为郧公，居处近涢水，当汉水中游，钟氏大概就住在汉水中游至下游。因此，据说钟子期听伯牙鼓琴的地点在汉水下游。今武汉市汉阳县境，汉水南岸有地名琴断口，故老相传，就是伯牙与钟子期相识的地方。今武汉市汉阳区内，龟山脚下，月湖岸边，有琴台，乃后人为追念伯牙和钟子期而筑。

《荀子·劝学篇》说：“伯牙鼓琴，而六马仰秣。”这是极言伯牙琴艺之高，妙造化境。钟子期善辨磬音，一如善辨琴音。《吕氏春秋·精通篇》说，他能从磬音中听出击磬者的心情来，所言无不中。钟子期知音，也妙造化境了。

一方的风土养育一方的人才，楚俗喜乐舞，楚人多精于其道，因而有钟子期和伯牙这样神乎其技的大师。高山流水，已成为中华民族的千古佳话了。

---

① 张正明，刘玉堂．从楚人尚钟看钟氏的由来［J］．江汉论坛，1985（6）．

第七章　侈靡和虚荣，阴谋和暴行

公元前546年的晋楚弭兵之盟，令人一则以喜，一则以忧。所喜的，是晋楚双方都同意弭兵了；所忧的，是彼此仍相互猜疑，相互戒备，会盟时仍在明争暗斗。楚人衵里藏甲，晋人惊呼"楚氛甚恶"。为了争先歃盟，几乎不欢而散。自然，当初谁也不会对它抱太大的希望。可是，这次弭兵之盟果然给晋楚两国带来了荫及几代人的和平。40年之后，即在公元前506年，晋定公与若干诸侯会于召陵，谋伐楚国，但未与楚师交战就散伙了。后来，晋分解为韩、赵、魏三国。公元前413年，楚伐魏，楚与晋才重启战端，这时上距公元前506年已达93年。从弭兵之盟算起，晋楚之间的和平历一又三分之一个世纪。经验使晋楚双方都认识到：他们争战不已，时而晋胜，时而楚胜，实际是两败俱伤。晋在北方，楚在南方，各自都还大有用武之地。从弭兵之盟起，晋楚双方都专注于自己周围的中小国家了。

已经控制了长江中游的楚国，其主要对手是控制着长江下游的吴国。

吴国从寿梦起，开始积极吸收中原的文化。寿梦死，子诸樊立。诸樊死，弟余祭立。积四十年之功。其文化已颇有起色。公元前544年，余祭被越人战俘刺杀，弟夷昧立。是年，夷昧弟公子札（季札）到"上国"访问，通报夷昧即位。公子札访问了鲁国，要求"观乐"，即欣赏歌舞，对每套歌舞都发表了中肯的评论。他还访问了齐、郑、卫、晋诸国，与晏婴、子产、蘧瑗、叔向等贤臣相友善。公子札出访时经过徐国，徐君对他的佩剑有掩饰不住的强烈兴趣，但不便求索；公子札则因使命未毕，而不便献赠。归途中又经过徐国，徐君乃已谢世，公子札不胜伤怀，特意拜谒其冢，解下所佩的宝剑挂在冢旁的树上，拜辞而去。公子札的学识和品格倾动上国，改善了吴人的国际形象。此后数十年内楚人的勍敌，就是这个方兴未艾的吴国。

第一节　灵王以政变始

芳掩在康王和屈建支持下推行的兵赋改革，触犯了一些权贵。康王和屈建相继去世，芳掩仍为司马，但已孤立无援。公元前543年——郏敖二年，令尹公子围擅自杀死芳掩，并侵吞了芳掩的家产。令尹如此独断专行，对郏敖是不祥之兆，但郏敖可能还浑然不觉。《左传·襄公三十年》记芊尹申无宇称赞芳掩是“善人”，并说：“善人，国之主也。”

郑国的执政大夫良霄（伯有）与子晰、子皮等不和，喜酗酒，好奢靡。良霄模仿楚宫，造了一个地下乐室，常常彻夜在其中饮酒、击钟，是年，子晰攻杀良霄。经子皮推荐，子产（公孙侨——公孙成子）继为执政大夫。

楚宫的壮丽，使来访的北方诸侯为之心动。鲁襄公对楚宫尤为醉心，他在都城里仿造了一座小型的楚宫。公元前542年春，这座楚宫落成，鲁襄公随即住了进去。同年夏，鲁襄公死在楚宫中。

公元前541年——郏敖四年，春，公子围纳郑国丰氏女为夫人，亲自去迎娶。随行甲士甚多，所携兵器甚精，将入郑都时，郑人指责他包藏祸心。无奈，公子围命随行甲士倒悬箭囊，以示囊中无箭，郑人才让他和随从入城。迎亲成礼之后，公子围到虢邑（在今河南郑州市北）参加诸侯的盟会，盛装一如国君，由两名卫士执戈前导也一如国君。对此，诸侯的随从大夫颇有微词。蔡国的子家替公子围辩解说：公子围早就住在楚王的蒲宫里了，现在用楚王的仪仗不算过分。太宰伯州犁为公子围掩饰说：公子围的仪仗不是自己要置办的，是楚王借给他的。这些浮辞，都只能是欲盖弥彰。

公子围认为伯州犁同他貌合神离，伍举对他则忠贞不二。是年秋，公子围命其弟宫厩尹子晰（公子黑肱）到北部边境去督办筑城事宜，命伯州犁相助，这是有意把他们打发到远离郢都的地方去。是年冬，公子围到郑国去聘问，命伍举为副使。未出国境，获悉郏敖病重，公子围把使命交伍举代理，自己立即赶回郢都。趁着探望郏敖病情的机会，公子围缢杀了郏敖，还杀死了郏敖的两个儿子。这场血腥的政变发生之后，公子围弟子干（公子比）奔晋避祸，子晰奔郑避祸，伯州犁被公子围派人刺杀。

楚使到郑国告丧时，伍举正在郑国。《左传·昭公元年》记伍举问楚使：如郑人问到楚国嗣君为谁，何以应答？楚使说可答以“寡大夫围”，伍举认为措词宜含蓄，让楚使改答“共王之子围为长”。

公子围改名虔，自立为王，是为楚灵王。以芳罢（子荡）为令尹，以芳启强为太宰。

公子围的政变蓄谋已久，据《左传·昭公十三年》所记，先是，他曾卜为王，不吉，大怒，扔掉龟甲，咒骂苍天，大声叫道：连这小小的天下都不肯给我，我一定要自己去夺取天下！杀郏敖后，他如愿以偿了。

灵王初即位时，晋有贤臣叔向（羊舌肸），郑有贤臣子产，齐有贤臣晏婴，北方比较安宁。

叔向和子产又是对手，又是朋友。《吕氏春秋·求人篇》记录的一则故事说：“晋人欲攻郑，令叔向聘焉，视其有人与无人。子产为之诗曰：‘子惠思我，褰裳涉洧；子不我思，岂无他士？’叔向归曰：‘郑有人，子产在焉，不可攻也。秦、荆近，其诗有异心，不可攻也。’晋人乃辍攻郑。”当时在国际交往中流行断章赋诗，借助于众所周知的诗句，以比喻或象征等手法，委婉而明确地把信息传达给对方。上引诗句出自《郑风·褰裳》，子产以人际的恋情喻国际的交谊，又有和好的诚意，又有对抗的决心。明智如叔向，当然能心领神会并作出正确的决策。

晏婴字平仲，是齐国的一位大政治家兼大思想家，后人多称之为“晏子”。其才器可与管子媲美，《史记》有《管晏列传》。相传晏子到过楚国，此事于史无据，可能出于晏子门徒及其后学的想象，用以渲染晏子的伶牙俐齿。《晏子春秋·内篇·杂下》云：“晏子使楚。以晏子短，楚人为小门于大门之侧而延晏子。晏子不入，曰：‘使狗国者，从狗门入。今臣使楚，不当从此门入。’傧者更道，从大门入。见楚王，王曰：

‘齐无人邪’？晏子对曰：‘临淄三百闾，张袂成阴，挥汗成雨，比肩继踵而在，何为无人？’王曰：‘然则子何为使乎？’晏子对曰：‘齐命使，各有所主，其贤者使使贤王，不肖者使使不肖王。婴最不肖，故直使楚矣。’”同书同篇又云：“晏子将至楚，楚〔王〕闻之，谓左右曰：‘晏婴，齐之习辞者也，今方来，吾欲辱之，何以也？’左右对曰：‘为其来也，臣请缚一人过王而行，王曰：“何为者也？”对曰：“齐人也。”王曰：“何坐”？曰：“坐盗”。’晏子至，楚王赐晏子酒。酒酣，吏二缚一人诣王，王曰：‘缚者曷为者也？’对曰：‘齐人也，坐盗。’王视晏子曰：‘齐人固善盗乎？’晏子避席对曰：‘婴闻之，橘生淮南则为橘，生于淮北则为枳，叶徒相似，其实味不同。所以然者何？水土异也。今民生长于齐不盗，入楚则盗，得无楚之水土使民善盗耶？’王笑曰：‘圣人非所与熙也，寡人反取病焉。’”此类故事令人发噱，姑妄听之可也。

对楚人来说，国际形势比较严峻，要想在中原争城夺地已近乎空想了。

灵王初即位，就剥夺了芳掩族人芳居的赏田。他可以处死成功的改革家，然而无法抹杀改革家的成功。

郑国对公子围毫无好感，迟迟不派使者到楚国去祝贺新王即位。公元前539年——灵王二年，多次责问郑国何以如此。郑国无奈，先派使者向晋国说明原委，得到了晋国的谅解。然后，子产陪同郑简公访问楚国，祝贺灵王即位。时已岁暮，灵王邀郑简公到“江南之梦”去打猎。所谓“江南之梦”，应在今湖北潜江市一带①。

其明年春，许悼公访问楚国，灵王兴致更高了，又请郑简公、许悼公同他一起到江南之梦去打猎。灵王讲排场，爱虚荣，派伍举出访，邀诸侯到楚国相会。是年夏，灵王与郑、陈、蔡、许、徐、滕、顿、胡②、沈③、小邾诸国的国君和宋太子以及淮夷的君长会于申县。晋、齐两个

① 张正明．章华台遗址琐议［A］．楚章华台学术讨论会论文集［C］．武汉：武汉大学出版社，1988．

② 故址在今安徽阜阳市。

③ 故址在今河南平舆县北。

大国不到会，鲁、卫两国的国君称病也不到会，曹、邾两国的国君则以本国有难为借口而逃会。伍举叮嘱灵王对诸侯要以礼相待，灵王不知如何是好，问宋国的向戌和郑国的子产。向戌介绍了大国国君会见小国国君的礼，计有六仪；子产介绍了小国国君会见大国国君的礼，也有六仪。灵王要伍举跟在他身边，随时指点，以免出错。伍举说自己从来没有见过六仪，实难置喙。无论如何，这是一次空前的盛会，使灵王得到了空前的满足。

徐王之母为吴人，灵王以为徐王必定从吴而背楚，竟在申之会上拘留了徐王。是年冬，灵王率与会诸国之兵伐吴，出师之名是七年以前吴国收容了齐国的叛臣庆封。庆封奔吴国后颇受优待，娶吴王女为夫人，受朱方县（在今江苏镇江市南）为封邑，聚族而居，富甲一方。灵王带着多国联军攻破了朱方，俘获了庆封，杀死了庆封的族人。他派人把斧钺绑在庆封的背上，拉着庆封到各国的兵营前面去示众，要庆封自己高声喊叫：不要像我庆封那样犯弑君之罪！庆封横了心，大呼：不要像楚共王的庶子围那样弑君而自立为王！灵王大窘，急忙下令处死了庆封。

归途中，楚师讨伐了似乎不大恭顺的赖国。赖君绑着手，衔着璧，其臣赤膊抬着棺材，向灵王请罪。灵王不知所措，问伍举，伍举说：先君成王讨伐许国也这样，成王亲自为许君松绑，接受他献上的璧，烧掉他带来的棺材。灵王照着先王的遗规受降如仪，他本来是要把赖国灭掉的，这时不便公然灭人之国，乃下令把赖国的公族迁到郢都附近的鄢邑。

楚师刚回国，吴师就来报复了。沈尹芀射领兵拒吴，在夏讷（在今西淝河入淮水处）附近与吴师周旋，同时，楚人在钟离、巢、州来等邑筑城。不巧，这些地方入冬多雨，城没有筑起来。

公元前537年——灵王四年，春，莫敖屈申被杀，据说罪名是可能与吴人暗通。

屈生继为莫敖，受命随令尹芀罢到晋国去迎亲。晋国以韩起（韩宣子）和叔向为送亲使，晋平公亲自送女出境，郑简公在途中迎送。这个盛大的迎亲送亲行列到了郢都，官方竟没有郊迎，灵王居然还对大夫说：

晋人是我们的仇敌，我要派韩起做大阍，派叔向做司宫，让晋人受辱。众大夫默不作声，唯独太宰芳启强进谏道：假如我们有备，晋人无备，那样未尝不可；但实际情况是我们无备，晋人有备。况且，我们无礼，晋人有礼。真要那样做，晋人一打来，我们就要做晋人的俘虏了。灵王以为太宰言之成理，改变初衷，决定以正规礼节接待送亲使。

是年冬，灵王召陈、蔡、许、顿、沈、徐、越诸国之兵随同楚师伐吴。越人是初次与楚人合兵，其大夫常寿过领兵在琐邑（在今安徽霍邱县东）与楚师会合。芳启强所部冒进，败于鹊岸（在今安徽无为县南）。吴师部署周密，楚师无隙可乘。灵王在坻箕之山（在今安徽巢县南）举行了阅兵仪式，然后班师，把前来犒师请和的吴公子蹶由作为人质带回郢都去了。越大夫常寿过为灵王所辱，原因可能是军纪不严。

公元前536年——灵王五年，夏，幼弟公子弃疾奉命到晋国去报聘。途经郑国，郑简公率众卿出城迎送。公子弃疾表示愧不敢当，经郑国君臣执意相邀，才像朝见楚王那样拜见郑简公。公子弃疾献给郑简公乘马八匹，献给郑上卿乘马六匹，献给郑亚卿乘马四匹，献给郑下卿乘马二匹。下令随行人等不得割草、打柴、伐木、拆房，不得损坏庄稼，不得强求所需。其违纪者，有官免职，无官降等。由晋返楚再次途经郑国时也如此，秋毫无犯。公子弃疾的谦恭与当初公子围的倨傲，成为鲜明的对比。

是年秋，徐公子仪楚到楚国访问，灵王以徐亲吴为由，软禁了仪楚。不料，仪楚逃回徐国，灵王命大夫芳泄率偏师伐徐。吴救徐，灵王又派令尹芳罢率主力伐吴。吴师在房钟（在今安徽蒙城县西南）击败楚师，芳罢诿过于芳泄，擅自把芳泄处死。

灵王就这么折腾了五年，主盟则大国置若罔闻而小国苦于趋附，用兵则得失相当，待人处事则喜逞意气而不守信义，这都是对外的。还有对内的，那就是大兴土木了。

第二节　游宫、细腰、巫音

公元前535年——灵王六年，章华宫落成。章华宫是灵王即位伊始就下令营造的①，地点在江南之梦。这是一座游宫，规模宏大，殿宇众多，装饰华丽。

灵王下令接纳逃亡的私家仆竖，让他们在章华宫中服役。此举无疑是要在竞争中削弱贵族的经济实力，对贵族是露骨的挑衅。芋尹无宇家里的守门人逃进了章华宫，无宇去捉拿，因擅闯章华宫，被卫士押送到灵王那里去问罪。当灵王还是令尹公子围时，无宇就同他发生过冲突。那是因为公子围出猎时车上插着王旌，被掌管猎场的芋尹无宇碰上，无宇以一国不可有两君为由，割断了公子围的王旌。当初的令尹这时已成为楚王，正要饮酒作乐。《左传·昭公七年》记无宇慷慨陈辞，主旨是："天有十日，人有十等。下所以事上，上所以共神也。"芋尹指出：按周文王制定的法令，若有仆妾逃亡，就应大肆搜捕。按楚文王制定的法令，窝赃者与盗物者同罪。周武王数殷纣王之罪，说他是招降纳叛的元凶。芋尹问道：大王正在谋求诸侯的拥戴，怎么能学殷纣王呢？无宇措词相当激烈，但出人意外的是灵王没有发火，而且允许无宇把他的守门人领走，还不无幽默感地说：至于你所讲的强盗嘛，他的地位太高了，你可没法拿他问罪。

章华宫的主体建筑章华台，是先秦最高大而且最豪华的宫殿建筑。灵王很想请诸侯都来参加章华台的落成典礼，可是应邀而来的只有一位鲁昭公。尽管如此，灵王还是在章华台上设盛宴欢迎鲁昭公。按照楚人的审美风尚，特意派美髯公相礼，派眉清目秀的少年赞礼。正在兴头上，灵王把心爱的良弓"大屈"送给鲁昭公，但刚脱手他就后悔了。芀启强知道灵王的心思，故意向鲁昭公道贺，又特意对鲁昭公说：齐、晋、越

---

① 据《晏子春秋·内篇·谏下》，建章华宫历时五年。

三国早就想得到这张宝弓了，都未能如愿。现在大王得到了它，实在可喜，大王就防备着齐、晋、越三国吧！鲁昭公再愚钝，也听得出芳启强的弦外之音，顿时大惧，当即把“大屈”还给了灵王。

湖北潜江市龙湾 1987 年发掘的放鹰台 1 号遗址，就是章华台的残迹。放鹰台在龙湾镇东约 5 公里处，有连成一线的 4 个台，从东偏南到西偏北，从较高到较低，依次为 1、2、3、4 号台。最高 1 号台，台顶高出周围稻田约 7 米，台中有春秋时代楚国的大型宫殿废墟。《水经注·沔水篇》记章华台“台高十丈，基广十五丈”。如所记不误，而且用的是楚制，那么，台高应为约 23 米，基广应为约 34～35 米。现已探明的墙基长约 30 米，加上两侧廊檐下面的台基，基广恰与“十五丈”相合。墙身每隔 4 米多有方柱 1 根，长宽各约 1 米，半明半暗，是楚制的柱式。柱身无存，当已毁于秦人一炬。使用如此硕大的方柱，可知此台必高。从散乱叠压的遗物来看，当初台身有 3 层，其底层可能是半地下室。也许不止 3 层，因已严重扰乱，殊难分辨。即使只有 3 层，高达 10 丈也是可能的。此台座西朝东，合乎楚俗。

《国语·吴语》记伍员（申胥）说：“楚灵王……筑台于章华之上，阙为石郭，陂汉，以象帝舜。”陂汉的地点尚未查明，可能在扬口附近。陂汉的作用是截引汉水，使之蜿蜒南流，绕章华台而过，有如湘水上游的山溪绕九嶷山而过。

《新书·退让篇》记狄王的使者到楚国，楚王在章华台上设宴。“上者三休，而乃至其上。”所谓“三休”，可能是每上一层就休息一下、观赏一回，并非只是站在那里喘息。先秦的“层台累榭”，没有比章华台更高的了。《太平御览》卷 381、卷 750、卷 758 引《说苑》佚文，说晋和齐都有九重之台，这是后世才有的传说，不足为据。

从放鹰台 1 号遗址中出土的砖和瓦，其制作工艺都达到了当时的最高水平。砌墙砖是扁平、正方的红色火烧砖，其年代之早在考古史上是前所未见的。瓦有钩和孔，类如榫和卯，以便勾连成串，其规格之高在楚地是首次发现，在全国已发现的处所也屈指可数，非宫殿不能用。遗址上部出铜环一枚，已残，应为门环，直径不下 20 厘米。所有这些，连同下层颇粗的方柱，上层较细的圆柱，以及廊檐下面用蚌壳铺成的路面等，足以表明此台的建筑材料和营造工艺都达到了春秋时代的先进水平。

放鹰台附近共有约 20 个台，钻探证实，其中都有东周的夯土层。整个遗址东西约 2 公里，南北约 1 公里。作为一座游宫。这个面积够大的了。其实，在这个遗址的外围，尤其是南部，还有一些东周的建筑遗址，当初可能也是属于章华宫的。

在北方，有台未必有榭；在楚国，有台则必有榭。《说苑·建本篇》记："构室屋以避暑雨，累台榭以避润湿。"所讲的就是楚地的建筑。汉代枚乘《七发》有句云："连廊四注，台城层构。"所写的就是楚辞所谓"层台累榭"。就其高峻的土筑工程而言则为台，就其空灵的木构工程而言则为榭。上面所讲的放鹰台 1 号建筑遗址，其实都是榭的遗迹。《国语·楚语》记伍举与灵王同登章华台，说章华台"以土木之崇高、彤镂为美"，所指的是章华台这个建筑个体。假如就章华宫这个建筑群体来看，那么，它有一个突出的特点是讲求建筑与环境的谐和，人工与天工的融通。它在建筑史上的贡献，也许至今还没有为人们所认识。这也难怪，因为它早就从地面上消失了。从文献的零章残句中，人们无法窥见它的本来面目。西方的地中海沿岸流行石砌的建筑，易于久存；东方的楚国流行木构的建筑，难免速朽。但是，我们不可凭久存和速朽来判定它们的优劣，这正像黑格尔说的："我们首先要排除我们心头那种偏见，以为长久比短促是更优越的事情。永存的高山，并不比很快凋谢的芬芳的蔷薇更优越。"[①] 章华宫虽已付与断井颓垣，但当初它也曾姹紫嫣红开遍。

据《新语·怀虑篇》，楚灵王又曾"作乾溪之台，立百仞之高，欲登浮云，窥天文"。乾溪是邑名，在今安徽亳州东南。灵王晚年驻乾溪，流连忘返，可见乾溪也筑了游宫。至于乾溪之台是否比章华台更高，以及

① 黑格尔. 历史哲学［M］. 王造时，译. 北京：生活·读书·新知三联书店，1956：266.

它有无观象的功能，那就无从考实了。

《国语·楚语》记灵王与伍举登章华台，脱口赞道："台美夫!"伍举不以为然，对灵王说："夫美也者，上下、内外、小大、远近皆无害焉，故曰美。若于目观则美，缩于财用则匮，是聚民利以自封而瘠民也，胡美之为?"伍举对美做理性的探讨，乃中国有史以来第一人。他把理性的美放在第一位，把感性的美放在第二位，甚至只承认理性的美，不承认感性的美。他把话说得绝了些，意在进谏。感官的享受，一是目观而美，二是耳听而乐。伍举要求不为感官的享受所惑，而应升高为理性的愉悦。他还认为每一种人都有其特定的美和乐，国君有不同于常人的美和乐。他说："国君服宠以为美，安民以为乐，听德以为聪，致远以为明。""服宠"，按伍举在这番议论中所用的另一种说法，就是"有美名"，"有美名"的缘由则是"施令德"。至于"安民""听德""致远"，都是明明白白的。

13年之后，单穆公对周景王也议论过"美"和"乐"。据《国语·周语》所记，单穆公认为："夫乐不过以听耳，而美不过以观目。"这是常人所能理解的，美乃视觉享受，乐乃听觉享受。但单穆公又说："若听乐而震，观美而眩，患莫甚焉。""震"是过度的声，"眩"是过度的色。单穆公以为"震"和"眩"是"患"的根源："若视听不和，而有震眩，则味入不精，不精则气佚，气佚则不和，于是乎有狂悖之言，有眩惑之明，有转易之名，有过慝之度，出令不信，刑政放纷，动不顺时，民无据依，不知所力，各有离心。"单穆公的主张是："夫耳目，心之枢机也。故必听和而视正，听和则聪，视正则明。""听和"不同于伍举所讲的"听德"，"视正"不同于伍举所讲的"致远"。单穆公所讲的"美"和"乐"都是感官的享受，但与理性的愉悦明合；伍举所讲的"美"和"乐"都是理性的愉悦，但与感官的享受暗通。

伍举说章华台不美，这是借题发挥。《国语·楚语》记伍举说："今君为此台也，国民罢焉，财用尽焉，年谷败焉，百官烦焉。"总之，劳民伤财，一无是处。

灵王内兴土木，外寻干戈，确实做了不少劳民伤财的事，但他对美和乐的追求是楚风的折射。除了建章华宫之外，灵王还有两件事也受到非议，又都与美或乐有关，一件是好细腰，一件是好巫音。

楚俗以细腰为美，而其风炽于灵王。《韩非子·二柄篇》说："楚灵王好细腰，而国中多饿人。"后世以为灵王所好的都是细腰女子，诗人骚客乃争咏其事。如：李商隐诗云"虚减宫厨为细腰"，杜牧诗云"楚腰纤细掌中轻"，汪遵诗云"贪向春风舞细腰"，许浑诗云"细腰争舞君沉醉"①，不胜枚举，似乎男子是不求细腰的。

其实不然，文献所记灵王所好的是男子细腰。此事见于《韩非子》《战国策》《晏子》《墨子》《荀子》《尸子》《尹文子》《淮南子》《新论》等书（《荀子》误作"庄王"），所记的是男子细腰。如《战国策·楚策》记莫敖子华对威王说："昔者先君灵王好小腰。楚士约食，冯而能立，式而能起。食之可欲，忍而不入；死之可恶，（然）〔就〕而不避。"《墨子·兼爱篇》说："昔者楚灵王好士细腰，故灵王之臣皆以一饭为节，胁息然后带，扶墙然后起。比期年，朝有黧黑之色。"同篇又说："昔荆灵王好小腰。当灵王之身，荆国之士饭不逾乎一，固据而后兴，扶垣而后行。"这些为求腰细而节食减肥的"士"或"臣"，无疑都是男子。

对女子，楚俗更以腰细为美。《大招》有句曰"小腰秀颈"，是文献证据。在楚国的美术作品中，女子无不细腰，是实物证据。女子细腰尚不足为奇，男子细腰才是楚俗所偏爱的。

《吕氏春秋·侈乐篇》说："宋之衰也，作为千钟；齐之衰也，作为大吕；楚之衰也，作为巫音。"所讲的都是乐舞。"巫音"，即巫歌巫舞。"楚之衰也"，指灵王即位以后。《新论·言体篇》说："昔楚灵王骄逸轻下，简贤务鬼，信巫祝之道。斋戒洁鲜，以祀上帝，礼群神。躬执羽绂，起舞坛前。"灵王所做的。是把村野的巫音引进宫廷去了，这是宫廷乐舞的一次改革。灵王酷爱此道，而且精通此道。否则，他是不会屈九重之

① 一说此乃李涉诗。

尊，放浪形骸，拿着羽绂，踏着鼓点，去载歌载舞的。

第三节　灵王以政变终

灵王敢作敢为，他要利用当时莫能与之争胜的财富和甲兵，去追求莫能与之争胜的权威和声誉。他的文才和武略并不出众，但极为自负。群臣的谄谀和诸侯的逢迎使他陶醉，乃至不能察觉危机正在悄悄地向他逼近。但他以为自己是当之无愧的明主，因而并不缺乏容人的雅量和任贤的决断。

公元前534年——灵王七年，春夏之际，陈国内乱。陈哀公弟公子招和公子过擅杀陈哀公元妃所生的太子偃师，改立二妃所生的公子留为太子，陈哀公被迫自缢。陈行人干征师以旧君之亡和新君之立告于楚，恰逢陈哀公下妃所生的公子胜诉于楚，灵王当即杀死干征师。陈人危惧，公子留奔郑，公子招诿过于公子过而杀之。是年秋冬之际，楚公子弃疾为元帅，击灭陈国，即以其地为县。灵王命穿封戌为陈公，称赞他“不谄”。穿封戌曾与未即王位的公子围发生冲突，乃至操戈逐公子围。这时，灵王问穿封戌：假如你当初料到寡人有今天，你会退让吗？穿封戌答道：假如臣当初料到大王有今天，臣将舍生忘死去安定国家。言下之意，是说自己一定要为郏敖去杀公子围的。如此直言，灵王听了，竟不以为罪。

许国多次遭郑人侵袭，许君希望能迁到离郑国远些的地方去。公元前533年——灵王八年，许大夫围到楚国做人质，楚公子弃疾奉命把许国从叶邑迁到了别称城父的夷邑（在今安徽亳州东南）。同时，把原住夷邑的民户迁到了陈县，把方城外面的一些民户迁到了许县。

蔡灵侯是在十余年前弑父自立的，不得民心，阳亲楚，阴附晋，灵王以为其罪不可恕。公元前531年——灵王十年，春夏之际，遣使以甘言重币请蔡灵侯到申县相会，蔡灵侯满腹狐疑，但还是带70名甲士硬着头皮去了。灵王在申县设盛宴款待蔡灵侯，酒酣耳热之际，伏兵齐出，捉住了已经颇有醉意的蔡灵侯。21天后，蔡灵侯被杀，随行的70名甲士也无一幸免。公子弃疾领兵伐蔡，晋使狐父为蔡向楚求情，灵王不许。蔡都被围约半年，终于城破，灵王命灭蔡为县，以公子弃疾为蔡公。

据《左传·昭公十一年》所记，灵王“用隐太子于冈山”。“隐太子”，即蔡太子有，“有”或作“友”。“用”，若非杀其人以祭，则必取其血以祭。《春秋》记此事云：“楚师灭蔡，执蔡世子有以归。”查《史记·管蔡世家》，友是后来被蔡平侯杀死的。由此可见，灵王“用隐太子于冈山”，只是取其血以祭冈山。假如释“用”为“杀”，并且把它作为楚国盛行奴隶制的旁证，那就推演过深了。

曾经指责灵王收容逃亡奴仆的无芋，此时为申公。祭冈山用隐太子，申无宇不赞成。命公子弃疾为蔡公，申无宇又大不以为然。《左传·昭公十一年》记灵王问申无宇“弃疾在蔡何如”，申无宇答道：“亲不在外，羁不在内。今弃疾在外，郑丹在内，君其少戒!”“亲”为亲贵，而弃疾乃亲贵之最受宠者；“羁”为羁臣，类如客卿，而郑丹乃羁臣之最受宠者。弃疾在外为蔡公，郑丹在内为右尹，按申无宇的意见，灵王该提防着才是。灵王又问：“国有大城，何如?”申无宇答道：“末大必折，尾大不掉，君所知也。”[①] 对申无宇忧心忡忡的提示和警告，灵王虽则肯听，可是全然不信。他太自负了，以为天下莫如己者。

公元前530年——灵王十一年，夏，大夫成虎无辜被杀[②]。成虎是先令尹子玉之孙，成氏和斗氏都源于若敖氏。成虎的仇家对灵王说成虎有异志，灵王便借口成虎是若敖氏乱党的后人，把他处死。灵王用不着任何真凭实据，就可以作出人命关天的决定，他相信自己的猜测甚于相信事实。

---

① 此事，《国语·楚语》所记略异，其文曰：“灵王城陈、蔡、不羹，使仆夫子晰问于范无宇，曰：‘吾不服诸夏而独事晋，何也？唯晋近我远也。今吾城三国，赋皆千乘，亦当晋矣，又加之以楚，诸侯其来乎?’对曰：‘其在《志》也，“国为大城，未有利者”。夫边境者，国之尾也。譬之如牛马，处暑之既至，虻蝱之既多，而不能掉其尾，臣亦惧之。……’子晰复命，王曰：‘是知天咫，安知民则。’”显然，灵王以为范无宇所言空疏迂阔，不足介意。按，范无宇即申无宇，疑称“范”从其氏，称“申”从其职。

② 《春秋》作“成熊”，《左传》《穀梁传》俱作“成虎”。

在杀成虎的前后，灵王还剥夺了令尹子文玄孙斗韦龟及其子斗成然（蔓成然、子旗）的赏邑。

是年冬，灵王派偏师包围了徐都，自己则与主力进驻乾溪以威慑吴人。一个大雪天，将近黄昏时，灵王戴着皮帽，穿着绒衣，罩着翠羽披风，蹬着豹皮靴子，亲自拿着马鞭，由太仆析父（即《国语·楚语》所记“仆夫子晰”）陪同，出门去赏雪。将登车时，右尹子革来拜见灵王。灵王摘下帽子，脱下披风，放下鞭子，以礼见子革。灵王对子革说：先王熊绎和齐太公子吕伋、卫康叔子王孙牟、晋唐叔子燮父、鲁周公子禽父一起服侍康王，齐、卫、晋、鲁四国都有天子赏赐的宝器，唯独我们楚国没有。现在寡人如果向天子求宝器，天子会给寡人吗？子革答道：当然会给大王的。康王时，齐是王舅，晋、鲁、卫都是王弟，所以他们都有宝器而我们楚国没有。现在，王室和齐、晋、鲁、卫四国对大王都唯命是从，难道连鼎也舍不得给大王吗？灵王又说：先前“皇祖伯父”昆吾住在许邑，现在许邑被郑人占去了。寡人如果向郑国求许邑，郑人能给寡人吗？子革答道：会给大王的。周人舍得给鼎，难道郑人会舍不得给田吗？灵王还说：以前诸侯害怕晋国而疏远楚国，现在楚国的大城陈、蔡、不羹都有千乘之赋，你看诸侯会害怕我们楚国吗？子革答道：他们会害怕大王的。仅仅陈、蔡、不羹四个大城①就够让人家害怕的了，加上楚国，谁还能不害怕大王呀？这时，工尹路来向灵王请示破圭玉做镢柲的规格，灵王暂时进宫门去。析父埋怨子革说：您是楚国的人望，今天对大王说话却像是回声，国家可怎么得了呀！子革说：这就像大王的镢，刚才我是在磨它的刃，等大王再出来，我就要用它去劈那难得劈开的东西了。不久，灵王又出门来，恰巧左史倚相从门前经过，灵王看着倚相对子革说：他是一位优秀的史官，能读通《三坟》《五典》《八索》《九丘》。子革当即把话头引到正题上来，对灵王说：先前周穆王放纵心

① 《左传·昭公十二年》作“四国”即四座大城，《国语·楚语》所记则为灵王云“今吾城三国……”，范无宇云“是三城也……”，颇疑“四”字有误，应以“三”字为正。

志，想要游遍天下。祭公谋父做了一首题为《祈招》的诗，规劝周穆王收敛心志。周穆王听从了祭公谋父，才得以善终。我曾问倚相这《祈招》之诗写的是什么，他竟不知道。假如问他更远的事，他怎么能知道呢？灵王问子革：那你知道《祈招》之诗写的是什么吗？子革答道：当然知道。于是，子革把《祈招》之诗背诵出来，大意是说：王的品质美如金玉，只为民众着想，全无醉饱之心。子革批评倚相，虽是指桑骂槐，灵王心里是一清二楚的。为此，灵工情绪低落，不去赏雪了，揖别子革，走进游宫去。接连几天，灵王吃不好饭，睡不好觉，无精打采。

据《国语·楚语》所记，白公子张也曾在乾溪向灵王进谏，灵王不听。白公子张进谏不止，虽经灵王以死相胁仍不让步。灵王无奈，对白公子张说：你的意见，我虽不能接受，倒也乐意装进耳朵里去。听了这等言语，白公子张哭笑不得，从此杜门不出。

灵王在乾溪住了一冬又一春，围攻徐都的楚师仍无进展。公元前529年——灵王十二年，春夏之间，爆发了宫廷政变。这次宫廷政变既有外因，也有内因。外因是灵王杀害过一些贵族，剥夺过一些贵族的赏邑，还伤害了附庸小国的几位大夫；内因则是几位公子各怀异志，都有取灵王而代之的意图。领先发难的是曾被灵王侮辱的越大夫常寿过，他受𫇭氏、斗氏、许大夫围和蔡大夫洧的怂恿，以越师骚扰淮水中游。楚人观从为蔡大夫朝吴家臣，工于心计，因其父为康王所杀，怨恨楚国。这时，他对蔡朝吴说：蔡人复国的机会来临了，错过这个机会怕就再也不会有蔡国了。经蔡朝吴允许，观从诡称奉蔡公弃疾之命，请子干和子晰到蔡县商议大事。待子干和子晰到了蔡郊，蔡朝吴和观从才向弃疾正式提出政变建议。弃疾带着犹疑的心理，在邓邑（在今河南漯河市东南、上蔡县西北）与子干、子晰结盟起事，允许蔡人、陈人复国，召集蔡师、陈师、许师和不羹、叶县等处的戍军，会同𫇭氏、斗氏和许围、蔡洧的私卒，疾速前往郢都。到了郢郊，弃疾派两名亲信先行入宫，指使正仆人，即宫廷仆役长杀死了太子禄及其弟公子罢敌。然后，众人推子干为王，子晰为令尹，弃疾为司马。这是按长幼顺序排定的，委屈了弃疾。

直到这时，尚在乾溪的灵王和众多官吏、将士都还蒙在鼓里。

观从奉命到乾溪去做策反工作，他向驻在乾溪的官吏、将士通报了郢都废立的情况，并且宣布：先回到郢都的可以保留职位和家室，迟迟不回郢都去的要受劓刑。灵王太不得人心了，楚师竟擅自撤离乾溪，奔往郢都，全不听灵王号令。灵王无奈，暂且随军而行。行至中途，全军因争先恐后而溃散。灵王在车上听到两位王子的死讯，顿时倒地大哭，叹道：怕是我杀别人的儿子杀得太多了，自己才落到这个下场吧？右尹子革劝灵王到郢郊去，听从国人的决断，灵王觉得众怒难犯，没有同意。子革又建议灵王跑到边境的一个大城去，向诸侯求援，灵王觉得这是空想，因为所有大城都反叛了。子革问灵王能不能到一个大国去避难，灵王说那样只会自取其辱。子革见灵王对他言不听、计不从，就拜别灵王，自己回郢都去了。

一向自负的灵王，一向为所欲为而且颐指气使的灵王，这时已全然不知所措。过了申县，随从散尽，众叛亲离到了极点。孑身一人，想沿汉水到靠近郢都的鄢邑去，可是没有一个船夫愿意为他效力。他在山中踽踽而行，农家都拒之门外，以致他三天没有进食，疲惫不堪。忽然遇到一个在宫中做过铟人（涓人）即高级侍从的，对他说：新王立了法，敢给大王进食、为大王效力的，罪及三族。灵王太累了，躺下，头枕着铟人的大腿，睡着了。醒后，发现自己枕在土块上，铟人已无影无踪。

此时申无宇已去世，其子申亥袭职为芋尹。申亥念其父一再触犯灵王而一再得到宽宥，对灵王感恩不尽。他打听到灵王的行踪，到山中去寻觅，居然在厘泽附近一个村寨的棘门旁边找到了灵王。灵王已在绝望中自缢而死，申亥把灵王的遗体背回自己家里安葬，让自己的两个女儿为灵王殉葬，深秘其事，外界一无所知。

灵王去向不明，郢都人心不稳。夜里谣传灵王进了郢都，国人惊扰，这样折腾了多次。弃疾得到启发，决定利用这个动荡的时机。五月乙卯之夜，弃疾派人绕城大呼，说是灵王驾到了，满城为之骚动。蔓成然奉弃疾之命进宫，故作惊慌，对子干和子晰说：灵王回来了，国人要来杀二位了，司马也快要进宫来了，二位要早作打算，以免受辱，众怒如同水火，可触犯不得呀！蔓成然刚说罢，又有人受弃疾指使跑进宫来说：外面大队人马就要冲进来了！子干和子晰以为已到穷途末路，都自杀了。次日，弃疾即王位，改名熊居，是为平王。他自鸣得意，不须负弑君的恶名，便得到了王位。子干被葬在訾邑，号为訾敖。訾邑是一个小邑，地望不可考实，若即訾梁，则在今河南信阳市附近；若即訾枝，则在今湖北钟祥市或枝江市境内。

灵王的下落还是个谜，但平王估计他已不在人世。经平王授意，其亲信杀死了一个与灵王不无相像之处的囚徒，给他穿上王袍，把他抛进汉水，一切都是秘密进行的。然后，当众把他打捞起来，说是找到了灵王的遗体，匆匆下葬，借以安定人心。几年以后，局势平稳了，经申亥报告，才起出灵王真正的遗骸，以王礼安葬。

灵王生前命荡侯、潘子、司马督、嚣尹午和陵尹喜伐徐，久攻不克。政变发生之后，这支部队匆忙撤回，途中遭吴师邀击，五位将领都做了吴人的俘虏。这是楚国的耻辱，也是平王的幸运。可能怀有敌意的一支部队消失了，平王无需为自己担忧了。

灵王不得善终，他从权势和奢华的顶峰上猝然跌落下来，直掉进耻辱和孤寂的深渊中去，留给后人的只有嘲笑而没有怜悯。前人多以为这是由于他疲民以逞，而最大的过失就是筑章华宫。《汉书·东方朔传》记东方朔曰："夫殷作九市之宫而诸侯畔，灵王起章华之台而楚民散，秦兴阿房之殿而天下乱。"胡曾《章华台》诗云："茫茫衰草没章华，因笑灵王昔好奢。台土未干箫管绝，可怜身死野人家。"这样的认识不能说没有道理，可是"好奢"如灵王的未必都落得一个"身死野人家"的下场。下章将要说到，平王中期以后"好奢"并不逊于灵王，他却是善终的。可见，"好奢"如大兴土木之类虽是灵王末年酿成政变的重要原因，但还不是促发这场政变的首要原因。使灵王丧失王冠和生命的，不止是多数平民的愤懑，更起致命作用的是多数贵族的怨恨。出于猜忌，灵王侵害了大批贵族的利益，这些贵族一旦与几位王弟串通起来，即使没有多数平民的拥戴，也能置灵王于死地。先前庄王与若敖氏不和，直到对方起兵作乱，而且拒绝妥协，才后发制人，而除恶务尽，还注意把其他贵族安抚得很好，他的统治就稳固。灵王反其道而行之，总是先发制人，然而总是留下祸根，他的统治就像沙上建塔，建得愈高，垮得愈惨。在独裁政体下，即使有贤臣直谏，也不能挽救一个自负的暴君。徐干《中论》卷下曰："楚有伍举、左史倚相、右尹子革、白公子张，而灵王丧师。"岂但"丧师"而已，其终局竟是丧命。

灵王追求的是荣誉，他最终得到的却是诟辱。对贤明的君主，后人惯于锦上添花，凭空给他追加一些美政和美德；对顽劣的君主，后人却惯于雪上加霜，凭空给他追加一些恶行和恶习。灵王的遭遇正是这样，如《述异记》卷下云："楚中有宫人草，状如金萱而甚氛氲，花色红翠。俗说楚灵王时，宫人数千，皆多怨旷。有囚死于宫中者，葬之后墓上悉生此花。"

第八章　内乱导致外患

灵王末年，不安的情绪笼罩着全国，平民和贵族都觉得要变一变才好。平王其人心术不正，但他能保持清醒的头脑，装扮良好的形象。靠着兵权和诈术，他逼死了包括两位国君在内的三位兄长。虽则尽力不露形迹或少露形迹，可是局内人终究会透露给局外人。此等行径一旦为人所知，便会不胫而走，不用多时，就路人皆知了。

但当时有一个传说，可以使平王心安理得。据《左传·昭公十三年》所记：共王有宠子五人，照例应立长，可是共王游移不定，想了解神的意向，便派人拿着一块璧遍祀群望，祷曰："当璧而拜者，神所立也，谁敢违之？"然后，共王同夫人巴姬秘密地把这块璧埋在宗庙的庭院里，让五位王子按长幼顺序一个一个入拜。老大的两只脚跨在璧的两旁；老二的一个肘碰到了璧的一边；老三、老四离璧都远；老五还小，让人抱进来，拜了两次。都正好压在璧的纽上。这样离奇的占卜方式是旷古未有的，或许只有楚人才会这么别出心裁。事有凑巧，"神意"居然都应验了。共王死，老大嗣立，是为康王；康王死，其子嗣立，是为郏敖；老二杀郏敖而自立，是为灵王；灵王末年，老三、老四、老五发动政变，灵王和老三、老四相继自尽，老五即位，是为平王。这个埋璧卜嗣的故事充满了神秘化的气氛，与之相关的史实则贯串着戏剧性的情节，令后人将信将疑。唐人元稹作《楚歌》十首，其一有句云："当璧便为嗣，贤愚安可分？"

假如只为自己着想，那么，平王确实比灵王聪明得多。在任何情况下，他都掌握着稳定的多数。他密切地注视着臣僚，对危险的征兆极为敏感，既不能容忍骄横跋扈的权臣，也不能容忍才高望重的贤臣，一旦出现了，就必欲除之而后快。由此，在平王统治下，杰出的人才都湮没绝灭或远走高飞了。

第一节　求　安

平王即位之后，有三件亟待处理的大事：其一是封赏功臣，其二是抚绥民众，其三是敦睦诸侯。只要做好了这三件大事，而且无意外变故，他的王位就将同他的天年一样长久。

蔓成然厥功最伟，受命为令尹。其父斗韦龟知道共王埋璧卜嗣的内情，早就把蔓成然托付给公子弃疾了。蔓成然以为公子弃疾得王位是神意，甘效死力。观从也有殊勋，平王让他自选官职。此人倒还知趣，所求不奢，因先人是佐开卜的大巫，便自荐为卜尹。卜尹类如神职，非有巫学根底者不得预其选，很少有人去竞争。

右尹子革奉命在方城内的宗丘清查"上国"即内地的兵，救济贫民，赦免罪人，荐举贤才，惩治奸凶。宗丘地望无可考，疑在芈姓始兴之处，即丹水之阳或荆山之阴。莫敖屈罢奉命到方城外的召陵清查"东国"即边疆之兵，也做子革在"上国"所做的那些事。平王宣布：让民众休养生息五年，才考虑用兵。

平王信守诺言，让蔡人和陈人复国。蔡隐太子有子名庐，回到了蔡国。陈悼太子有子名吴，回到了陈国。

当初灵王灭蔡为县后，把许、胡、沈、道、房、申的公族迁到楚国的腹地去了。平王即位后，让他们各回故地。许、胡、沈三国还算是附庸，道、房、申三国则早就灭掉了。

不大不小的郑国，地位特殊。平王为了与郑国结好，派行人枝如子躬把犨、栎两邑退还给郑国。犨近汝水，栎近颍水。两邑是楚国的北方重镇，枝如子躬以为退还给郑国对楚国不利。因此，到了郑国，他绝口不说割地。郑人倒是先已风闻，按捺不住，带着试探的口气对枝如子躬说：敝国道听途说，贵国要把犨邑和栎邑赐给寡君，就请大夫吩咐吧！枝如子躬断然答道：我不曾听说寡君有这个命令。郑人怏怏不乐，但是无可奈何。回楚国后，平王问起犨、栎两邑交割的情况，枝如子躬脱掉官袍，表示待罪，答道：臣有违命之过，没有丢弃国土。平王却高兴了，拉着枝如子躬的手说：你怎么能如此自辱呢？你就回去休息吧！以后寡人还会有要事让你去办的。

一切顺顺当当，平王对局势的迅速稳定深为满意。可是，蔓成然居功自傲，贪得无厌，与当时的巨富养氏争利，各不相让。平王如果听之任之，可能愈演愈烈，乃至失控，这对他是一个潜在的威胁。公元前 528 年——平王元年，杀蔓成然，灭养氏，以不偏不倚之名，收一石两鸟之功，朝野为之震动。事后，平王命蔓成然子斗辛为郧公，以示不忘斗氏旧勋，这又是一举两得，既可安抚元老，又可收揽人心。

平王杀蔓成然而灭养氏，只是为了巩固自己的统治，全无惩治贪黩之意。平王在位期间，贪黩公行成为一种痼疾。贵族都明白，贪黩是无妨的，只要不冒犯平王就万事大吉。平王自己是贪黩的表率，比灵王有过之而无不及。《新语·无为篇》说："楚平王奢侈纵恣。"《左传·昭公十九年》记居官清正的沈尹戌说："吾闻抚民者，节用于内而树德于外，民乐其性，而无寇仇。今宫室无量，民人日骇，劳罢死转，忘寝与食，非抚之也。"这时，距平王即位不过六年。但平王对外务相安，不喜轻启边衅，这却与灵王截然相反。对楚国的民众来说，劳苦虽则依旧，和平毕竟还能使他们得到一点安宁。

就国际关系来说，那是一段比较平静的岁月。晋国六卿强大而公室卑弱，六卿的兴趣贯注在内争上，谁也不愿出头冒巨大的风险与楚国角逐了。郑国由子产执政，对内宽猛相济，对外刚柔并用。恰逢楚、晋两国都有难解难分的内争，郑国便也得到了一向罕见的恩惠——和平。

陆浑之戎位于晋、楚之间，是晋与楚的缓冲地带，平时晋、楚都不去过问。这时陆浑之戎的首领是戎蛮子嘉，他背弃了中立的传统，顺于晋而逆于楚。公元前 526 年——平王三年，楚诱杀戎蛮子嘉而立其子。其明年，晋灭陆浑之戎，陆浑之君奔楚。晋人适可而止，楚人置若罔闻，北线还算是安宁的。

可是东线不像北线那么让人放心，是年吴师来伐，边邑告急，令尹子瑕（阳匄）和司马子鱼（公子鲂）领兵出征。子瑕卜战不吉，因而心绪不宁。子鱼依据楚国卜战应由司马命龟的惯例，要求改卜。改卜的结果，化凶为吉。楚师大败吴师，掳获吴先王夷昧的乘舟余皇，可是子鱼在激战中阵亡了。余皇是当时最好的一艘游艇兼战船，吴人视之如国宝。楚人把余皇抬上岸，在它的周围挖了深沟，派兵严加守护。吴公子光要把余皇夺回去，派三个“长鬣者”冒充楚人，潜伏在离余皇不远的地方，嘱咐他们：待天黑后，一听到吴人喊叫“余皇”，就跟着大喊大叫“余皇”不止。派“长鬣者”前去，是因为楚国男子有蓄须的习惯。假如派下巴光光的人去，那是很难冒充楚人的。入夜后，吴人埋伏就绪，吴公子光高呼“余皇”，三个长鬣者当即响应，接连大喊大叫了三次。守护余皇的楚人大惊，一涌而上去杀三个长鬣者。吴人伏兵突起，赶走了队伍紊乱的楚人，夺回了余皇。

江陵县泗场出土的铜戈一件，有鸟虫书铭文“楚王孙鱼之用”六字，应为子鱼生前所用，是这位忠勇的将领留给后人的光荣遗物。

许国夹在郑、楚两国之间，苦不堪言。郑国总想把许人赶跑，楚国老是让许人搬家。平王即位后，许国迁回叶县去了。可是，到公元前524年——平王五年，许国又不得不奉命迁走了。左尹王子胜认为叶县是楚国在方城外的屏障，让许国待在那里不妥。经平王允准，王子胜把许国搬到析邑的白羽去了（在今河南西峡县）。其明年，工尹赤又奉命把陆浑之戎的别部阴地之戎搬到了丹水与汉水之间，名其地曰下阴（在今湖北老河口市）。同年，在北疆重修郏邑城，在东疆增筑州来城，又把拘留在楚国的吴公子蹶由送回吴国去。楚国对北线和东线的方针仍是维持原状，宁固守，毋冒进。

第二节　招　祸

一次宫廷阴谋搅动了平静得好像一泓死水的政局，其冲击波从国内传送到国外，又以高强度从国外反射到国内。这次宫廷阴谋最初纯属无事生非，因由似乎微不足道，如同起于青苹之末的一缕轻风。但在二十余年之后，竟化为拔木摧屋的飓风，导致郢都沦陷，成为楚国历史的一大变局。

上述似乎微不足道的因由是平王为太子择妻，这本来是不成其为问题的。太子名建，是平王娶蔡国女子所生。平王即位后，命伍举子连尹伍奢为太子太师，命宠臣费无忌（费无极）为太子少师。太子建尊重伍奢而嫌恶费无忌，使费无忌暗自衔恨。公元前 527 年，太子建年十五。费无忌对平王说太子建可以成家了，平王为太子建聘秦女嬴氏为夫人，命费无忌到秦国去迎亲。费无忌发现嬴氏貌美，阴谋便由此而起。其明年初①，嬴氏到郢都，费无忌劝平王自娶。平王好色，不管儿子作何感想，居然掉包，自娶嬴氏为夫人，对费无忌就格外宠信了。

嬴夫人为平王生一男，名壬。公元前 523 年——平王六年，采纳费无忌的建议，派太子建去镇守城父，名义是让太子建管方城以外，由平王自己管方城以内，当然，这是欺人之谈。

其明年，费无忌诬告太子建与伍奢密谋以齐、晋为外援发动叛乱。平王信以为真，召见伍奢，严加诘问。伍奢规劝平王不要亲小臣而疏骨肉，平王执迷不悟，把伍奢关押起来，派城父司马奋扬去杀死太子建。奋扬情知太子建无辜，自己不慌不忙上路，暗中派人先行向太子建告密，嘱太子建逃走。太子建逃到宋国去了，奋扬才赶到城父。奋扬让城父大夫把自己押送到郢都去待罪，平王问奋扬：那个命令，出自寡人的嘴里，进到你的耳里，是谁泄露给建的？奋扬坦然说：是臣。大王曾经嘱咐臣要像服侍大王一样服侍太子，臣虽不才，不敢三心二意。臣按大王先前的嘱咐执行了，不忍心按大王后来的命令执行。臣已把太子放跑，现在后悔莫及了。平王问道：那么，你怎么还敢来见寡人呢？奋扬答道：臣没有完成大王的使命，如果不来，那就是再次违命了，臣不敢。平王无

① 此据《史记·秦本纪》，《左传》系于平王六年，《史记·楚世家》系于平王二年。

奈，对奋扬说：回城父去吧！还像以前那样做你的官吧！

费无忌对平王说：伍奢的两个儿子都是人才，假如逃到吴国去，会给楚国带来忧患的，要杀掉他们才好。平王让伍奢叫两个儿子到郢都来，说是：他们来了，你还能活下去；他们不来，你就非死不可。伍奢说：长子尚会来的，次子员却不会来。平王问道：这是什么缘故？伍奢说：尚孝而好仁，员勇而多谋。以后给楚国带来忧患的，一定是员。平王派使者召伍尚、伍员，伍尚对伍员说：我到郢都去尽孝，你到吴国去设法报仇吧！于是，伍尚奉召而去。伍员则张弓搭箭出见使者，作将射之状，使者惊走，伍员乘机逃脱。

伍员果然逃到吴国去了，但他不是直奔吴国，而是追随太子建，先后经宋、郑、晋诸国，才逃往吴国的。公元前521年——平王八年，宋国内乱，太子建与伍员奔郑国，不久转往晋国。晋顷公要太子建再到郑国去做晋国的内应，说是灭掉了郑国就把郑地封给太子建。太子建一时糊涂，竟回郑国去了。焉知被知情者告发，郑人杀死了太子建。太子建有子名胜，尚幼小。伍员带着这个不抱就得背的胜，逃往吴国，沿途历尽艰险。《史记·伍子胥列传》记：“伍胥（伍员字胥）……与胜俱奔吴。到昭关，昭关欲执之。伍胥遂与胜独身步走，几不得脱。追者在后。至江，江上有一渔父乘船，知伍胥之急，乃渡伍胥。伍胥既渡，解其剑曰：‘此剑值百金，以与父。’父曰：‘楚国之法，得伍胥者赐粟五万石，爵执珪，岂徒百金剑邪?’不受。伍胥未至吴而疾，止中道，乞食。”《战国策·秦策》记：伍员“橐载而出昭关，夜行而昼伏，至于蓤水，无以饵其口，坐行蒲服（匍匐），乞食于吴市”。昭关，在今安徽含山县西北。伍员和胜是躲在商人的货囊里过昭关的，还是徒步绕小路过昭关的，无由断定。“赐粟五万石”和“爵执珪”都是后人杜撰的，当时楚国还没有赐粟以万石计的赏格，而且还没有执珪这个爵位。

到了吴国，伍员求吴公子光引见吴王僚，吴王僚未予重用。伍员只是耐心等待，据说曾躬耕为生。

这时，楚国正被卷进宋国的内乱中去。先是，公元前521年——平王八年，宋元公与华氏由相恶而相攻，宋元公以齐、晋、卫三国为外援，华氏的外援只有一个吴国。华氏不敌，向楚国求援。其明年春，平王命司马芳越领兵迎华氏，宋元公不得已，纵令华氏诸大夫及其同党逃到楚国去。

公元前 519 年——平王十年，吴伐楚，公子光为元帅，直逼州来。令尹子瑕抱病偕司马芳越出征，率楚师和胡、沈、顿、许、陈、蔡之师救州来。子瑕死于军中，楚师士气不振。两军战于鸡父（在今河南固始县东南），胡、沈、陈三国之师因轻敌而大败，许、蔡、顿三国之师闻风遁走，楚师尚未列阵即行溃退。是年秋，吴公子光[1]领兵入郹阳（在今河南新蔡县），迎太子建之母去吴国与其孙胜会合。太子建之母乃郹阳封人之女，因其子被废而幽居郹阳，与吴人暗通消息。这次是乘吴师战胜之机，携其宝器逃亡到吴国去了。司马芳越闻讯，领兵急追，没有赶上。《左传·昭公二十三年》记芳越自责云："亡君夫人，不可以莫之死也。"芳越回到家乡芳澨，即自缢以谢罪。

这一仗，楚国损兵折将，失地丢人，窝囊之极，声威因而大减。

囊瓦（子常）继为令尹，征集役徒，加固郢都城垣。左司马沈尹戌不以为然，《左传·昭公二十三年》记沈尹戌说："子常必亡郢。苟不能卫，城无益也。古者，天子守在四夷，天子卑，守在诸侯；诸侯守在四邻，诸侯卑，守在四竟（境）。"沈尹戌认为：只要没有"内忧"和"外惧"，国都就无需筑城。当初若敖、蚡冒以至武王、文王，国土方圆不过数百里，尚且不在郢都筑城，现在国土达方圆数千里，却在郢都筑起城来。要凭这城来固守，那是很难做到的。沈尹戌坚持重外线、轻内线的作战方针，至少要御敌于方城之外，代表了春秋时代楚国占主导地位的战略思想。屡战屡胜的强大国家确实不必有城垣，东方和西方都这样。古代的斯巴达，在希腊诸城邦中以尚武善战著称，它就是没有城垣的。楚国假如还像成庄时代那样每战都在外线，筑城也将是多此一举。然而

① 此据《史记·吴世家》，《左传》误作"吴太子诸樊"。

今非昔比，灵平时代的楚国与吴国交锋败多胜少，应该变通为外线、内线并重才好了。

囊瓦的错误不在于为国家筑城，而在于为自己敛财。此人甚贪，《国语·楚语》记斗且说囊瓦喜欢“蓄货聚马”，“如饿豺狼焉”。当时，“民之羸馁，日已甚矣”。因而，囊瓦“积货滋多，蓄怨滋厚”。

公元前518年——平王十一年，吴楚发生边民纠纷。吴国边邑卑梁（在今安徽天长县西北）与楚国边邑钟离（在今安徽凤台县东北）毗连，都种桑育蚕，一吴女与一楚女①因争桑树而扭打。事态越闹越大，楚女家杀死吴女家，卑梁大夫征发邑兵进攻钟离。恰巧，楚国扩建了舟师，平王自将东巡，闻变，当即攻破卑梁。吴公子光领兵迎战，因楚师强大而逡巡不前。这时越国的战略方针是西联强楚、北抗劲吴，先派大夫胥犴朝见平王，又派公子仓和大夫寿梦（此人与已故吴王同名）领兵从征，还送给平王一艘乘舟。越人的造船技术比楚人高明得多，这艘王室的乘舟大概同余皇相似。平王的队伍浩浩荡荡地转悠了一圈，以为达到了威服吴人的目标，就奏凯回国了。焉知楚师刚撤走，吴师就攻占了钟离和巢邑。成语“卑梁之衅”，意即小事化大。国际关系就有这么复杂，细故往往酿成巨祸。反之，若要大事化小，就不那么容易了。

这时，北方的变故不是外争而是内乱。前年，周景王死，刘子、单子立王子猛为王。周景王宠子王子朝叛，从之者甚众。此时，乱事未平。鲁国的孟孙、叔孙、季孙三大家族鼎足而立，既有敌意，也有友情，对鲁君通常是一致的。《左传·昭公二十五年》记宋大夫乐祁云：“政在季氏三世矣，鲁君丧政四公矣。”“三世”，即季文子、季武子、季平子，此时季平子为卿。“四公”，即鲁宣公、鲁成公、鲁襄公和此时在位的鲁昭公。还有次大的家族，即郈氏和臧氏。郈氏与季氏斗鸡，季氏的鸡斗败，季平子恼羞成怒，侵夺郈氏的田室。在“卑梁之衅”的翌年，鲁昭公串通郈氏、臧氏，突袭季氏，破门而入，季平子率近臣登台固守。孟氏、

① 此据《史记·伍子胥列传》，《史记·楚世家》所记则为“小童”。

叔氏闻讯，出兵救季氏。鲁昭公弄巧成拙，被迫奔齐避祸。

公元前516年，平王死，在位计十三年。不满十岁的太子壬继立，改名熊轸（珍），是为昭王。是年，因晋师介入，王子朝败，偕尹氏、召氏、毛氏等，奉周室典籍奔楚。《左传·昭公二十六年》记王子朝遣使遍告诸侯，谴责刘公狄和单公旗，自称“兹不穀震荡播越，窜在荆蛮，未有攸厎”云云。王子朝奔楚，对楚是一个绝好的机缘，可是主幼臣弱，未能及时作出适当的反应。

平王善终，但他把祸胎留给昭王了。

公元前515年——昭王元年，伍员时来运转。是年春，吴伐楚，公子掩余和公子烛庸率吴师主力与楚师相持于潜邑（在今安徽霍山县东北），后路为楚师切断，进退两难。吴公子光图谋取吴王僚而代之，以为时机已到，而苦于不得良策。吴王僚对吴公子光疑心很重，防备很严，吴公子光不知如何下手。伍员早就获悉吴公子光有弑君自立之志，已为他找到一个玩命的壮士鱄设诸（专诸），这时便把此人引荐给他。吴公子光设家宴款待吴王僚，吴王僚碍于亲情，不得不去，但加强了警卫，所到之处都有吴王僚的亲兵。上菜的仆役到了餐厅外面，要在亲兵监视下脱个精光，另换衣裳，然后在两位甲士所执的两支利铍[①]贴近身体夹持之下，膝行而进。鱄设诸上的菜是一条煎好的大鱼，他也是这样进入餐厅的，亲兵想不到他会把短剑藏在鱼腹之中。一靠近吴王僚，鱄设诸就突然从鱼腹中掏出短剑向吴王僚刺去。在吴王僚被刺中要害的同时，两支利铍一左一右也插进了鱄设诸的胸膛，两人顿时俱毙。公子光即位，是为吴王阖庐。消息传到前方，公子掩余奔徐，公子烛庸奔钟吾（在今江苏宿迁县）。

在吴国发生政变后不久，楚国也发生了一场近乎动乱的危机，这场危机是由惯于造谣和进谗的费无忌引发的。左尹郤宛为人正直，待人和蔼，很受国人爱戴，而费无忌和鄢将师两位大夫视之如仇。费无忌设借

① 铍为剑形短刀或大矛，此乃短刀。

刀杀人之计：对郤宛说令尹囊瓦想到郤宛府上去拜访，还说囊瓦喜欢兵器，假如郤宛在门外放些兵器，囊瓦见了一定格外高兴。郤宛欣然从命，便设家宴，请囊瓦赏光。费无忌随即对囊瓦说：郤宛设家宴是要谋害令尹，不信，可以派人去看看郤宛门外有没有兵器。囊瓦派去侦察的人回来报告，郤宛门外果然有兵器。囊瓦大怒，鄢将师乘机自告奋勇，率众杀死了郤宛及其族、党，株连及于大夫阳令终、晋陈两家。伯州犁的后人也与郤宛相善，在郤宛被害后逃到吴国去了，伯州犁之孙伯嚭不久即仕于吴为大夫。晋陈的族人在郢都的街头巷尾哭诉，大声疾呼：鄢将师、费无忌以大王自居！——专做危害楚国的事！——蒙蔽大王、令尹！——令尹相信他们！这话，传到囊瓦耳里，使他大为恼火。沈尹戌向囊瓦进言，《左传·昭公二十七年》记沈尹戌说：郤宛、阳令终、晋陈都是无辜的，您杀了他们，以致国人说您坏话。国人谁不知道费无忌是“谗人”，您怎么能信他呢？“知者除谗以自安也，今子爱谗以自危也，甚矣其惑也？”囊瓦为了平息国人的谤言，处死了费无忌和鄢将师，尽灭其族。

其明年，晋国也发生内乱，祁氏和羊舌氏一时俱灭。

公元前512年——昭王四年，阖庐要求徐国引渡公子掩余，要求钟吾引渡公子烛庸。二公子无奈，向楚国请求避难。楚监马尹大心奉命迎候二公子。把他们安置在养邑（在今河南沈丘县）。莠尹然和左司马沈尹戌奉命监工，为二公子筑城，并从城父和胡邑割田以扩大二公子的封邑。

阖庐因徐和钟吾纵令二公子奔楚，一举攻灭了这两国。破钟吾不难，破徐可就煞费苦心了。正是冬天，吴人在山口筑大坝，蓄河水，灌徐都，才告捷。这是先秦最早施行水攻的一个战例，在这之前，宋国的华元曾决睢澨以阻敌，那是最早实行水守的一个战例。徐君章禹自断其发，表示遵从吴俗，偕夫人拜见阖庐。阖庐向章禹表示哀悼和慰问，允许章禹及其夫人携近臣奔楚作寓公。沈尹戌受命把章禹一行安置在夷邑，也为他筑了城。

阖庐命伍员为行人，问以伐楚之术。伍员建议三分吴师，轮流骚扰楚国。这与荀罃三分晋师的办法相似，但荀罃以守为主，伍员却以攻为主。《左传·昭公三十年》记伍员说："彼出则归，彼归则出。""亟肄以罢之，多方以误之。既罢而后，以三军继之，必大克之。"这个战略方针是伍员对兵法的宝贵贡献，它对暂时还处于劣势的军队有不朽的指导意义。

不久，伍员就受命执政，位同上卿。《新书·耳痹篇》说：阖庐授伍员以吴国之政，"民保命而不失，岁时熟而不凶，五官公而不私，上下调而无尤，天下服而无御，四境静而无虞"。这大概是摭拾遗闻而张大其词，不可尽信。至少，所谓"无御"和"无虞"都失实了。不过，伍员治理吴国颇见成效是无可置疑的。在伍员有生之年，吴国确实变得更富庶，更强盛了。

江陵张家山出土的西汉早期的竹简，有一篇题名《盖庐》，记阖庐与伍员问答之辞。从中可以看出，阖庐礼贤下士，励精图治，而伍员对治国、治民、治军都有独到的见解。伍员讲究阴阳、五行、四方、八时，不无神秘意味，但一涉及实际问题就显示出大政治家和大思想家的睿智。伍员主张抚民、安民，反对苛征重敛。他说："使民之方：安之则昌，危之则亡；利之则福，害之有殃。"伍员认为政治上的优劣对军事上的成败起着决定性的作用，因此，不可"击堂堂之阵"，不可"攻蓬蓬之气"，对无德、不仁者则可断然举兵攻之。在战略和战术上，伍员反对硬拼蛮干，主张避实击虚，避盈击亏，要千方百计诱敌、误敌，与孙武的主强如出一辙。凑巧的是，这时孙武也在吴国。

孙武出生在齐国，壮年受知于阖庐。他是古代最伟大的战略家和战术家，《史记》有传，所著《孙子兵法》至今仍是中外兵家的宝典。阖庐在位时，多次伐楚，政治上的决策大抵出自伍员，军事上的决策主要出自孙武。

这时的吴国，人才荟萃，气象峥嵘，令诸侯为之侧目。阖庐为明主，伍员为贤臣，孙武为良将，三美得兼，世所罕遇。垄断有色金属的贪欲，争当列国霸主的奢望，促使吴人在淮水中游与楚人角逐。伍员怀着复仇的苦志，有时不免偏激和狂热；孙武于楚人无恩怨可言，始终冷静而稳健。两人的共同特点，则是老谋深算。

就在灭徐和钟吾的同年，阖庐与伍员、孙武、伯嚭伐楚，奇兵突袭，一举拔舒，俘公子掩余和公子烛庸而杀之。阖庐问诸将可否直捣郢都，孙武以为民众疲罢，不宜远征，尚需假以时日，方能深入楚境，阖庐从其议。

其明年为公元前 511 年——昭王五年，吴师两度袭扰楚境，都是待楚师一到就撤退了。显然，这是实行伍员所谓“彼出则归，彼归则出”的策略，以求“亟肄以罢之”。

又明年，吴伐越，但只是试探性或惩罚性的，当时越王为允常。

鲁昭公流亡日久，鲁人不怀念他，诸侯不援助他，形影相吊，是年去世。《左传·昭公三十二年》记晋国的史墨说：“鲁君世从其失，季氏世修其勤，民忘君矣。虽死于外，其谁矜之？社稷无常奉，君臣无常位，自古以然。故《诗》曰：‘高岸为谷，深谷为陵。’”这时楚国的君臣没有史墨那样透彻的认识，他们尚未想到，一场空前的危机正在向他们逼近。

公元前 508 年——昭王八年，桐叛楚。桐是一个小国，沦为楚的附庸，其故址在今安徽桐城县北。出乎楚人意料的是，吴竟发兵伐桐。其实，这是佯攻，意在使楚人作出吴人无意伐楚、甚至有意援楚的误断。同时，吴使舒鸠以虚假的情报怂恿楚伐吴。囊瓦不知是计，当即大举伐吴。吴人在豫章陈列了一些战船，囊瓦以为吴师的主力就在那里，全军急进，以求决战，不料扑了个空。吴师的主力潜伏在巢湖附近，待楚师因不知敌人去向而放松了戒备，吴师便突袭豫章，击溃楚师。然后攻取巢县，俘获楚公子繁。豫章是南方屡见不鲜的地名，用现代汉语来说就是“大樟树”。这个豫章在淮南的舒与巢之间，现属何县或何市则不可确指。吴师在这个战役中按照伍员的战略和战术，诱敌，误敌，罢敌，避盈击亏，终于克敌，挥洒自如，值得兵家做深入的研究。在这个战役中，指挥吴师作战的主帅正是伍员。

随着国力的增强和战事的加剧，吴国赶造兵器，苦练士卒。

《吴越春秋》卷二记，阖庐曾命铸剑名师干将造宝剑两柄，其名为“干将”和“莫邪”，相传莫邪是干将的妻子兼助手，越人献欧冶子所造剑三柄，阖庐爱而宝之。越人所铸的剑和矛，确实比吴人所铸的更好。《越绝书·外传》记越王有“屈卢之矛”“步光之剑”，还有欧冶子所造宝剑五柄，其名为“湛卢”“纯钧”“胜邪”“鱼肠”“巨阙”，阖庐所得三柄乃“湛卢”“胜邪”“鱼肠”。《吴越春秋》卷二则说这三柄剑是吴公子光未即王位时所得，“鱼肠”被用来刺杀吴王僚，“胜邪”别称“磐郢”被用作阖庐之女的嫁妆了。《越绝书·外传》还说楚王请干将、欧冶子造宝剑三柄，其名为“龙渊”“泰阿”“工布”。当时上等的剑都是复合剑，分两次浇铸，先铸剑脊，加铸剑刃。剑脊所用铜料含锡量较小，求其坚韧；剑刃所用铜料含锡量较大，求其刚硬。楚人也学会了铸复合剑，但仍比越人和吴人稍逊。越人和吴人的一些剑和矛饰有暗花，以菱形居多，施纹部位是经过硫化处理的。越、吴、楚三国的许多剑在出土时通体无锈斑，令人疑为曾作防锈处理，但尚待进一步验证。

为吴国训练士卒的，除了伍员和孙武，还有奔吴避难的宋人华登。按实战要求，训练很严格，效果很显著。阖庐让孙武操练妃子和宫女的故事，见于《史记》，据说阖庐的两位爱妃经三令五申仍嬉笑自若，被孙武当着阖庐的面处死了，其严乃如此！

公元前506年——昭王十年，一场几乎使楚人亡国的危机爆发了。

第三节　吴师入郢与楚国迁都

惯于外线作战的楚人，惯于灭人之国、夺人之地的楚人，很难想到敌人居然会打进楚国的腹地甚至郢都来。子囊和子庚生前有预感，他们觉得有在郢都筑城的必要，是出于忧虑的未雨绸缪。后来囊瓦也有模模糊糊的预感，下令加筑郢都的城垣，是出于恐慌。沈尹戌曾预言囊瓦将使郢都失守。则是因囊瓦无能而发的愤激之言。待到敌人果真打进楚国腹地来，所有楚人都不知其所以然，似乎违背了他们习以为常的一切逻辑。

上节已说到，危机正在一步又一步地向楚国逼近。伍员和孙武正在等待，他们急切地盼望着从位于吴楚之间的小国中找到自己的盟友。从吴都到楚都，路途遥远，吴师最大的困难在于补给。他们虽有良将劲卒，但兵员比楚师少得多，为了打进楚国，必须出其不意，击其无备，这就非高速进兵不可。如果中途没有盟国支援，军粮全靠后方输送，高速进兵就将成为空想。终于，吴人找到了这样的盟友，而且居然是囊瓦奉送给他们的。

蔡国和唐国都是楚国的附庸，这时，它们与楚国的关系变得紧张了，而责任在于贪婪的囊瓦。蔡昭侯朝见楚昭王，行装中有两件华贵的裘袍和两副精巧的玉佩，一裘一佩献给楚昭王，剩下一裘一佩供自己穿戴。囊瓦向蔡昭侯表示对他的皮裘和玉佩极感兴趣，意在索取。蔡昭侯不给，囊瓦就不让蔡昭侯回国。到公元前 507 年——昭王九年，蔡昭侯已在郢都滞留三年，急不可耐。大致与蔡昭侯同时，唐成公也朝见楚昭王，带着两匹名为肃爽的骏马用以驾车。囊瓦也向唐成公示意，让唐成公知道他对两匹肃爽颇为欣赏。唐成公也不给，因此也不得回国。在郢都待了三年，唐成公迫不得已，把两匹心爱的骏马送给了囊瓦，囊瓦才让他回国去。蔡昭侯见唐成公如此，就也交出一裘一佩，这也才得以脱身而去。过汉水时，蔡昭侯把一块玉璧投进水中，发誓不再南渡汉水，还说：天下诸侯，无论其为谁，如能伐楚，寡人甘充前列。离楚国后，蔡昭侯直奔晋国，请求晋人讨伐楚国。为了表示诚意，蔡昭侯留一子在晋国做人质。

公元前 506 年——昭王十年，春，晋、齐、鲁、宋、蔡、卫、陈、郑、许、曹、莒、邾、顿、胡、滕、薛、杞、小邾共十八国在召陵会盟，商议伐楚。晋大夫荀寅像囊瓦一样贪婪，也向蔡昭侯索贿。蔡昭侯不从，荀寅就对主盟的晋上卿范献子说伐楚不便。范献子听信了荀寅，以致这次盛会毫无结果。是年秋，伍员奉使北方诸国，试图组织一个反楚大同盟，也没有成功。是年冬，因沈国未参加召陵之会，晋国唆使蔡国攻灭了沈国。蔡昭侯派另一位公子到吴国做人质，央求吴人讨伐楚国。经蔡昭侯牵线，吴、蔡、唐三国组织了一个以吴国为主角的反楚小同盟。这样，吴师的补给问题就由蔡国和唐国分担了。

兵贵神速，在没有任何外交争执和边境冲突作为先兆的平静形势下，吴师不宣而战，以当时所能动用的最大兵力和当时所能达到的最高速度，在楚人浑浑噩噩之际，便进入了楚国的腹地。

《春秋・定公四年》记此役云："冬十有一月庚午，蔡侯以吴子及楚人战于柏举，楚师败绩，楚囊瓦出奔郑。庚辰，吴入郢。"《左传・定公四年》记吴师溯淮水西上，到淮汭舍舟登岸，越过了大别山与桐柏山之间的大隧、直辕、冥阨三个隘口——即楚人所谓"城口"三隘而后世所谓义阳三关，南行过豫章。这时，消息才传到郢都，囊瓦才领兵迎战。吴师到汉水北岸时，楚师到了汉水南岸，两军隔水相望。

淮汭不止一处，这个淮汭应在息县一带，离城口不远。旧注以为这个淮汭在今河南淮滨县东，殊不可取，其地距城口尚远，吴师没有必要过早地舍舟登岸。豫章的地望，众见不一，从《左传》"自豫章与楚夹汉"一句推测，应离汉水不远。地名称豫章的比称淮汭的更多，这个豫章应在今湖北安陆市东，位于城口和汉水之间。

吴师过淮汭后，本来有两条进军路线可供选择：其一是入方城，先西上，后南下；其二是入城口，先南下，后西上。所谓方城隘道，其实比较平坦、宽阔，容易通行。楚国的兵车出出进进，走的都是这条路。假如吴师主力是车兵，那就可以考虑走方城隘道。可是，方城内外有楚国的重兵驻守。吴师要通过，非强攻不可；要强攻，非有占优势的车兵不可。这时，就兵员而言，吴寡而楚众。据《吕氏春秋・用民篇》，此役吴师不过三万。况且，吴师的主力是徒兵。以少数徒兵在平野上与多数车兵作战，无异于以卵击石。精明如伍员、孙武，当然不会出此下策。对吴师来说，走大隧或者直辕或者冥阨，实行奇袭，才是上策。翻山越岭虽辛苦些，但有下列两大好处：

其一，可以扬徒兵之长而避徒兵之短。徒兵遇山则登，车兵遇山辄止。《吕氏春秋·简选篇》云："吴阖庐选多力者五百人，利趾者三千人，以为前阵，与荆战。"《墨子·非攻篇》云："古者吴阖庐教七年，奉甲执兵，奔三百里而舍焉，次注林，出于冥隘之径。"孙诒让《墨子间诂》卷五云："此云'奉甲执兵，奔三百而舍'，即'多力''利趾'者也。"这些多力者和利趾者，都是精锐的徒兵。

其二，可以出敌不意，避实击虚。《孙子·计篇》云："攻其无备，出其不意。"同书《虚实篇》云："故善攻者，敌不知其所守。"楚国在三个隘口或许没有戍兵，即或有戍兵也很少，楚人根本没有想到吴师竟然会舍坦途而取险径的。吴师的进军路线，以近乎完美的形态体现了孙武的兵法。

吴师的进军路线，以喻宗汉所考最为近实，详所著《吴师入郢之战有关问题探讨》①。

楚师与吴师夹汉水而阵，在楚师是力求阻敌于汉水之阳，在吴师是力求歼敌于郢都之外。左司马沈尹戌是当时楚国最优秀的将领，他自请率偏师经申县出方城，调集方城内外的楚师，烧掉吴师留在淮汭的战船，回过头来，占领城口，封锁三隘，南下拊吴师之背。沈尹戌建议囊瓦暂且固守汉水南岸，吴师上移则随之上移，吴师下移则随之下移，以防堵为务，待沈尹戌南过城口之后，囊瓦再挥师渡汉。这样，吴师腹背受敌，楚师就易操胜算了。沈尹戌的建议是当时楚师唯一的上策，如能实现，则楚师将变被动为主动。楚国东北方向的天然屏障是一道山和一道水，如今一道山既已失守，就只能固守一道水了。在楚师主力未受致命打击之前，只要他们昼夜严密监视对岸的吴师，吴师就很难渡汉南下，郢都就可能保住，囊瓦所需要的，只是耐心和细心。

可是，战局的演变受着多重因素的影响，有敌方的因素，有己方的因素，与天时有关，与地利有关，当然也与人和有关。因此，总会有事

① 张正明. 楚史论丛［C］. 武汉：湖北人民出版社，1984.

前无法预见的事态。为将者须善于随机应变，临机决策，相机用兵，寻机歼敌。沈尹戌北去后，楚国个别将领的不同意见竟把囊瓦说动了。据《左传·定公四年》所记，将军武城黑说："吴用木也，我用革也，不可久也，不如速战。"旧注以为木和革所指的都是战车，实则大谬不然。战车如有革，无论天气好坏，都不会比无革的差。木和革所指的都是盾和甲，吴师所用的多为木制，楚师所用的多为革制。通常是革优而木劣，但若受潮，则革易刺穿，而木更坚实，优劣就易位了。当时大概天气不好，武城黑才有这样的忧虑。其实，两军隔水相持，还不到短兵相接的地步，武城黑忧虑得太早了，而糊涂的囊瓦却也着急起来了。将军史皇对囊瓦说：楚人喜欢司马（沈尹戌），讨厌令尹。如果司马的计划实现，就等于他独建奇功。令尹一定要速战速决，以求立功，否则，将难免受到谴责和处分。史皇本人求战心切，乃出此挑拨离间的下策。囊瓦不暇细思，仗着兵力的优势，竟挥师渡汉了，这正中伍员、孙武下怀。

楚师列阵于小别、大别之间。小别、大别都是山名，前者在今汉川县，后者在今武汉市，春秋时代它们都在汉水北岸，后因汉水改道，如今都在汉水南岸了。两军三度合战，楚师且战且向西引退，吴师且战且向西挺进。囊瓦打算逃跑，史皇大为不满，对他说：遇危难就逃跑，您还敢回郢都吗？您如果战死了，楚人倒会原谅您过去的罪愆。囊瓦无奈，只好继续作战。

十一月庚午，两军决战于柏举。旧说以为柏举在麻城，不确。按两军转移的方向推测，柏举应在今安陆市一带。清早，阖庐之弟夫概王请求做先锋，阖庐不从，可能是因为阖庐有猜疑之心，怕夫概王立功太多易生后患。焉知夫概王敢于违阖庐之命，以其私卒五千冲击囊瓦的私卒。囊瓦的私卒溃散了，吴师乃全军出击。楚师大败，史皇奋战而死，芳射力竭而俘，囊瓦则快马加鞭逃往郑国去了。吴师追击楚师，夫概王所部一路领先。近清发水即今涢水时，夫概王令其卒稍停，待楚师半渡，才奋力进击，楚师又损失了大量将士。楚师残部继续西撤，饭刚做好，吴师又追到了。楚师弃食而逃，吴师则坐享其成，吃饱了再去追击。以战胜且吃饱的部队，追击战败且挨饿的部队，如以虎逐羊。楚师退到雍澨（湖北京山县），又被吴师追上，从此溃散，吴师则进逼郢都。

据《韩非子·说林篇》，吴师在小别与大别之间三战皆胜之后，阖庐曾有退兵之意，问于伍员。伍员以人溺于水为喻，说只喝一口水还死不了，要连喝多口水才呛死，为今之计，应该叫那溺水的人沉下水底去。经伍员提醒，阖庐才下了进取郢都的决心。

十一月己卯，即柏举决战后九天，昭王一家连同其妹季芈携随从弃都避难。南渡睢水时，吴师逼近，昭王命鍼尹固上岸，去用象群阻击吴师。当时楚宫的园囿里养着象，昭王出都时，群象大概负重随行，及睢水而止。鍼尹固在群象的尾巴上一一系上火把，一一点燃，驱赶它们向吴师冲去，这样，至少可以起暂时阻滞吴师的作用。

昭王走得十分仓猝，大夫蒙谷听说昭王走了，跑到宫中去查看，发现记录着法规的《鸡次之典》还在那里，当即扛起来，躲进云梦中去。

次日为十一月庚辰，即柏举决战后十天，吴师攻破郢都。自吴王而下，按尊卑顺序，分别住进楚王的宫室和令尹、司马等官员的府第。阖庐有子名子山，住进囊瓦的府第，其豪华仅亚于王宫。夫概王不服，要去攻打子山。子山闻讯，急忙迁出，让给夫概王。

沈尹戌经申县出方城，至息县烧吴船。获悉郢都陷落，迅即领兵回救。所部在雍澨与吴师遭遇，沈尹戌力战负伤。他是番人，早岁入吴国，为公子光家臣。后来效忠于楚国，但其原配夫人仍在吴国。这时，他若为吴师所获，势将受辱，因此，他宁死不降。沈尹戌问左右：谁能把我的头带走，不让它落到吴人手里？侍从中有一位名叫句卑的，也是吴人，追随沈尹戌多年，自荐说：我出身微贱，不知能否当此重任？沈尹戌对他说：这些年来，我没有发现你的贤能，深为抱歉，你当然能完成我的嘱托。于是，沈尹戌奋力再战，又两次受伤，终于阵亡。句卑割下他的头，把他的尸身藏起来，把他的头裹在包袱里带着逃走了。

昭王渡过汉水，进入“云中”。“云中”即郧中，属郧县。一天晚上，正露宿时，遇到强盗。强盗用戈击昭王，王孙由于扑在昭王身上，昭王无恙，王孙由于则因肩部重创而昏迷不醒。在黑暗和慌乱中，昭王一行逃往郧县。人既困乏，路又崎岖，季芈走不动了，由钟建背着她走。昏厥的王孙由于，谁都以为他死了，但他有幸苏醒过来，而且居然追上了昭王。

郧公为斗辛，其弟有斗怀和斗巢。斗怀要杀死昭王，为其父蔓成然报仇，被斗辛断然阻止。《左传·定公四年》记斗辛说："君讨臣，谁敢仇之？君命，天也。若死天命，将谁仇？……必犯是，余将杀女（汝）。"斗辛的君臣观念，代表了楚人传统的主流。由斗辛和斗巢护送，昭王一行逃到了随国。昭王流亡的路线，由南而东，由东而北，大致是马蹄形的。

吴师也到了随国，吴人怀疑昭王正在那里。吴和随的公族都是姬姓，都算是周室的子孙。凭着这点缘分，吴人劝随侯及其臣僚顾全周室，不要隐藏把汉阳诸姬吞并殆尽的楚王。吴人许诺，只要把昭王引渡给吴人，汉东就归随国所有。

楚对随这个附庸一向很开明，相应地，随对楚这个宗主一向很忠顺。这时，随人矢口否认昭王逃进了随都，还对吴人说：敝国是个小国，是楚把敝国保护下来的，敝国和楚世世代代有盟誓，至今如此。如果遇到危难就背盟叛楚，以后又怎么能侍奉贵国的大王呢？贵军只是没有捉到楚王罢了，以后只要贵军平定了楚国，敝国敢不唯命是从吗？吴人以为昭王确实没有逃进随都，又见随人态度坚定，就置之不问了。

昭王有庶兄名子期（公子结）随行，其状貌与昭王有些相像。在吴人追逼随人时，子期让昭王和少量随从秘密逃出随都暂避，自己假扮昭王，请随人把他当作昭王引渡给吴人。随人犹豫，为此卜问，其兆不吉，于是作罢。吴师撤离后，昭王重入随都，割破子期心口的皮肉，取血与随侯盟誓。

《淮南子·泰族训》记吴师入郢后，"烧高府之粟，破九龙之钟，鞭荆平王之墓。"烧粟和破钟，表明吴人没有久占郢都和灭亡楚国的信心，只是竭其全力摧残楚国。九龙之钟，《新书·耳痹篇》作"十龙之钟"，是楚国王权的象征。至于鞭平王之墓，则是伍员所为。《吕氏春秋·首时篇》说："伍子胥……亲射王宫，鞭荆平之坟三百。"《史记·伍子胥列传》所记则为："伍子胥求昭王，既不得，乃掘楚平王墓，出其尸，鞭之三百，然后已。"鞭尸之说独见于此传，未可置信。

入郢前打着主动仗的吴人，入郢后却打起被动仗来了。伍员被复仇的欲火烧昏了头脑，阖庐则过分宠信伍员，以致吴人迟迟不愿撤兵。吴人悬师远出，以寡击众，贵在速战速决，速进速退，不可旷日持久。如孙武有指挥的全权，吴人早就退兵了。《孙子·作战篇》云："兵贵胜，不贵久。""夫兵久而国利者，未之有也。"显然，吴人迟迟不撤兵与孙武的战略思想是不相合的。

吴师在楚国的腹地滞留得愈长久，他们遇到的困难就愈严重。楚人有怀旧、念祖、爱国、忠君的传统，昭王又以宽厚仁慈著称，吴师的行为愈残暴，楚人的反抗就愈强烈。《汉书·刑法志》记郢都父老为昭王送行，"王曰：'父老反矣！何患无君？'父老曰：'有君如是其贤也！'相与从之"。《新书·谕诚篇》记吴师入郢前两年，冬季严寒，昭王"出府之裘以衣寒者，出仓之粟以赈饥者"。吴师入郢后，那些曾受昭王之赐的平民不惜与吴师拼命，对阖庐尤为痛恨，以致有一夜阖庐换了五个住处。《淮南子·泰族训》记昭王奔随后，楚人群起与吴师斗争，没有将领，就由当过兵的负责操练和指挥，"各致其死，却吴兵，复楚地"。昭王长庶兄子西（公子宜申——公子申）逃到脾洩（地望失考），建树王旗，安定人心，招集散兵，组织抗战。

有个以屠羊为业的小商人，名说，号为"屠羊说"。昭王流亡时，屠羊说紧随不舍，大概是为了杀羊给昭王吃吧？事见《庄子·让王篇》。

大夫申包胥[①]曾是伍员的密友，伍员出奔时途遇申包胥，他对申包胥说：我一定要颠覆楚国！申包胥对他说：您就尽力而为吧！您如果能颠覆楚国，我就一定能复兴楚国！这时，申包胥托人代他去见伍员，对

① 《战国策·楚策》作"蚡冒勃苏"，《鹖冠子·世贤篇》作"申麃"。

伍员鞭平王之墓的行为严加谴责。《史记·伍子胥列传》记伍员托来人带口信给申包胥说："吾日莫途远，吾故倒行而逆施之。"申包胥见伍员如此一意孤行，便跑到秦国去求援，对秦哀公说：吴国像大野猪（"封豕"）、大长虫（"长蛇"），要把上国一个一个吞灭。敝国灭亡了，贵国也将不得安宁。贵国何不出兵？出了兵，至少可以分到一些土地和民众。以后敝国如果永劫不复，也将是贵国的土地和民众；贵国如果有意保存敝国，敝国将世世代代服事贵国。秦哀公听了尚不为所动，答称要商量商量。申包胥不肯告退，相传也不肯进食，靠在墙边，哭了七天七夜之久。这些情节是否一概如实，无庸深究，总之，恳切、哀痛之至。秦哀公终于答应出兵了，为之赋《诗·秦风·无衣》，其中有句云："王于兴师，修我戈矛，与子同仇……与子偕作……与子偕行。"申包胥感激不尽，顿首九次，方才坐下。

公元前505年——昭王十一年，春夏两季，这场战争把另外几个国家也或深或浅地牵扯进去了。周天子见楚国为吴师所破，自顾不暇，派刺客到楚国去，杀死了王子朝。蔡国因负责吴师的补给而缺粮，向鲁国求助，鲁国送了些粟给蔡国。越王允常见吴师主力久出不归，乘隙袭扰吴国。秦师五百乘，以子蒲、子虎为帅，出武关，过申县，败夫概王于沂邑（在今河南正阳县境）。大约同时，散而复聚的楚师败吴师于军祥（在今湖北随州市西南）。这样，秦师纵横于方城内外，楚师出没于汉水南北，楚人则支援秦师和楚师而阻挠吴师，吴师穷于应付。

是年秋，楚秦合兵击灭为虎作伥的唐国。夫概王不告而别，率所部回吴国，自立为王。阖庐见前方大势已去，后方大患日亟，当即命全军撤回吴国。

阖庐所部击溃了夫概王所部。夫概王逃奔楚国，楚国把他安置在棠溪（在今河南遂平县北）。

历时十月的一场大战终于结束了，它所显示的战略和战术值得后世兵家悉心揣摩。吴人大规模使用陵师兼舟师，兵员达三万；远距离奔袭，里程近两千：这些，都创了历史纪录。当时的陵师兼舟师，类似于当今的海军陆战队。吴人不仅是以寡击众，而且是以劳击逸、以徒击车，他们的胜利来之不易。交战双方所较量的，不仅是国力、兵力孰强孰弱，民气、士气孰高孰低，智术、心态孰优孰劣，而且是道孰有孰无。在战争的前段，吴有道而楚无道；到战争的后段，就转化为吴无道而楚有道了。胜利与失败的易位，牵连到许多变动不定的因素，有道抑或无道是一个有决定意义的前提。精明老练如伍员、孙武，在以有道伐无道时，得心应手；但在以无道抗有道时，就心劳日拙了。

孙武留下一部《兵法》，冠冕古今。人们研究得很多，而且似乎方兴未艾。孙武还留下了麾师入郢的一个战例，可惜人们研究得还很少。

在这场大战中，受祸最惨的是郢都的国人。宜城的土著对2500年前的这段往事未能忘怀，至今仍有许多关于平王和昭王的传说，对平王褒少贬多，对昭王则有褒无贬。原有昭王庙和昭王井，韩愈过宜城时作《题楚昭王庙》诗云："丘坟满目衣冠尽，城阙连云草树荒。犹有国人怀旧德，一间茅屋祭昭王。"

吴师退走之后，昭王回到郢都，时为十月。郢都经吴师蹂躏，残破不堪。于是，昭王迁都，而仍称之为郢，以示不忘其旧。这个新都在今湖北江陵县，详见下章。

昭王赏功臣。子西先已为令尹，子期先已为司马，护王，却敌，功勋卓著；王孙由于、王孙圉、王孙贾、斗辛、斗巢、斗怀、钟建、申包胥、蒙谷、宋木、沈诸梁等，俱受赏。

子西建议不要赏斗怀，因为斗怀曾打算杀死昭王。昭王说：斗怀一度要害死寡人，那是小怨；后来他同兄弟一起保护寡人，这是大德。既有大德，就不该计较小怨了。于是，照赏不误。

钟建的功劳除侍奉昭王外，还有背王妹季芈。这时，昭王要为季芈择婿，季芈说：钟建背过我了。言下之意，非嫁给钟建不可。昭王玉成其事，还让钟建自选官职。钟建此人颇有自知之明，不求高官，只说出身乐尹世家。昭王乃命钟建为乐尹，为季芈改名"畀我"。"畀我"者，"给我"也。若添上几个字说得明白些，就是"把钟建许给我"。昭王珍重亲情，对兄弟姊妹，无论嫡庶，都很好，而且不乏风趣。

申包胥辞赏，他说：我做事，只是为大王，不是为自己。一说，申包胥隐居山中，以度余年。按，《国语·吴语》记申包胥曾奉使于越，谒见句践，句践问何以为战，申包胥答曰："智为始，仁次之，勇次之。"可见，申包胥虽辞赏而未隐居。

蒙谷受赏是因为他抢救、保护了《鸡次之典》，使百官有章可循，使诸事有法可依。蒙谷倒真是辞赏不受的，他已无意仕进，到乡间去隐居不出。

沈诸梁（子高）乃沈尹戌长子，因功受命为叶公。叶县是邻接中原的要冲，非重臣不足以为叶公。沈诸梁弟后臧原在吴国服侍其母，这时跑到楚国找沈诸梁来了。沈诸梁以为后臧不义，从此终生不正眼看后臧。

一场国破家亡的危机终于渡过了，山河依旧，宗庙无恙，民间虽疮痍未复，楚国却仍是一个令诸侯望而生畏的大国。班固说："楚昭王……所谓善败不亡者也。"①

第四节　等级和阶层

武文时代，楚国进入了阶级社会。此后历经成庄时代、共康时代、灵平时代而及于昭王，楚国走着一条曲折的上升道路，等级结构和阶层结构渐趋成熟。吴师入郢使举国为之骚然，而等级结构和阶层结构依然如故。

物以类聚，人以群分，按当时的习惯，人有"君子"和"小人"之别。君子和小人不是政治概念或道德概念，而是粗略的等级概念，上等者为君子，下等者为小人。可是，君子内部很复杂，小人内部更复杂。

君子是贵族，上有王，中有大夫，下有士。王是独一无二、至高无上的。从名义上说，举国之内莫非王土；至于事实，则并不如此简单。

---

① 《汉书·刑法志》。

大夫有上、中、下之分，士也如此。上、中、下之间，可沉可浮。令尹、司马、莫敖等高官以及亲贵公子、亲贵王孙是上大夫，中大夫和下大夫则依次递降。大夫是上等贵族，士则是下等贵族。君子通常住在城里，属于“国人”。用大白话来说，国人就是“城里人”，然而并不包括住在城里的小人。

贵族按血缘的系统，以公族（王族）为核心，组成亲疏、大小不等的一些族和家。族原即氏，氏衍分而为族。家原即族，族衍分而为家。族与家联结起来，则是所谓宗。家是经济团体，族主要是政治兼军事团体，宗则是血缘团体。

家有室。文献所记的“室”有多少不等的内涵和大小不等的外延：小而言之，仅指妻孥；大而言之，则可将属于一家之长的人和物，即妻孥、仆妾、田土、房屋、动产涵盖无余。当时基本的财产是田土，所以室也可称为“田室”。大夫除了自有的田室之外，往往还有赏邑。在当时的楚国，赏邑与封邑、食邑、采邑、禄邑无别。赏邑和自有的田室加在一起，可称为“所”。

封给亲贵公子的赏邑通常可以世袭，从而转化为自有的田室。封给重臣、功臣、宠臣的赏邑，除了个别的例外，不能世袭，或者只能传一代、两代，这与北方各国是不同的。北方，如《史记·管晏列传》所记齐国的鲍叔，“子孙世禄于齐，有封邑者十余世，常为名大夫”。如此优遇，楚国的贵族是享受不到的。所谓个别的例外，即孙叔敖子所受的赏邑，因在边远、硗瘠之地，人所不喜，据说传了九代以上。《淮南子·人间训》说：“楚国之俗，功臣二世而爵禄收，唯孙叔敖独存。”

楚国的赏邑是不大的，官高功大如孙叔敖，据《史记·滑稽列传》，死后其子所受赏邑也只有 400 户。北方各国就不同了，据《左传·襄公二十七年》，通例是“卿备百邑”。楚国的赏邑以户计，北方各国的赏邑以邑计，小大的差别可想而知。邑数上百，户数就要成千上万了。

楚国无卿，就连上大夫也很少有长盛不衰的。其上大夫与北方各国的卿相比，就赏邑而言，一如小巫见大巫。

鲁国有三大家族——孟孙氏、叔孙氏、季孙氏，形成三个兄弟“王国”，鲁君对他们一筹莫展。鲁襄公时“作三军”，三大家族各为一军，《左传·襄公十一年》称之为“三分公室而各有其一”。鲁君多悲剧人物，根源就在于三分公室。晋国的上等贵族食邑也很大，如韩氏七家和羊舌氏三家，据《左传·昭公五年》所记，“十家九县，长毂九百”，即共有兵车900乘。楚国最大的家族若敖氏，极盛时期也只有“六卒”，即兵车180乘，等于晋国韩氏和羊舌氏兵车总数的1/5，而且不久就被庄王击灭，此后再也没有可与若敖氏媲美的家族了。须知，在晋国的上等贵族中，韩氏和羊舌氏还不是数一数二的。

族有兵。族兵即文献所谓“私卒”，战时常须随同本族的将领出征。他们利害与共，生死与共，战斗力很强。以私卒从征是贵族承担的兵赋，这与北方各国相同。《左传·昭公十六年》记郑卿子产说：“立于朝而祀于家，有禄于国，有赋于军。”

家族如有世职，就成为官族了。地位最高而且资格最老的官族是屈氏，世选莫敖。斗氏地位也很高，资格也很老，但并非官族。地位较低、资格较浅的官族，如钟氏世为乐尹，而观氏世为卜尹。楚国的要职，即令尹、司马和大县的县公，都不是世职。这些要职，在政治清明之时，任亲则必选贤，任贤则必论亲。

族权与王权又对立又统一，构成了楚国贵族统治集团内部的基本矛盾。与王权协调时，族权是王权的股肱，族长奉职于庙堂，族兵效死于疆场，此等事例累世不鲜。反之，与王权磨擦乃至冲突时，族权就成为王权的祸患了，族长可能成为政变的主谋，族兵可能成为叛军的主力。楚国每逢族权与王权发生对抗，胜利或迟或早属于王权，绝无例外。

楚国的县或大或小，大县等于一个小国。与北方各国相比，楚国多大县。这是因为楚人灭掉了许多中小诸侯，即以其地置县，便于利用原有的管理系统。作为诸侯是中或小的，作为县就大了。如申和息原是两个中小诸侯，被灭后成为两个大县，可以合编为一军。灵王一度灭陈、蔡为县，加上边境大城不羹，三县各有千乘之赋，都比申和息更大。

县邑多而且大，赏邑少而且小，这是楚国王权的根基。楚国公室特别强大，王权特别牢固，发生了改变也不会大权旁落，这是因为楚人偏爱王权吗？不，这是因为楚国的经济体制和政治体制确保了王权的绝对优势。

小人的主体是“庶人”，占楚国人口的大半。其中，“国人”较少，“野人”较多。庶人中的国人是楚族平民以及地位与他们相当的楚籍异族平民，他们通常住在城里。庶人中的野人多为异族人，入楚籍后逐渐楚化，是农奴和类似农奴的依附农民，住在乡里。所谓“野人”，用大白话来说，就是“乡下人”，然而并不包括为数甚少遁迹乡里的国人。

庶人的中间地位，又鲜明，又微妙。《国语·楚语》记屈建说：“国君有牛享，大夫有羊馈，士有豚犬之奠，庶人有鱼炙之荐，笾豆、脯醢则上下共之。”说的是祭典，等级分明，庶人可用鱼炙之荐，陈笾豆、脯醢之类，虽则寒酸，但祖宗的鬼还不至于挨饿，非奴隶可比。但他们终究是小人，受着等级的严格约束。《左传·宣公十二年》记晋大夫士会论楚国的国情说：“君子、小人，物有服章，贵有常尊，贱有等威，礼不逆矣。”总之，庶人是下等国人，上等小人，诸色野人。

身为国人的庶人，据《左传·宣公十二年》所记，其职业有“商、农、工、贾”之别，还有为数不多的官和为数较多的吏。把“商”与“贾”分开，可想而知，前者是大商人，后者是小商贩。把“商”摆在前头，把“贾”摆在后头，想来是因为官方看重大商人而看轻小商贩，这和晋国是有明显差别的。晋国庶人以下的序列，据《左传·襄公十四年》所记，是“庶人、工、商、皂、隶、牧、圉”。皂、隶、牧、圉暂且不论，庶人多为农民，商人的位次在农民和工匠的后面。由此可知，若与晋国相比，楚国可以说是重商的，但与郑国相比，楚国就不算是重商的了。

身为野人的庶人，被较强的依附关系束缚在里社中，务农为业，承担兵赋和贡税，家境虽或优或劣，地位则都是农奴和其他依附农民。

庶人大致也可分为上、中、下三层。上层的庶人，或居官而受禄，或无官而饶财。就连其中的农夫，生活也与下士相仿，这和北方的情况是差不多的。《礼记·王制篇》说：“诸侯之下士视上农夫，禄足以代其耕也。”中层的庶人，在正常状况下尚不愁温饱。还有下层的庶人，通常执贱役，难免有饥寒之虞。

特别走运的庶人也有乘坚策肥的，但如不自行贬省，就可能触怒贵族乃至王室。令尹子南的宠臣观起，出身庶人，职居微官，居然有马数十乘，一旦祸起，惨遭车裂。在等级森严的社会里，最忌下逼上。观起自奉如显贵，子南视之如羽翼，这就犯了下逼上的大忌。这样为一个庶人而株连及于执政大夫的事，在北方诸国是不会发生的。楚国公室最强而庶人最多，介乎二者之间的贵族如果豢养庶人以为羽翼，便是公室的隐患。

底层的庶人是“役夫”，或称“役徒”，家底薄弱，家境凄凉。应征入伍后，没有资格做车兵，甚至没有本钱做徒兵，只能做杂役。北方诸国的役徒也如此，《管子·轻重己篇》说：“处里为下陈，处师为下通，谓之役夫。”处里，有户籍；处师，服兵役。役夫虽不是奴隶，但地位之卑贱与奴隶相近，所以，江芈用来骂商臣的名目就是“役夫”。

庶人既是劳作的主力，又是战斗的主力，他们的向背标志着政情的优劣，关系到国家的安危。凡称得上是明君、贤臣的，都懂得又要利用庶人，又要安抚庶人。令尹孙叔敖的功业，主要不是克敌制胜，而是抚民安邦。

地位低于庶人的小人，无论被称为“仆”“台”“臣”“妾”或其他，都是奴隶①。他们若不隶属于贵族，则必隶属于公室。贵族的室田既然不算很多，那么，他们所占有的奴隶也不会很多。公室的奴隶当然是多的，但与北方诸侯占有的奴隶相比还算是少的。国君把奴隶赏给贵族，在北方诸国较为多见，在楚国则未有所闻。

① 《礼记·礼运篇》曰：“仕于公曰臣，仕于家曰仆。”这些能入仕的臣和仆都不是奴隶，臣大抵为贵族，仆大抵为平民。

研究先秦史的学者，往往根据芋尹无宇对灵王说的一番话，推断春秋时代的楚国盛行奴隶制，甚至就是奴隶制占主导地位的社会。其实，这是误断。《左传·昭公七年》记无宇说："天有十日，人有十等。下所以事上，上所以共神也。故王臣公，公臣大夫，大夫臣士，士臣皂，皂臣舆，舆臣隶，隶臣僚，僚臣仆，仆臣台，马有圉，牛有牧，以待百事。"其中，自皂至台计六等，有说他们都是奴隶的。按：皂在十等中位居第五，其下尚有五等可臣，决非奴隶。称"皂"，是因为穿黑衣为侍从或卫士①。舆之义为众②，平时着地力农③，服役则可充众徒之长④，应为庶人。隶和皂相似，有卑职微禄⑤，当然也不是奴隶。僚和舆相近，也会被征为役徒⑥，是下等的庶人，算来，确凿的奴隶只有仆和台，以及圉和牧。圉是牧马人⑦，牧是放牛人，贵族也有以"圉"和"妾"为名的，那是算命的结果说可能变成臣妾，就故意起个贱名以邀好运，晋惠公有一子名圉，有一女名妾，就是算命后起的名，事见《史记·晋世家》。

无宇所要说明的不是楚国的等级结构和阶层结构的完整序列，而是上臣下的隶属关系。而且，无宇是就周朝的通例而言的，至于楚国何等人多，何等人少，无需计较。假如在以农奴制为主的社会里也排一排上臣下的序列，垫底的必定也是奴隶，而且奴隶也不止一等。从无宇的话里，推不出楚国以奴隶制为主的结论来。无宇讲到楚文王制定的《仆区之法》，那是专门治盗贼的。无宇只是把它用作比喻，说收容逃亡的奴隶就像窝藏偷盗的赃物罢了。

---

① 俞正燮：《癸巳类稿》卷 2"仆臣台义"条云："皂者，《赵策》所云补黑衣之队，卫士无爵而有员额者。"此说较能成理。

② 《左传·昭公七年》孔颖达疏引服虔云："舆，众也，佐皂举众事也。"

③ 《左传·僖公二十八年》记晋文公"听舆人之诵曰：'原田每每，舍其旧而新是谋。'"可见，舆人以农为业。

④ 《左传·襄公三十年》记"晋悼夫人食舆人之城杞者"，赵孟要舆人的一个长者做小官。

⑤ 《国语·晋语》曰："皂隶食职。"

⑥ 《左传·昭公七年》孔颖达疏引服虔云："僚，劳也，共劳事也。"

⑦ 《史记·晋世家》裴骃《集解》引服虔云："圉人掌养马，臣之贱者。"

诸夏经常在作战时俘掠人口以为奴隶。《小盂鼎》铭文记周康王时伐鬼方，把“俘人万三千八十一人”与俘马、车、牛、羊连举，而且人数比马、车、牛、羊的总数还多。《左传·宣公十五年》记“晋侯赏桓子狄臣千室”，可证当时晋国大量俘掠狄人以为奴隶。晋人所获战俘通常沦为奴隶，就连贵族也不能幸免。楚国的郧公钟仪被俘后，关押在晋国的仓库里，无疑也沦为执贱役的奴隶了。诸夏还不时相互赠送奴隶，是战俘的叫“献”，非战俘的叫“赂”或“纳”。例如：《国语·晋语》记晋悼公伐郑，郑人“来纳女工妾三十人，女乐二八……”；《左传·成公二年》记楚共王侵鲁，鲁人“赂之以执斫、执针、织纴皆百人”。楚国则不然，楚人尽管在狂热地攻城夺邑，灭国废君，他们对于俘掠人口以为奴隶却没有表示出明显的兴趣。他们送给诸侯的，除了常规礼品之外，只有铜、鼋之类，没有匠人和艺人。

农奴制成分和奴隶制成分并存在楚国社会中，它们的关系不像两个板块的碰撞和挤压，不是一进一退，或者僵持，谁也吞不下谁，谁也化不了谁。而且，它们不像狼和羊或者猫和鼠，不是前者吞噬和消化后者。它们处在共生状态，你需要我，我需要你，难舍难分，只是分量一重一轻，速度一快一慢，地位一主一从，如此而已。

正像马克思所讲过的：“在一切社会形式中都有一种一定的生产支配着其他一切生产的地位和影响，因而它的关系也支配着其他一切关系的地位和影响。这是一种普照的光，一切其他色彩都隐没其中，它使它们的特点变了样。”[①] 要问在武王以后的楚国社会中那种普照的光是什么，看来只能做这样的回答：它是农奴制。

① 马克思，恩格斯. 马克思恩格斯全集：第 12 卷［M］. 北京：人民出版社，1962：757.

第九章 中 兴

作为首都的郢，第一个在汉水之阴，第二个在长江之阳。

“郢”不是首都的特称。凡是有王宫，包括游宫在内的地方，都可以称“郢”，或许，说得更准确些，都应该称郢。因此，可以有几个郢同时存在，冠以地名，以资识别。

从昭王十一年冬起作为首都的郢，称为“栽郢”①。其地与熊渠所封句亶王治所相近，早就有楚人聚居。大约在战国中晚期之际，已被称为“江陵”②。栽郢的遗址，最迟在东汉晚期，已被称为“纪南城”。后人以为，城名纪南是因为它在纪山的南面。

栽郢成为首都以后，原来的郢都就以旧名“鄢”见称了。

江陵是长江中游的锁钥。从西周晚期到清代中期，得江陵则可得长江中游，失江陵则必失长江中游。江陵南傍长江，溯江而上可通巴蜀，沿江而下可通吴越，逾江而南经洞庭湖平原可达苍梧（山名，在今湖南宁远县南），北经鄢、邓、申出方城可达中原。长江中游东西向的水路和南北向的陆路，相交如“十”字，江陵就在这一横一竖的交点上。其地西北两方是丘陵和山地，东南两方是平原和水面，物产丰饶，可为霸王之资。

江陵绾毂长江中游，古人对此有确切的认识和精辟的表述。例如《晋书·王戎传附王衍传》云：“荆州有江汉之固。”杜甫《江陵望幸》诗有句云：“地利西通蜀，天文北照秦。风烟含越鸟，舟楫控吴人。”苏轼《荆州十首》有句云：“北客随南贾，吴樯间蜀船。”江陵这个特出的历史

---

① “栽郢”：见于楚简墨书和楚器铭文。楚王多次在栽郢会见国宾，足证栽郢为首都。在荆门包山 2 号墓所出的竹简上，记有五处称郢的地方，栽郢是主要的一处。

② 李学勤以为“白起拔郢以前‘江陵’这个地名业已存在”，见其所著《楚国夫人玺与战国时的江陵》，《江汉论坛》1982 年第 7 期。

地位，最初是因楚人建栽郢于此而奠定的。

楚国以栽郢为首都，长达 220 年左右，这是楚王国的鼎盛期，也是楚文化的鼎盛期。

班固《幽通之赋》云："黎淳耀于高辛兮，芈强大于南汜。""黎"或称"重黎"，是楚人的远祖，相传为高辛氏火正。"芈"，是楚王族的姓。"南汜"，即江陵周围众多或分或合的水道。栽郢的兴起，标志着楚王国和楚文化的鼎盛期的开端。

在鼎盛期的楚文化遗存中，有一种造型卓异的木雕，今称"虎座立凤"。此凤两胁有鹿角，通体饰彩文，昂其首，展其翅，双足立于虎背，虎躯体微小而性情驯顺。这种木雕集壮、美、奇于一身，是已迁于乔木的凤，可视之为楚王国和楚文化的鼎盛期的象征。

第一节　和于内而慎于外

昭王同兄弟的关系，与其父辈同兄弟的关系迥然异趣，从康王到平王，兄弟五人，钩心斗角，以至你死我活。昭王同兄弟却是彼此倾诚相爱，竭力相助。当初平王去世，大臣见太子壬年幼不堪任事，议立子西为王，子西执意不从；又议立子期为王，子期也执意不从。吴师入郢后，子西和子期为保护昭王和规复社稷而奋斗，艰苦卓绝。昭王若有迷误，子西、子期便设法使之醒悟。《孔子家语·辨政篇》记昭王为求欢娱，拟作荆台之游，司马子期以为不可，昭王不悦。令尹子西自请陪同昭王前去，昭王大喜。焉知走了不过十里，子西就停下车，向昭王指明纵情逸乐的坏处，还说：子期是忠臣，我是谀臣，愿大王赏忠而诛谀。昭王问道：今王不去，后王也要去，你能劝阻今王，难道还能劝阻后王吗？子西答道：大王万岁之后，在荆台上筑个墓，子孙就谁也不敢去玩了。昭王终于明白过来，于是还车回宫。孔子赞曰："至哉！子西之谏也！入之于千里之上，抑之于百世之后者也。"此事，《说苑·正谏篇》等所记略同。有子西、子期两位庶兄，这是昭王的大幸。

公元前 504 年——昭王十二年，郑见楚新败，乘机伐许。这时，许在容城（在今河南鲁山县东）。楚人喘息方定，置之不问，可是，吴师又来伐了。吴太子终累[①]在淮水中游击败楚国，俘获潘子臣、小惟子和另外七位大夫。吴师别部在繁扬（在今河南新蔡县北）击败由子期指挥的陵师。子西建议临时迁都于鄀，以便接应，昭王从之。这鄀是下鄀，在今湖北钟祥市西北或宜城市东南。吴师有上次的教训，适可而止，退兵回国。

公元前500年——昭王十六年，鲁与齐会盟，孔子为鲁君相礼。后来，孔子与楚国有些瓜葛，这里先写一笔。

公元前496年——昭王二十年，北方诸国动乱频仍，但政治格局无大变。楚人休养生息了八年，又想在国际舞台上小试锋芒了。顿是一个小国，故址在今河南项城市西，这时叛楚附晋，楚灭顿，以儆效尤。

阖庐和吴师回国后，声威大震，上国对他都刮目相看了。功臣受重赏。伍员受封在申（地望不详），因而称为申胥。孙武似已告退，缘由想来是与阖庐、伍员意见不合。是年，刚即王位的句践起兵伐吴，吴师在檇李（在今浙江嘉兴市南）与越师相遇。吴师严阵以待，置越师挑战于不顾。句践派刑徒排成三行，走到两阵中间，以剑自刎。吴人从来没有见过此等怵目惊心的怪事，一时呆若木鸡。句践乘机麾师进击，吴师因心神不宁而大败。阖庐被越大夫灵姑浮用戈击伤，北行不过十里就死了。

阖庐子夫差继为吴王，命人站在王庭中，每见夫差出入，就指名问他：夫差，你忘了越王杀害你的父亲吗？夫差则答：没有，没有，我不敢忘。

这时越国的本土还不很广，据《国语·越语》，其地南至句无（在今浙江诸暨县），北至御儿（在今浙江嘉兴市），东至鄞（今名依旧），西至姑蔑（在今浙江衢州市）。越国的西边是越人散部，越师可以假道入楚境。

胡国虽小，却在吴楚大战时趁火打劫，攻掠邻近的楚邑。公元前

① 此从《左传》；《史记·伍子胥列传》记是役吴师主帅则为太子夫差，或许夫差原名终累。

495 年——昭王二十一年，楚灭胡，了结了吴楚大战的一个小的遗留问题。

还有一个大的遗留问题，便是导吴伐楚的蔡。公元前 494 年——昭王二十二年，楚与陈、随、许合兵伐蔡，围其都。子西命役徒在蔡都外筑垒以备攻城，九天竣工。蔡人大惧，男女分别列队出降。楚对蔡从宽发落，昭王让蔡人在长江和汝水之间这片广大的区域里另觅栖息之所，蔡人要求迁到离吴国近些的地方去，昭王表示允许如此。

是年，吴倾全力伐越。句践深信巫术，命巫师作法让吴师翻船，结果当然无效。吴师击溃越师，进占越都（在今浙江绍兴市）。句践率残部甲士五千逃上了越都南面的会稽山，派大夫文种向吴太宰伯嚭行贿以求和。夫差听从了伯嚭，同意议和。伍员反对，可是夫差不听。

其明年，蔡昭侯决意投靠吴国，公子驷反对。应蔡昭侯之请，吴大夫泄庸领兵到蔡国聘问。蔡昭侯杀死公子驷，在吴师护送下，迁都于州来，是为下蔡。

吴败越，楚人为之忧心忡忡，子西却认为夫差正在走自取败亡之路，不足为楚国之患了。《左传·哀公元年》记子西说："昔阖庐食不二味，居不重席，室不崇坛，器不彤镂，宫室不观，舟车不饰，衣服财用择不取费。在国，天有灾疠，亲巡孤寡而共其乏困；在军，熟食者分而后敢食，其所尝者卒乘与焉。勤恤其民，而与之劳逸，是以民不罢劳，死知不旷。吾先大夫子常易之，所以败我也。今闻夫差，次有台榭陂池焉，宿有妃嫱嫔御焉。一日之行，所欲必成，玩好必从。珍异是聚，观乐是务。视民如仇，而用之日新。夫先自败也已，安能败我！"

这时，楚都早已迁回栽郢了。

公元前 491 年——昭王二十五年，蔡昭侯要访问吴国。一些大夫唯恐他又要找吴师来再次迁都，以公孙翩为首，发动政变，射杀了蔡昭侯。公孙翩为忠于蔡昭侯的大夫所杀，其同党或被杀或被逐。

戎人蛮氏介乎晋、楚之间，首鼠两端，楚国决定对它采取彻底解决的手段。是年夏，大夫单浮余率楚师围蛮氏，蛮子赤逃到了晋国的阴地

（在今河南卢氏东北）。楚国派丰、析两邑的兵进驻上雒（在今陕西商县），作掎角之势。派使者对守卫在阴地的晋大夫士蔑说：晋和楚有盟约，应当同好同恶。否则，敝国的将士将越过少习山来。按，少习山在商县东，其下有武关。说要越过少习山，意即西入武关，联秦伐晋。士蔑报告赵简子（赵孟），赵简子说：晋国尚未安定，不可开罪楚国，你就赶快把戎人交给楚国吧！士蔑扬言要为蛮子赤卜地定居，召蛮子赤，把他和五位随行的大夫一并捕获，押到析邑的三户，交给了楚国。楚人故意为蛮子赤置赏邑，立宗庙，诱引其部众前来，然后一网打尽，把他们迁到南方去了。

公元前 489 年，吴伐陈，楚救陈，昭王进驻城父。自春至秋，楚师与吴师相持不下。楚人卜战，不吉；改卜退，也不吉：由此，迟疑不决。此时，昭王已病重，见太阳边上接连三天有红云，觉得奇怪，派使者去问周太史。周太史说这是昭王将受祸之兆，如果举行禳灾之祭，可使病移到令尹、司马身上去。昭王说：令尹、司马是寡人的股肱，怎么能把心腹之患移作股肱之患呢？寡人如因有罪而须受祸，又怎么能转嫁给别人呢？于是，昭王拒绝举行禳灾之祭。经占卜，据说昭王患病是河神作祟。大夫要祭河神，昭王又反对。《左传·哀公六年》记昭王说："三代命祀，祭不越望。江、汉、睢、漳，楚之望也。祸福之至，不是过也。不穀虽不德，河非所获罪也。"孔子听说昭王所言如此，赞曰："楚昭王知大道矣！"

昭王久闻孔子之名，是年曾以礼聘孔子。孔子欣然首途，不幸受阻于陈、蔡之间。门生子贡向昭王告急，昭王派兵为孔子解围。《史记·孔子世家》记："昭王将以书社地七百里封孔子。"按：当时农村的基层组织，若干家为里，若干里为社。所谓"书社"，即书其社之人于籍。《说苑·杂言篇》说，子西反对授孔子以政，昭王乃不用孔子，这是后人的传说，殊悖情理，不可置信。孔子终于没有到楚国去做官，一则因为兵荒马乱，二则是因为昭王病重，顾不上了。孔子和楚人确实有一些瓜葛。相传孔子曾向楚国的老子即老莱子求教，深受启发，大为叹服。孔子从陈、蔡之间得脱后，途遇楚国一位佯狂的隐士，其名为接舆。接舆边走边唱："凤兮！凤兮！何德之衰！往者不可谏，来者犹可追。已而，已而！今之从政者殆而！"歌中有告诫之意。孔子下车，要向这位贤者请益，接舆避走不顾，以致孔子未能如愿，事详《论语·微子篇》。

昭王临终之际，要子西继为王，子西坚辞不受；要子期继为王，子期的态度一如子西。昭王又要子间（公子启）继为王，子间也坚辞不受。昭王连说了五次，子间连辞了五次。子间见事态如此，为了安慰昭王，假意受命。昭王死，在位二十七年。

子间与子西、子期议决，封锁消息，阻绝路口，秘密派精干的使者回郢都，迎昭王之子章到城父，立之为王。熊章即惠王，其母为越国女子。惠王既立，楚师乃回国。

这时的楚国已经从濒于危亡的大难中复苏，国力渐充，威名益著，但不像霸主那样气焰灼人，在国内使民众得到了安宁，在国外树立了一个并不招惹反感的形象。

王孙圉曾奉昭王之命到晋国聘问，据《国语·楚语》所记，赵简子问王孙圉：听说贵国有美玉白珩，奉之为宝，是吗？王孙圉答道："未尝为宝。"王孙圉随即一一介绍楚宝，第一是贤臣观射父，第二是贤臣左史倚相，第三是物产丰饶的"云连徒洲"即云梦一带。"若夫白珩，先王之玩也，何宝之焉？"王孙圉说：国有六宝，首先是"明王、圣人"，其次是可以祭神祇求丰收的"玉"，可以卜问吉凶的"龟"，可以防备火灾的"珠"（当时观念如此），可以制造兵器以抵御敌人的"金"即铜，然后是"山林薮泽"。末了，王孙圉说："若夫哗嚣之美？楚虽蛮夷，不能宝也。"昭惠时代楚人由起死回生而稳步前进，所依靠的首先就是和衷共济的诸多人才。

第二节　白公与叶公

惠王初即位时，也还年幼。执政大夫奉昭王后期的遗规，莅事勤谨。

社稷转危为安的教训，公族融洽团结的气氛，以及臣僚志虑忠纯的辅弼，铸就了惠王随和、稳健的性格。

惠王在位的最初十年，除了难得与上国往来的秦国不算，楚国是一个民众最能安居乐业的国家。当时的吴王夫差，不满足于先王打败楚国和自己打败越国，他的自我感觉好得出奇，傲然有霸主之志。由此，当时的国际冲突以吴国为元凶。不幸的是，牵涉在其中的多数国家还有时起时伏的内患。于是，局势显得闹腾腾、乱纷纷，愚蠢和顽劣多于智慧和明达，真是瓦釜雷鸣。

公元前488年——惠王元年，吴王夫差北上与鲁哀公相会，有重兵随行。过宋国时，索求百牢，即牲礼一百。按当时的礼制，至多不过十二牢，因为十二是“天之大数”。夫差强求，宋人只得如数奉献。到了鲁国，鲁人也不得不向夫差奉献百牢。其明年，吴师北上，先伐鲁，后伐邾。又明年，吴国开凿了邗沟，以便吴师北伐。邗沟，后世又称韩江，是中国最早的一条运河。是年，楚伐陈，这是一次聊胜于无的行动，目的只是提醒对方不要亲吴而叛楚。

公元前485年——惠王四年，吴与鲁、邾、郯合兵伐齐。齐大夫鲍氏弑齐悼公，把他的尸体献给夫差，但齐师力战不降。吴大夫徐承率舟师航海伐齐，为齐师所败。吴师不得志，水陆俱退。伍员反对伐齐，《吕氏春秋·知化篇》记伍员说：齐只是“疥癣之病”，越才是“心腹之疾”，“吴、越之势不两立”。夫差为句践伪装的恭顺所迷惑，觉得伍员的话是无稽之谈。其明年，齐伐鲁，吴伐齐以救鲁。夫差将行时，伍员又苦谏，夫差不悦。多次受句践重赂的伯嚭进谗，说伍员居心叵测，嘱夫差不可不防，夫差竟赐伍员死。是年，吴师大败齐师于艾陵（在今山东济南市莱芜区），夫差志益骄，气益盛，目空一切。

公元前482年——惠王七年，夏秋之际，夫差率主力北上，与晋定公、鲁哀公会于黄池（在今河南封丘县南）。句践见有隙可乘，起兵伐吴。越师先小挫，后大捷，占领了吴都，俘获吴太子友。夫差听到这个消息时，尚未与晋定公、鲁哀公相见，乃令知情者七人在帐篷里自杀，在歃血为盟后才星驰回国。越师待吴师主力将到，即撤离吴都。是年冬，吴越议和。约一年半以后，子西、子期以楚师主力伐吴，一直打到桐汭（在今安徽郎溪县、江苏高淳县一带）。吴为越所困，势难专力与楚周旋，只能消极防御。

公元前479年——惠王十年，夏，孔子死于鲁国。孔子虽然没有到过方城以内，他的学说对楚国还是有些影响的。《史记·仲尼弟子列传》记孔子传《易》于瞿，瞿传之于楚人馯臂子弘（按即子弓）。《史记·礼书》记孔子既死，其弟子“或适齐、楚，或入河海”，“亚饭干适楚”。亚饭干是鲁国的一位宫廷乐师，到楚国后是否仍为宫廷乐师则不可知。据《汉书·儒林传》所记，孔子弟子澹台子羽也住在楚国。

是年夏末秋初，郢都发生了白公之乱。白公，即太子建之子胜。

胜原在吴国，惠王二年子西派人把他迎回楚国，命为白公。白是县名，在今河南息县东。白公胜为报父仇，请求伐郑，子西不许。惠王八年，晋伐郑，郑向楚求援，子西领兵救郑。晋师退走，楚师也撤回了。白公胜以为子西亲郑，怒不可遏，于是图谋杀害平王的遗族。据《淮南子·人间训》所记，白公胜“大斗斛以出，轻斤两以内”。如此伎俩，无疑是要收揽人心。子期之子访问白公胜，正巧见到他在磨剑，便问：王孙怎么自己动手磨起剑来了？白公胜答道：要杀你的父亲！子期之子大惊，走告伯父子西。子西全然不信，说：白公胜像个蛋，是在我的翅膀下成长的。以后我死了，他不是令尹就是司马。言下之意，是说白公胜犯不着杀他。这话传到白公胜那里去了，白公胜说：令尹怕是发疯了吧？他如果能善终，我就不是白公胜了。

白公胜确实要作乱了，他对有勇力的死士石乞说：对付大王和二卿（子西和子期），我看只要五百人就够了。石乞问：哪来这五百人呢？白公胜说：市南的熊宜僚很有本事，把他找来，足可当五百人。石乞随白公胜去拜访熊宜僚，熊宜僚正在“弄丸”，即把几颗弹丸上上下下抛着玩，不使落地。石乞代白公胜说明来意，熊宜僚表示不愿为白公胜效力，但可为白公胜保密。石乞拔出剑来搁在他头颈后面，他神色不变，弄丸不辍。白公胜说：他不为利诱所动，不为威逼所屈，不为求媚而出卖别人的秘密，我们就算了吧！此事，又见《淮南子·主术训》。熊宜僚号称“市南宜僚”，大概是一位隐于闾里的异能之士，体格强壮，身手矫健，精通武术和杂技，而且徒众多以数十百计，但无求于功名利禄。因此，《庄子》一书把他说成是“少私”“寡欲”的道家，多次称引。

平时，白公胜是住在白县的。是年夏秋之际，白公胜击败侵扰楚国边境的吴师，请求入朝献其所获，得到准许。白公胜乘机率其党作乱，在朝廷上击杀了子西和子期，劫持了惠王。石乞要杀死惠王，白公胜以为弑君不祥，不许。白公胜要立子闾为王，子闾宁死不从，为白公胜所杀。惠王被关在称为高府的仓库中，由石乞守门。大夫圉公阳凿破墙垣，救出惠王，背在自己身后，秘密送进了其母昭夫人宫中①。白公胜对昭夫人尚不敢冒犯，惠王暂时还是安全的。白公胜迟疑了多日，终于自立为王。

叶公沈诸梁闻讯，从方城外赶到郢都。进郢都北门后，遇到箴尹固带着私卒正要去投白公胜。沈诸梁说服了箴尹固同他一起去攻击白公胜。沈诸梁打开大府，用其中的物资周济国人；打开高库，用其中的兵器装备国人。作乱和平乱的双方展开了激烈而持久的巷战，据《淮南子·道应训》所记，打了十天之久。乱党终于覆没，白公胜逃到城外的山中自缢，石乞被处以烹刑，白公胜弟王孙燕则逃回吴国去了。这场叛乱，自始至终，一说为十九天，另说为一月余。

《说苑·立节篇》记大夫申鸣引兵攻白公胜，白公胜听说他是大孝子，便把他的父亲捉来，胁迫他投诚，申鸣说：“受其禄者毕其能，今吾已不得为父之孝子矣，乃君之忠臣也。”说罢，战斗不止，他的父亲由此遇害。白公胜既死，申鸣也因未能尽孝而自尽。此事未必真有，但楚人的传统确实把忠看得比孝更重。

白公胜杀令尹、司马而囚惠王，起初还不是为了夺权篡位，而只是

---

① 此据《左传·哀公十六年》，《史记·楚世家》则以为救惠王的是“惠王从者屈固”。

为了复乃父之仇，泄一己之忿。他在歇斯底里状态中，神志已不大正常了。《韩非子·喻老篇》记白公胜将作乱时，凝神久思，竟倒持手杖，手杖的尖端刺破了他的下巴，血流及地，仍不自知。西汉贾谊认为："白公为乱，非欲取国代主也，发愤快志，剡手以冲仇人之匈（胸），固与俱靡而已。"①

近人有以为白公胜是一位革新家甚至革命家的，基本的理由是白公胜"大斗斛以出，轻斤两以内"。其实，白公胜此等行径只是用之于一时的手腕。把手腕看成理想，无异于把脂粉看成本色，结果便是把假象看成真相。

事平之后，叶公受命以一身而兼令尹、司马两职，这在楚国是空前而绝后的。惠王赏叶公食田六百畛，以褒其功。

叶公镇守北疆，劳绩卓著。平白公之乱后，威名远播。《战国策·楚策》说："当此之时也，天下莫敢以兵南乡（向）。"叶公的才略，在当时列国的群臣中，确实难得。至于他的状貌，却似乎全无英雄气概。《荀子·非相篇》说，叶公"微小短瘠，行若将不胜其衣然"。孔子在世时，叶公曾向孔子问政，《论语·子路篇》记孔子答曰："近者说（悦），远者来。"《韩非子·难篇》记孔子对此所作的解释为："叶，都大而国小，民有背心，故曰政在悦近而来远。"白公之乱既平，叶公贵极人臣。《战国策·楚策》记莫敖子华对楚威王问，以叶公的"崇其爵，丰其禄"与令尹子文的"廉其爵，贫其身"作对比，可见昭惠时代楚国的大臣不再以俭朴自奉为荣了。

这位叶公源出番裔，仍有崇龙之俗。《论衡·乱龙篇》记"叶公好龙"，墙壁上、器皿上都画着龙，据说真龙大为感动，光临叶公的府第，叶公见之，大惊而逃。真龙现身虽是后人编造的寓言，叶公好龙却实有其事。后人对假的比对真的更感兴趣，叶公就成为嘲讽的对象了。如唐人李百药过叶县，作《谒沈诸梁庙》诗，有句云："馆宇肃而静，神心康

① 《汉书·贾谊传》。"剡手"：《新书》作"匕首"。

且逸。伊我非真龙，勿惊疲朽质。”

白公胜作乱时，陈师侵楚境。白公胜败死后，楚人觉得陈国给他们带来的麻烦太多了，决意把它灭掉。为此择帅，子西子、武城尹公孙朝得吉兆。公元前478年——惠王十一年，公孙朝率楚师一举攻灭陈国，即以其地为县，这个颠三倒四的陈国永劫不复了。陈国与郑国相像，也在四通八达之地，商业的兴盛仅亚于郑国。《史记·货殖列传》说：“陈在楚、夏之交，通鱼、盐之货，其民多贾。”楚国灭掉了陈国，经济上、军事上都有利。

是年，叶公沈诸梁见局势已安定，求辞令尹、司马。惠王与叶公枚卜令尹，惠王弟子良得吉兆，沈尹朱说其兆比吉尚有过之。叶公以为不祥：王弟为令尹，尚有过之就是要做王了。过不多久，惠王和叶公改卜，以子西子公孙宁（子国）为令尹，以子期子公孙宽为司马。沈诸梁拜别惠王，回叶县去，仍为叶公。

第三节　吴亡、越兴与楚人

危难可以兴邦，白公之乱平息以后的楚国就是这样。

公元前477年——惠王十二年，发生了一次不大的外敌入侵事件，巴师包围了鄾邑。令尹公孙宁和寝尹王孙由于、针尹芳固率楚师击退了巴师。为此，惠王封公孙宁于析邑。

这时，楚人所关注的不是西边和北边、南边，而是东边的吴和越。越人步步进逼，吴人节节退缩，楚人则坐山观虎斗。越这只虎尽管凶猛，对楚人似尚无敌意。吴这只虎曾使楚人受害不浅，这时楚人希望越国灭掉吴国。当然，两虎俱毙更好，但这在当时是绝无可能的。

奇妙的是，在吴、越的政治舞台上，主角虽是夫差和句践，导演和几位要角却都是楚人。吴国方面的导演先前是伍员，后来是伯嚭。越国方面，句践不再深信给他带来失败和耻辱的巫术，改弦更张，倚重楚人范蠡和文种了，范蠡是导演，文种是要角。范蠡不仅运筹决策，使吴人接连失误，还找来了一位善射的楚人陈音，教越人远射。

公元前476年——惠王十三年，春，越师侵扰楚国东境。这是一次佯攻，意在使吴人产生越国已把楚国当做主要对手的错觉。楚人却是认真对待的，作出了严厉的反应。是年夏，公孙宽和公子庆率楚师追击越师，东渡长江，打到了位于今安徽广德县和浙江长兴县之间的冥邑才撤回。同年秋，叶公沈诸梁率楚师南渡长江，打到了位于今江西吉安市附近的敖邑，与外界称之为“三夷”的当地越人会盟，然后归国。

其明年冬，越师突然进攻吴国，势如破竹，迅即包围了吴都。吴人固守，越人不退。双方相持了整两年，越师才破城而入。夫差自缢，吴国灭亡，时为公元前473年冬，上距吴师入越只有21年，上距吴师入郢也不过33年。

吴国倏然而兴，倏然而亡，何以如此？战国时代的魏武侯曾向李克提出过这个问题，据《吕氏春秋·适威篇》所记，李克的答复是“骤战而骤胜”。李克认为：“骤战则民罢，骤胜则主骄。以骄主使罢民，而国不亡者，天下少矣。”李克的见解不能说全无道理，可是没有说到根本上去。“骤战而骤胜”未必亡国，也有兴国的，楚庄王就是“骤战而骤胜”的，他却把楚国引到兴的路上去了。

《淮南子·主术训》对吴国的灭亡另有一种见解，认为“民气”是决定因素，夫差胜是由于民气“实”，夫差败是由于民气“虚”。那么，民气何以由实变虚了呢？据说是因为夫差有“纵欲”“距（拒）谏”“遂过”三大弱点。这比李克的见解要高明一些，但也还没有说到根本上去。“纵欲”“距谏”“遂过”的君主容易亡身，可是未必亡国。仍以本书已介绍过的君主为例，楚灵王就是只亡身、不亡国的。

后人一般的见解认为，吴国之所以亡，是因为夫差亲佞臣伯嚭而疏忠臣伍员，乃至任伯嚭以政而赐伍员以死。这个见解与《淮南子·主术训》的见解其实无二致，它讲的是果，而《淮南子·主术训》讲的是因，但果复为因，而因复有果。假如只看君臣与兴亡的关系，那么，说阖庐任伍员以政而使吴国兴，夫差听伯嚭之谗而使吴国亡，这是不算过分的。

总之，使它兴的，使它亡的，都是楚人。

伍员与夫差的关系，远不如他与阖庐的关系那么融洽。夫差即位伊始，与伍员的关系就是在异样的亲近中羼和着异样的疏远，不久，就因伍员的政见总是与自己相左而变成了双向的猜忌和愤懑。阖庐将死时，群公子争立，因伍员进言，阖庐才遗命夫差继位。夫差喜极，说要把吴国分一半给伍员。夫差不过说说罢了，并不当真，伍员则是决不会接受的，但这就在他们之间结下了一个说不出是什么滋味的芥蒂。后来伍员对吴国的前途绝望了，在一次到齐国聘问时拜托齐大夫鲍氏关照自己的儿子。这事被伯嚭告发，添油加醋，夫差才派使者把属镂之剑送到伍员那里去，要伍员自杀，悲剧就是这么酿成的。

就爱国来说，伍员这个楚人比吴人更像吴人。因此，吴国的百姓怀念伍员。在伍员死后两千多年，吴地民间仍把伍员奉为神灵。

伍员所爱的只是吴国，不是楚国。但有一个事实也许会令人大惑不解，即楚人屈原也称赞伍员。周代的爱国者所爱的国有三类：其一是乡国，即出生之国；其二是君国，即奉仕之国；其三是祖国，即《尚书·禹贡篇》所谓九州之地。伍员虽不爱乡国，不爱祖国，然而深爱君国，所以是杰出的爱国者。屈原《九章·涉江》云："伍子逢殃兮，比干菹醢。"这是把伍员与商代杰出的爱国者比干相提并论。《九章·惜往日》云："吴信谗而弗味兮，子胥死而后忧。"这是为夫差不听伍员忠谏而发的感叹。《九章·悲回风》云："浮江、淮而入海兮，从子胥而自适。"这是屈原要把伍员作为榜样，不惜以身殉国。

后世的浅识者，对吴国灭亡的缘由还有一种见解，认为主要是夫差为西施所蛊惑。西施是越国献给夫差的一位美人，原是乡村的浣纱少女，被选中后受过专门训练，仪态万方，娇媚无比。据说夫差得西施之后，全不以国事为怀，终至于身死人手，为天下笑，这给后人留下了永恒的谈资和诗兴。宋人葛立方《韵语阳秋》记郑寂夫有诗云："十重越甲夜成围，宴罢君王醉不知。若论破吴功第一，黄金只合铸西施。"唐人皮日休作《馆娃宫怀古五绝》数首，其一云："绮阁飘香下太湖，乱兵侵晓上姑苏。越王大有堪羞处，只把西施赚得吴。”也有见识不凡的，如唐人卢注有诗云：“惆怅兴亡系绮罗，世人犹自选青娥。越王解破夫差国，一个西施已是多。”此等风流往事，一经后人渲染，便会失真。渲染愈甚，失真愈多。其实，夫差得西施之后，仍几次自将北伐，可见他不是五代李后主那样的政治废物，西施只是使他更奢靡些、更淫逸些罢了。无论如何，吴国和伍员的悲剧确实值得后人深思。唐人李中作《姑苏怀古》诗有句云：“阖闾兴霸日，繁盛复风流。歌舞一场梦，烟波千古愁。……花疑西子脸，涛想伍胥神。吟尽情难尽，斜阳照路尘。”

吴国由兴到亡如此迅速的根本缘由，在于它没有丰厚的文化基础。它本来是一个尚未成熟的奴隶制方国，在淮夷瓦解之后，被时势推上了列国竞逐的政治舞台。对此，它没有充分的准备。大门打开了，华夏文化的芬芳气息扑面而来，吴人载欣载奔，在匆遽之中不免步伍失次。吴王为争霸而忙碌，因逞欲而陶醉。从屈巫到伍员，这些楚人所教给他们的，只是如何去攻打楚国。吴人尽管建造了不少城垣和楼台，制作了不少兵器，训练了不少士卒，还开凿了一条运河，可是在文化建设上没有做切切实实的努力。吴国没有系统的官制、法制、礼制，甚至没有自己的货币。吴墓的随葬器物虽则不乏精品，然而不讲究组合，不凸现主体，甚至把不少楚器和徐器也拿来作为主要的随葬器物，这是吴国没有丰厚的文化基础的实证。据《史记·鲁周公世家》所记，夫差曾大言不惭：“我文身，不足责礼。”可见，他对先进性、制度化的文化建设何等轻视！由此，喜剧很快就转化为悲剧，一个“地方二千里，带甲士十万”[①] 的强国，在“西破强楚，北威齐、晋，南服越人”[②] 之后不久，竟灰飞烟灭了。

句践是一位能吃大苦、能忍大辱而百折不挠的国君，他毕生所追求的是打败吴国以至灭亡吴国。在一度蹉跌之后，句践卧薪尝胆，折节下

① 《淮南子·兵略训》。

② 《史记·伍子胥列传》。

士，躬耕恤民，终于得以雪耻。文种所教给句践的，是治国治民之道。范蠡所教给句践的，也有治国治民之道，但更多的是误敌、用兵之道。卑辞、厚赂、美人，这些是范蠡用以误敌的主要手段，相传西施就是他选中的。越师将攻破吴都时，夫差派使者膝行向句践请求宽宥，句践一时觉得于心不忍，正是范蠡劝阻了句践，斥退了吴使，并且亲自击鼓进兵，越师才破城而入了。

范蠡是一位奇才，灭吴国后，便弃官而去，一说把西施也带走了。范蠡到了齐国，派人带信给文种说："蜚鸟尽，良弓藏；狡兔死，走狗烹。"[①] 不久，文种果然被句践赐死。相传范蠡经商致富，号为"陶朱公"。

越国对文化建设也不重视，以致被楚国轻易攻灭，但这是后话了。

第四节　战国的大势和楚国的前景

《春秋》记事止于公元前479年，《左传》则止于公元前468年。《史记·六国年表》记战国事始于公元前475年，《资治通鉴》记战国事则始于公元前403年。由此，对于春秋时代和战国时代的分界，史学界至今无定论。就楚国来说，上列四个年份都没有划时代的意义，因而都不能成为分期的界标。

假如只着眼于史料的状况，那么，不妨把春秋、战国的分界定在公元前468年和467年之间。越灭吴在公元前473年，下距《左传》绝笔仅五年。春秋时代的史料又细又顺，战国时代的史料又粗又乱。为了准确地介绍越灭吴以后的楚事，必须审慎、缜密地清理有关的史料，以求其真。做好了这个工作，其结果也只能是虽顺而粗。

《史记·六国年表·太史公自序》云："……是后陪臣执政，大夫世禄。六卿擅晋权，征伐、会盟，威重于诸侯。及田常杀简公而相齐国，

① 《史记·越王句践世家》。

诸侯宴然弗讨，海内争于战功矣。三国终之卒分晋，田和亦灭齐而有之，六国之盛自此始。”按：晋国六卿擅权的局面，早在春秋晚期就形成了。六卿因争权而相攻，公元前 458 年知氏、赵氏、韩氏、魏氏灭范氏、中行氏而分其地，公元前 453 年赵氏、韩氏、魏氏灭知伯而分其地。于是止得三卿，三卿成为三国。公元前 403 年，周威烈王正式承认赵、韩、魏皆为诸侯。齐国田常杀简公，事在公元前 481 年。田和取齐而代之，事在公元前 386 年。所谓六国，即赵、韩、魏、齐、燕、楚，加上秦国，便是所谓七雄。越国在战国中期灭亡了，没有算进去。墨子是战国早期人，当时越国尚在，晋国未分，因而《墨子·节葬篇》云：“昔者圣王既没，天下失义，诸侯力征，南有楚、越之王，而北有齐、晋之国，此皆砥砺其卒伍，以攻伐并兼为政于天下。”同书《非攻篇》云：“今天下好战之国，齐、晋、楚、越。”秦国锋芒尚未大露，所以墨子不把它算进好战之国中去。

墨子以为春秋以前天下由圣王治理，不像战国那么纷扰不安，这是他昧于前代旧事而发生的错觉。后人更有以为春秋是理想世界而战国是荒唐时代的，如《史记·平津侯主父列传》记严安上书汉武帝云：“五伯者，常佐天子兴利除害，诛暴禁邪，匡正海内，以尊天子。五伯既没，贤圣莫续。天子孤弱，号令不行。诸侯恣行，强凌弱，众暴寡。田常篡齐，六卿分晋，并为战国，此民之始苦也。于是强国务攻，弱国备守，合从（纵）连横，驰车击毂，介胄生虮虱，民无所告诉。”严安上书，意在借古讽今，以求偃武修文，所以扬春秋而贬战国。其实，从春秋到战国是一大进步。春秋诸侯多庸碌，战国诸侯多精明。战国时代是一个竞争激烈的时代，但它也是一个成果丰硕的时代，经济发达、文化繁荣、思想活跃，中华民族爆发出无限的活力，创造了无数的奇迹。而且，当时南北文化逐渐接近，如曾侯乙墓与中山王譽墓，一南一北，相距甚远，而所出铜器铭文字体相去无几。

战国早期和中期，北方的强国由少变多，南方的强国则由多变少。黄河中下游原来只有晋、齐两强，晋国化整为零，燕国由弱转强，以致五强并立；长江中下游原来有楚、越两强，楚灭越后，就独有一强了。在三卿分晋、田氏代齐以前，北方诸国大抵私家强而公室弱，南方的楚和越却从来是公室强而私家弱。西方的秦国与楚、越相像，也是公室强而私家弱。在三卿分晋、田氏代齐以后，北方诸国大变，公室转强，私家转弱。可是，北方的力量已经分散，而且诸侯相伐不已。它们会组织一些短命的同盟，然而今日为友，明日为敌，无法实现持久的联合。它们的力量总和不但压倒秦国，而且超过楚国，无奈这个总和是虚幻的。因此，它们的命运必然是：若不灭于楚，则必灭于秦。至于楚人能否好自为之，在竞逐中压倒秦人，则尚难遽断。

第五节　渐臻全盛

强干弱枝是楚国的政治传统，它的根基深埋在楚国的社会体制中，人们习以为常了，偶或稍有偏离，也会迅即纠正。如惠王要把梁邑（在今河南临汝县西南）封子期之子文子，梁邑是北境的险地，文子说：我怕子孙有二心，不敢受此险邑。惠王嗟叹，改封文子于鲁阳（在今河南鲁山县）。文子大概是楚国的第一个封君，封地可世袭，号为“鲁阳君”，但也有称之为“鲁阳公”的。文子以忠勇著称，有一个近乎神话的传说——“挥戈回日”，但那是惠王后期的事了。《淮南子·览冥训》云：“鲁阳公与韩构难，战酣日暮，援戈而挥之，日为之反三舍。”

白公之乱又使楚国因祸得福，楚国的君臣同心勠力，在确保后方安定的前提下徐图开拓。他们像一只吃饱了的虎，积蓄着自己的力量，注视着北面和东面几只半饥不饱的虎。

越国并吞了吴国，但它也还是半饥不饱的。它也像吴国那样，要预上国之政了。

句践比夫差聪明，尚能量力而行。楚国自从有了吴师入郢的教训，对东部边境的防务不敢稍有懈怠。当初越师一次佯攻，就招来了楚师两次渡江，对此，句践记忆犹新。句践当然明白，假如越师西上与楚师争锋，再也不会有阖闾那么辉煌的战绩了。句践的战略方针是北上，因为北方的诸侯对吴国尚且畏惧，对灭掉了吴国的越国就更加惶恐了。果然，如《国语·吴语》所记："越灭吴，上征上国，宋、郑、鲁、卫、陈、蔡执玉之君皆入朝。""陈"乃误记，因为那时它早就被楚国灭掉了。句践引兵北上，与齐、晋等诸侯会于徐州（在今山东滕县东南），并向周天子纳贡。周元王赐句践胙，封之为伯。《史记·越王句践世家》说，这时句践"号称霸王"。

既已号称霸王，句践也就满足了。他的领土野心并不大，但总爱过问其他国家的内乱和外患，在这一点上，他颇有春秋时代霸主的特色。夫差侵占的宋地，被句践还给了宋国；夫差侵占的鲁地，也被句践还给了鲁国。卫国发生内乱，句践派人去干预。鲁国与邾国发生边界纠纷，句践派人去仲裁。对淮夷，句践深感棘手，怎么也摆弄不好，于是，越国只管淮水下游，听凭楚国宰制淮水中游。楚国静观其变，坐收其利。

公元前 464 年——惠王二十五年，句践死，子鹿郢（鼫与）立。从此，越国就黯淡无光了。

公元前 458 年——惠王三十一年，知氏、赵氏、韩氏、魏氏攻灭范氏、中行氏之后，晋出公企图以齐、鲁两国为外援，伐知、赵、韩、魏四卿，未果。三年后知伯废晋出公，立晋昭公曾孙骄为晋懿公。不久，知伯与韩康子、魏桓子引兵围赵襄子。赵襄子策动韩康子、魏桓子倒戈，杀知伯，尽分其地，时为公元前 453 年——惠王三十六年。其明年，晋出公不自安，奔楚求庇，晋三卿立晋敬公。晋国的扬氏为三卿所逼，也奔楚避祸，居巫山之中。其后有汉人扬雄，以文名世。

秦国北伐大荔、义渠之戎，南取汉中之巴，几经进退，扩展了版图。

楚国竭力巩固自己在淮水中游的统治，公元前 447 年——惠王四十二年，攻灭了反复无常的蔡国。《荀子·强国篇》说到此役楚师主帅是子发，灭蔡后，推功于国君、将领和士卒，辞赏不受①。子发所辞的赏，应为“执圭”。“执圭”是楚国最高的爵位，可能是惠王始设的。

灭蔡后，楚国往东北方向扩展。公元前445年——惠王四十四年，灭杞。杞是由夏人遗民组成的一个小国，原在今河南杞县，一再迁都，这时在今山东安丘市东北。灭杞后，楚师继续东进，达到泗水流域，这就逼近鲁国了。为了解除后顾之忧，楚与秦通好。

楚人没有放松对越人的戒备。楚、越两国的舟师多次在长江中交战。楚国的舟师战船较大，装备较好，但总在上游，越国的舟师则适得其反。顺流而下的退走时慢，逆流而上的退走时快，因而楚人屡屡失利。鲁国的巧匠公输般（鲁班）应聘到楚国，设计了一种“钩强之备”。“钩”，就是把掉头逃走的敌船钩住；“强”，就是把迎面冲来的敌船顶住。至于“钩强之备”的构造，则莫知其详。只要能把敌船钩住或顶住，楚人的优势装备，尤其是这时已用于实战的弩就可以使他们稳操胜算。否则，如果短兵相接，楚人怕就斗不过一向善于步战的越人了。据说，自从楚人有了“钩强之备”，在水战中屡屡失利的就是越人了。此事，见《墨子·鲁问篇》。

公输般还为楚国设计了云梯，用以攻城。云梯下部有轮，《墨子·经篇》称之为“车梯”。河南汲县山彪镇出土的水陆攻战纹鉴，其图像中就有带轮的云梯，不过那是战国晚期的。公输般设计云梯，可能是受了楚国原有的“楼车”的启发。楚国制造了一些云梯，准备进攻宋国。墨子是宋人，听到这个消息，急忙跑到楚国去，据说只走了十天十夜就到了郢都。墨子求见惠王，恳求不要进攻宋国，并说宋人有他设计的守城器械，可以破公输般设计的云梯和其他攻城器械。公输般也在场，他和墨子在惠王面前进行攻防的演练，当然是假设的，一个讲可以用什么攻，一个讲可以用什么防。据说，公输般进攻九次，都被墨子击退了。于是，惠王吩咐不要去进攻宋国了。此事，见于《墨子·公输篇》和《吕氏春

① 《淮南子·道应训》以子发为宣王之臣，同书《人间训》以子发为威王之臣，二说俱误。

秋·爱类篇》等典籍，都是墨家后学的手笔，不尽可信。

墨子平时生活俭朴，相传这次见惠王却衣锦而吹笙，以投其所好，事见《吕氏春秋·贵因篇》。衣锦，可能是临时披上的礼服。吹笙，则肯定是因为惠王喜好音乐，墨子有意取悦于惠王。

墨子不善辞令，留给惠王一个“其言多而不辩”的印象。后来惠王问墨家田鸠何以如此，田鸠讲了一个买椟还珠的故事，说以辩取言一如买椟还珠，事见《韩非子·外储说》①。

公元前432年，惠王去世，在位计57年。在所有楚君中，在位时间超过55年的只有惠王一人。太子熊中继位，是为简王。

公元前431年——简王元年，楚灭莒。这时楚人继续向东北推进，绕过鲁国，达到了沂水流域的东部。莒国故址在今山东莒县，其公族为嬴姓。莒人以为有越人支持，尚能苟安，不料乃如覆巢之卵。《战国策·齐策》说：“莒恃越而灭。”越人北上的道路被楚人切断，力图重新打通，在公元前413年灭郯。郯国故址在今山东郯城县，尚在莒国故址以南，再往北去，越人就力不从心了。郯国公族也是嬴姓，自称乃少皞氏苗裔。

灭莒之后，因中原多事，楚人不得不把目光和精力投向中原，对齐鲁一带就暂且放松了。

昭惠时代长达84年。其间遭遇两次惊涛骇浪，几乎成为灭顶之灾。楚人奋力抗击，拨乱反正，四境之内很快就又风平浪静了。经历了两次严酷考验的楚国，以稳健的步履在发展的道路上前进，文化成就超过以往任何时代，与并世共存的其他国家相比，可谓“一览众山小”。

惠王去世前一年，即公元前433年，为刚去世的曾侯（随侯）做镈钟一枚。这位曾侯名乙，酷爱音乐，精通声律，有一套多达64枚的编钟。可庆幸的是，1978年发掘了位于今湖北随州市擂鼓墩的曾侯乙墓，这套编钟连同这枚镈钟都重现于人世了。

---

① 原文作“楚王”，其中无“惠”字，而实即惠王。

曾侯乙编钟体制宏大，性能卓绝。经曾侯乙编钟复制研究组检测，钟体含锡量在13％至16％之间，与《周礼·冬官考工记》所云“六分其金而锡居其一，谓之钟鼎之齐”相合。实验证明：含锡量若低于13％，则音色尖锐而单调；若高于16％，则钟体易击碎；若在13％至16％之间，则音色既浑厚丰满，而钟体亦不易击碎。还有含铅量，过少则钟声衰减过慢，过多则音色易恶化。实测含铅量在1％至3％之间，钟声既衰减较快，而音色不致恶化[①]。甬钟有45件，总音域跨五个八度音程，比现代钢琴的音域两端平均各只少一个八度音程。在中心音域部分约占三个八度音程的范围内，十二个半音齐备，从而证明这套编钟是已知世界上最早具有十二个半音音阶关系的定调乐器。试奏证明，其旋宫能力达六宫以上，可演奏采用和声、复调、转调手法的乐曲[②]。

与这套编钟同出的有编磬一套，计32件，被盗洞塌落的土石击中，多已破碎，令人抱憾。

钟与磬是相配的：钟发声洪亮，磬收韵清越，二者相得益彰。所谓“金声玉振”，就是这个意思[③]。古代的“八音”，金居第一，石为第二，金即钟，石即磬。

曾侯乙的编钟和编磬都有铭文，钟铭2800余字，磬铭残存700余字，加上钟架笋梁、编悬配件和磬匣上的文字，共得4463字。其内容是乐理，全面地显示了当时楚国和曾国乐学的发展水平。

曾侯乙墓出土的铜器总重达10吨，创单墓出土铜器总重的最高纪录。制作某些铜器所使用的熔模铸造工艺尽善尽美，成为铜器铸造技术的“珠穆朗玛峰”。其中有尊和盘各一件，最为精妙。尊唇和盘口都是宽沿外折，布满细密的镂空蟠螭纹和蟠虺纹。诸多纹饰互不接续，概由内

---

① 湖北省博物馆. 经多学科研究，曾侯乙编钟复制已基本成功［J］. 江汉考古，1981（1）.

② 黄翔鹏. 先秦音乐文化的光辉创造——曾侯乙墓的古乐器［J］. 文物，1979（7）；王湘. 曾侯乙墓编钟音律的探讨［J］. 音乐研究，1981（1）.

③ 《淮南子·说山训》云：“钟之与磬也，近之则钟音充，远之则磬音章，物固有近不若远、远不若近者。”

部的多层铜梗支承，不见锻打、铸接、焊接的痕迹。如此玲珑剔透，华丽之中有空灵之感，令人叹为观止。此外，如冰酒器等，也是熔模铸造工艺的杰作。

须知，曾是楚的附庸，位于楚的腹地。附庸的水平尚且如此，宗主的水平如何就不难想见其大概了。

春秋、战国之际，楚国已经创造了冶炼可锻铸铁的技术，这是一项重大的发明，不仅使楚国在东亚领先打开了铁器时代的大门，而且使中国冶炼可锻铸铁的技术领先于西方约 1700 年。当时西方冶炼的是锻铁，用途不如可锻铸铁广泛。楚国制作了大量铁器，但主要是农器和匠器。至于兵器，通常仍用青铜制作，但钢剑也已出现。

这时的青铜兵器有以下三个发展趋向：其一是戈、矛、戟越来越精了。戟原由一戈一矛合成，这时楚国已有双戈戟和三戈戟，可能是向吴人学来的。其二是剑越来越多了。楚墓如墓主为男性，多随葬兵器。江陵发掘的一些小型楚墓，各随葬铜剑一件，而其他兵器无所见。其三是出现了弩机。当时在平原上作战，仍为车兵与徒兵混合编队。随着剑和弩的逐渐推广，徒兵的作用逐渐增大了。

中国的铜镜出现得很早，可是直到春秋晚期还很少。进入战国时代之后，楚国的铸镜业逐渐兴旺起来。铜镜数量的增长，质量的提高，以及款式的更新，都相当迅速。迄今已有的先秦铜镜，绝大多数是楚镜。贵族之家固然必有铜镜，一些平民之家也有了铜镜。铜镜是梳妆用具，它的普及也反映了生活状况的进一步改善和审美意识的进一步觉醒。

楚人的文字是先后向殷人和周人学来的，但有楚式的风格气派。这时，笔画扭曲的“虫书”和附饰鸟形的“鸟书”已近乎绝迹，但铭文仍有字体较修长和笔画多波折的传统特色。墨书因毛笔的推广而增加，多见于竹简，字体较方正，笔画较简省，包含着隶书的萌芽。据文献记载，秦代蒙恬始造毛笔。但从战国楚墓中，已有多支毛笔出土，可见旧说不确。迄今已有的先秦毛笔，无一非楚笔。从考古资料来看，毛笔应是楚人发明的。

这时，楚言已经成为夏言（雅言）的一种方言。但与楚字相比，楚言的特色尤为鲜明。楚言夏化是楚人夏化的重要因素，它使楚人的族属变换了。吴人跑到郢都去大闹了一场，产生了一个意想不到的效果——夏和楚认同了。从此，楚人不再是非夏非夷、亦夏亦夷的“蝙蝠”，而已厕身于“诸夏”和“上国”之列了。

第六节　老子与道家

昭惠时代是楚国思想界的早春二月。大约与孔子创立儒家学说同时，老子创立了道家学说。孔子名丘，字仲尼，是鲁籍宋裔人。老子姓李名耳，字聃，号老聃，是楚籍陈裔人。儒家代表了北方的学术主流，道家代表了南方的学术主流。当时所谓南方，是含淮北在内的。

说老子就是号为老聃的李耳，这还不是全无疑点的定论。春秋、战国之际，被称为“老子”的学者不止一位，可能有两位甚至三位：其一为周守藏室之史李耳，其二为老莱子，其三为周太史儋。司马迁作《史记·老子韩非列传》，苦于不易分辨，三者并存之。后人通常以为，著有《老子》其书的老子其人即李耳。

李耳与老莱子，至少有五点相同或相似之处：第一点，他们都生活在春秋晚期，孔子曾“问礼于老子”，而老莱子“与孔子同时”[①]。第二点，他们都是楚人。老子乃“楚苦县厉乡曲仁里人也”，“或曰老莱子亦楚人也”[③]。第三点，他们都号为“老子”。第四点，孔子对他们都尊之为师。“孔子之所严事：于周，则老子；……于楚，老莱子”[③]。第五点，他们都著有道家之书。老子“著书上下篇，言道德之意五千余言”；老莱子“著书十五篇，言道家之用”[④]。

李耳与儋，也有相同或相似之处不下四点：第一点，生存年代都在

①②④　《史记·老子韩非列传》。

③　《史记·仲尼弟子列传》。

战国早期。苦县原属陈国，公元前478年才并入楚国，事在孔子去世后一年。李耳若为楚人，则必生存于战国早期，不得见孔子。儋曾谒见秦献公，事在公元前374年——即孔子去世后115年，生前更不得见孔子。第二点，显然同名。李耳字聃，“聃”与“儋”音义俱同。第三点，可能同官。李耳为周守藏室之史，儋为周太史，二职似为一职。第四点，都曾西行入秦，事见《史记·老子韩非列传》、同书《周本纪》和《秦本纪》以及《庄子·寓言篇》等。

虽说老子有三位，其实大概只有两位：第一位是春秋晚期的老子，全称应即老莱子，是楚人，著书十五篇言道家之用；第二位是战国早期的老子，姓李名耳，字聃，“聃”或作“儋”，曾仕于周为太史，其专职为守藏室，发展了老莱子的学说，把老莱子的遗著改写为分作“道”“德”两篇的《老子》。

老莱子乡贯不明，相传晚年隐居蒙山，其地在今湖北荆门市。归隐之前，曾在楚国的北境居住，从而孔子有幸向他请益。战国中期的道家对此尚有近真的传闻，以为老子是南方人。《庄子·庚桑楚篇》记庚桑子对南荣趎说：“子胡不南见老子？”南荣趎从其言，带着干粮上路，“七日七夜至老子之所”。这个老子既然在南方，那就一定是老莱子了。《庄子·外物篇》记孔子见老莱子，说是事出偶然：老莱子的一位弟子出门打柴，遇见孔子，回去向老莱子报告，老莱子派这位弟子去把孔子叫来的。《战国策·楚策》记：“或谓黄齐曰：‘……公不闻老莱子之教孔子事君乎？示之其齿之坚也，六十而尽相靡也……。’”《太平御览》卷915引《庄子》佚文，记老子赞孔子曰：“吾闻南方有鸟，其名为凤……凤鸟之文，戴圣婴仁，右智左贤。”以凤喻圣贤，是南方的楚俗。孔子也曾赞老子，喻之为真龙，事见《礼记·天运篇》。以龙喻圣贤，是北方的夏俗。闻一多说：“龙、凤是天生的一对，孔、老也是天生的一对。”① 智哉斯言！

儒学和道学，大致说来，前者盛于北方，后者盛于南方。说得更加

① 闻一多. 龙凤［A］. 闻一多全集：第3卷［C］. 武汉：湖北人民出版社. 1993.

准确一些则是，前者盛于黄河中下游，后者盛于淮水流域和长江中游。战国中期道家的主要代表庄子及其弟子，认为道家集中在南方的楚国。《庄子》一书所记有道家思想的人物，除了子虚、乌有之辈而外，几乎全是楚人。据说，楚国的一些农夫也有道家思想，如《庄子·天地篇》所记子贡在汉阴遇到一位种菜园子的老农，“凿隧而入井，抱瓮而出灌”。子贡建议这位老农改用桔槔以提高工效，不料被这位老农劈头盖脸地指责和嘲笑了一通。这位老农说：“吾闻之吾师：有机械者必有机事，有机事者必有机心。机心存于胸中，则纯白不备。纯白不备，则神生不定。神生不定者，道之所不载也。吾非不知，羞而不为也。”这位老农所讲的，全是道家的理论。当然，这是战国中期的道家编造出来的一个故事，但它用夸张的艺术形式显示了道家学说流行于楚国的史实。

楚国本来盛行巫学而兼用杂学，巫学是楚人的传统学术，杂学是指楚人所能搜集和研习的外来学术，《书》《志》《记》等以及南方的周人如随人季梁的学说。巫学不是今人所讲的装神弄鬼，它是一种原生形态的学术，其中有原始的科学即天文、历算、地理和医药等，有原始的哲学即道学的萌芽，有原始的艺术即诗歌、乐舞和美术，有神话、传说和信史，当然也有巫术、巫技和巫法。除了楚国，还有陈国和宋国也盛行巫学。就宇宙观来说，道学其实导源于巫学。巫学朝着理性化、形象化的方向发展，到了脱胎换骨的程度，便是道学。促使道学成长的，是楚国变弱为强的历史经验和以寡驭众的社会状况。

《庄子·天下篇》说：“以本为精，以物为粗，以有积为不足，澹然独与神明居，古之道术有在于是者。关尹、老聃闻其风而悦之，建之以常无有，主之以太一。”这个太一就是从楚人崇奉的星神太一脱胎换骨而来的，被道家抽象化、理念化，成为宇宙的本体了。

从社会背景来看，《老子》一书痛切地反映了楚国县民的认识和愿望。县民本来不是楚人，他们是在故国沦亡之后才隶于楚籍的，老子也是这样的县民。县民之中，贵族和平民都有。他们深怀黍离之悲，对祸福的倚伏有真切的体验，对鬼神的笃信则容易幻灭。他们希望楚国的君臣少去触动他们原有的社会结构，少去打乱他们原有的生存方式，最好是因其故俗、听其自然。《老子》主张：管一个大国，要像煎一条小鱼那么细心①。人们常说道家出世，这对道家本身来说是不错的，因为他们若不遁于野，则必隐于朝，对功名、利禄、珠玉、声色之类无所萦心，对贵贱、进退、得失、荣辱之类无所介怀，只求保全自己的赤子之心。可是，道家的出世并非形如槁木而心如死灰，对时务和世态并非无所臧否。道家冷眼看世界，但怀着一颗深埋潜藏的热心。他们对弊政的针砭远过于儒家，有时如长歌当哭。《老子》（本书引其原文概用王弼本）第42章说："强梁者不得其死。"第75章说："民之饥，以其上食税之多，是以饥；民之难治，以其上之有为，是以难治；民之轻死，以其上求生之厚，是以轻死。"第74章说："民不畏死，奈何以死惧之?"

《老子》为民和小国请命，但也为君和大国着想。怎么统一起来呢?理想境界是第80章所描述的："小国寡民。使有什伯之器而不用，使民重死而不远徙。虽有舟舆，无所乘之；虽有甲兵，无所陈之。使人复结绳而用之，甘其食，美其服，安其居，乐其俗。邻国相望，鸡犬之声相闻，民至老死不相往来。"为了达到这个理想境界，就要像第19章所讲的："绝圣弃智""绝仁弃义""绝巧弃利"。《老子》的作者当然明白，这是办不到的。他们由理想到现实，要求为人君者在上与下、动与静、雄与雌、刚与柔的关系上，甘于处下、尚静、守雌、贵柔。一言以蔽之，就是"无为"。道家的无为，不是无所可为，而是达到无不可为的最佳方案，如第37章所讲的："道常无为而无不为。"其前提是第49章所讲的："圣人无常心，以百姓心为心。"《老子》的作者认为，只要实行他们的主张，就会有第19章所讲的"孝慈"，第38章所讲的"忠信"，以及第19章所讲的"民利百倍"。

如果以为道家所讲的全是迂阔、虚幻之谈，那是没有真正认识道家。如果以为道家要开历史倒车，那是大错了。其实，道家所讲的也是人君

① 《老子》（王弼本）第60章："治大国若烹小鲜。"

南面之术。尽管历朝历代的君臣没有一个完全照道家的学说去做。但还是有一些明君贤臣为政务清静，以无为求有为，而且成效卓著，这就是有限度地实践了道家的学说。

从哲学上说，《老子》的精华是朴素的辩证法。例如第 11 章说：“有之以为利，无之以为用。”第 58 章说：“祸兮，福之所倚；福兮，祸之所伏。”第 63 章说：“图难于其易，为大于其细。”第 36 章说：“将欲歙之，必固张之；将欲弱之，必固强之；将欲废之，必固兴之；将欲夺之，必固与之。”第 40 章说：“反者道之动，弱者道之用。”第 41 章说：“大方无隅，大器晚成，大音希声，大象无形。”第 45 章说：“大成若缺，其用不弊；大盈若冲，其用不穷。大直若屈，大巧若拙，大辩若讷。”第 78 章说：“天下莫柔弱于水，而攻坚强者莫之能胜。”诸如此类，无不蕴含着妙理玄机，在《老子》一书中可谓俯拾皆是。

《老子》的理论出自所谓“玄览”，即静观、细察、默想、顿悟。除了类比推理之外，不加论证。这是中国南方的典型思维方式，大而言之，也是世界东方的典型思维方式。这样的思维方式不是道家独有的，其实儒家也有，只是道家更为玄妙罢了。这样的思维方式缺乏严密的逻辑性，然而富有启发性。

《史记·老子韩非列传》说：“世之学《老子》者则绌儒学，儒学亦绌《老子》。‘道不同不相为谋’，岂谓是邪?”战国中期以后的状况，大致就是这样。不过，孔子其人和老子其人却相互尊重，相互学习，而且在理论上有相互渗透之处。老子也讲过要“孝慈”和“忠信”，孔子也讲过要“无为而治”[①]。都是为了救世，道虽不同而可相为谋。汉武帝采纳董仲舒的意见，罢黜百家，独尊儒术，开了一个恶劣的先例。从此，就重儒轻道了，这是古代中国的不幸。

道学站在楚文化鼎盛期的起点上，它是正在迅速发展的楚国社会的批判因素，也是这个社会的促进因素。

---

① 《论语·卫灵公篇》。

第十章　吴起变法与威王兴楚

战国早期国际格局的最大变化，不是中小国家的沦亡，而是晋国一分为三。本来似乎统一的晋国，因公室与众卿争斗不休，内耗大于外损，在国际上往往显得软弱而迟钝。分裂为赵、韩、魏之后，成鼎足之势，各自内求巩固，外求扩张，彼此时而联合，时而对抗，变得又强硬、又灵敏，它们在国际关系上所占的分量反而加重了。

三晋分占了黄河中游的东部，四面出击。楚人以长江中游为基地，纵横驰逐于黄淮之间。齐国依托黄河下游和胶东半岛，这时的外交方针比较稳健，力戒大开大合。秦国在黄河中游近上游之地，进步速度不快，这时还在积蓄力量，很少介入国际争端。夹在上列六强之间的，是黄河中游和下游的一些中小国家，即周室的王畿和郑、宋、卫、鲁、中山等等。长江下游的越国受到楚国遏制，这时已不为诸侯所重。河北平原的燕国也还在积蓄力量，给诸侯留下了一个安于守拙的印象。战国早期列国间的主要矛盾是三晋与邻国的冲突，这个矛盾的主要方面是三晋。

但就社会发展来说，这时起带动作用的却是楚国。楚国领先进入了铜铁并用时代，生产技术最先进；楚国的奴隶制因素受着占压倒优势的农奴制因素的约束，经济结构最优越；楚国在地方因俗而治的基础上，有开明专制的传统，政治体制最健全；楚国流行道家而博采杂学，学术思想最活跃。北方各国一个跟着一个厉行变法，是因为它们领先于楚国，先进要更先进吗？不！恰相反，是因为它们落后于楚国，于是急起直追，后进要赶先进了。

第一节　变法前的困境

北方最早变法的是魏国。公元前 445 年即位的魏文侯，曾从孔子的门生子夏受经艺，以孔子门生子贡的弟子田子方为师，以子夏的弟子段干木为客。魏文侯重用早期的法家李克（李悝）和西门豹。李克也是子夏的弟子，主张“尽地力”“善平粜”①。西门豹为邺令（邺在今河北临漳县西），凿渠道以通漳水，禁止以少女投水中祭河神，河内大治。

楚人灭莒国后，发现魏人行将成为自己的劲敌，于是停止了东北方面的战略进攻，加强了正北方面的战略防御。

从公元前 419 年——简王十三年起，魏与秦争河西，得寸进尺。公元前 417 年——简王十五年，楚伐周，但到上洛（在今陕西洛南县）就按兵不动，显然是伐周其名而援秦其实，因魏、秦罢兵而中止了。公元前 413 年——简王十九年，楚与齐、秦相约伐魏，无功而退。公元前 408 年——简王二十四年，魏尽取秦河西之地，西至今陕西澄城县，北至今陕西韩城县，筑长城以拒秦，以曾参弟子吴起为西河守。秦人检讨得失，实行计产收租。是年，简王去世。子熊当继位，是为声王。

公元前 406 年——声王二年，魏师伐中山国，入其都，占其地。中山国乃狄人所建，文明程度在狄人诸国中是最高的，当时都于顾（在今河北定县）。魏文侯以太子击为中山君，以李克为中山相。中山君臣迁都于灵寿（在今河北灵寿县），仍自为一国。

公元前 405 年——声王三年，齐国内乱，三晋趁火打劫。其明年，三晋联军攻进了齐国的长城。又明年，周烈王册命魏文侯、赵烈侯、韩景侯俱为诸侯。当时，魏都为安邑（在今山西夏县西北），赵都为晋阳（在今山西太原市东南），韩都为阳翟（在今河南禹州市）。韩国的疆土，已经伸到楚、郑两国之间了。

据《吕氏春秋·慎势篇》所记，当声王在位时，楚师曾包围宋都达十月之久。这次徒劳无功的军事行动使国人深怀怨恨，以致声王在位仅得六年，公元前 402 年为“盗”所杀。这“盗”，无疑是刺客，或许是某个颇有权势的贵族豢养的死士。

声王子熊疑立，是为悼王。

---

① 《汉书·食货志》。

悼王前期，楚为三晋所困，国力渐衰，疆土渐蹙，而贵势之家擅富弄权不止。公元前 400 年——悼王二年，三晋联军败楚师于乘丘（在今山东巨野县西南）。乘丘是宋邑，为楚师所侵占。三晋联军的战略意图是要削弱楚国的右翼，解除自己左翼所受的威胁。其明年，楚国把榆关（在今河南中牟县一带）借给郑国。郑国受韩国侵袭，回旋的余地越来越小。有了榆关，后方就大些了。又明年，郑儒公杀其相子阳。楚国对此深表不满，举兵伐郑。因周与郑历来关系密切，楚师同时侵入王畿，以示警告。两年后，即在公元前 396 年——悼王六年，子阳之党杀郑儒公，立先君郑幽公之弟乙为君，这才使楚人放心了。公元前 393 年——悼王九年，楚伐韩，取负黍（在今河南登封市西南）。这是一次小胜，它所引来的却是一次大败。公元前 391 年——悼王十一年，三晋合兵伐楚，连克大梁（在今河南开封市西北）、榆关两处要地。楚国厚赂秦国，秦师攻取韩国六邑，三晋转而对付秦国，楚国所受的压力才减轻了。

第二节　吴起变法

悼王不甘坐困，沉重的打击促使他谋求富国强兵之术。当时楚国的大患在于公族，或为大臣而专权，或为封君而受土，或靡费公帑而优游岁月。这是自惠王以来逐渐滋长的风气，已成痼疾，不易疗救。事有凑巧，魏文侯去世，太子击继位，是为魏武侯。因王错进谗，魏武侯对吴起生疑，吴起愤而去魏奔楚。

吴起乃卫人，先后仕于鲁、魏，是法家的先驱之一，能治国，善用兵。吴起由魏入楚的时间，在公元前 390 年——悼王十二年前后。《史记·孙子吴起列传》说："楚悼王素闻起贤，至则相楚。"一说，吴起为令尹前，曾任宛守。宛是郡名，大致为申县故地。先前县大而郡小，这时已变为郡大而县小了。《韩非子·和氏篇》记吴起对悼王说：楚国"大臣太重，封君太众，若此则上逼主而下虐民，此贫国弱兵之道也"。《吕氏春秋·贵卒篇》记吴起对悼王说："荆所有余者，地也；所不足者，民也。今君王以所不足益所有余，臣不得而为也。”所谓“以所不足益所有余”，就是把公室所缺少的民户赏赐给已有过多领地的贵族。长此以往，可能形成因权势下移而国柄失衡的危局。吴起倡言变法，贵族是不会欢迎的。吴起曾经向息县的屈宜臼申述变法的主张，屈宜臼诫之曰：“昔善治国家者，不变其故，不易其常。”① 显然，贵族的愿望是照老路子走下去。可是吴起素来倔强，认准了方向就会勇往直前。悼王也痛下决心，命吴起变法。

吴起变法的主要内容有以下三点：

其一，削减贵族的特权，改善平民的境况。如《淮南子·道应训》所记，“衰楚国之爵而平其制禄，损其有余而绥其不足”。这也就是《淮南子·泰族训》所记的“为楚减爵禄之令”，以及《史记·范雎蔡泽列传》所记的“为楚悼王立法，卑减大臣之威重”。“衰”“损”“卑”“减”，语意类同，总之要降低贵族尤其是大臣和封君的爵位，缩小他们的领地，减少他们的属民。还要限制其传袭的世代，即《韩非子·和氏篇》所记的“使封君之子孙三世而收爵禄”；纠正封赏太滥的偏差，即《史记·孙子吴起列传》所记的“废公族疏远者”；甚至强迫一些贵族搬到地广人稀的边疆去，即《吕氏春秋·贵卒篇》所记的“令贵人往实虚广之地”。这样，平民就可以减少一些租税和劳役了。

其二，健全法制，整饬吏治。即《史记·孙子吴起列传》所记的“明法审令”，《史记·范雎蔡泽列传》所记的“罢无能，废无用，损不急之官，塞私门之请，一楚国之俗”，《战国策·秦策》所记的“私不害公，谗不蔽忠”，以及《韩非子·和氏篇》所记的“绝灭百吏之禄税”。

其三，整军经武。即《史记·孙子吴起列传》所记的“抚养战斗之士，要在强兵，破驰说之言从（纵）横者”，《史记·范雎蔡泽列传》所记的“禁游客之民，精耕战之士……破横散从，使驰说之士无所开其口，禁朋党以励百姓”，以及《淮南子·道应训》所记的“砥砺甲兵，时争利

---

① 《淮南子·道应训》，息县屈宜臼则从《说苑·指武篇》。

于天下”。

吴起为官，事无巨细，都要过问。有个典型的例子，即郢都的民众惯于用两版筑城垣和屋垣，吴起为了提高工效，下令一律改用四版，事见《吕氏春秋·义赏篇》。

吴起变法，成效卓著。《史记·孙子吴起列传》说：“于是南平百越，北并陈、蔡，却三晋，西伐秦，诸侯患楚之强。”其中，“北并陈、蔡”一句容易引起怀疑，因为陈国和蔡国早就被楚国灭亡了。但这话也有一定根据，因为陈地和蔡地被韩、魏侵占了一些，吴起收复了失地。

南平百越是吴起的重要决策和重大贡献，影响深远。楚人所开拓的百越之地在洞庭与苍梧之间，有农桑、金锡之利。早在春秋晚期，洞庭迤南已有楚人的足迹。然而，楚人大量涌向洞庭迤南却在吴起平百越之后。百越部落林立，不相统属，号为“无君”。吴起平百越，“平”字用得相当确切。楚人开拓百越之地，虽有武装为后盾，但主要是倚仗优势的文化和开明的政策。湖南发现了许多同期同地的楚墓和越墓，彼此邻接甚至相互错杂，凡墓主为男子者，不分楚、越，大抵有兵器随葬，足证楚人与越人关系融洽。年代愈晚，越墓所含的楚文化因素和楚墓所含的越文化因素就愈多。

当楚人经略湖南时，北方的局势没有发生重大的变化。公元前 387 年——悼王十五年，秦伐蜀，取南郑（在今陕西汉中市）。南郑在秦岭南麓，居汉水上游，是由秦入蜀的必经之地，秦人得而复失，这次是重占其地。其明年，赵迁都于邯郸。复明年，韩伐郑，取阳城（山名，在今河南登封市东北）。又明年，秦废除殉葬制，这是在文明化的道路上又前进了一步。

吴起终于等来了北伐的良机。公元前 383 年和前 382 年——悼王十九年、二十年，魏、赵两国因争夺卫国而交战，卫国亲附魏国，齐国协助魏国，魏、齐、卫合兵伐赵，战况激烈，胜负未卜。公元前 381 年——悼王二十一年，吴起率楚师伐魏救赵，兵锋凌厉。横行中原，饮马黄河。收复了楚国北疆的失地，包括陈地和蔡地在内。吴起为后来齐人的围魏救赵作出了榜样，而且为后来秦人的远交近攻①开创了先例。

这时，如《史记・范雎蔡泽列传》所记，楚国“兵震天下，威服诸侯”。

吴起变法是由国家主动采取的调适行为，这与芳掩庀赋相像，但牵涉面更大，而冲击力更强。所谓调适，即在不改变生产方式的前提下，去改变生产方式和治理方式的某些环节。这样的变法，当然不是变奴隶制为农奴制。

当时的变法家，有缓进的，有急进的。缓进的如李克，急进的如吴起。缓进的见效慢而不易生变，急进的见效快而易于生变。孰优孰劣，则因国情而异。在君主专制政体下，多倾向于采取急进方式，但变法家往往要付出生命的代价。

吴起触犯了许多权贵。这些权贵盘根错节，平时相互勾结或相互倾轧，这时却以吴起为公敌了。只是碍于吴起深受悼王信任，他们一时还不敢发难，这便是所谓投鼠忌器了。

就在伐魏救赵的当年，悼王去世，吴起这位客卿失去了唯一的安全保障。权贵连操办悼王的丧事也顾不上了，当即群起攻吴起，吴起正在宫内，中了箭，急忙扑在悼王尸体上。作乱的权贵对吴起连射带刺，杀死他之后，又肢解了他的尸体。

悼王子熊臧继位，是为肃王。

作乱的权贵正在弹冠相庆，不曾想到竟会被肃王诛戮殆尽。他们作乱时，也有忙里出错，射中或刺中悼王尸体的。按照楚国的法规，凡用兵器碰到楚王尸体的，一律处死，而且罪及三族。由此，经肃王授意，新任令尹捕杀了所有攻杀吴起的权贵及其三族，共 70 余家。据《吕氏春秋・上德篇》，可能只有阳城君得免一死，他逃出楚国，封地充公。

---

① “远交而近攻”一说，始见于《史记・范雎蔡泽列传》记范雎说秦昭王，事在公元前 271 年——秦昭王三十六年。《战国策・秦策》所记与此同。

《吕氏春秋·贵卒篇》说：吴起中箭后，边跑边从自己身上拔下一支箭来，把它插在悼王的尸体上，同时高声叫喊，说是乱党谋害大王。也许确实如此，但也只为肃王尽诛乱党提供了一个借口，假如肃王也是反对吴起变法，他就会把这事定为吴起的死罪，而置乱党于不问，甚至会以乱党为功臣的。

第三节　变法后的起色

《韩非子·问田篇》说："楚不用吴起而削乱，秦行商君而富强。"似乎吴起变法失败，而商鞅变法成功了。其实不然。吴起在楚国开始变法，比商鞅在秦国开始变法早大约 33 年。吴起变法历时 9 年，商鞅变法历时 18 年。吴起被肢解，商鞅遭车裂。可是，人的生死、荣辱并不等于法的成败、存亡。楚肃王为吴起报了仇，秦惠文君却是支持甚至怂恿宗室大臣杀死商鞅的。至于楚国的削乱，那是在吴起死后约 70 年的丹阳之役中为秦所败才开始的；秦国的富强，则是在商鞅死后 22 年灭了蜀才实现的。时势和国情都不同，说吴起变法失败而商鞅变法成功，是没有理由的。韩非为文，雄则雄矣，辩则辩矣，但有时喜篡改史实或假托寓言以迁就论点，读者不可尽信。

肃王尽诛乱党后，楚国面临的最大困难是缺少久经考验的贤臣良将。时势造英雄，但同样的时势未必能造出同样的英雄来。肃王时，虽在边境冲突中丧失了一些城邑，但使民众得以休养生息，为宣王时的恢复和威王时的振兴创造了不可或缺的前提。

公元前 379 年——肃王二年，徒拥虚号的齐康公去世，吕氏绝祀。

公元前 377 年——肃王四年，蜀伐楚，取兹方，楚筑扞关以拒蜀。兹方，一说在今湖北松滋县，与楚都隔江相望，不确，其地应在川东近鄂西之处。扞关在今四川奉节县东，雄踞三峡西口。蜀与楚不相接，蜀伐楚必须假道于巴。

公元前 375 年——肃王六年，魏伐楚，取榆关。同年韩灭郑，徙都于郑故都。公元前 371 年——肃王十年，魏伐楚，取鲁阳。当初鲁阳文子挥戈回日，意气干云霄；此时重镇失守，楚人心情的抑郁是可想而知的。

肃王立十一年死，无子。其弟熊良夫继位，是为宣王。

宣王承袭了肃王的稳健方针，国力和兵威都在恢复中。

公元前 369 年——宣王元年，魏武侯、韩哀侯、赵敬侯三分晋静公食邑，晋乃绝祀。

公元前 367 年——宣王三年，周室内乱，经赵、韩两国干预，分为西周、东周，从此便天有二日了。

从公元前 366 年——宣王四年起，秦加强了对魏的攻势，魏对秦则改取守势了。公元前 361 年——宣王九年，魏徙都于大梁。是年，秦孝公立。

《史记·秦本纪》概略地介绍秦孝公初年的战国形势，其文曰："河山以东强国六……淮泗之间小国十余。楚、魏与秦接界。魏筑长城，自郑滨洛以北，有上郡。楚自汉中，南有巴、黔中。周室微，诸侯力政，争相并。秦僻在雍州，不与中国诸侯之会盟，夷翟遇之。"汉中、巴、黔中都是郡名，它们从北到南，构成楚国的西部边疆。

公元前 356 年——宣王十四年，秦以卫鞅为左庶长，厉行变法。卫鞅出身魏国公族，别称公孙鞅。后来封在商邑，号为商君。

公元前 354 年——宣王十六年，魏伐赵，围邯郸。齐、楚重演了伐魏救赵的故事，此役的风云人物是齐将孙膑。孙膑是孙武的后裔，曾与庞涓共学兵法。庞涓做了魏国的大将，自知不及孙膑，邀请孙膑到魏国，借故断其足而黥其面，孙膑乃有此名，其原名则不传。齐威王以孙膑为师。齐救赵，元帅为田忌，孙膑则安坐在辎车中出谋划策。楚师持重缓进，齐师则直奔大梁。公元前 353 年——宣王十七年，魏师攻克邯郸，回救大梁。齐师转移到桂陵（在今河南长垣县西北），因险设伏，击溃魏师。这就是著名的桂陵之战，或称围魏救赵之战，为后世兵家所乐道。其后两年，魏国把邯郸归还了赵国。

其实，真正从这次战役中得利的是楚国。这时，楚国有名臣昭奚恤，有名将景舍，俱以多谋善断著称。将起兵时，令尹昭奚恤主张待赵、魏两弊再去坐收其利，司马景舍则以为不妨少出些兵，只要让赵人知道楚国援军将到而固守邯郸就够了，这样赵、魏方能两弊，加上齐师和秦师的东西呼应，就可以击败魏师了。宣王命景舍与昭奚恤引兵伐魏，楚师没有经过激烈的战斗，就攻夺了睢、涉二水之间，其地与魏、宋、卫三国相接。

这次昭奚恤虽不如景舍善运筹，平时昭奚恤却是非常机敏、干练的。《韩非子·内储说》记有一则故事，大意如下：仓库失火，烧掉了屋顶的茅草，官吏不知纵火者为谁，昭奚恤派人把茅草贩子叫来，经过审问，果然纵火者就是茅草贩子。这是一桩小事，然而平时北方诸侯所忌惮的正是昭奚恤的智术。魏国派一位能言善辩的江乙到楚国去做客卿，其任务是挑拨离间，力图使宣王不再信任昭奚恤。一次，在朝廷上，宣王问群臣北方诸国何以怕昭奚恤，江乙说了一个寓言，叫作狐假虎威，事见《战国策·楚策》。狐喻昭奚恤，虎喻宣王。江乙一举两得，又诋毁了昭奚恤，又吹捧了宣王。可是，宣王不信。

肃王初年，由于尽诛乱党，封君顿时减少。及至宣王中期，封君又增多了。某些没有劳绩的贵族，只是因为受宠，就成为封君了。如《战国策·楚策》所记：宣王猎于云梦，忽而乐极生悲，对左右说："寡人万岁千秋之后，谁与乐此矣？"宠臣安陵坛[①]流着泪对宣王说："大王万岁千秋之后，愿得以身试黄泉，蓐蝼蚁，又何如得此乐而乐之？"宣王见安陵坛愿为他殉葬，不禁大喜，当即封安陵坛为安陵君。

公元前 352 年——宣王十八年，秦伐魏西境，取安邑。齐、宋、卫乘机伐魏东境。魏与韩合兵，击败齐、宋、卫联军于襄陵（在今河南睢县）。齐人请景舍出面向魏人求和，魏人深恐三面受敌，同意罢兵。

公元前 350 年——宣王二十年，秦迁都于咸阳（在今陕西咸阳市东北）。秦都屡迁，公元前 361 年至前 351 年都于栎阳（在今陕西临潼县东

① 《说苑·权谋篇》所记为"安陵缠"。"坛"或"缠"是名，其姓氏不详，受封为安陵君后号称安陵坛或安陵缠。

北)。

此后十年间，魏成为七雄之首，兵力最强，气焰最盛。公元前 346 年——宣王二十四年，魏伐楚，取上蔡。公元前 344 年——宣王二十六年，魏君称王，是为魏惠王，文献或称之为梁惠王。是年，魏惠王为逢泽（在今河南开封市东南）之会，并率韩、宋、卫、鲁等诸侯朝见周显王。魏惠王踌躇满志，但不久魏就成为众矢之的了。

公元前 342 年——宣王二十八年，魏伐韩。其明年，齐救韩。齐、魏战于马陵（在今山东郯城县境），齐大胜魏，魏将庞涓自尽，魏太子申被俘。这次齐仍以田忌为主将，以孙膑为军师。又明年，齐、赵、秦分路伐魏，魏师疲于奔命。卫鞅帅秦师大破魏师，俘获公子卬。卫鞅因此受封于商於，号为商君。楚人作壁上观，没有卷入北方的混战。是年，宣王去世，在位计 30 年。子熊商继位，是为威王。

第四节　威王兴楚

威王在位时，楚国已积蓄了足以与任何强敌争胜的实力，其他大国则都遇到了出自内部的或者来自外部的困难。

公元前 338 年——威王二年，秦孝公去世，秦惠文君继位，商鞅遭车裂。商鞅之死并不意味着秦国变法的失败，正像吴起之死并不意味着楚国变法的失败。然而，内部的动乱终究暂时地锉钝了秦人的锋芒。这时，楚、韩、赵三国都奉行联秦以制魏的方针，因此，在公元前 337 年，即秦惠文君元年，楚威王、韩昭侯、赵肃侯都派使者到秦国去，向秦惠文君致贺。与他们不约而同去拜贺秦惠文君的，还有蜀王的使者。《史记·秦本纪》说：“惠文君元年，楚、韩、赵、蜀人来朝。”这是以秦为本位的笔法，并不表明楚、韩、赵、蜀四国臣服于秦国。

齐国虽战胜了魏国，自己却受到越国和楚国的双重威胁。越师北上，侵入齐国的东南部；楚师东下，危及齐国的西南部。据《史记·越王句践世家》所记，齐威王派使者对越王无强说：“越不伐楚，大不王，小不伯。”无强争胜心切，麾兵西上，攻掠楚地，事在公元前 335 年。

魏国自从败于马陵之后，君臣危惧。魏惠王以惠施为相，用其计，会齐威王于徐州，尊之为王。惠施的真正目的是要激怒楚人，促使楚师讨伐齐国。齐威王以田婴为相，受其惑，不知惠施的甘言美辞是计，欣然到徐州与魏惠王相会，并相约并力讨伐楚国，事在公元前 334 年。

如上所述，齐企图嫁祸于楚、越，魏企图嫁祸于齐、楚，两场阴谋在伐楚这一点上联结起来。楚人求置身事外而不可得，于是毅然决然实行反击。公元前 333 年——威王七年，楚师以景翠为元帅，歼灭越师主力，杀死越王无强，尽取越人所占吴地。越人从此离散，诸贵公子争立，乃至各霸一方，但都是楚国的附庸。同年，景翠移师北上，大破齐师于徐州。魏人坐视，不敢救齐也不愿救齐。

威王七年——这是值得楚人为之自豪的一年！在楚国历史上，从来没有在如此短促的时间内取得如此辉煌的战绩。楚国后发制人，尽管变防御为进攻，在舆论上也是无可非议的。战胜攻取之后，楚国成为东周的第一大国了。威王后期楚国的版图，西起大巴山、巫山、武陵山，东至大海，南起五岭，北至汝、颍、沂、泗，囊括了长江中下游以及支流众多的淮水流域。当时最有才华的纵横家苏秦来到郢都，对威王说：“楚，天下之强国也；王，天下之贤王也。……地方五千余里，带甲百万，车千乘，骑万匹，粟支十年。此霸王之资也。”语见《史记·苏秦列传》。

七雄并立的局势，是在楚人击破越国之后形成的。七雄之中，可以与楚国抗衡的是秦国。这时的秦国，版图和财富虽不及楚国，兵威则与楚国相伯仲。《史记·苏秦列传》记苏秦向威王指出：“楚强则秦弱，秦强则楚弱，其势不两立。”“从（纵）合则楚王，衡（横）成则秦帝。”

纵横家之名源于纵横术，纵为合纵，横为连横。使函谷关（在今河南灵宝县东北）以东诸侯南向与楚联合，是为合纵；使这些诸侯西向与秦联合，是为连横。合纵、连横之争，究其实，即楚、秦之争。纵横术既可以为楚所用，也可以为秦所用。纵横家对有关的各国无好恶可言，他们只有智术，没有理想，所追逐的只是自身的富贵。

韩、魏、赵三国是当时的“中国”，如《吴子·料敌篇》所云：“三晋者，中国也。”《战国策·秦策》云：“韩，天下之咽喉。魏，天下之胸腹。”“赵，中央之国也。”据《史记·苏秦列传》：韩国方圆九百余里，带甲数十万；魏国方圆约一千里，武士二十万，苍头二十万，奋击二十万，斯徒十万[1]，车六百乘，骑五千匹；赵国方圆二千余里，带甲数十万，车千乘，骑万匹，粟支数年。韩国的优势在于兵器精良，魏国的优势在于人口众多，赵国的优势在于民气剽悍。无论合纵、连横，所要争取的都是三晋。三晋如能同心同德，它们的力量足以自卫，甚至有余。无奈它们总是离心离德，偶尔合兵抗秦也是同床异梦。《战国策·赵策》说：“三晋合而秦弱，三晋离而秦强。”这个近乎常识的道理是连愚夫愚妇也不难明白的，三晋的君臣却视之为迂谈或空论。《战国策·秦策》记秦惠文君说：“诸侯不可一，犹连鸡之不能俱止于栖亦明矣。”三晋就是这样，像三只连成一串的鸡，因争栖而俱弊。《战国策·燕策》记有苏代所讲的一则寓言：“蚌方出曝，而鹬啄其肉，蚌合而箝其喙。鹬曰：‘今日不雨，明日不雨，即有死蚌。’蚌亦谓鹬曰：‘今日不出，明日不出，即有死鹬。’两者不肯相舍，渔者得而并禽之。”这个文辞浅显而意味深长的寓言，足为三晋与秦写照。

齐、燕两国，一在三晋东，一在三晋北。齐早就是一个强国了，燕在七雄中却是后起的。据《史记·苏秦列传》：齐国方圆二千余里，带甲数十万，粟如丘山；燕国方圆二千余里，带甲数十万，车六百乘，骑六千匹，粟支数年。齐国的富庶可与楚国媲美，齐都的繁华则超过楚都。齐都临淄有七万户，“其民无不吹竽、鼓瑟，弹琴、击筑，斗鸡、走狗，六博、蹋鞠者。”“车毂击，人肩摩，连衽成帷，举袂成幕，挥汗成雨。家殷人足，志高气扬。”燕国不如齐国发达，但也比较富庶。燕下都城垣的面积，为战国都城之冠。

---

① “武士”为重步兵；“苍头”类如民兵而以青巾裹头；“奋击”为轻步兵；“斯徒”为随军役徒。

连绵不绝的战争冲击和震撼着各国的社会结构，但是各国的社会性质没有发生急剧的变化。大致说来，在西部和北部的各国，奴隶制还占着主导地位；在东部和南部的各国，占主导地位的却是农奴制。这是一个铜铁并用的时代，铁器的推广使生产力和战斗力都得以提高，但一时还不能为奴隶制的全面覆没创设充分的条件。山西侯马市乔村 1969 年发掘的一座战国中晚期墓，中间是两个墓主的遗骸，周围有 18 个殉葬人的遗骸。在这 18 个殉葬人中，青壮年占 16 个：10 个是男的，6 个是女的，4 个带有铁颈锁。殉葬人的尸骨有不少断裂、破碎、挤压、扭曲的痕迹，狼藉不堪，可见是受强制、遭虐杀甚至被活埋的。此等杀殉制与贵族和近侍的从死制有别，带着鲜明的奴隶制烙印，在楚国是不可见的。

当时的战争，从兵器、兵种到兵法，都发生了一些前所未有的变化。

剑和弩的普及，提高了徒兵的地位。当时的徒兵有重步兵和轻步兵两类，前者着金属盔甲，后者着革甲、木甲或者不着甲。从已有的考古资料来看，楚国的剑和弩最多而且最好。战国中晚期的楚墓，无论墓主为贵族或平民，大抵都有剑随葬。下等的平民，即使没有任何礼器，通常也有剑一柄随葬。上等的贵族，如江陵天星观 1 号墓的墓主邸阳君番勅，其墓中竟有剑 32 柄出土。须知，此墓共 7 个墓室，6 个墓室已被盗，这 32 柄剑都出自未曾被盗的北室。弩在战国楚墓中已有多件实物出土，湖南所出最多，虽已残破，但弩机仍完好，尚可复原。江陵秦家嘴 47 号墓出有双孔连发弩一件，每次可射出短箭两支，连扣连发。但其形制较小，射程较近，可能只用以射鸟，并非兵器。《吴越春秋》卷五记楚国的一位善射者说：琴氏“以为弓矢不足以威天下”，于是，“横弓着臂，施机设枢”，创造了弩。按，琴氏精通射艺，是楚国的传说人物。弩的发明者应是南方山地民族，非蛮即濮。琴氏则可能是弩的改进者，将木弩机和骨弩机改进为铜弩机，使弩成为正规的兵器。

车兵仍是平原野战不可或缺的重要兵种，冲锋陷阵之际仍有强大的威力。但在战国中期，车兵已开始为骑兵所取代。骑术是北方草原民族的长技，先传到中原，又传到南方。车兵与骑兵，前者逐渐减少而后者逐渐增多。战国中期的骑兵部队大概都是轻骑兵，还对付不了装备精良、阵法严整的步兵和车兵，但它有迅捷和灵活的长处，善于迂回、穿插和突袭，在追击逃敌时尤有用武之地。

楚师的优势不在骑兵，而在步兵和车兵。

秦号称虎狼之国，贪得无厌。与函谷关外的六国相比，秦国是落后的，物质文明固然落后，精神文明尤其落后。在秦人眼里，六国都是花柳繁华之地、富贵温柔之乡。在秦人胸中，燃烧着掠夺的欲火。秦国的体制适应于侵略和征服，是极端军事化、极端专制化的体制。秦国有用不完的将才，可是没有土生土长的学者和谋士。学者可以不要，谋士却不能没有。秦国引进的重要人才，无一非谋士。在秦国的征服事业中起了重要作用的谋士，无一非客卿。这时，秦人避强就弱，锋芒指向魏国和韩国。

公元前 332 年——威王八年，魏国献阴晋（在今陕西华阴县东）于秦国，从此兴起了割地赂秦之风。《史记·魏世家》记苏代说："且夫以地事秦，譬犹抱薪救火，薪不尽，火不灭。"阴晋易手之后不过两年，河西魏地全部被秦人攻占。又一年之后，秦人便开始侵占河东的魏地了。

公元前 329 年，威王去世，在位不过 11 年。子熊槐①继位，是为怀王。

经历了重重风险，跨越了重重障碍，楚国正在登上强大和繁荣的顶峰。社会生产力的持续发展，使土地私有制更为流行，荆门包山 2 号墓出土的竹简，证明当时的田地可以买卖，产权受到官方保护②。奢华和贫困，幸运和危机，同步增长。到威王末年和怀王初年，楚国已是东方第一大国、世界第二大国，版图仅亚于西方的亚历山大帝国。才雄一世的亚历山大大帝，这时为捷报和颂歌所陶醉，既不知人寿之将终，也不知国祚之将绝。威王不像亚历山大大帝那么能征善战，头脑却比亚历山

① 此据《史记》，《诅楚文》所记则为"熊相"。

② 《包山楚墓》，文物出版社 1991 年版。竹简第 151 支和第 152 支。

大大帝清醒。他的大臣给他带来胜利和光荣，这使他不胜感奋。然而，他的大臣关心爵禄甚于关心社稷，这却使他不胜忧虑了。《战国策·楚策》记威王问莫敖子华："自从先君文王以至不穀之身，亦有不为爵劝，不为禄勉，以忧社稷者乎?"莫敖子华列举了五位以忧社稷闻名的先大夫，即令尹子文、叶公子高、莫敖大心、棼冒勃苏（申包胥）和蒙谷。威王叹曰："此古之人也，今之人焉能有之耶?"

第五节　庄子与道家

一说到战国时代，人们就容易联想到惨烈的战争，甚至可能认为这是一个野蛮压倒文明、昏昧吞噬理智的可悲的时代。其实，在战国时代，人们的一切志虑、一切欲念，从最残暴的到最仁慈的，从最狡诈的到最诚挚的，从最昏庸的到最睿智的，从最粗野的到最优雅的，无不异常活跃。因此，它的明星并不只是赳赳武夫，也有不少彬彬文人；它的奇迹并不只是伏尸百万、流血漂杵，也有稷下的讲谈、濠上的辩难。

当秦国在不遗余力地整军经武的时候，齐国却以养士崇文自豪。齐国的优势本来就不在武略和兵威，桂陵之战和马陵之战都只是昙花一现。齐国的优势，一是山海之利，二是管晏之术。从管仲起，齐国讲求政理和治术，中经晏婴，其风更炽，这是齐国的智力优势。齐威王（公元前356年—前320年在位）和齐宣王（公元前319年—前301年在位）对学者尤为优容，兴建了当时唯齐独有的一所学宫。这所学宫位于临淄西南门附近的稷下，因而号为稷下学宫。《史记·孟子荀卿列传》说："自驺衍与齐之稷下先生，如淳于髡、慎到、环渊、接子、田骈、驺奭之徒，各著书言治乱之事，以干世主，岂可胜道哉!"其中，环渊是楚人，与赵人慎到和齐人接子、田骈等，"皆学黄老道德之术，因发明序其指意。""黄"为黄帝，纯属假托；"老"乃老子，实有其人。稷下的黄老之学，就基本要素而言，是道家和法家的统一。这些言黄老道德之术的学者，以及稷下的其他学者，颇受齐王礼遇。"自如淳于髡以下，皆命曰列大夫，为开第康庄之衢，高门大屋，尊宠之。览（揽）天下诸侯宾客，言齐能致天下贤士也。”

尽管如此，齐王对学者的态度仍然是功利主义的，其所好者用之，其所不好者不用之。雄辩如孟子，因其祖述唐、虞、夏、商、周之德，被认为不合时宜，倦游归去，只能以授徒著书终其余生。孟子即孟轲，邹人，是孔丘孙孔伋（子思）的再传弟子。孟子主张民贵君轻，法先王而行仁政，成为继承孔子的正统儒宗。孟子虽不见用于诸侯，他的学说对后世却有深而且广的影响。

真正在哲学上继承和发扬了《老子》的，是生存年代与孟子同时而稍晚的庄子。庄子即庄周，生于宋，游于楚，既可以算作宋人，也可以算作楚人。王国维说：“庄子楚人，虽生于宋而钓于濮水，陆德明《经典释文》曰‘陈地水也’，此时陈已为楚灭，则亦楚地也，故楚王欲以为相。”①

庄子早年做过管理漆园的小吏，但这是误入尘网，不久便弃职而去。欲以庄子为相的楚王，就是威王。《史记·老子韩非列传》记：“楚威王闻庄周贤，使使厚币迎之，许以为相。庄周笑谓楚使者曰：‘千金，重利；卿相，尊位也。子独不见郊祭之牺牛乎？养食之数岁，衣以文绣，以入大庙。当是之时，虽欲为孤豚，岂可得乎？子亟去，无污我。我宁游戏污渎之中自快，无为有国者所羁，终身不仕，以快吾志焉。’”《庄子·秋水篇》亦记此事，与《史记·老子韩非列传》义同而辞异，其文曰：“庄子钓于濮水，楚王使大夫二人往先焉，曰：‘愿以境内累矣。’庄子持竿不顾，曰：‘吾闻楚有神龟，死已三千岁矣，王巾笥而藏之庙堂之上。此龟者，宁其死为留骨而贵乎？宁其生而曳尾于涂中乎？’二大夫曰：‘宁生而曳尾涂中。’庄子曰：‘往矣！吾将曳尾于涂中。’”

庄子无意仕进，这是因为他对他生存在其中的社会已经完全绝望了。仕进乃为不可为之事，救不可救之世，纯属徒劳。庄子认为儒家的理论

---

①《静庵文集·国朝汉学派戴阮二家之哲学说》“老庄之徒生于南方”句注。

只能使已经败坏的世道和人心更加败坏，以至不可收拾，因而痛加诋斥。同时，庄子企求全其天性，顺其自然，达到物我两忘的境界。

友人涂又光认为：庄子在哲学上的主要特色在于对“超越主义”作了空前绝后的发挥，为了解放个体，不仅要超越社会，超越宇宙，而且要超越客观世界，超越主观世界，这样，个体才会释放出全部的能量。《老子》的否定性是相对的，《庄子》的否定性是绝对的。《老子》否定了肯定性，认为至道是“无有”；《庄子》否定了否定性，认为至道是“无无”。从《老子》到《庄子》，从无有到无无，从以有形的水喻道到以无形的风喻道，是一大超越，超越了有无层面，达到了自然层面。《老子》主张道法自然，《庄子》主张道即自然。所谓“自然”，不是自然界或称大自然，而是物自身之所以然。

绝对的否定性导致绝对的相对性，《庄子》的《齐物论》所阐发的就是绝对的相对性。《齐物论》中说：细小的草茎和粗大的木柱，最丑的人和最美的人，乃至千奇百怪的事物，“道通为一”。分就是成，成就是毁，“复通为一”。“天地与我并生，而万物与我为一。”《齐物论》超越了寻常的“彼此”和“是非”，是从高于寻常的层次来看“彼此”和“是非”的。它是一种富有启发性的思维模式，虽由改造巫学的众生互参思维模式而来，却已超越巫学层次，赋予楚国艺术以出神入化的想象力和创造性。

庄子为文，奇诡莫测，变化无穷，气势浩荡，意象峥嵘，往往令读之者意夺神骇，疑非人工，殆若天成。

战国中期有农家起于楚国，其宗师为楚人许行。《孟子·滕文公篇》记：“有为神农之言者许行，自楚之滕，踵门而告文公曰：‘远方之人，闻君行仁政，愿受一廛而为氓。’文公与之处。其徒数十人，皆衣褐，捆屦、织席以为食。陈良之徒陈相，与其弟辛，负耒耜而自宋之滕，曰：‘闻君行圣人之政，是亦圣人也，愿为圣人氓。’陈相见许行而大悦，尽弃其学而学焉。陈相见孟子，道许行之言曰：‘滕君则诚贤君也，虽然，未闻道也。贤者与民并耕而食，饔飧而治。今也滕有仓廪府库，则是厉民而以自养也，恶得贤？’孟子曰：‘许子必种粟而后食乎？’曰：‘然。’‘许子必织布而后衣乎？’曰：‘否，许子衣褐。’‘许子冠乎？’曰：‘冠。’曰：‘奚冠？’曰：‘冠素。’曰：‘自织之与？’曰：‘否，以粟易之。’曰：‘许子奚为不自织？’曰：‘害于耕。’曰：‘许子以釜甑爨，以铁耕乎？’曰：‘然。’‘自为之与？’曰：‘否，以粟易之。’‘以粟易械器者，不为厉陶冶；陶冶亦以其械器易粟者，岂为厉农夫哉？且许子何不为陶冶，舍皆取诸其宫中而用之？何为纷纷然与百工交易？何许子之不惮烦？’曰：‘百工之事，固不可耕且为也。’‘然则治天下独可耕且为与？有大人之事。有小人之事。且一人之身而百工之所为备，如必自为而后用之，是率天下而路也。’”显然，农家所关心的不是农业技术，而是农民生活。商品经济冲击着自然经济，使许多小农求自给自足而不可得，把许多小农推到了破产的境地。许行的神农之言是为这些小农请命，希望把商品经济按小农所能接受的方式控制在小农所能接受的范围内。所谓小农所能接受的范围，即限于用粟去换陶器、铁器之类。所谓小农所能接受的方式，即要求一切商品都像小农生产的粟那样，只需计量定价，无需按质定价。

《孟子·滕文公篇》记陈相说：“从许子之道，则市贾（价）不贰，国中无伪。虽使五尺之童适市，莫之或欺。布帛长短同，则贾（价）相若；麻缕、丝絮轻重同，则贾（价）相若；五谷多寡同，则贾（价）相若；屦大小同，则贾（价）相若。”孟子比许行和陈相通达时务，他驳斥道：“夫物之不齐，物之情也。或相倍蓰，或相什百，或相千万。子比而同之，是乱天下也。巨屦、小屦同贾（价），人岂为之哉？从许子之道，相率而为伪者也，恶能治国家？”

小农只求温饱，对市场的需求是不多的。《史记·货殖列传》记“楚越之地”“不待贾而足”，这是专就“饶食”而言的。与“饶食”相比，其他都是次要的，商品只求合用，价格只求平稳，精粗美恶则在所不计。许行的学说其实没有超出小农的见识，因而经不起孟子的批驳，当然也无法与其他学说争胜，不久就销声匿迹了。

大致与庄周、许行同时，楚国有一位鹖冠子，隐居深山，姓名不详。以鹖为冠，因有此号。鹖为雉类，喜斗，虽败不退。隐居而鹖冠，可见其壮心未泯。道家的本色正是这样，其身固与世无争。其心则萦世不已。鹖冠子的学说也以黄老为本，而兼治天文、术数。今本《鹖冠子》在伪书之列，但从内容来看，应为战国时代楚人所作，未必尽伪。

战国中期，楚国还有一位学者名长卢，其学说已湮没无闻。

第十一章　从极盛到顿衰

楚国达到了强大和繁荣的顶点，贵官豪族莫不欢天喜地，威王却在为社稷担忧。《史记·苏秦列传》记威王对苏秦说："寡人之国西与秦接境，秦有举巴蜀、并汉中之心。秦，虎狼之国，不可亲也。而韩、魏迫于秦患，不可与深谋，与深谋恐反（人）以入于秦，故谋未发而国已危矣。寡人自料，以楚当秦，不见胜也；内与群臣谋，不足恃也。寡人卧不安席，食不甘味，心摇摇然如县旌而无所终薄。"这一番话切中肯綮，足以表明威王对国际形势和国内情状洞若观火。强秦不可亲，韩、魏不可信，这是楚国的外部困难，由此，连横之议固断不可从，合纵之谋亦未必可行。还有群臣不足恃，这是楚国的内部困难。由此，在楚、秦相争之际，楚很难稳操胜算。

威王的忧虑在他去世后不久就应验了。

怀王不如威王清醒，对人对事都缺乏洞察力和预见性。但他也深爱自己的国家，只有这一点是和乃父相像的。

怀王在位时，楚国由盛转衰了。

第一节　秦人得计，楚人失策

公元前 328 年——怀王元年，秦惠文君以张仪为相。张仪在秦、楚之间翻手为云，覆手为雨。他与怀王的纠葛，留给文学家的创作素材比留给史学家的研究课题更多。但在初为秦相时，张仪尚无奇功殊勋可言。怀王在位的前期，却是有声有色的。

公元前 326 年——怀王三年，赵肃侯去世。楚、秦、魏、齐、燕五国各派精锐部队一万人到邯郸参加赵肃侯的葬礼，如此盛大的丧仪实为古今中外所罕见。

其明年，秦惠文君称王。此后不过数年，诸侯都称王了。

公元前 323 年——怀王六年，大司马昭阳领兵伐魏，破魏师于襄陵，取魏地八邑。继而移兵伐齐，齐威王不胜其忧。陈轸为秦使齐，正巧在临淄。齐威王向陈轸问计，据《史记·楚世家》所记："齐王曰：'为之奈何？'陈轸曰：'王勿忧，请令罢之。'即往见昭阳军中，曰：'愿闻楚国之法，破军杀将者何以贵之？'昭阳曰：'其官为上柱国，封上爵执珪。'陈轸曰：'其有贵于此者乎？'昭阳曰：'令尹。'陈轸曰：'今君已为令尹矣，此国冠之上。臣请得譬之：人有遗其舍人一卮酒者，舍人相谓曰：'数人饮此，不足以遍。请遂画地为蛇，蛇先成者独饮之。'一人曰：'吾蛇先成。'举酒而起，曰：'吾能为之足。'及其为之足，而后成人夺之酒而饮之，曰：'蛇固无足，今为之足，是非蛇也。'今君相楚而攻魏，破军杀将，功莫大焉，冠之上不可以加矣。今又移兵而攻齐，攻齐胜之，官爵不加于此；攻之不胜，身死爵夺，有毁于楚：此为蛇为足之说也。不若引兵而去以德齐，此持满之术也。'昭阳曰：'善！'引兵而去。"

大将拥兵自重，抗命自专，此等行径在先前的楚国是不可思议的，与楚国的传统全然不合。现在却发生了，而且不以为罪。怀王也许不明白，这是楚国的隐患，可能造成意想不到的恶果。他沉醉在胜利的喜悦中，把本来是上柱国、大司马的昭阳晋升为令尹，宠之信之，听之任之。尽管如此，破魏师于襄陵确实发生了震慑效应。是年，楚与魏、齐、秦三国会盟于啮桑（在今河南开封市与江苏徐州市之间）。楚国有以大事记年的习惯，这年就被称为"大司马邵（昭）鄢（阳）败晋师于襄陵之岁"，如《鄂君启节》铭文和荆门包山 2 号墓所出竹简都有这样的记载。

昭、景、屈是战国时代楚国公族的三大姓，当怀王在位时，昭氏柄政，景氏和屈氏都不得势了。

也是在公元前 323 年，亚历山大大帝去世，他用武力拼凑起来的庞大帝国迅即瓦解。由此，楚国就成为世界第一大国了。

公元前 322 年——怀王七年，张仪去秦入魏，魏惠王以张仪为相。前任魏相惠施去魏入楚，怀王为取悦张仪，不用惠施，派人送惠施回家乡去了。

惠施，宋人，是名家的宗师。为学重同，主张“合同异”；名家的另一宗师公孙龙为学重异，主张“离坚白”。惠施与庄周友善，其相对性思想与庄周深相契合，彼此时相诘难。《庄子·秋水篇》记：“庄子与惠子游于濠梁之上。庄子曰：‘鯈鱼出游从容，是鱼之乐也。’惠子曰：‘子非鱼，安知鱼之乐?’庄子曰：‘子非我，安知我不知鱼之乐?’惠子曰：‘我非子，固不知子矣；子固非鱼矣，子之不知鱼之乐全矣。’庄子曰：‘请循其本，子曰汝安知鱼乐云者，既已知吾知之而问我，我知之濠上也。’”这就是传为趣谈的濠上之辩，庄周利用一词多义（“安”既可作“凭什么”解，亦可作“在哪里”解），巧施诡辩，令惠施为之语塞。惠施先庄周死，庄周怅然若失，一如伯牙之与钟子期。

大约在公元前319年，田忌去齐奔楚。齐宣王及其相邹忌唯恐楚国利用田忌为害于齐国，派出说客杜赫，唆使怀王封田忌于江南，等于把田忌禁锢起来了。

送惠施回家乡，封田忌于江南，三年间发生的两件事，都说明怀王缺乏主见，容易被纵横家的如簧之舌所左右。

公元前318年——怀王十一年，宋君偃称王，灭滕，伐薛，取淮北之地。又东与齐战，南与楚战，西与魏战，俱获小胜。于是忘乎所以，要称霸于天下了。这位宋王荒于酒色，耽于巫法，而且异常暴虐。《战国策·宋卫策》记：宋君偃扬言要“威服天下鬼神”。《史记·宋微子世家》记：宋君偃“盛血以韦囊，县而射之，命曰‘射天’。……群臣谏者辄射之。于是诸侯皆曰‘桀宋’”。《战国策·燕策》记：宋君偃“铸诸侯之象……展其臂，弹其鼻”。秦惠文王遣使向齐宣王诉说：“宋王无道，为木人以写寡人，射其面。”这时，张仪已去魏入秦，再次相秦。

是年，经苏秦游说，楚、韩、魏、赵、齐、燕六国合纵。怀王为纵长，率六国联军伐秦。近函谷关时，六国联军逡巡不进。秦师出函谷关后，六国联军迅即退却。一次堂堂正正又轰轰烈烈的合纵，就这么慌慌忙忙地收场了。六国之间矛盾重重，谁都怕自己吃亏，虚张声势的时候个个争先恐后，真要打起仗来就个个争后恐先了。

当时的楚国，在苏秦看来，物价太昂贵了，作风太拖拉了。《战国策·楚策》记苏秦到郢都后，过了三天才见到怀王，他用讥刺的口吻对怀王说："楚国之食贵于玉，薪贵于桂，谒者难得见如鬼，王难得见如天帝。今令臣食玉炊桂，因鬼见帝。"这话尽管刻薄，却不无所据。正在极盛时期的楚国，既有实的一面，也有虚的一面。张仪早年在楚国待过，但不得志。据《战国策·楚策》所记，张仪曾问怀王："王无求于晋国乎?"怀王说："黄金、珠玑、犀象出于楚，寡人无求于晋国。"显然，怀王确信天下莫富于楚。财力雄厚，这是实的一面。至于物价昂贵、作风拖拉等等，则是虚的一面。《战国策·魏策》记张仪对魏惠王说："楚虽有富大之名，其实空虚。"

公元前316年——怀王十三年。巴、蜀两国相攻，都向秦告急。秦惠文王命群臣议可否伐蜀，张仪主张先伐韩，司马错主张先伐蜀。《史记·张仪列传》记张仪说："争名者于朝，争利者于市。"三川（在今河南宜阳一带）和周室乃"天下之朝市"，如能诛周王，出九鼎，便可"挟天子以令于天下"；伐蜀则"不足以成名"，也"不足以为利"。司马错说："不然！……欲富国者务广其地，欲强兵者务富其民。""今王地小民贫。"伐蜀，"得其地足以广国，取其财足以富民"，"而又有禁暴止乱之名"；如攻韩与周，则韩与周必"并力合谋，以因乎齐、赵而求解乎楚、魏"，秦"未必利也，又有不义之名"。司马错指出当时的秦国"地小民贫"，这当然是与六国——主要是与楚国相比而言的。秦惠文王从司马错之议，以司马错为帅，起兵伐蜀。秦师越过秦岭，攻入蜀都，贬蜀王煇为侯，命陈庄为其相。不久，秦国又兼并了七姓巴国。

先前，如《战国策·赵策》所云："诸侯之地五倍于秦"，"诸侯之卒十倍于秦"。自从得到蜀这个天府之国以后，秦国领土扩大了，富源增多了，兵力加强了。《战国策·东周策》记周最云："秦地，天下之半也，制齐、楚、三晋之命。"

楚与秦角逐，最大的失策就是听任秦取巴蜀而有之。秦取巴蜀，其势如拊楚人之背。从此，楚就不得不瞻前顾后了。巴蜀就在楚国的西面，可是楚人一向对巴蜀不感兴趣。楚文化辐射力很强，覆盖面很广，它向北、向东、向南扩散，像一个扇面形，唯独不向西扩散。是因为楚人无力西进吗？不是。楚人开拓疆土，出方城而北，沿淮水而东，逾洞庭而南，再接再厉，愈挫愈奋。假如有意问津巴蜀，巴蜀早就纳入楚国的版图了。显然，楚人不是无力西进，而是无意西进。楚国的北、东、南三面都有大片冲积平原，而且相接互通，唯独西面是高山深谷，水行要溯激流，过险滩，陆行仅有鸟道。楚人从黄河下游到长江中游，一直生活在平原上，积久成习，只爱平原，不爱山地，只喜原居，不喜山居。因此，对北、东、南三面，楚人长期奉行战略进攻的方针；对西面，楚人奉行的方针却始终是战略防御。楚人设巴郡，筑扞关，只是求其无后顾之忧而已。长江北岸，过了巴东，再往西去，至今不曾发现楚墓；长江南岸，过了宜都，再往西去，楚墓也影踪全无。显而易见，楚文化是一种平原文化。

这里所谓平原是广义的，包括丘陵、水域以及山间的盆地、河谷在内。南方平原的生态环境赋予楚文化以独具的特性和特色，而且赋予楚文化以独具的机制和模式。饭稻羹鱼，这是南方原居民族的饮食习惯。安车轻舟，这是南方原居民族的交通工具。嫌山爱水，这是南方原居民族对生态环境的选择倾向。灵巧、清秀，这是南方原居民族情有独钟的艺术风格。楚人的望祀只祀大川，不祀名山。《左传·哀公四年》记楚昭王说：“江、汉、雎、漳，楚之望也。”雎山和荆山虽在楚国发祥之地，虽与楚国的始都密迩相望，然而楚人不祀。楚辞描写山地，色调偏暗、偏冷；反之，描写平原，色调就偏亮、偏暖了。《九章·涉江》描写山地，有句云：“深林杳以冥冥兮，乃猿狖之所居。”“哀吾生之无乐兮，幽独处乎山中。”《九章·思美人》描写平原，有句云：“吾将荡志而愉乐兮，遵江、夏以娱忧。”《九章·哀郢》描写平原，有句云：“哀州土之平乐兮，悲江介之遗风。”两相对比，可知三闾大夫也是不喜山居而只喜原居的。

楚文化在平原上如鱼得水，一到山地就如鱼失水了。它像水之行于地，总是往平处和低处流去，遇到高处就停下。它太发达、太成熟了，机制是程式化的，模式是偏颇型的，年代愈晚就惰性愈重。如果不受到强劲的刺激，不发生剧烈的变化，它就无法适应多样化的生态环境。秦文化与楚文化不同，它是黄土高原文化，带山砺河，对平原和山地都能适应。楚国之所以未能削平六国，统一九州，史学家可以指出好多原因来，从文化上看，实为基于深固难徙的平原特性和平原特色。楚人拒巴蜀而远之，秦人取巴蜀而有之，一失一得，已经预示了楚败秦胜的终局。

第二节　怀王与张仪

秦得巴蜀之后，如虎添翼。公元前314年，秦伐义渠，取二十五城；又伐韩，大胜之。

其明年，秦伐赵，大胜之。据《史记·赵世家》所记，是年，楚怀王和魏襄王曾访赵，应与合纵之谋有关。

同年，秦以楚、齐纵亲为患，张仪献离间楚、齐之计。秦惠文王宣布免张仪相，给张仪一个似乎超脱的身份，派张仪到楚国去。

张仪在威王晚年曾经到郢都游说，不得志。事有凑巧，令尹遗失了一块珍爱的璧，他的部属怀疑是张仪趁着赴令尹宴的机会窃取的，便把张仪捉去，打了几百鞭子。张仪不服，获释回馆。《史记·张仪列传》记此事云："其妻曰：'嘻！子毋读书游说，安得此辱乎？'张仪谓其妻曰：'视吾舌尚在不？'其妻笑曰：'舌在也。'仪曰：'足矣。'"后来，张仪相秦，作文檄告楚令尹曰："始吾从若饮，我不盗而璧，若笞我。若善守汝国，我顾且盗而城。"

智术短浅的怀王对张仪极为钦服，达到了迷信的程度。"闻张仪来，虚上舍而自馆之，曰：'此僻陋之国，子何以教之？'仪说楚王曰：'大王诚能听臣，闭关绝约于齐，臣请献商於之地六百里，使秦女得为大王箕帚之妾，秦、楚娶归嫁女，长为兄弟之国。此北弱齐而西益秦也，计无便此者。’楚王大说而许之。”《史记·张仪列传》所记如此，《史记·楚世家》所记则与此有同有异，其文曰：“张仪南见楚王，谓楚王曰：‘敝邑之王所甚说者无先大王，虽仪之所甚愿为门阑之厮者亦无先大王。敝邑之王所甚憎者无先齐王。虽仪之所甚憎者亦无先齐王。而大王和之，是以敝邑之王不得事王，而令仪亦不得为门阑之厮也。王为仪闭关而绝齐，今使使者从仪西取故秦所分楚商於之地方六百里，如是则齐弱矣。是北弱齐，西德于秦，私商於以为富，此一计而三利俱至也。’怀王大悦，乃置相玺于张仪，日与置酒，宣言：‘吾复得吾商於之地。’”

这时，群臣都向怀王贺喜，唯独陈轸向怀王吊忧。《史记·张仪列传》记：“楚王怒曰：‘寡人不兴师发兵，得六百里地，群臣皆贺，子独吊，何也?’陈轸对曰：‘不然，以臣观之，商於之地不可得而齐秦合，齐秦合则患必至矣。’楚王曰：‘有说乎?’陈轸对曰：‘夫秦之所以重楚者，以其有齐也。今闭关绝约于齐，则楚孤。秦奚贪夫孤国，而与之商於之地六百里? 张仪至秦，必负王，是北绝齐交，西生患于秦也，而两国之兵必俱至。善为王计者，不若阴合而阳绝于齐，使人随张仪。苟与吾地，绝齐未晚也；不与吾地，阴合谋计也。’楚王曰：‘愿陈子闭口毋复言，以待寡人得地。’”于是，怀王遣使绝齐，第一位使者还没回来，就派第二位使者去，急不可耐。

陈轸所作的推理既不复杂，又不深奥，其实类如常识，可是怀王听不懂，听不进。怀王如此轻率，如此固执，可谓昏庸之至。尤其是一再派出使者与齐国毁盟绝交，迹近无赖，寸土未见，寸利未得，自己的形象就已彻头彻尾地败坏了。

怀王派一位将军作使者随张仪到秦国去，办理商於之地六百里的交割手续。焉知张仪到咸阳后，假装醉酒坠车，称病不出达三月之久，楚使只好耐着性子等待。怀王听说如此，以为张仪觉得楚国对齐国的态度还不够坚决，便派一位勇士到临淄去咒骂齐王，这是十足的无赖行径。怀王没有想到，秦使已经秘密赶到临淄，齐王因楚人的恶劣手段而不胜恼怒，已经决定联秦反楚了。张仪得知秦齐达成秘密协议之后，才出门上朝去，对楚使说：您怎么不去受地呢？那是我的食邑，方圆六里，愿献给贵国大王左右。楚使说：我所知道的是来受地六百里，不曾听说只有六里。张仪说：我本是小人，哪有六百里封地呢？张仪欺怀王，是大无赖欺小无赖。楚使回报怀王，怀王大怒，下令兴师伐秦。陈轸问怀王：臣可以张口说话了吧？怀王说：可以。据《史记·楚世家》所记，陈轸的意见是："伐秦非计也。不如因赂之一名都，与之伐齐，是我亡于秦，取偿于齐也，吾国尚可全。今王已绝于齐而责欺于秦，是吾合秦、齐之交而来天下之兵也。国必大伤矣。"怀王不接受陈轸的意见，决心伐秦。

又明年为公元前 312 年——怀王十七年，春，楚秦战于丹阳。楚师主帅为大将军屈匄，副帅为裨将军逢侯丑。秦师主帅为庶长魏章，副帅为惠文王异母弟庶长樗里疾。樗里疾多智，号为"智囊"。战场丹阳乃鬻熊之所曾居，在今河南淅川县南部。由战场地望可知，秦师求战心切，变守为攻，已进入楚国边境了。楚师大败，甲士八万被杀，屈匄、逢侯丑等将领七十余人被俘。秦师乘胜南进，夺取了楚国的汉中郡。

丹阳之战前，秦人勒石为《诅楚文》，历数"楚王熊相"的罪状，痛斥其"无道""甚乱""暴虐"，杀孕妇，拘叔父于"冥室椟棺之中"，"倍（背）十八世之诅盟，率者（诸）侯之兵以临加我，欲刬伐我社稷，伐灭我百姓"，央求大沈厥湫、巫咸、亚驼三位神灵帮助秦人"克剂楚师"。《诅楚文》共三件，致奉大沈厥湫、巫咸、亚驼各一件。

丹阳之战后，怀王怒不可遏，派出一支更大的部队，打进秦国，以求报复。秦师变换战略战术，以退求进，待楚师到蓝田，才大举反击。战况对秦师不利，但韩、魏两国各派锐师偷袭楚国，已逼近汉水。楚师从蓝田回救，韩师和魏师当即退走。

是年夏，怀王命将军景翠引兵伐韩，围雍氏（在今河南禹州市东北）。秦人扬言救韩，然而顿兵不进。东周以军粮助韩师和秦师，楚师才退走。

公元前 311 年——怀王十八年，秦伐楚，取召陵。蜀相陈庄杀死蜀王，投降秦国。秦使到楚国，建议以汉中郡的一半，即武关外的商於之地交换黔中郡。秦人深谋远虑，要求以易取之汉中交换难取之黔中，以期完成对楚国后方的迂回包抄部署。怀王徒逞意气，对秦使说：寡人不想得到土地，只想得到张仪。如果贵国把张仪交给寡人，寡人就把黔中送给贵国。秦使回报，秦惠文王游移之际，张仪竟自请使楚。秦惠文王担心楚人会加害于张仪，张仪却以为无妨。《史记·楚世家》记张仪对秦惠文王说："臣善其左右靳尚，靳尚又能得事于楚王幸姬郑袖，袖所言无不从者。且仪以前使负楚以商於之约，今秦楚大战，有恶，臣非面自谢楚不解。且大王在，楚不宜敢取仪。诚杀仪以便国，臣之愿也。"

张仪到了楚国，怀王拒不接见，把他软禁起来。靳尚受张仪指使，晋见怀王爱姬郑袖，对郑袖说：大王要看轻夫人了，夫人知道吗？郑袖大惊，盘问靳尚，靳尚便说：秦王非常喜爱张仪，可是大王要把张仪杀死。现在，秦王为了救张仪，准备把上庸六县送给楚国，把一位美人献给大王，把一些善于唱歌的女子作为妾媵。以后大王一定以秦女为贵，而以夫人为贱了。夫人不如给大王说说，让大王把张仪放掉。果然，郑袖日夜缠着怀王说：人臣各为其主，张仪对大王是十分推崇的，大王应该以礼待张仪；不然，秦人怕要打来了，那就求大王允许我们母子搬到江南去住吧，免得成为秦人的鱼肉。怀王经不住郑袖连哄带劝，解除了对张仪的软禁，还像以前那样以厚礼待张仪。

《史记·张仪列传》记张仪对怀王说："且夫为从（纵）者，无以异于驱群羊而攻猛虎。虎之与羊，不格明矣。今王不与猛虎而与群羊，臣窃以为大王之计过也。凡天下强国，非秦而楚，非楚而秦。两国交争，其势不两立，大王不与秦，秦下甲〔兵〕，据宜阳，韩之上地不通；下河东，取成皋，韩必入臣，梁（魏）则从风而动。秦攻楚之西，韩、梁攻其北，社稷安得毋危？""秦西有巴蜀，大船积粟，起于汶山（岷山），浮江已下，至楚三千余里。舫船载卒，一舫载五十人与三月之食，下水而浮，一日行三百余里……不至十日而距扞关。扞关惊，则从境以东尽城守矣（此句，《战国策·楚策》作"则从竟陵已东尽城守矣"），黔中、巫郡非王之有。秦举甲出武关，南面而伐，则北地绝。秦兵之攻楚也，危难在三月之内；而楚待诸侯之救，在半岁之外：此其势不相及也。”

以战相胁之后，张仪又以和相诱，《战国策·楚策》记张仪对怀王说：“今秦之与楚也，接境壤界，固形亲之国也。大王诚能听臣，臣请秦太子入质于楚，楚太子入质于秦，请以秦女为大王箕帚之妾，效万家之都以为汤沐之邑，长为昆弟之国，终身无相攻击。臣以为计无便于此者。故敝邑秦王使使臣献书大王之从车下风，须以决事。”

怀王在张仪这样的说客面前，变得全无主见了。《战国策·楚策》记怀王对张仪说：“楚国僻陋，托东海之上。寡人年幼，不习国家之长计。今上客幸教以明制，寡人闻之，敬以国从。”于是派使者以车百乘入秦，献“鸡骇之犀”和“夜光之璧”给秦惠文王，相约和亲。

大夫屈原奉命使齐以重修旧好，这时回到楚国。《史记·屈原贾生列传》记屈原“谏怀王曰：‘何不杀张仪?’怀王悔，追张仪，不及”。同书《楚世家》所记，与此无异。同书《张仪列传》所记则不然，其文云：“屈原曰：‘前大王见欺于张仪，张仪至，臣以为大王烹之；今纵弗忍杀之，又听其邪说，不可。’怀王曰：‘许仪而得黔中，美利也。后而倍（背）之，不可。’故卒许张仪，与秦亲。”所谓“许仪而得黔中，美利也”，这是不成其为理由的理由。假如说这也算是“美利”，当初自己何必提出要拿黔中交换张仪，以致出尔反尔呢？可见，怀王确实糊涂！张仪告别怀王，到韩国去了。据《战国策·楚策》所记，怀王担心张仪再次食言，从靳尚之请，派靳尚与张仪同行，一旦张仪食言，靳尚将杀死张仪。由此可知，怀王没有派人去追杀张仪，甚至也没有后悔放走张仪。

张仪的狡诈，怀王的愚鲁，成为后人嘲弄和嗟叹的题材。唐人崔道融作《楚怀王》诗有句云：“六里江山天下笑，张仪容易去还来。”唐人徐夤作《楚国史》诗云：“六国商於恨最多，良弓休绾剑休磨。君王不剪如簧舌，再得张仪欲奈何?”

楚秦和亲，由来已久。秦惠文王就有一位妃子娶自楚国公族，在其宫中号为“芈八子”。《史记·张仪列传》记张仪说韩襄王曰：“秦之所欲莫如弱楚，而能弱楚者莫如韩。非以韩能强于楚也，其地势然也。今王西面以事秦而攻楚，秦王必喜。夫攻楚以利其地，转祸而说（悦）秦，计无便于此者。”韩襄王表示从其计，张仪乃由韩返秦，秦惠文王封之为武信君。张仪又为秦使齐，对齐宣王说：“今秦楚嫁女娶妇，为昆弟之国。”由此可知，怀王与张仪达成的楚秦和亲之约，确实付诸实施了。

是年，秦惠文王死，秦武王立。秦臣多厌恶张仪，秦武王对张仪也一向无好感，恰巧齐宣王又派使者来谴责张仪言而无信。张仪不自安，献计于秦武王，自请到魏国去，使齐、魏两国相攻，以便秦国乘机伐韩与周。秦武王顺水推舟，放张仪走了。齐、魏两国果然相攻，但不久就罢兵了，秦国没有从中得到什么好处。张仪为魏相一年多，就带着诸侯纠缠不清的恩怨去世了。

第三节　怀王的末路和晚节

公元前309年——怀王二十年，经齐宣王策动，楚怀王决定联合齐国、结好韩国以对抗秦国。

其明年，秦师围攻韩国的重镇宜阳，韩国向楚国求援，景翠帅楚师救宜阳。秦人唯恐景翠进兵，不惜赂楚国以地；韩人唯恐景翠顿兵不进，不惜赂景翠以宝。景翠虚张声势，与秦、韩双方都若即若离。秦师付出死伤惨重的代价，终于攻克了宜阳。景翠这种阳一手、阴一手的做法，使楚国丧尽声誉，楚国所得者小而所失者大。

又明年，赵武灵王实行胡服骑射。赵国率先组建了编制严整、阵法完密的骑兵部队，重骑兵逐渐取代轻骑兵。此后，其他各国相继实行了类似的改革，骑兵在战争中所起的作用加大了。

公元前306年——怀王二十三年，楚灭越，拓地至杭嘉湖平原和宁绍平原，置江东郡领吴越故土。是役，楚师主帅为大司马昭滑①。当时

① “昭”可写为“淖”“召”“卲”，“滑”可写为“愲”。

越国变乱叠起，子杀父，臣弑君，累及三世，以致嗣君有弃国逃位的。《庄子·让王篇》记：王子搜逃于丹穴之中，越人薰之以艾出之，而乘以王舆。王子搜登车，仰天而呼曰："君乎！君乎！独不可以舍我乎？"其国事如此，人心之离散不言可知。楚灭越，一如瓜熟蒂落，不烦重兵，无需苦战。《战国策·秦策》记："楚苞九夷"，"富擅越隶"。越地并入楚国，增强了楚国的经济实力。所谓"越隶"，似指以劳作为生的越人，包括在矿井中劳作的越人役徒在内，难免也有一些奴隶。

这时的楚国，就疆域而言，仍是七国之首；但就政情而言，却可能在七国之尾。《战国策·楚策》记："苏子谓楚王曰：'……今王之大臣父兄，好伤贤以为资。厚赋敛诸臣百姓，使王见疾于民，非忠臣也；大臣播王之过于百姓，多赂诸侯以王之地，是故退王之所爱，亦非忠臣也：是以国危。'"这位"苏子"，若非苏秦，则必其弟苏代或苏厉。这位"楚王"，应即怀王。《新书·春秋篇》记："楚怀王心矜好高人，无道而有伯王之号。铸金以像诸侯人君，令大国之王编而先马，梁王御，宋王骖乘，周、召、毕、陈、滕、薛、卫、中山之君皆像使随而趋。诸侯闻之，以为不宜，故兴师而伐之。楚王见士民为用之不劝也，乃征役万人，且掘国人之墓。国人闻之振动，昼旅而夜乱。"怀王铸铜以像诸侯，与宋君偃和秦惠文王的"黑巫术"不同，只是用一种模拟的手段去邀福的"白巫术"，但也够荒唐的了。"掘国人之墓"可能出于误传，不足深信。尽管如此，说怀王"无道"是言之有据的。

秦武王死，秦昭襄王立。武王无子，昭襄王是武王的异母弟，其母为芈八子。昭襄王既立，芈八子号为宣太后。公元前305年——秦昭襄王二年，秦庶长壮与若干大臣、公子谋反，事败伏诛。秦昭襄王欲以楚国为外援，乃厚赂楚国，与楚国和亲。楚怀王经不住秦人诱惑，又背弃齐国而联合秦国了，是年为楚怀王二十四年。

其明年，楚怀王与秦昭襄王会于黄棘（在今河南南阳市南），秦国把上庸归还楚国。上庸乃庸国故地，治所在今湖北竹山县西南。

复明年，齐、韩、魏因怀王背盟，都与秦通好，又合兵伐楚。怀王惶恐，命太子横入质并求救于秦。秦师刚出动，三国联军就引退了。

又明年。太子横因私怨杀死秦国的一位大夫，逃回楚国。由此，楚、秦交恶，这时，秦昭襄王的地位已经牢固了，他不再需要楚国作外援了。一年之后，即公元前 301 年——怀王二十八年，秦与齐、韩、魏共攻楚，大破楚师于方城之重丘，杀楚将唐昧。齐将章子率先引兵渡沘水击楚师，厥功最伟。韩、魏分占了宛、叶以北的楚地，齐无所获。《史记·范雎蔡泽列传》记范雎云："齐尺寸之地无得焉""伐楚而肥韩、魏"。怀王弄巧成拙，自食其反复无常的恶果。

唐昧，"昧"或作"眛""蔑"，是一位天文学家和历法学家，《史记·天官书》将唐昧与当时著名的天文学家甘德和石申夫并称。

公元前 300 年——怀王二十九年，秦庶长奂伐楚，楚将景缺和士卒二万战死。怀王见事急，唯恐齐、韩、魏与秦并力攻楚，命大臣昭应送太子横入质于齐以求和。

公元前 299 年——怀王三十年，秦将芈戎攻楚，取八城。芈戎乃宣太后同父弟，入秦后因宣太后而贵，受封为华阳君。宣太后另有异父弟魏冉，受封为穰侯。秦昭襄王有同母弟两人，一为高陵君，一为泾阳君。这些纯属楚人血统和半属楚人血统的秦人，同秦昭襄王一样，莫不以损楚益秦为快。

这时，秦昭襄王设计了一个骗局，其狡诈连张仪也会自叹弗如。《史记·楚世家》记："秦昭王①遗楚王书曰：'始寡人与王约为弟兄，盟于黄棘，太子为质，至欢也。太子陵杀寡人之重臣，不谢而亡去，寡人诚不胜怒，使兵侵君王之边。今闻君王乃令太子质于齐以求平。寡人与楚接境壤界，故为婚姻，所从相亲久矣。而今秦楚不欢，则无以令诸侯。寡人愿与君王会武关，面相约结盟而去，寡人之愿也。敢以闻下执事。'"怀王觉得进退两难：应邀而去吧，怕再次受骗；拒而不去吧，又怕开罪于秦昭襄王。昭雎曰："王毋行，而发兵自守耳。秦虎狼，不可信，有并

① 昭襄王可简称昭王，一如惠文王可简称惠王。

诸侯之心。”怀王子子兰劝王行，曰：“奈何绝秦之欢心。”《史记·屈原贾生列传》所记略异，谏怀王不要到秦国去的是屈原。也许，昭雎和屈原发表了同样的意见。但就地位和影响而言，昭雎远在屈原之上。《战国策·楚策记》：“张仪相秦，谓昭雎曰：‘楚无鄢、郢、汉中，有所更得乎?’曰：‘无有。’曰：‘无昭雎、陈轸，有所更得乎?’曰：‘无所更得。’”可见，当时秦国所看重的楚国大臣是昭雎和陈轸，对屈原则全不在意。后来到齐国去迎太子横回楚国的，也是昭雎。

怀王厌听逆耳之言，喜听顺耳之言，因此，敌方的甘言也比己方的忠言更能使他听从。这次也这样，他又相信秦人，决定到武关去与秦昭襄王结盟了。

秦昭襄王派一位将军到武关，秘密布下伏兵，公开张出秦王的旗号。楚怀王进武关后，才发现秦昭襄王不在。秦军封闭了武关，强迫楚怀王一行前往咸阳。秦昭襄王在章台会见楚怀王，不用对等的礼仪，而使楚怀王如蕃臣之朝天子。这时，楚怀王才后悔没有听从昭雎劝阻，但已无济于事了。秦昭襄王把楚怀王软禁起来，胁迫他把巫郡和黔中郡奉送给秦国。巫郡北接已为秦人所夺的汉中郡，南连仍为楚人所有的黔中郡，原名巴郡，在秦人取巴地之后才改称巫郡的。这事，在《史记·秦本纪》中，只有轻描淡写的一笔：“楚怀王入朝秦，秦留之。”在同书《楚世家》中，则所记较详。

怀王虽昏庸，但还有先君爱国的传统精神，断然拒绝了昭襄王的要求，宁可身囚异国，也不割让故国的尺寸河山。于是，秦人遇到了僵局。

楚人遇到的却是危局，举国无君，焉得久长？大臣紧急商议，意见分歧。鉴于国君在秦国为囚，太子在齐国为质，许多大臣主张立怀王庶子子兰为王。昭雎力排众议，《史记·楚世家》记：“昭雎曰：‘王与太子俱困于诸侯，而今又倍（背）王命而立其庶子，不宜。’”在说服多数大臣之后，昭雎自请为使赴齐。齐王打算要挟楚人献出淮北才让太子横离开齐国，因齐相劝阻而止。齐相认为：如果郢中另立新王，齐国将留下无用的人质而背上不义的名声。

太子横回国即位，是为顷襄王。《史记·楚世家》记楚告于秦曰："赖社稷神灵，国有王矣。"秦昭襄王见楚人不为所动，恼羞成怒。其明年为公元前298年——顷襄王元年，秦师出武关袭楚境，大败楚师，斩首五万，取析邑及其周围十五城。楚人在军事上虽无力逐秦人于国门之外，在外交上却颇有所获。齐、韩、魏合兵伐秦，秦师受挫，三国联军进逼函谷关①。

又明年为公元前297年——顷襄王二年，怀王逃出宾馆，准备逃回楚国。因秦楚之间的通道已被秦人封锁，乃间道兼程逃往赵国。赵国边将拒绝怀王入境，怀王打算改道逃往魏国，正当其时，追索怀王的秦师赶到了。怀王不得已，随秦人回咸阳。未几，一病不起。

公元前296年——顷襄王三年，怀王客死于秦国。秦昭襄王没有料到怀王的态度如此强硬，这时深感棘手，不得已，归怀王之丧于楚国。齐、韩、魏联军进攻函谷关，秦人求和，把先前侵夺的土地归还一些给韩、魏两国，三国联军才退出了函谷关。赵国趁着齐、韩、魏三国专力伐秦的良机，攻灭了中山这个夹在大国中间的小国。

楚国为怀王举哀，《史记·楚世家》说："楚人皆怜之，如悲亲戚。"怀王误国，但也爱国。他头脑糊涂，但意志刚强。他容易为甘言所欺，一而再，再而三，死而后已，但绝不为威武所屈。为了维护社稷，不惜献出生命。误国误得荒唐，爱国爱得卓绝，这就是怀王的特点。秦昭襄王怎么也不会想到，软禁怀王的结果却是挽救怀王。如果怀王没有受软禁之苦，他所能留给楚人的恐怕大半是怨恨。软禁使怀王横下一条心，宁客死他乡，也决不捐弃国土，就凭这一点，他赢得了几代楚人的尊重和怀念。

怀王归葬之时，楚人的心情一如楚辞《招魂》所云："湛湛江水兮上有枫，目极千里兮伤春心，魂兮归来哀江南！"

---

① 此据《史记·田敬仲完世家》和同书《魏世家》《韩世家》，同书《秦本纪》所记则为"齐、韩、魏、赵、宋、中山五国共攻秦"。一说，中山此时属赵，因而称六国为五国。赵、宋、中山大概只是道义上向秦宣战，实际上没有对秦作战。

第四节　栽郢沦陷

顷襄王承怀王余弊，即位于风雨飘摇之秋。他是一位典型的庸主，他的存在就是他的作为，一切政务由大臣裁决。

公元前 295 年——顷襄王四年，楚国岁饥，秦国以粟 5 万石赠楚国，这是秦国为缓解孤立处境和改善残暴形象而行的权宜之计，当时的秦相是穰侯魏冉。

经过短暂的调整，从公元前 294 年起，秦人向韩、魏两国发动了空前凌厉的攻势。公元前 293 年——顷襄王六年，左更白起帅秦师大破韩、魏、周联军于伊阙（在今河南洛阳市南），斩首 24 万。这次大胜使秦昭襄王又嚣张起来，当即对楚国施加压力。《史记·楚世家》记："秦乃遗楚王书曰：'楚倍秦，秦且率诸侯伐楚，争一旦之命。愿王之饬士卒，得一乐战。'"楚国君臣忧惧之余，决定与秦国通好。其明年，顷襄王迎娶秦女为夫人。

公元前 291 年——顷襄王八年，大良造白起伐韩，取宛。其明年，秦封公子市于宛。

公元前 288 年——顷襄王十一年，魏冉为秦昭襄王约齐湣王并称帝，秦为西帝而齐为东帝。一个多月以后，齐湣王从苏代之议，去帝号；秦昭襄王闻讯，也不称帝了。两年后，齐灭宋，这是齐在战国时代最大的收获，宋号称"五千乘"之国，相当于半个大国。虚名不如实利，对齐湣王来说，得称帝这个虚名当然不如得灭宋这个实利。《史记·田敬仲完世家》记：灭宋后，"齐南割楚之淮北，西侵三晋，欲以并周室，为天子。泗上诸侯邹、鲁之君皆称臣，诸侯恐惧"。

公元前 285 年——顷襄王十四年，与秦昭襄王会于宛，重申和亲之谊。顷襄王只是为了求得暂时的安稳，过一天是一天；秦昭襄王则从一个宏大的战略计划出发，和于此则必战于彼，和于彼则必战于此。同年，秦昭襄王与赵惠文王会于中阳（在今山西中阳县），随即命将伐齐，取其九城。

其明年，秦昭襄王先后与韩釐王、魏昭王相会。同年，以秦为主谋，以燕为主力，秦、燕、楚和三晋共伐齐，大破齐师。六国竞割齐地以为己有，楚重取淮北。燕上将军乐毅率所部克临淄，取齐宝，焚齐宫室、宗庙，齐湣王出走。楚将淖（昭）齿受命率万人救齐，至莒，齐湣王以淖齿为相。《战国策·齐策》记："王奔莒，淖齿数之曰：'夫千乘、博昌之间，方数百里，雨血沾衣，王知之乎？'王曰：'不知。''嬴、博之间，地坼及泉，王知之乎？'王曰：'不知。''人有当阙而哭者，求之则不得，去之则闻其声，王知之乎？'王曰：'不知。'淖齿曰：天雨血沾衣者，天以告也；地坼及泉者，地以告也；人有当阙而哭者，人以告也。天、地、人皆以告矣，而王不知戒焉，何得无诛乎？'"淖齿杀齐湣王，据《战国策·秦策》所记，"缩闵（湣）王之筋，县之庙梁，宿昔而死"。淖齿与乐毅达成协议，由楚、燕分占齐的国土和宝器。齐太子法章易服改名，到莒太史敫家中帮工，人们都不知道他的真实身份。淖齿引兵回楚复命后，齐人发现了法章，立以为齐襄王。莒太史敫之女为齐襄王后，号称"君王后"，以贤闻于列国。

这时，秦国已无敌于天下。《战国策·秦策》记范雎说："以秦卒之勇，车骑之多，以当诸侯，譬若驰韩卢而逐蹇兔也。"韩卢是韩国一条出名的猎狗，蹇兔是跛脚的兔子。韩卢追蹇兔，结局如何不问可知。

在宛之会上，秦昭襄王对楚顷襄王说："蜀地之甲，轻舟浮于汶，乘夏水而下江，五日而至郢。汉中之甲，乘舟出于巴，乘夏水而下汉，四日而至五渚。寡人积甲宛，东下随。知者不及谋，勇者不及怒，寡人如射隼矣。王乃待天下之攻函谷，不亦远乎？""五日""四日"之类虽不实，大致的形势却就是这样。

公元前 283 年——顷襄王十六年，两次与秦昭襄王相会，第一次在汉水南的鄢邑（今湖北宜城市），第二次在汉水北的穰邑（在今河南邓州市）。是年，秦伐魏，前锋及于大梁。

楚国有一位猎人，能够用弱弓、小矢、微缴射杀大雁，顷襄王闻其名，召而问之。这位猎人是一位贤士，深悉天下大势，据《史记·楚世家》所记，他对顷襄王说：小臣之小技，何足为大国之大王道哉！“秦、魏、燕、赵者，鶀雁也；齐、鲁、韩、卫者，青首也；驺、费、郯、邳者，罗鸗也。”按，鶀雁为大鸟，罗鸗为小鸟，青首为不大不小之鸟。这位贤士接着说：“王何不以圣人为弓，以勇士为缴，时张而射之？此六双者，可得而囊载也。其乐非特朝昔之乐也，其获非特凫雁之实也。……秦为大鸟，负海内而处，东面而立，左臂据赵之西南，右臂傅楚鄢、郢，膺击韩、魏，垂头中国，处既形便，势有地利，奋翼鼓翅，方三千里，则秦未可得独招而夜射也。……夫先王为秦所欺而客死于外，怨莫大焉。今以匹夫有怨，尚有报万乘，白公、子胥是也。今楚之地方五千里，带甲百万，犹足以踊跃中野也，而坐受困，臣窃为大王弗取也。”顷襄王听了这位贤士壮怀激烈的议论，心口俱服，派使者到北方去，谋合纵以伐秦，事在公元前 281 年——顷襄王十八年。

其明年，秦左更司马错引兵伐楚，楚割汉北和上庸之地予秦以求和。秦受楚地而不与楚和，赦罪人实南阳。南阳在楚为申县，在韩为宛郡，入秦后始称南阳，但此时未置郡。同年，司马错引兵发自陇西，经由巴蜀，远征黔中，虽不无所得，而未获全胜。

复明年，秦大良造白起引兵伐楚，攻克邓、鄢和西陵（在今湖北宜昌市北），赦罪人实其地。邓和鄢是郢都北面的屏障，西陵是郢都西面的屏障，它们既已失守，郢都就势难久存了。郢是首都，鄢是陪都。《战国策·齐策》记齐大夫国子云：“鄢、郢者，楚之柱国也。”楚人固守鄢都，秦人强攻不克。白起命士卒和获赦的罪人开凿了一条长渠，引鄢水灌鄢都，才破城而入。长渠几经后人整治，至今仍是宜城的重要灌溉设施。当初白起下令凿渠时，何曾想到它除了短暂的军事效益之外，居然还有长远的经济效益。

又明年为公元前 278 年——顷襄王二十一年，春，白起引兵南下，所向披靡。楚国的民心和军心俱已涣散，不再能组织有效的抵抗了。郢都——这座面积约 16 平方公里的南国第一大城被秦人攻克了，夷陵——

这个有楚先王墓的圣地（在今湖北宜昌市东、江陵县西）被秦人焚毁了。后世杜甫作《咏怀古迹五首》，其二有句云："最是楚宫俱泯灭，舟人指点到今疑。"陆游作《哀郢》诗咏郢都陷落，有句云："章华歌舞终萧瑟，云梦风烟旧苍茫。"

顷襄王偕文武百官远走高飞，迁都于陈县。

白起以拔郢之功受封为武安君。《战国策・中山策》记秦昭襄王称赞白起"以寡击众，取胜如神"，白起倒还没有矜功之意，只是冷静地剖析对秦胜楚败起着决定作用的几个基本因素，他对秦昭襄王说："是时楚王恃其国大，不恤其政。而群臣相妒以功，谄谀用事。良臣斥疏，百姓心离，城池不修。既无良臣，又无守备，故起所以得引兵深入，多倍城邑，发梁焚舟以专民，以掠于郊野，以足军食。当此之时，秦中士卒以军中为家，将帅为父母，不约而亲，不谋而信，一心同功，死不旋踵。楚人自战其地，咸顾其家，各有散心，莫有斗志：是以能有功也。"

《九章・哀郢》云："皇天之不纯命兮，何百姓之震愆！……发郢都而去闾兮，怊荒忽其焉极？"栽郢的陷落，标志着楚文化鼎盛期的终点。

第五节　科学和技术

鼎盛期的楚文化有一个辉煌的体系，内容博大精深，形式惊采绝艳，风格灵巧诡奇。本书不可能也不必要详考细辨，只就科学和技术以及美学和艺术做简略的介绍。本节所要介绍的，是科学和技术。

一、楚国的科学

1. 天文学

上文曾说到，楚将唐昧是一位天文学家，但他的学术贡献已不可详知。战国时代最有成就的天文学家，一是甘公即甘德，二是石公即石申夫。石公乃魏人，史无异辞。甘公，《史记・天官书》说是齐人，《汉书・艺文志》说是楚人。据王胜利研究：二十八宿星名最早见于《吕氏春秋·有始览》，而《汉书·天文志》则记有甘氏的二十八宿星名和石氏的二十八宿星名，前者与《有始览》所记不无出入，后者与《有始览》所记无一不合。曾侯乙墓漆箱盖所记的二十八宿星名与甘氏星名出入较多，与石氏星名出入较少。甘氏以狼、弧、罚等偏南的星宿取代井、鬼、觜等偏北的星宿。而屈原在《九歌·东君》中也写到了“天狼”（狼）和“弧”[①]。显然，甘氏体系代表了南方天文学家的见解，石氏体系代表了北方天文学家的见解。由此可想而知。甘公是楚人的可能性大，是齐人的可能性小，当然，也可能是齐裔而楚籍的。

二十八宿体系，中国有，印度、伊朗、埃及等国也有。中外天文学家公认，中国和印度的二十八宿出现较早，而且是同源的。按，甘公和石公都生活在公元前四世纪，曾侯乙生活在公元前五世纪，则二十八宿体系出现在甘公和石公之前。甘公和石公为二十八宿体系所作的贡献，大概是重新测量、重新整理，著乎竹帛，使之流传及于后世。

《汉书·天文志》说：“古历五星之推，亡逆行者。至甘氏、石氏经，以荧惑、太白为有逆行。”“荧惑”即火星，“太白”即金星。甘公和石公早在战国中期就发现火星和金星有逆行现象，这是难能可贵的。水星、土星和木星的逆行现象不太明显。

甘公还最先发现了木星的第三号卫星。《开元占经》卷二十三记：“《甘氏》曰：‘单阏之岁，摄提格在卯，岁星在子，与婺女、虚、危晨出夕入，其状甚大，有光。若有小赤星附于其侧，是谓同盟。’”国际天文学界过去一向认为，木星的四颗较大的卫星是伽利略和麦依耳在17世纪初期用望远镜发现的。其实不然。木星诸卫星以木卫三为最大，它是颗橙色的四等星，当它与木星的角距大于5角分时，可以用肉眼看到。席泽宗认为《甘氏》所记的那颗小赤星就是木卫三，甘公发现木卫三的时间应在公元前400年至公元前360年之间，而以公元前364年夏天的可

① 张正明. 楚文化志［M］. 武汉：湖北人民出版社，1988：275-278.

能性为最大，因为那时木星正在宝瓶座运行，而女宿一、虚宿二、危宿一都在宝瓶座内，恰如《甘氏》所云，“岁星……与婺女、虚、危晨出夕入”①。

长沙马王堆三号汉墓 1973 年出土了帛书《天文气象杂占》，其中不避刘邦名讳，在 14 个诸侯国的云气中又把“楚云”列在首位，可见乃战国时代楚人的著作。上面画有 29 幅彗星图，彗头和彗尾都有几个类型，足证观测相当细致。《开元占经》卷 85 引《甘氏》称彗星为“天棓”，按，长沙子弹库战国楚墓所出的帛书也称彗星为“天棓”，二者恰相吻合。

2. 历法学

楚历很有特点，可谓自成一家。在楚文化成熟前后，楚历曾改弦更张。春秋早期以前，楚历用周正，这大概是因为周历比较进步，也可能是因为楚国受周室册封而奉天子正朔。但是楚国也在同步制历，并不只是照用周室所颁之历，而且楚历有几个独特的月名，可见楚人并不满足于一切都依样画葫芦。春秋中期以后，楚历用亥正，即以冬至节所在月的上一月为正月，这与秦历有同有异，秦历也以冬至节所在月的上一月为年首，但月序仍用夏正。1975 年湖北云梦县睡虎地秦墓所出竹简有秦楚月份对照表如下：

秦	十月	十一月	十二月	正月	二月	三月	四月	五月	六月	七月	八月	九月
楚	冬夕	屈夕	援夕	刑夷	夏尿	纺月	七月	八月	九月	十月	爨月	献马

其中，“刑夷”即《左传》所记的“荆尸”。楚历改用亥正与农业生产无关，可能是出于攀附颛顼以为远祖的心理，因为用亥正的是所谓颛顼历。楚人的特点是在模仿中必定有所变通、有所改作，以示与众不同。

① 科学史上的一个错案应予以纠正——我国战国时期天文学家甘德已发现木星的三号卫星，比伽利略和麦依耳的发现早出近两千年［N］，光明日报，1981-4-7.

历法也这样，虽用亥正，但非秦历，自成一体。当时的诸侯，晋、齐用夏正，鲁、郑、卫用周正，秦兼采亥正和夏正，独楚专用亥正。

然而，亥正只是楚国官方所用的。民间从农业生产的实际需要出发，通用夏正。屈原遵从民间的习惯，在所作的诗中描写时序物候概从夏历，例如：《九章·怀沙》有句云："滔滔孟夏兮，草木莽莽。"《九章·抽思》有句云："望孟夏之短夜兮。"《九章·礼魂》有句云："春兰兮秋菊。"①

战国时代楚人喜用大事纪年，这也与众不同。用以纪年的大事，若非外事，则必军事。外事，如天星观1号墓竹简所记的"秦客公孙紻闻王于栽郢之岁"；军事，如包山2号墓竹简所记的"大司马悳愲救郙之岁"。

至于记日，则楚人也用干支，与北方诸国无异。

记年、记月、记日的三种不同方法结合起来，就像荆门包山2号墓竹简所记的："东周之客无䋎致胙于栽郢之岁，夏㞃之月，甲戌之日。"

楚国的科学当然不止天文和历法，只是现有的资料大多属于天文和历法。其他学科的资料或者尚未发现，或者已经湮没，无从究诘。假如把技术也算在广义的科学里面，那就多了。但是，楚人重经验而轻理论，重技术而轻科学，今人研究楚文化不宜把技术和科学混为一谈，以免为楚人护短。

二、楚国的技术

说到技术，楚人是古代超一流的好手。冶金，织帛，髹漆，莫不如此。

1. 冶金

大冶铜绿山发现了战国时代的矿井，与春秋时代的矿井相比有显而易见的重大进步。

竖井的木构框架改用密集法搭口式，从井口到井底，层层叠压，内

---

① 张正明．楚文化志［M］．武汉：湖北人民出版社，1988：293-302．

径由先前的约60厘米放大到约80厘米甚至更大些。马头门所用的木料加粗了，有些地段还用方柱替代了圆柱。横巷的框架加高加宽了，可以承受更大的压力。

采矿用的斧形凿，原为铜制，这时已改用铁制。在古矿遗物中还发现了铁锄，大约是用来扒矿石或废石的。在1号矿体的24线发现一根长2.52米的辘轳轴木，当初应是横放在井口的支架立柱上，用以提升矿石或积水的。

在楚文化的鼎盛期，与楚文化的茁长期相比，产铜量更多了，这是没有疑问的。

人工冶炼的铁，正像人工冶炼的铜，也是一种有划时代意义的金属。在楚文化的鼎盛期，与铜器的持续增长和不断更新相比，铁器的提高和普及尤为令人注目。

已知最早的人工冶炼铁制品，1990年出土于河南上村岭虢墓，其制作年代为西周末、东周初，但只是块炼铁。

炼铁比炼铜要有更高的炉温，因为纯铁的熔点是1537℃，而纯铜的熔点是1083℃。炉温在1000℃左右时所炼出的是块炼铁，含碳量甚高，需经反复锤击以降低含碳量，是为锻铁。西方和南亚直到14世纪还只知有锻铁，而不知有可锻铸铁。炉温在1200℃以上时所炼出的是铸铁即生铁，因其断口近白色而别称白口铁，含碳量在1.7%以上，性硬而脆。江苏六合程桥1号吴墓1964年出土的铁丸一件，是白口铁；程桥2号墓1972年出土的铁条一件，是块炼铁。楚人发明了铸铁柔化技术，即将白口铁经石墨化退火而成为有韧性的铸铁。这种柔化的铸铁就是可锻铸铁，或称展性铸铁，其含碳量低于0.4%。已知年代早在春秋、战国之际的可锻铸铁制品，绝大多数是楚器①。《荀子·议兵篇》记："楚人……宛钜铁釶，惨如蜂虿。""钜"，一说为"刚铁"，即钢；一说为"雄戟"，即

① 高至喜. 从长沙楚墓看春秋战国时期当地经济文化的发展［C］//中国考古学会第二次年会论文集. 北京：文物出版社，1980；黄展岳. 试论楚国铁器［J］. 湖南考古辑刊：第2集，1984.

大戟。据荀卿所记，宛郡曾是楚国的主要钢铁基地。后来秦国攻灭了魏国，魏国冶铁世家孔氏奉命迁居宛郡，大兴鼓铸，成为连车骑游诸侯的巨富，事见《史记·货殖列传》。

楚文化鼎盛期的铁器，主要是农器和匠器。如果用铁去制作礼器，外观就不像铜器那么美。如果用铁去制作乐器，结果将有器无乐。用铁去制作兵器是很好的，但要有积累经验和改变习惯的一个不短的过渡时期。至于农器和匠器，器型和工艺都比较简单，用铁去制作是比较容易的，铁制的农器以凹字形锄和凹字形臿居多，作凹字形，是为了省料。锄还有六角形的，臿还有横长方形的和竖长方形的。此外，有凹字形耒、勺形耙；锄形耙和镰刀。至今没有发现犁铧，可见仍未实行牛耕。铁制的匠器有斧、锛、凿、锤、锥削和刮刀等，其中，削和刮刀大概是生产、生活两用之器。铁制的兵器在战国早期还少见，到战国中期才多起来，已知有剑、戈、矛、戟、匕首、镞等。

使人意想不到的是，楚人也用铁做带钩。长台关 1 号墓出土 5 件，错金嵌玉，异常华丽。望山 1 号墓出土 1 件，弧长 46. 2 厘米，宽 6.5 厘米，厚 0.5 厘米，正面用金丝、金片嵌凤纹，背面有错金铜钮两个。钩为龙首形，也嵌有金丝、金片。这件带钩不仅精美绝伦，而且长大无匹，应为贵族专用的马具。楚人并不贵铜贱铁，否则就不会做出如此形制怪异、工艺精绝的特大铁带钩，也不会把他们所钟爱和尊崇的凤装饰在上面了。

2. 织帛

先秦丝织、丝绣的衣物，在地下不易保存，迄今已出土的还很少，而且多为碎片乃至印痕之类残迹，完好无损的绝少。值得注意的是，凡尚存衣物之形的，多数出自战国楚墓。1982 年发掘的江陵马山 1 号墓，出土衣物竟多达 35 件[①]。品种之繁多，工艺之精湛，保存之完好，都是前所未见的。有的丝织品，如枕套的绢面，经纬密度为每平方厘米

---

① 握 1 对以 1 件计，装在 4 只竹笥中的丝绸碎片 452 片也以 1 件计。

164×66 根，超过了长沙马王堆西汉早期墓所出绢的经纬密度。这些衣物上面的丝绣纹样共 18 幅，都堪称精品，有些丝绣纹样，如凤斗龙虎纹样、凤衔龙尾纹样、“三头凤”纹样等，其构图、造型、设色，即使作为当代的作品，也在佼佼者之选，而其古韵则虽当代作品之佼佼者也无法追摹。须知，马山 1 号墓只是一座小墓，墓主只是一名下等的贵族妇女。楚国丝织、丝绣的最高水平，无疑在马山 1 号墓所出衣物的水平之上。

假如说，楚墓之所以有上述丝织、丝绣的完好衣物出土，是因为棺椁周围有封闭性能良好的白膏泥或青膏泥，北方各国的墓没有这个条件，因而也就没有丝织、丝绣的完好衣物出土，并不表明楚国丝织、丝绣的水平高于北方各国，这个说法有一定的道理，那么，不妨看看国外的考古发现提供的信息。20 世纪 50 年代，从苏联乌拉干河流域巴泽雷克相当于战国时代的游牧民族墓葬中，出土了一些丝织、丝绣的衣物，图案与江陵楚墓和长沙楚墓所出的同类实物如出一辙，同出的器物有楚式四山镜①。

可以断言，这些丝织、丝绣的衣服连同铜镜，都是从楚国运去的。假如北方各国的丝织、丝绣水平不在楚国之下，商人就应该从北方采购，运到阿尔泰山两侧去，何苦拖延时间，拉长路程，加大成本，舍近求远，跑到南方的楚国去采购呢？对于这个疑问，唯一合乎情理的解释是楚国的丝织品和丝绣品比北方各国的好些。

3. 髹漆

迄今已见的完好的先秦漆器，多为楚器、秦器和蜀器。其中，最早的是楚器，最多的也是楚器，最精的还是楚器。先秦的夹纻胎器、积竹胎器和扣器，已知的实物都是楚器②。楚国的漆器，类别至繁，用途至

① M. П. 格里亚兹诺夫，O. И. 达维母，等. 阿尔泰巴泽雷克的五座古冢 [J]. 考古，1960 (7)；C. И. 鲁金科. 论中国与阿尔泰部落的古代关系 [J]. 考古学报，1957 (2).

② 夹纻胎，即以麻布为胎骨。积竹胎，即以丝线捆束若干细竹片为胎骨。扣器是口沿镶铜的漆器。

广。家具有床、几、禁、案、俎等，容器有笥、箱、盒、奁、匣、豆、樽、壶、钫、耳杯（羽觞）、杯、卮等，卧具有枕、席，妆具有梳、笄、簪等，饰物有木鱼、木球、木璧等，玩物有座屏、木鹿、异兽、博具等，乐器有瑟、琴、笙、排箫、鼓、鼓槌、鼓架、钟杖、钟架、磬架等，兵器有甲、盾、弓、弩、剑鞘、剑匣、矢箙、箭杆、柲等，葬具有棺、笭床、俑、镇墓神、飞廉等，杂器有匕、勺、绕线棒、手杖、扇、虎子等。此外，建筑上和舟车上有髹漆的构件，有些陶器和铜器也是髹漆的。黑底红彩是楚国漆器的基本色彩组合，此外，尚有黄、白、紫、褐、绿、蓝、金、银等诸色油漆。

楚人的技术经验丰富而精湛，其复杂、细密、准确、灵巧的程度，至今令人叹为观止。有熔模铸造工艺制作的铜禁、铜尊、铜盘等等，今人虽欲仿作而莫能如愿，几乎成为不解之谜了。就连无往而不有的木工，也有神乎其技的。《庄子·徐无鬼篇》讲了这么一个故事：郢都的匠石是一个著名的木工，让他的一个伙伴站在他的面前，在这个伙伴的鼻尖上涂了一点薄如蝉翼的石灰，匠石“运斤成风”，削尽了石灰而鼻子毫无损伤，他的伙伴则面不改色。这个故事可能只是寓言，但他托诸郢匠，应是由于郢匠的手艺确实高超。

与技术经验相比，楚人的科学理论很难说也是丰富而精湛的。而且某些科学知识还是经验形态的，不是理论形态的。例如甘公的二十八宿体系，就完全是长期精细观测的记录。岂但楚国如此，古代的东方莫不如此。也许，楚人尤其如此。东方的思维，东方的智慧，无需经由完密的论证即可完成体察和领悟。因此，总是两个极端，若非实之又实的经验，如种种手艺，则必是玄之又玄的理论，如《老子》和《庄子》。生活在科学理论不能迅速获得经济效益的古代世界，楚人能有这样的体察和领悟，不仅没有什么弊病，甚至可能是一种最佳的思维方式。

第六节　美学和艺术

战国中期的楚艺术是巫、道、骚三合一的艺术，它是古代世界最有想象力和最有创造性的艺术。

巫学给予艺术的主要是美的题材，道学赐予艺术的主要是美的思想，骚学赋予艺术的主要是美的情感。

战国中期的楚美学，就其基本流派来说，就是道学的美学。

所谓道学的美学，其要点有三：一是“法天”，二是“齐物”，三是“神遇”。

首先要说的是其一——“法天”。

《老子》第25章说：“人法地，地法天，天法道，道法自然。”这里说“法天”，只是求其简练。对人来说，当然只有经过“法地”才能达到“法天”。至于“天法道，道法自然”，那就非人力所能及了。

要“法地”兼“法天”，就得像《庄子・大宗师篇》所讲的：“以天地为大炉，以造化为大冶。”庄子认为，这样就“恶乎往而不可哉”！在艺术创作中，这是一种宇宙意识，其大无匹，其妙无比。

试举一个极为浅显的实例——“四山镜”。“山”字，竖是竖，横是横，端端正正，完全是静态的，毫无动势可言。但一经楚国的铸镜匠师处理，“山”字就变成流动而且旋转的。最常见的“山字镜”是“四山镜”，四个“山”字环列在圆形的镜背上。一横是正的，与钮周的方框平行；三竖却都是斜的，或一律左旋，或一律右旋，动感很强。也有的是各横的中点正对着方框的角，动感更强。这样，圆中有方，静中见动，可谓匠心独运。圆，使人想到天“圆”；方，使人想到地“方”。天与地之间有山，山与山之间有花叶，虽在情理之中，却出意料之外。只手可握的一枚镜子，却是广大无垠、旋动不息的宇宙缩影。

从故楚郢都江陵一带的楚墓中，发现了许多木雕的“镇墓兽”和“虎座立凤”。所谓“镇墓兽”，其实都是土伯像。土伯见于楚辞《招魂》，楚人以为他是冥府的主宰。早期的土伯像只是一个竖放的半球代表头面，上插两支鹿角。中期的土伯像是虎头、龙身，上插两支鹿角，双头的有四支鹿角。晚期的土伯像见于信阳长台关楚墓，是所谓“双角器”，两支鹿角插在一块方木上。无论年代早晚，凡土伯像都有一个厚实的方座代表大地。把土伯做成木雕像，置于墓中，可以佑死者之躯于幽都。所谓“虎座立凤”，其实就是飞廉像。飞廉是凤的别种，楚人视之为风神。人的精魂要登天，须有风神相助，才能高飞远行。在《离骚》中，屈原假想自己作巡天之夜游，有句云：“前望舒使先驱兮，后飞廉使奔属。”月神望舒在前面照明，风神飞廉在后面助力，这就可以一路顺风了。把飞廉做成木雕像，置于墓中，可以引导死者之魂到天界去。

土伯像，俯首向大地，管领着一个深邃、幽昧的空间。飞廉像，昂首向长天，支配着一个悠远、苍茫的空间。地下的和地上的两个空间，都是人们关注、谛视、凝想的永恒对象，却都远而无所至极耶！

荆门车桥战国楚籍巴人墓出土了一件铜戚，援的两面都铸着一位同样的天神，人形，然而鳞身，鸟足，一只脚踏着太阳，一只脚踏着月亮，俨然是全天的主宰，其宇宙意识和空间效应实为古今所仅有。

做到了“人法地，地法天”，就达到了人天相合的境界，这是楚艺术所企求的最高境界。

《老子》第 11 章说：“有之以为利，无之以为用。”讲的是有无相生，它是楚艺术所蕴含的绝妙奥义。

又是人天相合，又是有无相生，似乎玄乎得不可思议，其实对古人、今人乃至后人都是宝贵的启示。试以被誉为综合艺术的建筑为例：美国的莱特（F. L. Wright）或许可以说是 20 世纪最有创造性思维的建筑大师了，他的“有机建筑”理论即源于道家的人天相合、有无相生，因而他对老子推崇备至。对其他门类的艺术，也应作如是观，“有之以为利，无之以为用”，虽象缘意生，而意在象外。

接着要说的是其二——“齐物”。

所谓“齐物”，就是《庄子·天地篇》所云：“万物一府，死生同状。”齐物的要旨，一是分合，二是转化。

分与合，或称毁与成。《庄子·齐物论》云：“其分也，成也；其成也，毁也。凡物无成与毁，复通为一。”同书《庚桑楚篇》云：“道通，其分也；其成也，毁也。所恶乎分者，其分也以备；所以恶乎备者，其有以备。”

转化，即此可为彼，而彼可为此。《庄子·齐物论》云：“举莛与楹，厉与西施，恢诡谲怪，道通为一。”同书《知北游篇》云：“臭腐复化为神奇，神奇复化为臭腐。”达到了这样的境界，才有“大美”。庄周所作的散文，屈原所作的诗歌，狂放不羁，怪诞不经，然而美不可及。

语言艺术如此，造型艺术何尝不如此。楚国的一些美术作品，实在是具象化的《齐物论》。

楚国的美术作品惯于以分解、变形、抽象的手法来处理物象，而以分解、变形、抽象的凤纹最为多见。分解的极点，或仅具一目一喙，或止得一羽一爪；变形的极点，或类如花叶草茎，或类如行云流星，或类如水波火光；抽象的极点，是化为纯粹的曲线。这样，于形固有失，于神则有得，而且给观赏者留有广阔的想象余地。

从分解到变形和抽象是一种创作手法，虽显得支离破碎，似乎非此非彼，其目的却是再现。另有一种创作手法，是从分解到改组和拼合，它显得繁杂堆砌，似乎亦此亦彼，其目的则是创造。

这种纯属创新的美术作品主要是木雕的神怪，即土伯像、飞廉像等。它们是撷取不同物象的局部，合成一个只存在于想象中的物象整体，所拓出的境界之大是不可度量的。

比土伯像和飞廉像更令人不可思议的，是江陵马山1号墓所出的根雕“辟邪”。“辟邪”，只是姑且名之。假如说，它是一件即兴创作的根雕，或许较为确切。它的确是用一段树根雕成的。两条前腿都在右侧，两条后腿都在左侧，当然可以猜想这是将就了材料，但更有可能的是作者有意选择了这个特殊的材料，以求增强怪异的气氛。头如虎，前伸，张口露齿。第一前腿上雕着一条长蛇，第二前腿上雕着一条短蛇正咬住一只青蛙的腿，第一后腿上雕着一条蜥蜴正咬住一只小鸟的头，第二后腿上雕着一只敛翅的蝉。尤为可怪的是，四条腿都雕成了竹竿。第一后腿以超大幅度前伸，使动态为之毕现。这是一只怪兽，由六种动物和一种植物合成。作者的意图显然不是再现某些物象，他是为创造而创造、为艺术而艺术的。地不分南北东西，人不分古今中外，面对着这件根雕作品，都会乍见而心动，谛视而神迷的。

在神话和传说中，以及在美术作品中，把某些动物设想成奇形怪状——通常是多头的，以及把人和兽、人和鸟、人和蛇拼装成为神怪，这在古代是所在多见的。但就美学思想的深浅和艺术水平的高低来说，楚艺术达到了其他古代艺术不曾达到的境界，而且达到了某些现代艺术力求达到的境界。

关于道学的美学，最后要说的是其三——“神遇”。

《庄子·养生主篇》讲了庖丁解牛这个寓言，假托庖丁说：“臣以神遇而不以目视，官知止而神欲行。”用到艺术上来，神遇对表现和接受都是必需的。

到底怎样才算是神遇？依《庄子·人间世篇》说的，不可遇之以耳、目之类感官，而且不可遇之以心，直须遇之以气方可。“气也者，虚而待物者也。”庄子无非说，任何局限都要打破，任何意念都要清除。假如做到了，就能像《庄子·天地篇》说的，“无声之中，独闻和焉”。无声之和存于大音，一如无形之美存于大象。《老子》第 41 章说：“大音希声，大象无形。”大音的大和以及大象的大美，都是属于道家哲学层次的，恍兮惚兮，殊难名状。对于寻常艺术层次的和与美，讲求神遇就要重神轻形，重意轻象。艺术的最高境界就不是形神兼备，意象俱足，而是以神驭形，以意驭象。神和意是无限的，形和象是有限的，从表现的角度去看，要以无限驭有限；从接受的角度去看，则要以有限见无限。因而，如《老子》第 45 章所云：“大成若缺”“大巧若拙”。

楚国的许多美术精品，如上文所曾讲到的那些作品，都体现了“大成若缺”和“大巧若拙”。支离破碎，是“若缺”；奇形怪状，是“若拙”。拿逼真来要求，几乎全不合格；可是，拿传神来要求，就都称得上佳作甚至杰作了。

道家崇尚自然，对乐舞也如此。例如，谈到声和色，《庄子·骈拇篇》认为：“属其性乎五声，虽通如师旷，非吾所谓聪也；属其性乎五色，虽通如离朱，非吾所谓明也。”按，师旷是春秋时代晋国的著名乐师，离朱是黄帝时代百步之外见秋毫之末的异能之人。庄周认为，师旷不聪，离朱不明。是什么缘故呢？是因为师旷的聪和离朱的明太多了，多到违反自然以致“乱五声”“乱五色”的程度了。庄周的主张是：“吾所谓聪者，非谓其闻彼也，自闻而已矣；吾所谓明者，非谓其见彼也，自见而已矣。”《庄子·胠箧篇》甚至主张：“擢乱六律，铄绝竽瑟，塞瞽旷之耳，而天下始人含其聪矣；灭文章，散五采，胶离朱之目，而天下始人含其明矣。”这是矫枉过正的呼吁，并不表明道家否定合乎自然的乐舞。《庄子·养生主篇》云：“庖丁为文惠君解牛，手之所触，肩之所倚，足之所履，膝之所踦，砉然响然，奏刀𬴂然，莫不中音，合于《桑林》之舞，乃中《经首》之会。”相传《桑林》乃汤之舞，《经首》乃尧之乐。庖丁解牛，与《桑林》的步伐和《经首》的节拍相吻合，可见庄周并不排斥一切乐舞。

至于楚人，笃信并力行道家主张的毕竟不多，他们从上到下，从宫廷到里社，从君子到小人，对乐舞的爱好达到了如醉如痴的程度。在道家看来，这就像“骈拇”（脚的大拇指和第二指相连）和“枝指”（手上长出第六指），是多余的，是违反生理常规的。

楚国的乐器，据《九歌》的记载，有钟、磬、鼓、瑟、竽、篪、排箫（参差）。查出土的遗物，则尚有镈、钲（丁宁）、铎、铙、铃、琴、相。

《九歌·东皇太一》云：“扬枹兮拊鼓，疏缓节兮安歌，陈竽瑟兮浩倡。”这是由民间小型乐队伴奏演唱的场面，乐器是鼓、竽、瑟三种。《九歌·东君》云：“緪瑟兮交鼓，箫钟兮瑶簴，鸣篪兮吹竽。”这大概是民间中型乐队演奏的场面，乐器有钟、鼓、竽、瑟、篪五种。《大招》

云："叩钟调磬""鸣竽张只""赵箫倡只"；《招魂》云："陈钟按鼓""竽瑟狂会"：这就无疑是宫廷大型乐队的阵容了，乐器至少有钟、磬、鼓、竽、瑟、箫六种。

乐队无论大、中、小，鼓、竽、瑟是必不可少的。鼓有四型：一是重型的建鼓，二是中型的悬鼓，三是轻型的手鼓，四是微型的鹿鼓。竽或称笙，簧数有 10、12、14、18 共 4 型。瑟是楚墓出土最多的一种乐器，弦数有 18、19、21、23、24、25 共 6 型，以 25 弦的最为常见①。

编钟与编磬是乐器之王与乐器之后，非上等贵族不能有。荆门市包山 2 号墓的墓主是昭陀，怀王时为左尹，相当于中大夫，随葬器物不乏精品，可是不见钟、磬。与钟相比，磬似乎更有贵族气派甚至宫廷气派。已知最好的一套编钟是 1978 年出土的曾侯乙编钟，共 64 件，已见上文。已知最好的一套编磬是 1970 年纪南城出土的彩绘编磬，共 25 件，除 5 件残损者外，测试证实，音质优美。

古希腊只有三种乐器——两种弦数不同的竖琴和一种双管芦笛，可以为唱诗者伴奏，然而不能合奏。明乎此，就不难了解楚国在音乐领域内是何等超轶绝尘了。艺术愈抽象，楚人就愈擅长。他们拙于叙事诗，而巧于抒情诗；拙于毫不抽象的雕刻，而巧于全然抽象的音乐。

先秦的十二律名见《国语·周语》，当然是周十二律。楚自有其十二律名，与周十二律名只有一个姑洗是相同的。

先前，礼与乐"相须为用"，如《通志·乐略》所云："礼非乐不行，乐非礼不举。"到了楚文化的鼎盛期，礼崩乐坏之势已无可挽回。乐舞所娱的对象，不再以神为主了，在贵族中是以人为主，在平民中是神与人共之。《招魂》和《大招》所描写的，即以人为主；《九歌》所描写的，则为神与人共之。进入战国中期之后，轻松活泼的鼓乐和管乐、弦乐日盛一日，使庄严典雅的钟磬为之黯然失色。

楚文化很有开放性和创造性，楚乐舞也这样。《招魂》和《大招》说

① 参考李幼平行将发表的一篇论文。

到的“赵箫”“郑舞”“吴歈”“蔡讴”和“代、秦、郑、卫”等，都是楚人引进的异族、异国的乐舞。同时楚人发展了描摹楚乡风情、显示南国风韵的乐舞，即《涉江》、《采菱》、《扬荷》（《扬阿》）、《劳商》、《激楚》等等。《激楚》在楚国宫廷乐舞中的地位，犹如唐代梨园的《霓裳羽衣》。《招魂》有句云：“宫庭震惊，发《激楚》些。”“《激楚》之结，独秀先些。”“宫庭震惊”的原因，或许是乐声大作，令人不禁心动神摇吧！“结”同“髻”，是舞女的发式。演出《激楚》的舞女，发式特别时髦。从楚乐舞的发展历程来看，可以说越有开放性就越有创造性。

《文选》所录传为宋玉所作的《对楚王问》云：“客有歌于郢中者，其始曰《下里》《巴人》，国中属而和者数千人。”“其为《阳春》《白雪》，国中属而和者不过数十人。”“引商刻羽，杂以流徵，国中属而和者不过数人而已。”虽说“其曲弥高，其和弥寡”，毕竟雅俗兼备，是以各尽其欢。

楚人的舞态，如《九歌》所描写的，有“偃蹇”“连蜷”之美，有“翾飞兮翠曾”之妙，虽可意会而不易名状。1941 年长沙市黄土岭战国楚墓出土彩绘漆奁一件，上有《小胥憩舞图》：“细腰舞女 11 人，莫不广袖长袍，或正在练功，或正在小憩。”湖北省歌舞团创作和演出的《编钟乐舞》，女演员多作“三道弯”身姿，模拟楚舞，可谓庶几近之。

第七节 屈原和宋玉

屈原，名平，后人多称其字，约生于公元前 340 年，约卒于公元前 277 年。屈氏在楚国曾是一个显赫的家族，春秋时代世选莫敖，战国时代渐趋衰微。据《史记·屈原贾生列传》所记，屈原早年受到了良好的正统教育，“博闻强志，明于治乱，娴于辞令”。壮岁入仕，“为楚怀王左徒”，“入则与王图议国事，以出号令；出则接遇宾客，应对诸侯。王甚任之”。屈原“正道直行，竭忠尽智以事其君”，然而为佞臣所不容。上官大夫与屈原同列，向怀王进谗，诬屈原贪怀王之功以为己有，怀王由此而疏远了屈原，乃至免其左徒之职。秦大破楚于丹阳、蓝田之后，屈原受命使齐以修好。回郢都后，一再进谏，始则劝怀王杀张仪，继而劝怀王不入秦，怀王俱不从。顷襄王即位后，屈原曾任三闾大夫，掌公族子弟的教育。不久又受谗见斥。郢都沦陷以后，屈原流徙于江南，抱石投汨罗江而死。

屈原是一位伟大的爱国者，典范永垂。他爱国，也爱民。他爱自己所出生的乡国和自己所奉仕的君国，也爱号为九州之地的祖国。他志洁行廉，抗“溷浊”之世，违“工巧”之俗。在古代爱国者之群中，屈原如木秀于林，至今为人民所崇敬。

屈原又是一位伟大的诗人，丰碑长存。在博采南北民歌精华的基础上，他创立了从内容到形式都令人耳目一新的楚辞。在抒情领域内，屈原的作品不仅前无古人，而且在某种意义上可以说后无来者。

西汉末刘向编辑屈原作品凡25篇，东汉初班固《汉书·艺文志》所记屈原作品正是25篇。晚于班固的王逸作《楚辞章句》，所录屈原作品也是25篇。屈原的全部作品虽不止此数，但25篇之外的都失传了。25篇之中，《远游》《卜居》《渔父》，近人多疑为非屈原所作。25篇之外，还有《招魂》和《大招》可能为屈原所作。大致无争议的屈原作品是：《离骚》《九歌》《九章》《天问》。

《离骚》是屈原的主要作品，后人或简称之为《骚》。《史记·屈原贾生列传》云：“屈平疾王听之不聪也，谗谄之蔽明也，邪曲之害公也，方正之不容也，故忧愁幽思而作《离骚》。离骚者，犹离忧也……信而见疑，忠而被谤，能无怨乎？屈平之作《离骚》，盖自怨生也。《国风》好色而不淫，《小雅》怨诽而不乱。若《离骚》者，可谓兼之矣。上称帝喾，下道齐桓，中述汤、武，以刺世事。明道德之广崇，治乱之条贯，靡不毕见。其文约，其辞微，其志洁，其行廉，其称文小而其指极大，举类迩而见义远。其志洁，故其称物芳。其行廉，故死而不容。自疏濯淖污泥之中，蝉蜕于浊秽，以浮游尘埃之外，不获世之滋垢，皭然泥而不滓者也。推此志也，虽与日月争光可也。”《文心雕龙·辨骚篇》评

《离骚》和其他楚辞作品，其结句云："故能气往轹古，辞来切今，惊采绝艳，难与并能矣。"司马迁之所论，重在思想；刘勰之所论，重在艺术：合而观之，大致就表里兼得了。

对于屈原的学术，我们不妨称之为骚学。

楚国本来只有巫学，自从楚文化进入鼎盛期之后，巫学才开始分流：其因袭罔替者仍为巫学，其理性化者转为道学，其感性化者转为骚学。楚国的强盛加剧了大国与小国的矛盾、贵族与平民的矛盾，以及国人与野人的矛盾，某些处在中间地位的有识之士谋求解脱，这是巫学理性化而为道学的历史背景，时当春秋晚期与战国早期之际。楚国社会的兴旺以至烂熟引发了双重危机，内有痼疾的消磨，外有勍敌的凭陵，贵族中的有识之士谋求拯救而不得行其道，这是巫学感性化而为骚学的历史背景，时当战国中期与晚期之际。道学是上文已介绍了的，骚学则是本节所要介绍的。

从秉赋和素养来看，屈原实在是一位大巫。《离骚》足以证明，屈原熟知神话，深钦神巫，善作神游。屈原与一般楚国大巫不同的是，他把郢中巫学和稷下道学糅合起来了。《离骚》有句云："耿吾既得此中正"，"溘埃风余上征"。王逸《楚辞章句》注曰："得此中正之道，精合真人，神与化游。""真人"，在《庄子》中等于"至人"。《庄子·田子方篇》云："夫至人者，上窥青天，下潜黄泉，挥斥八极，神气不变。"稷下道家的作品《管子·内业篇》以为心内精气饱满，"乃能穷天地，被四海，中无惑意，外无邪灾"。能达到这个境界的，便是"真人""至人"，其尤"真"尤"至"者为"圣人"。

《离骚》和《九歌》《九章》是抒情诗歌无可逾越的高峰，后人虽欲效之而终不能及。这是因为后人的才情一概不如屈原吗？不是。"江山代有才人出"，两千多年来难以数计的骚人墨客的才情难道个个不如屈原？答案在于后人没有屈原那样的郢中巫学根底和稷下道学根底，虽欲效之，只能是效颦、学步，因而终不能及。

古往今来，对于屈原的特立独行，有褒有贬，年代愈晚则褒之者愈多而贬之者愈少。

西汉的扬雄不以屈原自杀为是，《汉书·扬雄传》说："扬雄……怪屈原文过相如，至不容，作《离骚》，自投江而死，悲其文，读之未尝不流涕也。以为君子得时则大行，不得时则龙蛇，遇不遇命也，何必湛(沉)身哉！乃作书，往往摭《离骚》文而反之，自岷山投诸江流以吊屈原，名曰《反离骚》。"《反离骚》有句云："昔仲尼之去鲁兮，斐斐迟迟而周迈，终回复于旧都兮，何必湘渊之涛濑！"

东汉的班固比扬雄更进一步，在《〈离骚〉叙》中说："今若屈原露才扬己，竞乎危国群小之间，以离谗贼。然责数怀王，怨恶椒兰，愁神苦思，强非其人，忿怼不容，沉江而死，亦贬洁狂狷景行之士。多称昆仑，冥婚宓妃，虚无之语，皆非法度之政。经义所载，谓之兼《诗》风雅而与日月争光，过矣。"

南宋葛立方《韵语阳秋》卷8云："余观渔父告屈原之语曰：'圣人不凝滞于物，而能与世推移。'又云：'世人皆浊，何不淈其泥（"淈其泥"，《史记·屈原贾生列传》作"随其流"）而扬其波；众人皆醉，何不哺其糟而啜其醨。'此与孔子'和而不同'之言何异？使屈原能听其说，安时处顺，置得丧于度外，安知不在圣贤之域？而仕不得志，狷急褊躁，甘葬江鱼之腹，知命者肯如是乎？……孟郊曰：'三黜有愠色，即非贤哲模。'孙郃云：'道废固命也，何事葬江鱼？'皆贬之也。而张文潜独以谓：'楚国茫茫尽醉人，独醒惟有一灵均。哺糟更使同流俗，渔父由来亦不仁。'"

南宋费衮《梁溪漫志》卷5"《通鉴》不载《离骚》"条云："予谓三闾大夫以忠见放，然行吟恚怼，形于色词。扬己露才，班固讥其怨刺。所著《离骚》皆幽忧愤叹之作，非一饭不忘之谊，盖不可以训也。若所谓与日月争光者，特以褒其文词之美耳。温公（司马光）之取人，必考其终始大节。屈原沉渊，盖非圣人之中道。区区绮章绘句之工，亦何足算也！"把屈原贬得最低的，就是这《梁溪漫志》了。

今人则不然，对屈原大抵有褒无贬。司马迁对屈原的政见和政绩已有溢美失实之辞，今人则更有爱之唯恐不足而褒之唯恐不高的，甚至以为屈原是伟大的政治家和重要的思想家。至于这位政治家在楚国历史上起了什么作用，这位思想家有哪些理论贡献，就谁也说不清楚了。

屈原是旷世奇才，但不是通才；屈原是绝代伟人，但不是完人。

凡第一流的诗人都不是第一流的政治家和思想家，只是政治上的失意和思想上的造诣可能加大艺术上的创获。前人也明白这个道理，陆游作《读唐人愁诗戏作五首》，其三云："天恐文人未尽才，常教零落在蒿莱。不为千载《离骚》计，屈子何由泽畔来。"

《离骚》虽不难通读，但不易读透。严羽《沧浪诗话》云："读《骚》之久，方识真味。须歌之抑扬，涕洟满襟，然后为识《离骚》。否则，为戛釜撞瓮耳。"

巫学给艺术带来狂怪直率的意绪，道学给艺术带来睿智玄妙的理念，骚学给艺术带来高洁绮丽的情思：此三者，屈原兼而有之。用现在惯用的术语来讲，屈原的作品中饱含着浪漫主义精神。然而，屈原作品的浪漫主义不是寻常的浪漫主义，它不是对古典主义的反叛，它与西方的浪漫主义不可同日而语。它来自巫的怪想，道的妙理，骚的绮思，三者交融，以至迷离恍惚，汪洋恣肆，惊才绝艳，比寻常所谓浪漫主义更为浪漫主义。

人民怀念屈原，过端午、裹粽子、赛龙舟，本来与屈原无涉，后来都变成纪念屈原的风俗了。诚如李白诗《江上吟》所云："屈平辞赋悬日月，楚王台榭空山丘。"

《史记·屈原贾生列传》云："屈原既死之后，楚有宋玉、唐勒、景差之徒者，皆好辞而以赋见称。然皆祖屈原之从容辞令，终莫敢直谏。"其中，唐勒除姓名外，一概不详。景差可能与宋玉同时，但未见有可靠的传世之作。一说《大招》为景差所作，但从王逸为之加注时起就有争议。《楚辞章句》云："《大招》者，屈原之所作也，或曰景差，疑不能明也。"宋玉生活在顷襄王时，其传世之作，大致可以说公认的有《九辩》，真伪莫辨的有《楚辞章句》所收的《招魂》和《文选》所收的《风赋》

《高唐赋》《神女赋》《登徒子好色赋》《对襄王问》计六篇。这六篇都是大手笔，除《招魂》可能为屈原所作外，另五篇的作者似非宋玉莫属，他人恐不足以当之。

宋玉景仰屈原，哀其志而慕其文。与屈原的作品相比，宋玉的作品格调略嫌卑弱，巫学和道学的成分较为淡薄，但自有其清新、细腻之妙。

前人对宋玉的品节和辞赋都有很高的评价，以为与屈原差可比肩。李白诗《感遇》四首之四云："宋玉事楚王，立身本高洁。巫山赋彩云，郢路歌《白雪》。举国莫能和，巴人皆卷舌。一感登徒言，恩情遂中绝。"杜甫诗言及宋玉者更多，其《咏怀古迹》五首之二有句云："摇落深知宋玉悲，风流儒雅亦吾师。"其《送李功曹之荆州充郑侍御判官重赠》有句云："曾闻宋玉宅，每欲到荆州。"其《戏为六绝句》之五有句云："窃攀屈宋宜方驾，恐与齐梁作后尘。"

今人对宋玉的评价，与前人对宋玉的评价相比，显然是减色了。这是因为今人有什么新的发现吗？不是！宋玉依然故我，只是当代的风气和今人的心态都不古了。

第八节　庄蹻的暴郢和入滇

怀襄之际有一位神秘的人物，他在楚国历史上一掠而过，如天马之行空。古人说他是剧盗或者是良将，今人则有说他是农民起义领袖的。无论古人、今人，都有怀疑他不止一个人，而可能是同名同姓的两个人的。这位神秘人物就是庄蹻。

最早记录庄蹻其人其事的文献是《荀子》《韩非子》《商君书》和《吕氏春秋》，都成书于战国末期。《荀子·议兵篇》说到"兵殆于垂沙，唐蔑死；庄蹻起，楚分而为三四"。《商君书·弱民篇》所记与此大同小异。《韩非子·喻老篇》说到庄蹻曾"为盗"，"吏不能禁"。《吕氏春秋·士节篇》说到庄蹻曾"暴郢"。这些零星的记载所能提供的信息是：官方称庄蹻为"盗"，此其一；庄蹻曾经在郢都作乱甚至造反，此其二；楚国一度因庄蹻作乱而失去对地方的统一号令，以致有些地方各行其是，此其三；庄蹻起事是在楚怀王二十八年齐、韩、魏合兵攻方城、杀唐蔑之后，此其四；蹻以庄为氏，应是楚庄王后裔之氏于谥者，此其五；《荀子·议兵篇》又说："齐之田单，楚之庄蹻，秦之卫鞅，燕之缪虮，是皆世俗之所谓善用兵者也。"可见，庄蹻以善用兵知名，此其六。

《史记·西南夷列传》另有一说，其文曰："始楚威王时，使将军庄蹻将兵循江上，略巴、黔中以西。庄蹻者，故楚庄王苗裔也。蹻至滇池，方三百里。旁平地，肥饶数千里，以兵威定属楚。欲归报，会秦击夺楚巴、黔中郡，道塞不通，因还，以其众王滇。变服，从其俗，以长之。"

《后汉书·南蛮西南夷列传》所记与《史记·西南夷列传》有同有异，其文曰："初，楚顷襄王时，遣将庄豪从沅水伐夜郎，军至且兰，椓船于岸而步战。既灭夜郎，因留王滇池。""滇王者，庄蹻之后也。"前称"庄豪"，后称"庄蹻"，显然是同一个人。参照其他文献，应以庄跻为正。

首先一个问题——庄跻入滇的传说是否可靠？据《史记·太史公自序》，司马迁曾"奉使南征巴蜀以南"。庄蹻入滇的传说，应是他在巴蜀以南采集的。既然滇王自称如此，想来不会是杜撰的。滇、楚之间，隔着一个夜郎。如果滇王不是庄蹻的后人，那么，他们数典忘祖，偏要越过夜郎去冒请楚国的一位剧盗做自己的始君，就完全不合情理了。

第二个问题——庄蹻入滇的年代。《史记》以为在楚威王时，唐人杜佑已在《通典》中指出其谬误，理由是从楚威王末年到楚顷襄王二十二年秦取黔中郡"凡经五十二年"，庄蹻的寿命长得令人碍难置信。上文据《荀子·议兵篇》，指出庄蹻入滇应在楚怀王二十八年以后，则《后汉书》以为在楚顷襄王时是可能的。

第三个问题——庄蹻入滇的路线。《史记》说是"循江上"，《后汉书》说是"从沅水"。"循江上"，若不取道清江流域的五姓巴人方国，则必取道乌江流域的七姓巴人方国，谈何容易！"从沅水"，即经由黔中郡，可绕过上述两个巴国，循沅水支流沅水西上入夜郎。且兰在今贵州黄平县一带，临沅水上游的沅阳河。且兰以西，改舟行为陆行，虽道路崎岖，但入滇尚称便利。

第四个问题——庄蹻到底是剧盗还是良将？综理有关资料，应该承认他又是剧盗、又是良将，论行径是剧盗，论才能是良将。至于说庄蹻是农民起义领袖，则全无所据。

第五个问题——庄蹻入滇是否王命所遣？按：庄蹻曾作乱暴郢，即使失败后降服了，也不可能俯首帖耳听从王命到深险莫测的云贵高原上去。唯一合情合理的解释是庄蹻兵败后受楚师追击和围歼，不得不落荒而走，遁入夜郎，辗转至于滇国。庄蹻断然不会对夜郎和滇国的土著承认自己是败逃的盗首，只会狐假虎威，冒称乃王命所遣之将军。

考证和论述庄蹻的文章，迄今已有数十篇问世。其中，最有说服力的是刘玉堂所作的《论庄蹻其人其事》[①]。

庄蹻虽落荒而走，但对路线不是心中无数的。庄蹻所走的是横穿云贵高原的一条先秦古道，其东端在楚国的郢都，其西端在摩揭陀王国的首都华氏城（今印度巴特那市），也可以说，东起长江中游，西至恒河中游。这是南方的“丝绸之路”，比北方的“丝绸之路”早两百年左右甚至更久。有没有证据呢？有的。第一个证据是玻璃珠和石髓珠，第二个证据是商那阎的著作《政论》。

古代的玻璃珠或称琉璃珠，有色，半透明。“琉璃”一词始见于西汉，但据史树青考证，楚辞所谓“陆离”应即“琉璃”，其说成理[②]。从湖南、湖北两省的战国楚墓和曾墓中，出土了许多号为“蜻蜓眼”的多色玻璃珠。这类玻璃珠通常为球形，少数为圆中见方的球形，个别为多角的球形，有孔。在每颗玻璃珠上，都有若干眼珠纹，每个眼珠纹都由一个圆点的蓝色套上一个或几个圆圈的白色构成，各个眼珠纹之间为朱色或绿色等。这样，外观就活像“蜻蜓眼”了。这类玻璃珠的装饰风格，

① 刘玉堂．论庄蹻其人其事［J］．民族研究，1990（3）．

② 史树青．“陆离”新解［G］//文史（第11辑）．北京：中华书局，1981．

与中国传统的装饰风格迥乎异趣，与西亚、南亚的同类玻璃珠则全然相像，而西亚、南亚的同类玻璃珠较为早出并且更为多见。古代中国的玻璃是所谓铅钡玻璃，古代西亚和南亚的玻璃是所谓钠钙玻璃。值得注意的是，河南固始县侯古堆 1 号墓所出的一颗“蜻蜓眼”是钠钙玻璃。湖北江陵县出土的越王句践剑剑格上镶嵌的玻璃，以及河南辉县出土的吴王夫差剑剑格上镶嵌的玻璃，也是钠钙玻璃。这就可以证实那些“蜻蜓眼”最初应是从南亚进口的，后来才有楚国仿制的。国外考古学界认为：“琉璃”可能是梵语 vaidu—rya 的音转[①]，原指绿柱石之类有青、绿、紫诸色的宝石，借指外表类似这些宝石的玻璃珠。

“蜻蜓眼”虽集中在楚地，但零零散散地流播到了北方。东起山东曲阜县，西至陕西大荔县，都有“蜻蜓眼”出土，然而寥若晨星。

公元前 320—前 315 年间，摩揭陀王国孔雀王朝的大臣商那阎著有《政论》一书，其中说到有从中国运去的丝。这丝，从中国北方运去的可能性很小，因为那要在一个多边形上走完几条边线才能运到；从中国南方运去的可能性则很大，因为只要在一个多边形上走完一条边线就能运到了。蜀地虽则也产丝绸，可是直到西汉，蜀地出口到南亚的还只有麻布而没有丝绸[②]，由此可知，摩揭陀王国的丝应是从楚国运去的。

从楚国到摩揭陀王国有两条道路可供选择：一条是海路，一条是陆路。走海路，至今无证据；走陆路，却有蛛丝马迹可寻。所谓蛛丝马迹，就是云南出土的石髓珠和玻璃珠。据张增祺研究，这些石髓珠和玻璃珠是从西亚经南亚进口的，年代最早的在春秋、战国之际[③]。上文曾谈到的句践剑和夫差剑都是春秋晚期的，但据后德俊研究，剑格上面的玻璃大概是战国时代才镶嵌上去的。侯古堆 1 号墓所出的“蜻蜓眼”，则无疑是春秋晚期的原物。由此可知，这条“南方丝绸之路”或许早在春秋、战国之际就开通了。纵贯在中缅边界两侧的横断山脉，并不像人们想象

① 世界考古学事典［M］. 日本平凡社，1982.

② 任乃强. 中国陆上古商道——蜀布之路［J］. 文史杂志，1987（1）.

③ 张增祺. 战国至西汉时期滇池区域发现的西亚文物［J］. 思想战线，1982（2）.

的那样难于通行。直到 20 世纪 60 年代，马帮走山间小路，未晚先投宿，鸡鸣早看天，从云南西北部到印度东北部，走上半个月也就到了。

西亚和南亚的玻璃珠，越过横断山脉，穿过云贵高原，运到了楚国，黔中郡的楚人自然知道有这条商路存在。到了黔中郡的庄跻及其部属，才会在知情人的指引下，走上这条不无风险的古道。

到现在为止，先秦中外文化交流的唯一确凿的物证就是上述“蜻蜓眼”玻璃珠，读者不难想见，其可贵也为何如？

第十二章　灭楚必秦，亡秦必楚

楚国的新都陈县仍称郢，号为陈郢，或谓郢陈。

顷襄王及其臣僚惊魂未定，立即加固陈郢的城防。河南省博物馆 1980 年经勘察和试掘，证实今淮阳县城即故楚陈郢。此城原为陈国所建，并入楚国后两次增修。第一次增修约在惠王时，城垣扩宽 1.5～2.0 米，增高约 1.5 米，夯层较乱且松，工程质量欠佳，原因在于它还只是东北边境的一个县城。第二次增修即在顷襄王时，城垣扩宽约 4.4 米，增高 1.0 米有余。为求坚固，夯土以横木作栓，每根横木长 2～3 米，直径 0.16～0.31 米。横木分四层安放，上下两层间距为 0.5～1.0 米，左右两根间距为 0.4～0.6 米。据此推算，全城共用横木 4 万～6 万根，可见其工程之浩大①。其实，在秦人看来，区区陈郢，无论其城垣加固与否，都是不难攻克的。栽郢的失守，推究其原因，城非不高也，池非不深也，弊在楚国的君臣见识不高，谋略不深。这个道理，顷襄王及其亲信或许是不大明白的。

约 55 年后，秦灭楚。又 16 年后，楚亡秦。

楚人失去了半壁河山，然而，曾几何时，他们便夺得了一统天下。历史的翻覆如此迅疾，好像给秦楚双方开了一个莫大的玩笑。

第一节　顷襄王亡羊补牢

秦取栽郢后，以楚腹地为南郡。随即与韩、魏合谋并力攻楚，仍以白起为元帅。顷襄王有左徒名黄歇，多智善辩，受命使于秦，以破秦与韩、魏之谋。《战国策·秦策》记黄歇上书秦昭襄王，大意如下："天下

① 曹桂岑. 楚都陈城考 [J]. 中原文物，1981.

莫强于秦、楚，今闻大王欲伐楚，此犹两虎相斗，而驽犬受其弊。……臣为王虑，莫若善楚。秦、楚合而为一，以临韩，韩必授首。王襟以山东之险，带以河曲之利，韩必为关中之侯。若是，王以十〔万〕戍郑，梁氏寒心，许、鄢陵婴城，上蔡、召陵不往来也。如此，而魏亦关内侯矣。王一善楚，而关内二万乘之主注地于齐，齐之右壤可拱手而取也。是王之地一经两海，要（腰）绝天下也，是燕、赵无齐、楚，〔齐、楚〕无燕、赵。然后危动燕、赵，持齐、楚（此句《史记·春申君列传》作“直摇齐、楚”），此四国者不待痛而服矣。”秦昭襄王虑及韩、魏易变，不可深信，以黄歇所言为是，命白起按兵不动。同时派使者到陈郢，与楚相约为与国。

不久，顷襄王会秦昭襄王于襄陵，许诺将青阳以西割让给秦国。青阳在今长沙市，青阳以西即洞庭迤南之地。楚师主力北上后，青阳孤悬南土，势必弃守。割让青阳以西，实为以必失之地易可缓之时，不得以丧权辱国视之。

其明年为公元前277年——顷襄王二十二年，秦蜀郡守张若接管了巫郡和黔中郡。

又明年，据《史记·楚世家》所记，楚国集结了东部的士兵十余万人，收复了“江旁十五邑”。张守节《史记正义》以为江旁15邑在黔中郡，这是误断。江旁15邑如在黔中郡，则与楚境不相接，成为飞地，何从收复？况且，黔中郡距长江较远，不得以“江旁”称之。楚人所收复的15邑，应在鄂东、赣北，其地适为“江旁”。鄂东、赣北的铜矿是楚国经济的命根，有之则尚能苟延，无之则势必速亡。秦人南下接管青阳以西，楚人乘机夺回了青阳以北、南郡以东的15邑，保住了铜矿。后来，据《史记·秦始皇本纪》，秦始皇追述往事云：“荆王献青阳以西，已而畔约，击我南郡。”秦始皇所讲的，就是楚人收复江旁15邑这件令秦人不胜恼怒的事。

湖南的楚墓、秦墓、汉墓，衔接紧凑，成为一个渐进的系列，没有大起大落的迹象。由此推想，青阳以西直到黔中，确实由秦人和平接管，没有发生反复。

《战国策·楚策》所记“或谓楚王曰……”云云，“或”应是一位游说之士，“楚王”应即顷襄王。其文曰：“臣闻从（纵）者欲合天下以朝大王，臣愿大王听之也。夫因诎（屈）为信（伸），奋患有成，勇者义之；摄祸为福，裁少为多，知者官之。夫报报之反，墨墨之化，唯大君能之。祸与福相贯，生与亡为邻，不偏于死，不偏于生，不足以载大名。无所寇艾，不足以横世。夫秦捐德绝命之日久矣，而天下不知。今夫横人嚂口利机，上干主心，下牟百姓，公举而私取利，是以国权轻于鸿毛，而积祸重于丘山。”这一番话讲得恳切而透彻，与一般言纵横之术的油嘴滑舌不同，倒很有道家的气味。事态的演进，若非突变——报报之反，则必渐变——墨墨之化。楚国能否转祸为福，变屈为伸，关键不在敌而在己。积祸之所以重于丘山，国权之所以轻于鸿毛，是因为有欺君虐民、假公济私的“横人”。至于“横人”是谁，则在栽郢沦陷以前就有庄辛向顷襄王直言不讳了。

庄辛是庄王的后裔，深以国事日非为忧。《战国策·楚策》记庄辛向顷襄王进言云：“君王左州侯，右夏侯，辇从鄢陵君与寿陵君，专淫逸侈靡，不顾国政，郢都必危矣！”顷襄王听不入耳，反说庄辛老糊涂，庄辛说：“臣诚见其必然者也，非敢以为国袄祥也。君王卒幸四子者不衰，楚国必亡矣！臣请辟（避）于赵，淹留以观之。”庄辛果然跑到赵国去了，五个月之后，栽郢失守。顷襄王迁都于陈，派人到赵国去请庄辛回来，对庄辛说：“寡人不能用先生之言，今事至于此，为之奈何？”庄辛进言：“臣闻鄙语曰：‘见兔而顾犬，未为晚也；亡羊而补牢，未为迟也。’臣闻昔汤、武以百里昌，桀、纣以天下亡。今楚国虽小，绝长续短，犹以数千里，岂特百里哉？”接着，庄辛用寓言和故事来启发顷襄王。譬若黄鹄，“飘摇乎高翔，自以为无患”，乃不知猎人方将射而落之，白天还在江河游逛，黄昏就成为鼎鼐之中的佳肴了。譬若蔡圣侯（蔡侯般），“左抱幼妾，右拥嬖女，与之驰骋乎高蔡（下蔡）之中，而不以国家为事，不知夫子发方受命乎宣王，系已以朱丝而见之也”。“蔡圣侯之事其小者也，君王之事因是以。左州侯，右夏侯，辇从鄢陵君与寿陵君，饭封禄之粟，而戴方府之金，与之驰骋乎云梦之中，而不以天下国家为事。不知夫穰侯方受命乎秦王，填黾塞之内，而投己乎黾塞之外。”按，黾塞别称黾隘，亦即冥厄，乃城口三隘之一。黾塞之内为秦兵所占，顷襄王被赶到黾塞之外去了。庄辛说罢，顷襄王“颜色变作，身体战栗，于是乃以执珪而授之为阳陵君①，与淮北之地也”。

州侯、夏侯、鄢陵君、寿陵君，名氏不详。其中，州侯乃令尹，最为恶劣。《韩非子·内储说》云：“州侯相荆，贵而主断。荆王疑之，因问左右。左右对曰‘无有’，如出一口也。”《荀子·臣道篇》以为：“楚之州侯……可谓‘态臣’者也。”“态臣”，应为善作态以惑其君的权臣。

顷襄王任庄辛以政，正是所谓亡羊而补牢。其晚年能保境善邻，庄辛与有力焉。

楚人收复江旁 15 邑时，白起正在攻魏，取其两城。其明年，秦相穰侯攻魏，斩首 4 万，直逼大梁，魏割 3 县以请和。秦受魏所割地，而不与魏和。又明年，秦遣客卿胡阳攻魏，斩首 15 万。魏兵挫地削，楚则得以偏安于东境。

公元前 272 年——顷襄王二十七年，三晋攻燕，秦助三晋。楚以景阳为元帅，也扬言攻燕，而其实袭魏。当时楚军复振，而景阳为名将。据《淮南子·泛论训》所记，景阳嗜酒好色，但能“威服诸侯”，“功名不灭”。

同年，楚、秦通好。楚太子完②由黄歇为傅，入秦为质。

公元前 269 年——顷襄王三十年，秦攻赵。赵奢善治兵，大破秦军。

公元前 263 年——顷襄王三十六年，王病危，遣使至秦求太子完归国，秦昭襄王不许。先是，宣太后已被废，穰侯、高陵君、华阳君、泾阳君俱被逐。此时范雎为秦相，黄歇与范雎友善。《史记·春申君列传》记黄歇说范雎云：“今楚王恐不起疾，秦不如归其太子。太子得立，其事

① 阳陵君：《新序》作“城陵君”，不知孰是。

② 此据《史记·春申君列传》，《史记·楚世家》所记为“熊元”。

秦必重，而德相国无穷，是亲与国而得储万乘也。若不归，则咸阳一布衣耳。楚更立太子，必不事秦。夫失与国而绝万乘之和，非计也。愿相国熟虑之。”范雎以黄歇所言为然，报告秦昭襄王。秦昭襄王允许黄歇先回陈郢去探视顷襄王病情轻重，待回报后再作计议。黄歇所忧虑的是：如顷襄王病故，而太子完在秦不得归，则阳文君之子将继位为王，对太子完和黄歇都将大不利。经黄歇设计，太子完化装为御者，随楚使归国。黄歇诡称太子完因病不能见客，本人则需随侍太子完而不能回国。估计太子完一行出关已远，黄歇才报告秦昭襄王：“楚太子已归，出远矣。歇当死，愿赐死。”秦昭襄王大怒，要黄歇自杀。范雎进言：“歇为人臣，出身以徇其主。太子立，必用歇。故不如无罪而归之，以亲楚。”当时秦、楚交好，使秦得以专力对付三晋；如秦、楚反目，将对秦不利。于是，秦昭襄王允许黄歇也回楚国去。

第二节　春申君始荣终枯

公元前 263 年，秋，黄歇回到陈郢不过三个月，顷襄王就病故了。熊完继立，是为考烈王。

公元前 262 年——考烈王元年，以黄歇为令尹，封为春申君，赐以淮北地 12 县。是年，楚割州邑予秦，其地界乎秦楚之间，在今湖北洪湖市东北。

当时，齐有孟尝君田文，赵有平原君赵胜，魏有信陵君魏无忌，与楚春申君俱以贤闻于诸侯，礼贤收誉，辅国专权。信陵君和春申君各有食客三千人，孟尝君和平原君的食客大概也不下此数。

公元前 261 年——考烈王二年，楚攻鲁，割其地。

公元前 260 年——考烈王三年，秦攻赵，白起所部秦军与廉颇所部赵军相持于长平（在今山西高平县西北）。廉颇治军严谨，临敌慎重，白起不能得志。赵孝成王为秦人离间之计所惑，命赵括代廉颇为将。赵括乃赵奢之子，熟读兵书，善言兵事，年少气盛，以为天下莫能当者，然而不谙韬略，上卿蔺相如讥其“不知合变”。赵括举措冒失，落进白起的圈套，赵军被秦军分割包围达四十余日，粮尽。赵括突围时被秦军射死，赵军投降后被秦军全数坑杀。这是一个空前惨烈的战役，也是一场空前残忍的屠杀，赵国损失将士达 45 万。其明年冬初，秦将王陵引兵围邯郸。复明年，秦以王龁代王陵为将。

又明年为公元前 257 年——考烈王六年，邯郸久围不解。平原君夫人为信陵君姊，奉书向魏安釐王和信陵君求救。魏安釐王遣将军晋鄙领兵 10 万救赵，但受秦人恐吓，命晋鄙在中途坚壁自守、勒兵不进。

平原君见事急，挑选既有勇力、又有才略的门客 20 人，准备突围到楚国去求援。因条件太高，平原君只挑选到 19 位合格的门客。这时，有门客毛遂向平原君自荐。《史记·平原君虞卿列传》记平原君问毛遂：“夫贤士之处世也，譬若锥之处囊中，其末立见。今先生处胜之门下三年于此矣，左右未有所称诵，胜未有所闻，是先生无所有也。先生不能，先生留！”毛遂答道：“臣乃今日请处囊中耳。使遂蚤（早）得处囊中，乃颖脱而出，非特其末见而已。”平原君见毛遂如此自信，允许他充 20 人之数。到了陈郢，晋见考烈王。平原君向考烈王指陈利害，考烈王从早晨到中午一直不置可否。“十九人谓毛遂曰：‘先生上。’毛遂按剑历阶而上，谓平原君曰：‘从（纵）之利害，两言而决耳。今日出而言从（纵），日中不决，何也？’楚王谓平原君曰：‘客何为者也？’平原君曰：‘是胜之舍人也。’楚王叱曰：‘胡不下！吾乃与而君言，汝何为者也？’毛遂按剑而前曰：‘王之所以叱遂者，以楚国之众也。今十步之内，王不得恃楚国之众也，王之命县（悬）于遂手。吾君在前，叱者何也？且遂闻汤以七十里之地王天下，文王以百里之壤而臣诸侯，岂其士卒众多哉？诚能据其势而奋其威。今楚地方五千里，持戟百万，此霸王之资也。以楚之强，天下弗能当。白起，小竖子耳，率数万之众，兴师以与楚战，一战而举鄢、郢，再战而烧夷陵，三战而辱王之先人。此百世之怨而赵之所羞，而王弗知恶焉。合从（纵）者为楚，非为赵也。吾君在前，叱者何也？’楚王曰：‘唯唯，诚若先生之言，谨奉社稷而以从。’毛遂曰：

‘从（纵）定乎？’楚王曰：‘定矣。’毛遂谓楚王之左右曰：‘取鸡狗马之血来！’毛遂奉铜盘而跪进之楚王曰：‘王当歃血而定从（纵），次者吾君，次者遂。’遂定从（纵）于殿上。毛遂左手持盘血而右手招十九人曰：‘公相与歃此血于堂下。公等录录，所谓因人成事者也。’”

毛遂以露骨的要挟使考烈王为之震慑，以刺耳的批评和劝说使考烈王为之折服，赵与楚的合纵由此得以缔结。这是非常的外交手段，只适用于非常时期的非常事件和非常人物，止可一，不可再。若无卓识捷智，断难如快刀之斩乱麻。春申君的作用不可忽略，他是赞成合纵的，当时必定也在场。只要他认可，考烈王即使翻悔也无可奈何。

平原君偕门客回邯郸，不胜感慨地说：“胜不敢复相士。胜相士多者千人，寡者百数，自以为不失天下之士，今乃于毛先生而失之也。毛先生一至楚，而使赵重于九鼎、大吕。毛先生以三寸之舌，强于百万之师。胜不敢复相士。”平原君说出了真切的体验，但除三寸之舌外，若添上三尺之剑，语意就更为完密了。

春申君自请救赵，偕名将景阳引兵北上。

信陵君利用魏安釐王宠幸的如姬窃取虎符，偕屠夫朱亥单车驰至晋鄙军中，与晋鄙合符。晋鄙生疑，被朱亥以铁锤击杀，信陵君夺晋鄙军，北上救赵。

楚、魏援军将到时，秦军急攻邯郸。平原君散财飨士，募得敢死者三千人，由邯郸传舍吏子李同率领，突出奋战。秦军大惊，为之退三十里。正好，楚、魏援军赶到，秦军迅即撤围而去，秦将郑安平降赵。赵孝成王喜极，以灵丘封春申君，以鄗封信陵君。

这次楚、魏救赵之役表明，只要楚、魏、赵三强同心协力，秦无敌于天下就将化为神话。可是，要三强同心协力谈何容易，一时虽尚能为之，长久则绝无可能。

公元前256年——考烈王七年，楚灭鲁。同年，秦灭西周。两年以后，魏灭卫。大国相攻，小国先灭，必然如此。

战事愈频繁，平民的生计愈艰困，然而权贵的生活愈奢靡，也是势所必然的。当时各国的权贵竞侈成风，如《史记·春申君列传》记：“赵平原君使人于春申君，春申君舍之于上舍。赵使欲夸楚，为玳瑁簪，刀剑室以珠玉饰之，请命春申君客。春申君客三千余人，其上客皆蹑珠履，以见赵使，赵使大惭。”门客著珠履，这等气派，实为古今中外绝无仅有。

假如说，当时的君臣都醉生梦死，那就言之过甚了。《史记·范雎蔡泽列传》记秦昭襄王说：“吾闻楚之铁剑利而倡优拙，夫铁剑利则士勇，倡优拙则思虑远。夫以远思虑而御勇士，吾恐楚之图秦也。”由此可知，楚国的君臣并不比秦国的君臣更耽于逸乐。

赵人荀卿，大器晚成，年至半百才到齐国游学。《史记·孟子荀卿列传》记：“齐襄王（公元前 283 年—公元前 265 年在位）时，而荀卿最为老师。齐尚修列大夫之缺，而荀卿三为祭酒焉。”当时祭酒还不是官名，荀卿“三为祭酒”，乃如司马贞《史记索隐》所云：“谓荀卿出入前后三度处列大夫康庄之位，而皆为其所尊，故云‘三为祭酒’也。”齐襄王死后，荀卿去齐适楚，应春申君之请，为兰陵（在今山东苍山县西南）的县令，而讲学著书不辍。

公元前 253 年——考烈王十年，以钜阳为陪都，其地在今安徽太和县东。

公元前 251 年——考烈王十二年，秦昭襄王死，春申君受考烈王命前往咸阳吊祠。

秦昭襄王之子继立，是为秦孝文王。秦孝文王为太子时，以宠姬为正夫人，号曰华阳夫人，华阳夫人无子，以夏姬所生子异人为子。华阳夫人为楚人，不无故国之思，乃为异人易名曰子楚。秦孝文王立一年死，子楚继位，是为秦庄襄王。其元年，秦灭东周。

秦人东征，韩、魏首当其冲。韩、魏不破，则楚无倾覆之虞。《史记·魏世家》记信陵君论天下大势，其言曰：“秦非无事之国也，韩亡之后，必将更事。更事，必就易与利。就易与利，必不伐赵与楚矣。是何也？夫越山逾河，绝韩上党而攻强赵，是复阏与之事，秦必不为也。若道河内，倍（背）邺、朝歌，绝漳、滏水，与赵兵决于邯郸之郊，是知伯之祸也，秦又不敢。伐楚，道涉谷，行三千里而攻冥阨之塞，所行甚远，所攻甚难，秦又不为也。若道河外，倍（背）大梁，右上蔡、召陵，与楚兵决于陈郊，秦又不敢。故曰：秦必不伐楚与赵矣，又不攻卫与齐矣。”

公元前 247 年——考烈王十六年，信陵君由赵返魏，受上将军印，为合纵之谋。春申君上言考烈王，以淮北近齐，宜置郡，愿献所封 12 县。考烈王改封春申君于江东，以吴国故墟为都，整修城池，改其“破楚门”为昌门。是年，信陵君遣使以伐秦之议遍告诸侯，诸侯尊其贤，重其义，俱各踊跃。信陵君合魏、韩、赵、楚、燕五国兵以攻秦，破蒙骜所部秦军于河外，进逼函谷关，秦兵不敢东向。秦人重赂已故魏将晋鄙的部属，使之进谗于魏安釐王。魏安釐王夺信陵君兵权，诸侯乃散纵而罢兵。

是年，秦庄襄王死，子政立。秦军继续东征，割三晋之地。

公元前 244 年——考烈王十九年，廉颇为赵悼襄王所疑，愤而去赵奔魏。春申君遣密使迎廉颇至楚，考烈王以廉颇为大将。然而，廉颇老矣，在楚为将而无功，抑郁不欢，死后葬于寿春（在今安徽寿县）。

公元前 241 年——考烈王二十二年，诸侯合纵，春申君为主谋，考烈王为纵长，由赵将庞煖率赵、楚、魏、韩、燕五国兵攻秦。到了函谷关，秦兵大出，五国联军败走，考烈王归咎于春申君。

韩、魏两国受秦军连续攻击，疆土日蹙，秦军前锋离陈郢愈来愈近。春申君从门客朱英之议，请考烈王徙都于寿春，是为寿郢。此后，春申君常就封于吴，而仍为令尹。

考烈王无子，春申君深以为忧。这时，从赵国来了一个李园，其妹貌美。李园有意献其妹于考烈王，但听说考烈王不宜子，乃先献其妹于春申君。不久，李园妹有孕。于是，一个离奇的阴谋就在宫廷外开花而在宫廷内结果了。

《史记·春申君列传》记：“李园乃与其女弟谋，园女弟承间以说春申君曰：‘楚王之贵幸君，虽兄弟不如也。今君相楚二十余年，而王无子，即百岁后将更立兄弟。则楚更立君后，亦各贵其故所亲，君又安得长有宠乎？非徒然也，君贵，用事久，多失礼于王兄弟，兄弟诚立，祸且及身，何以保相印、江东之封乎？今妾自知有身矣，而人莫知。妾幸君未久，诚以君之重而进妾于楚王，王必幸妾。妾赖天有子男，则是君之子为王也，楚国尽可得，孰与身临不测之罪乎？’春申君大然之，乃出李园女弟谨舍，而言之楚王。楚王召入，幸之。”

据《越绝书》，李园妹名环。

事有凑巧，李园妹产一男。考烈王晚年得子，大喜，当即立为太子，以李园妹为王后，而李园则由此而受宠用事。

李园唯恐春申君泄露秘密，暗中畜养死士，以便寻机杀春申君灭口。

公元前 238 年——考烈王二十五年，王病，将死。朱英向春申君献计：王死，即杀李园。春申君以为李园无害，不听。《史记·春申君列传》记：“朱英谓春申君曰：‘世有毋望之福，又有毋望之祸。今君处毋望之世，事毋望之主，安可以无毋望之人乎？’春申君曰：‘何谓毋望之福？’曰：‘君相楚二十余年矣，虽名相国，实楚王也。今楚王病，旦暮且卒，而君相少主。因而代立当国，如伊尹、周公。王长而反政，不即遂南面称孤而有楚国？此所谓毋望之福也。’春申君曰：‘何谓毋望之祸？’曰：‘李园不治国，而君之仇也；不为兵，而养死士之日久矣①。楚王卒，李园必先入，据权而杀君以灭口，此所谓毋望之祸也。’春申君曰：‘何谓毋望之人？’对曰：‘君置臣郎中，楚王卒，李园必先入，臣为君杀李园，此所谓毋望之人也。’春申君曰：‘足下置之。李园，弱人也，仆又善之，且又何至此！’朱英知言不用，恐祸及身，乃亡去。”

朱英献计后 17 日，考烈王去世。李园果然先入王宫，在棘门内埋伏死士。待春申君入棘门，死士齐出，杀春申君，斩其首，投之于棘门外，尽灭春申君族人。

---

① 此句，《战国策·楚策》所记为：“李园不治国，王之舅也；不为兵将，而阴养死士之日久矣。”

春申君挟异智，居相位，而不免于身死人手，似属偶然，实非偶然。论胆略和才识，他是有余的；论知人而善任，他就不足了。考烈王二十二年合纵伐秦之所以失利，主要是因为命将不当。《战国策·楚策》记春申君以临武君[①]为将，魏加指出临武君曾为秦军所败，如惊弓之鸟，“故疮未息”，“惊心未去”，射者只要“引弓虚发”，它就会“闻弦音引而高飞”，因故疮复发而坠地，由此，“不可为拒秦之将也”。门客汗明曾向春申君指出知人不深的缺点，亦见《战国策·楚策》，其文云：“汗明见春申君，候问三月而后得见，谈卒，春申君大说（悦）之。汗明欲复谈，春申君曰：‘仆已知先生，先生大息矣。’汗明憱焉曰：‘明愿有问君而恐，固不审君之圣孰与尧也？’春申君曰：‘先生过矣，臣何足以当尧？’汗明曰：‘然则君料臣孰与舜？’春申君曰：‘先生即舜也。’汗明曰：‘不然，臣请为君终言之。君之贤实不如尧，臣之能不及舜。夫以贤舜事圣尧，三年而后乃相知也。今君一时而知臣，是君圣于尧而臣贤于舜也。’春申君曰：‘善！’召门吏为汗先生著客籍，五日一见。”春申君虽优遇汗明，但不能用其言。门客三千，真正能为春申君划策效力如朱英的却绝无仅有。《战国策·楚策》又记唐且以博戏有一枭五散共六棋为喻，向春申君进言，其文云：“今君相万乘之楚，御中国之难，所欲者不成，所求者不得，臣等少也。夫枭棋之所以能为者，以散棋佐之也。夫一枭之不如（按，“不如”二字衍）不胜五散，亦明矣。今君何不为天下枭，而令臣等为散乎？”春申君年事愈高，为相愈久，其自信乃愈甚。于是，对朱英所献的良策，就不能听而用之了。后人悲其事，如葛立方《韵语阳秋》卷7云：“呜呼！朱英之言尽矣，而春申不能必用；李园之计巧矣，而春申不能预防；春申之客众矣，而无一人为春申杀李园者。”《史记·春申君列传》文末记：“太史公曰：吾适楚，观春申君故城，宫室盛矣哉！初，春申君之说秦昭王，及出身遣楚太子归，何其智之明也！后制于李园，旄

① 旧注以为临武君为楚将，不确。参照《史记·赵世家》和《荀子·议兵篇》，临武君应即赵将庞煖。

（耄）矣！语曰：‘当断不断，反受其乱。’春申君失朱英之谓邪？”

第三节　决胜阶段的秦楚国情

考烈王死，李园妹所生子悍[①]立，是为幽王。

幽王元年为公元前 237 年，当秦王政十年，吕不韦免秦相。韩国派间谍到秦国，其事败露，由此触发了客卿与宗室的矛盾。秦王政应宗室大臣之请，下逐客令。长史李斯虽受秦王政器重，也因身为客卿而在被逐之列。

李斯，楚上蔡人，曾为郡小吏。据《史记·李斯列传》所记，李斯见公厕中老鼠吃脏物，又怕人，又怕狗，仓库中老鼠吃粮食，不受人、狗搅扰，叹曰：“人之贤不肖，譬如鼠矣，在所自处耳!”于是，“从荀卿学帝王之术”。学成，以为六国前景俱不佳，独秦国大有可为，乃辞别荀卿，西行入秦。初为吕不韦舍人，相机以天下一统、万世一时之业说秦王政。秦王政拜李斯为长史，颇用其计。

逐客令既下，李斯将离秦，临行上书谏逐客，其辞甚辩且壮，全文如下：

> 臣闻吏议逐客，窃以为过矣。昔穆公求士，西取由余于戎，东得百里奚于宛，迎蹇叔于宋，来丕豹、公孙支于晋。此五子者，不产于秦，而穆公用之，并国二十，遂霸西戎。孝公用商鞅之法，移风易俗，民以殷盛，国以富强，百姓乐用，诸侯亲服，获楚、魏之师，举地千里，至今治强。惠王用张仪之计，拔三川之地，西并巴、蜀，北收上郡，南取汉中，包九夷，制鄢、郢，东据成皋之险，割膏腴之壤，遂散六国之从（纵），使之西面事秦，功施到今。昭王得范雎，废穰侯，逐华阳，强公室，杜私门，蚕食诸侯，使秦成帝业。此四君者，皆以客之功。由此观之，客何负于秦哉？向使四君却客

① 悍：金文作“感”。

而不内，疏士而不用，是使国无富利之实而秦无强大之名也。今陛下致昆山之玉，有随、和之宝，垂明月之珠，服太阿之剑，乘纤离之马，建翠凤之旗，树灵鼍之鼓。此数宝者，秦不生一焉，而陛下说（悦）之，何也？必秦国之所生然后可，则是夜光之璧不饰朝廷，犀象之器不为玩好，郑、卫之女不充后宫，而骏良駃騠不实外厩，江南金锡不为用，西蜀丹青不为采。所以饰后宫、充下陈、娱心意、说（悦）耳目者，必出于秦然后可，则是宛珠之簪、傅玑之珥、阿缟之衣、锦绣之饰不进于前，而随俗雅化、佳冶窈窕赵女不立于侧也。夫击瓮叩缶，弹筝搏髀，而歌呼呜呜快耳目者，真秦之声也；《郑》《卫》《桑间》《昭》《虞》《武》《象》者，异国之乐也。今弃击瓮叩缶而就《郑》《卫》，退弹筝而取《昭》《虞》，若是者何也？快意当前，适观而已矣。今取人则不然，不问可否，不论曲直，非秦者去，为客者逐。然则是所重者在乎色乐、珠玉，而所轻者在乎人民也，此非所以跨海内制诸侯之术也。臣闻地广者粟多，国大者人众，兵强则士勇。是以太山不让土壤，故能成其大；河海不择细流，故能就其深；王者不却众庶，故能明其德。是以地无四方，民无异国，四时充美，鬼神降福，此五帝、三王之所以无敌也。今乃弃黔首以资敌国，却宾客以业诸侯，使天下之士退而不敢西向，裹足不入秦，此所谓藉寇兵而赍盗粮者也。夫物不产于秦，可宝者多；士不产于秦，而愿忠者众。今逐客以资敌国，损民以益仇，内自虚而外树怨于诸侯，求国无危，不可得也。

书上，秦王政废逐客令。李斯刚走到骊山，就被秦王政派出的人请回咸阳去了。

韩公子非与李斯同学于荀卿，李斯自度不如韩非。据《史记·老子韩非列传》所记，韩非“善著书”。今传《韩非子》，析理精透，行文犀利，足证太史公所言不虚。但若就文学论文章，却是韩非不如李斯，一篇《谏逐客书》便是充足的证据。南国学者的艺术素养，确实可以使北国学者相形见绌。

李斯与苏秦、张仪一类纵横家不同，虽则也驰骛游说，也喜贵恶贱，然而能洞察时势的趋向，有明确的理想，有坚定的政见，矢志不移，乃至从一而终，绝不朝秦暮楚。前引上秦王政书，非仅谏逐客而已，直是陈人君南面之要术，无怪乎秦王政会当即欣然听纳了。

从《谏逐客书》中，读者不难看出：秦国的“富利”和“强大”，有赖于用六国之士，割六国之地，取六国之物。秦人出于贪婪的动机，使用残暴的手段，为历史开拓着前进的道路。他们的成功，一则在于能奋发进取，二则在于能博采广用，二者都体现了闳大的气魄。

楚人本来也有闳大的气魄，但已今不如昔。楚国自从成为第一大国，君臣就心满意足了。一百年的大好时光，在怠忽中付诸流水。六百年的艰苦奋斗传统，与之俱亡。这时的楚国，有如在惊风急雨中战栗的秋叶，随时可能被雨打风吹去。是它人口不多吗？不是。是它财富不足吗？不是。楚国的衰败，说到底，是自身的机制在逐渐枯萎中，由此，先前使它睥睨列国的苦志、锐气、豪情已消磨一空了。

尽管疆土日削月朘，这时的楚国还是仅次于秦国的第二大国，绝长续短，仍有方圆约三千里的江山。铜和铁的产量，还是楚国的最多。安徽寿县李三古堆有一座大型楚墓，1933 年至 1938 年两次遭盗掘，出土青铜器甚多，已知有铭者近 60 件。这些青铜器铸造时操作严格，工艺精熟，虽不见繁密细巧的纹饰和镂空透雕的部件，而鼎体雄伟，且鼎足粗壮，犹存大国气象。楚王酓肯鼎侈口有流，斜壁平底，附耳外卷近平，蹄足既高又壮，造型颇具新意。铸客大鼎高 113 厘米，口径 87 厘米，腹围 90 厘米，重约 400 千克，是当之无愧的鼎中之王。此墓因作器者多为酓肯（考烈王）和酓忎（考烈王子幽王），学术界多以为乃楚幽王墓。近年来，刘和惠经精研细究，鉴于铭文多言及“王后”，“王后”器组合成套，“熊忎”器和熊肯器俱少，认为可能是幽王时太后即李园妹之墓①。

有些小件的铜器，造型颇奇而施纹颇精，如 1956 年寿县丘家花园农

① 刘和惠. 寿县朱家集李三古堆大墓墓主的再认识［C］. 楚文化研究会第五次学术讨论会论文，1990.

民在李家坟犁地时发现的“大府”铜牛，重仅1.75千克，眼、眉、鼻有错银镂，周身和蹄部饰嵌银云纹，在众多楚器中独具一格。这时的兵器也有装饰异常考究的，如1974年洛阳市出土的一件铜剑，铭文为红铜嵌错的“繁阳之金”四字，作“蚊脚书”。此剑出土时，有从大到小共12颗珍珠排列在剑茎前，应为剑首垂饰。其鞘为象牙所制，上叶近口处有双钩浮雕变形兽面纹。经洛阳市博物馆鉴定，此剑为战国晚期楚剑①。

金和银的产量，也是楚国的最多。这时楚国铸造了大量金币和少量银币，其他国家则仍然只有铜币。楚国的金币有版形、饼形两种。金版即爰币，其钤印以“郢爰”为最多，也有“陈爰”“鄗爰”“卢金”“鄟”“匋匋”“鄗”等。金饼较少见，无印文。小而扁的金饼，可加钤印为金版。大而鼓的金饼，可改铸成金版。也有把金饼切割而为“马蹄金”的，但不多。每方钤印的爰币重量为10克左右至25克左右，整块金版约重250克。金的产地有多处：其一，如《韩非子·内储说》所记，“荆南之地，丽水之中生金”，既在“荆南”，则“丽水”似即澧水；其二，如《管子·轻重篇》所记，“楚有汝、汉之黄金”，但这时汝、汉已非楚域；其三，如《史记·货殖列传》所记，“豫章出黄金”，这时豫章仍为楚国所有。银币虽有而罕见，已知实物仅1974年河南扶沟县出土18件布币。从战国中晚期的楚墓中，已有多件天平和多套砝码出土。这些天平和砝码，无疑是专门用来称量贵金属的。楚国金币的大量涌现，似与纾解财政危机有关。《韩非子·内储说》讲到楚国禁止私人采金，违者置以重刑，可见金的生产是官方垄断的。这时楚国的铜币，仍以铜贝为主，但已有背文为“十货”或“当釿”的布币，以及面文或背文为“四朱”的圜钱和方钱。此外，在黄石一带，还发现了战国晚期其状如长舌而面文为“当金×朱”的铜币，似为财政危机的产物。

成群的贵族随着王室来到淮水中游，大兴土木。这时，板瓦、筒瓦、半瓦当、圆瓦当、空心砖和大方砖已一应俱全。圆瓦当多饰云纹或凤纹，比先前素面的精致了。空心砖长60～70厘米，宽约30厘米，厚15～20

① 洛阳市博物馆. 河南洛阳出土“繁阳之金”剑［J］. 考古，1980（6）.

厘米，饰四叶纹、云纹和几何形纹。20 世纪 80 年代中，安徽省文物考古研究所在寿县柏家台子发掘了一处战国晚期的建筑基址，面积达数千平方米，出土的砖瓦形体大而花纹美，表明这个遗址可能是楚宫的废墟。寿郢故城遗址在今寿县城东南，倚山绕水，周长 20.90 公里，面积 26.35 平方公里，规模比栽郢大得多，在列国都城中仅亚于燕下都①。

安徽境内战国晚期的楚墓出土玉器较多，其中长丰县楚墓出土尤多。这些玉器出自中小型墓，然而雕琢精细，花纹华丽。与北方各国同期的玉器相比，毫不逊色。寿县出土的一件龙形玉佩，造型和雕工也都是上乘的。春秋末期的楚人王孙圉曾对晋人说，玉饰乃哗嚣之美，楚人不以为宝。可是殊世异风，战国晚期的楚国贵族已陶醉在哗嚣之美中了。

自从栽郢弃守，楚文化就进入了滞缓期。它受到严重的干扰和摧残，没有明显的进展，前程忧多于喜。

第四节　六王毕

正像《老子》第 30 章说的：“大军之后，必有凶年。”战国末期，六国灾荒连绵不绝，三晋尤为惨烈，野有饿殍，军乏斗志。到了最后十年，秦军如决堤之水，势不可挡，诸侯一个接一个变成了秦王政的阶下囚。

秦王政采纳李斯的建议，命令秦军加紧进攻韩国。这时，韩非所著《孤愤》《五蠹》已传入秦国，秦王政得而读之，不禁叹服。应秦王政强硬要求，韩国送韩非到秦国。秦王政钦佩韩非的学术，可是并不相信韩非的忠诚。李斯和姚贾主张杀韩非，秦王政从其议。李斯派人送毒药给韩非，韩非自尽于狱中。

公元前 230 年——幽王八年，秦灭韩，虏韩王安。是年，华阳太后去世。

秦军连年攻赵国，虽不无所获，但一再为赵将李牧所败。李牧用兵，

---

① 丁邦钧，李德文．寿春城遗址遥感调查的新收获［C］．楚文化研究会第四次学术讨论会论文，1988.

奇正相济。曾大破匈奴十余万骑，使匈奴不敢窥塞，以功为大将军。领兵御秦，屡战屡捷，以功封武安君。公元前229年——幽王九年，秦人重赂赵王迁宠臣郭开，令其诬李牧谋反，赵王迁信以为真，李牧竟被捕杀。其明年，秦灭赵，虏赵王迁。赵王迁子嘉奔代，为代王。

《战国策·中山策》云："赵，天下善为音，佳丽人之所出也。"既灭赵，秦王政大喜。

秦灭赵之年——即公元前228年，幽王去世，无子。同母弟犹代立，是为哀王。

哀王立仅二月余，为其庶兄负刍[①]之党所杀，负刍自立为王。

公元前226年——负刍二年，秦将王贲引兵攻楚，取十余城。同年，秦军攻克燕下都，燕王喜迁都辽东。

公元前225年——负刍三年，秦灭魏，降魏王假。

三晋俱亡，楚国失去了正面和侧翼的屏蔽，不得不竭其全力与秦人苦斗了。

灭楚，要比灭韩、赵、魏难得多，这是秦王政也明白的。秦国有一位年轻的将领李信，上年攻燕时，曾率数千兵穷追并捕获燕太子丹，颇为秦王政所爱重。据《史记·白起王翦列传》所记，灭魏后，秦王政问李信："吾欲攻取荆，于将军度用几何人而足?"李信答道："不过用二十万人。"秦王政用同样的话问王翦，王翦答道："非六十万人不可。"秦王政说："王将军老矣，何怯也！李将军果势[②]壮勇，其言是也。"于是，命李信、蒙武[③]将兵二十万击楚。王翦以病求辞，返里养老。李信所部攻平舆（在今河南平舆县北），蒙武所部攻寝（在今河南沈丘县东南），

---

① 负刍：金文作"夫莝"。《史记·春申君列传》司马贞《索隐》云："犹有庶兄负刍及昌平君，是楚君完非无子。而上文云考烈王无子，误也。"此事无从辨正，存疑可也。

② 裴骃《史记集解》引徐广曰："势，一作（'新'）〔断〕。"

③ 《史记·白起王翦列传》所记为"蒙恬"，同书《蒙恬列传》则谓蒙恬于四年后始为将。按，据同书《六国年表》，其明年及后年，蒙武随王翦破楚，则与李信同击楚的也应是蒙武。

俱获胜，乃引兵西行，相约会于城父（别称父城，在今河南宝丰县东），未至。楚军尾随李信所部三日三夜，李信不知。楚军突袭李信所部，大胜，冲破秦军两座营垒，杀死秦军七名都尉，秦军败走①。

楚军士气大振，继续西进。

秦王政闻报，急不可耐，亲自赶到王翦的家乡，向王翦道歉，并说："寡人以不用将军计，李信果辱秦军。今闻荆兵日进而西，将军虽病，独忍弃寡人乎？"王翦说："大王必不得已用臣，非六十万人不可。"所谓60万人，实即当时秦国所能征发的甲士总数。要把全国的军队交给一位将军指挥，这对国君来说，是让别人把自己的命根攥在手心里，弄不好，等于倒持泰阿。可供秦王政选择的方案太少了！要么不用王翦，从而使秦军遭受更大的损失；要么用王翦，从而冒弑篡的风险。时间紧迫，秦王政不能再犹豫了，当即准王翦所请。

公元前224年——负刍四年，王翦、蒙武将秦军60万人攻楚。这是一支空前庞大的军队，但要击灭楚国还未必就够用。楚国也征发了所能征发的全部甲士，派到西线去抵御秦军。王翦的战略是避锐击怠，以求稳妥。最初，秦军坚壁固守，不为楚军挑战所动。王翦让士兵吃好，喝好，适当洗沐，充分休息，有时与士兵一起进食，对士兵关怀备至。过了一些日子，王翦听说士兵爱做"投石、超距"之类游戏，表明他们精力充沛、斗志旺盛，认为可以相机出战了。楚军可能发生了给养困难，向东转移。王翦命令精锐部队迅即追击，其余部队全线跟进。秦军击败楚军，占领了北起陈郢、南至平舆的许多城邑。秦王政大喜，巡游至陈郢。大将军项燕与昌文君②率楚军主力转战淮北，心劳力绌。秦军大破

① 《史记·白起王翦列传》原文为："李信攻平舆，蒙恬攻寝，大破荆军。信又攻鄢郢，破之。于是引兵而西，与蒙恬会城父。"按，"蒙恬"误，应以"蒙武"为是，见上注。"鄢郢"距平舆、寝、城父过远，亦必误，疑为"鄢陵"。城父有二：其一在今安徽亳州东南，西距陈郢已有约100公里，秦军不得至此；其二在今河南宝丰县东，恰在秦军归国的途中。

② 《史记·秦本纪》所记为"昌平君"，杨宽：《战国史》（上海人民出版社1980年版）据云梦睡虎地秦简《编年记》订正为"昌文君"。

楚军于蕲（在今安徽宿州市东南），昌文君战死，项燕自杀。这时，负刍及其臣僚坐困淮南，不知所措。

公元前 223 年——负刍五年，王翦、蒙武麾师南下，攻拔寿郢，席卷淮南，俘获负刍，灭亡了楚国①。

秦设楚郡领淮水中游故楚地。

其明年，秦平定江南和江东，设长沙郡、九江郡、会稽郡。同年，秦灭燕，虏燕王喜。又灭代，虏代王嘉。

又明年为公元前 221 年，秦灭齐，虏齐王建。于是，六国尽灭。

战争的暴风骤雨，在九州大地上霎时停息了。秦国的君臣兴高采烈，六国的遗老遗少愤懑、颓唐。民众则别有一般滋味在心头，他们瞻前顾后，有希望也有怀疑，有欣慰也有惶恐。

第五节　四海一

天有偏覆，地有偏载，古代文明的摇篮不出北半球的中热带到暖温带，大致在北纬 15°～45°之间。西方的古代文明中心在地中海区域，东方的古代文明中心则不妨说在“海中地”区域。“海中地”，貌似怪诞，其实它正是我们先民的观念。《尚书·益稷篇》所讲的“外薄四海”的“四海”，就是《礼记·祭义篇》所讲的东、西、南、北四个海。“四海”真假各半，东边和南边确实有海洋，西边和北边则只有湖泊而没有海洋。古人的地理知识还比较贫乏，在他们的想象中，远方的湖泊变成了海洋。中国的西南边群山纠集，西边、西北边、北边则除山岭外还有荒原、戈壁、沙漠，它们连同东边、南边的海洋，构成了环抱着中国的天然屏藩。古代的中国处在这样的地理环境中，自成一体。在我们的先民看来，四海之内即普天之下。《论语·颜渊篇》记孔子曰：“四海之内皆兄弟也。”

① 《史记·秦本纪》以为秦王政二十三年（公元前 224 年）“虏荆王”“荆将项燕立昌平君为荆王”，二十四年（公元前 223 年）“昌平君死，项燕遂自杀”，记事前后颠倒，今据《史记·六国年表》和同书《楚世家》《白起王翦列传》等订正。

“地中海文明区是花环式的，‘海中地’文明区是花束式的。”“在西方的那个花环上，各朵花总是此枯彼荣，没有一朵花是常开不败的；在东方的那个花束里，各朵花争奇斗艳，然而最大最美的总是中间的那朵华夏文明之花。”“地中海区没有一个族类主体，任何一个叱咤风云的族类都免不了王气销歇，都免不了从主角降为配角乃至龙套；‘海中地’区则从西周起就以华夏为族类主体，而且华夏在全国总人口中所占的比例越来越大。”因此，地中海区易散难聚，“海中地”区则易聚难散。[①]

战国时代的七个大国，以及夹在大国之间的鲁、郑、宋、卫等国，都已融合为华夏，只是仍分为若干族系。尽管函谷关以东的各国说秦国如虎似狼，可是它们不再像春秋时代的管仲那样说“戎狄豺狼，不可厌也”了。资源分布状况和经济发展程度的不均衡，使有识者越来越相信统一比分裂好。财力和兵力的不均衡，则使变分裂为统一的愿望可能实现。战国时代的思想家和政治家，与春秋时代的思想家和政治家相比，小祖国观念更淡，大祖国观念更强。由此，客卿更多，他们所起的作用更大，而且谁也不会指责他们朝秦暮楚了。

统一是战国时代的逻辑趋向，问题是膺此重任、获此殊荣者为谁了。秦人只完成了一半，他们所解决的问题是如何取天下；还有一半是楚人完成的，他们所解决的问题是如何治天下。

削平六国的使命，只能由秦人承担，这是历史的抉择。秦国崇尚一元化和一体化，其战斗力和进取心又最强，其他任何国家都不能像秦国这样定四海于一尊。诚然，秦国的社会形态不算先进，秦国的政治体制不讲仁爱，秦国的行为方式不重信义，但这些都无关宏旨。秦国朝气勃勃，而六国都暮气沉沉，这才是决定胜负的基本态势。对贪婪、残暴、狡诈做抽象的道德评判是没有意义的，在当时的历史条件下，人类的恶劣品性和社会的进步事业不是不相容的。秦人的贪婪、残暴、狡诈加速了胜利的进程，在某种程度上都起了积极的历史作用。

然而，削平六国只是统一的开端，不是统一的终局。

---

① 张正明．地中海与“海中地”[J]．江汉论坛，1988（3）．

秦王政“制[①]曰：‘朕闻太古有号毋谥，中古有号，死而以行为谥。如此，则子议父、臣议君也，甚无谓，朕弗取焉。自今已来，除谥法。朕为始皇帝，后世以计数，二世三世至于万世，传之无穷。’”[②]

秦始皇迷信武力，以为战争的胜利是嬴氏宰制天下的永恒保证，兵器为万物之本。因此，他所要做的头等大事就是收缴兵器。“收天下之兵，聚之咸阳，销锋鍉，铸以为金人十二，以弱天下之民。然后践华为城，因河为池，据亿丈之城，临不测之渊以为固。良将劲弩，守要害之处。信臣精卒，陈利兵而谁何？”[③]

不能说秦始皇只知破坏、不知建设，他所规划的建设工程异常壮伟，大致有两类：第一类用以缔造统一的国家，如修驰道、筑长城以及推行划一的度、量、衡、轨制和书体等，这些，都显示了华夏民族的整体意识、宽阔胸襟、宏大气魄、刚强意志和创造才能。第二类用以满足皇家的侈欲，如：“每破诸侯，写放其宫室，作之咸阳北阪上，南临渭。自雍门以东至泾、渭，殿屋、复道、周阁相属，所得诸侯美人、钟鼓以充入之。”[④]“治离宫别馆，周遍天下。”[⑤]“关中计宫三百，关外四百余。”[⑥]

“天下已定，始皇之心，自以为关中之固，金城千里，子孙帝王万世之业也。”[⑦]

楚人南公善言阴阳，精通数术，曾经预言：“楚虽三户，亡秦必楚。”[⑧] 秦始皇大概不曾听到过这个像是誓辞的预言，即使听说了，恐怕

---

① 秦始皇自称为“朕”，其命为“制”，其令为“诏”。

② 《史记·秦始皇本纪》。

③ 《史记·陈涉世家》引贾谊：《新书·过秦论》。

④ 《史记·秦始皇本纪》。

⑤ 《史记·李斯列传》。

⑥ 《史记·秦始皇本纪》

⑦ 《史记·陈涉世家》引贾谊：《新书·过秦论》。

⑧ 《史记·项羽本纪》“三户”，或以为乃城名，在今河南淅川县西北，近鬻熊所居之地；或以为乃津名，在今河北磁县西南，项羽引兵渡古漳水大破秦军之处：二说俱不可取。或以为乃昭、景、屈三姓，亦不可取。“三户”应如裴骃《史记集解》引瓒所云：“楚人怨秦，虽三户犹足以亡秦也。”语意原不费解，求之过深反而失真。

也一定会把它视同痴人说梦的吧？

第六节　伟业和暴政的顶峰

秦朝给民众带来了和平，可是没有给他们带来安宁。

先前，在连年征战中，秦人的损失总能从胜利中得到数以倍计的补偿。征战越频繁，王室和贵族的财富越丰厚。平民渴望因军功而受爵禄，奴隶和刑徒渴望因军功而得自由。如今事势大变，岭外和塞上虽尚有战火的微烬，九州之内已无烽烟。可是，无休止的徭役和戍役代替了无休止的兵役，民众求休养生息而不可得。先前淹没在族系矛盾中的阶级矛盾，如今水落而石出。先前由六国分担的忧患，如今由秦朝独揽。于是，秦朝就像传说中的某种虫豸，在不知不觉中自食其尾，终至于自食其身了。

公元前213年——秦始皇三十四年，大宴群臣。博士淳于越请封皇室子弟和文武功臣以为藩辅，秦始皇命丞相议其可否。李斯以为淳于越所言大谬，断不可从，并且主张厉行思想统制。《史记·秦始皇本纪》记李斯上书曰："今天下已定，法令出一，百姓当家则力农工，士则学习法令辟禁。今诸生不师今而学古，以非当世，惑乱黔首①。……今皇帝并有天下，别黑白而定一尊。私学而相与非法教，人闻令下，则各以其学议之，入则心非，出则巷议，夸主以为名，异取以为高，率群下以造谤。如此弗禁，则主势降乎上，党与成乎下。禁之便。臣请史官非秦记皆烧之；非博士官所职，天下敢有藏《诗》《书》、百家语者，悉诣守、尉杂烧之；有敢偶语《诗》《书》者弃市；以古非今者族；吏见知不举者与同罪；令下三十日不烧，黥为城旦②。所不去者，医药、卜筮、种树之书。若欲有学法令③，以吏为师。"其明年，以神仙之术说秦始皇的燕客卢生和韩客侯生等，因其言不验，惧罪亡匿，咸阳诸生则对秦政的苛虐颇有

① 秦始皇二十六年"更名民曰'黔首'"。

② 秦律，徒刑四年谓之"城旦"。

③ 此句，《史记·李斯列传》所记为"若有欲学者"。

微辞。事发，秦始皇命御吏案问，坑杀诸生四百六十余人。这，就是后人非议的“焚书”“坑儒”。

秦始皇长子扶苏进谏曰：“天下初定，远方黔首未集，诸生皆诵法孔子。今上皆重法绳之，臣恐天下不安，唯上察之。”秦始皇震怒，命扶苏去上郡，监蒙恬军以御匈奴而筑长城，事见《史记·秦始皇本纪》。

秦始皇令必行，禁必止，诚如侯生和卢生所云：“意得欲从，以为自古莫及己。”由此，他喜欢极端化、绝对化的政策，急辔数策，严刑峻法。秦人文化素质太低，理论修养太差，他们以为暴力既可以取天下，也可以治天下。除了对死神的畏惧之外，秦始皇全无忌惮。“民为贵，社稷次之，君为轻。”[①] “民不畏死，奈何以死惧之?”[②] 这些至理箴言，他全不明了。李斯穷毕生之力所研习的帝王之术，也只是取天下而不是治天下。但他毕竟从道家的故乡来，懂得物极则衰，对自己的前途不无忧虑。《史记·李斯列传》记：“斯长男由为三川守，诸男皆尚秦公主，女悉嫁秦诸公子。三川守李由告归咸阳，李斯置酒于家，百官长皆前为寿，门廷车骑以千数。李斯喟然而叹曰：‘嗟乎！吾闻之荀卿曰：“物禁大盛。”夫斯乃上蔡布衣，闾巷之黔首，上不知其驽下，遂擢至此。当今人臣之位无居臣上者，可谓富贵极矣。物极则衰，吾未知所税驾也！’”

公元前210年——秦始皇三十七年，秦历岁首十月，再次南游楚地。经云梦时，遥想九疑，望祀虞舜。沿长江而下浮，近丹阳（或作“丹杨”，在今安徽当涂县东北）而登岸。渡浙江（今钱塘江），至会稽，祭大禹。李斯奉制为文刻石，有句云：“皇帝休烈，平一宇内，德惠修长。……后敬奉法，常治无极，舆舟不倾。”无非粉饰太平的谀辞，加上企求永安的祷辞。秦朝的伟业和暴政都达到了顶峰，焉知反叛的因素正在潜滋暗长，这个顶峰是行将喷发的火山，冷峻的平静掩藏着炽灼的骚动。

---

① 《孟子·尽心篇》。

② 《老子》第74章。

秦始皇一行浩浩荡荡渡浙江时，在看热闹的人群中，有正在吴中避难的项梁和项羽。项梁为已故楚大将军项燕之子，项羽为项梁之侄。据《史记·项羽本纪》，项羽见到秦始皇，不禁脱口便说："彼可取而代也。"沛县（今名仍旧）的刘邦为亭长——相当于现在的乡长，送役徒到骊山去，役徒相继逃亡，刘邦担心到骊山时会跑得一个不剩，干脆把役徒放走，自己也逃亡了。秦始皇一行北渡长江，前往琅琊时，刘邦正躲在芒、砀二山之间（在今河南永城东北）。一旦政局动荡，岂但项梁、项羽和刘邦，举兵反秦者将不可胜数。是年夏，秦始皇在平原津（在今山东平原县西南）西渡黄河时病倒。复前行，病情迅速恶化。自忖将死，乃作玺书命扶苏自上郡回咸阳会葬。不久，秦始皇病死在赵国的沙丘宫（在今河北平乡县西南）。李斯决定秘其事，不发丧。秦始皇赐扶苏玺书尚在中车府令赵高处，未送出。赵高与李斯合谋，立从行的秦始皇少子胡亥，另作玺书赐扶苏与蒙恬俱死。到咸阳后，发丧。胡亥立为秦二世皇帝，以赵高为郎中令。

公元前 209 年——秦二世元年，春，杀公子 12 人，公主 10 人，相连坐者无算。人必自败而后人败之，帝国也如此。

第七节　陈胜、吴广首义

公元前 209 年——秦二世元年，夏，楚人陈胜、吴广聚众起义。

陈胜，字涉，阳城（在今河南方城县东）人；吴广，字叔，阳夏（即今河南太康县）人。他们都是贫民，应征为卒，将远戍渔阳。同行戍卒共约九百人，陈胜和吴广都是屯长。因雨滞留蕲县（在今安徽宿州市南）大泽乡，误了限期，于法当斩。陈胜、吴广击杀领队的两名县尉，即以九百人反。《史记·陈涉世家》记陈胜、吴广密谋："陈胜曰：'天下苦秦久矣。吾闻二世少子也，不当立，当立者乃公子扶苏。扶苏以数谏故，上使外将兵。今或闻无罪，二世杀之。百姓多闻其贤，未知其死也。项燕为楚将，数有功，爱士卒，楚人怜之，或以为死，或以为亡。今诚以吾众诈自称公子扶苏、项燕，为天下唱（倡），宜多应者。’吴广以为然。乃行卜，卜者知其指意，曰：‘足下事皆成，有功，然足下卜之鬼乎?’陈胜、吴广喜，念鬼，曰：‘此教我先威众耳。’乃丹书帛曰‘陈胜王’，置人所罾鱼腹中。卒买鱼烹食，得鱼腹中书，固已怪之矣。又间令吴广之次所旁丛祠中，夜篝火，狐鸣，呼曰：‘大楚兴，陈胜王。’卒皆夜惊恐。旦日，卒中往往语，皆指目陈胜。”“天下苦秦久矣”，这是起义发生的大背景。至于失期当斩，则是起义发生的小背景。诈称项燕，是要利用民众有好感的楚贵族。诈称扶苏，是要利用民众有好感的秦皇族。这样，便于组成多阶级、多族系的统一阵线。号曰“大楚”，是为了激发楚人的复仇意识。事先行卜，是楚俗。请神鬼、狐祥相助，在他们那个时代是合情合理的。

同行的戍卒赞成起义，于是，他们举行盟誓和祭祀，假托扶苏、项燕，以“张楚”（意即复兴楚国）为天下倡。陈胜自立为将军，以吴广为都尉。除了从两名县尉那里夺来的佩剑，他们没有任何兵器。贾谊《新书·过秦论》说他们“斩木为兵，揭竿为旗”，应是真实的写照。下文为“天下云会响应，赢粮而景（影）从”，这也没有夸张。陈胜、吴广率领几乎手无寸铁的九百壮士，攻下大泽乡，才有了些兵器。随即攻下蕲县，兵器才多了些。陈胜命葛婴以偏师东征，自己和吴广以主力西征，其势乃如破竹，原因如《史记·陈涉世家》所记：“当此时，诸郡县苦秦吏者，皆刑其长吏，杀之以应陈涉。”

陈胜、吴广率所部西行，至陈县时，已有车六七百乘，骑一千余，卒数万人。起义将士攻克陈县，陈胜把当地的三老[①]和豪杰请来议事。陈县是楚国的旧都，士民怀故国之恋，三老和豪杰一致认为：陈胜讨伐暴虐的秦朝，重立楚国的社稷，有大功，宜称王。陈胜乃即王位，时人称陈胜为陈王。葛婴攻克东城（在今安徽定远县东南），立襄强为楚王。事后听说陈胜已即王位，乃杀死襄强，回陈县复命。陈胜以为葛婴有异

① 三老：本义为上寿、中寿、下寿，年皆在八十以上，后指乡官。

志，约一年后杀之。

陈胜、吴广起义虽由农民首倡，但它一开始就是有广泛的阶级基础和族系基础的人民起义。

刘邦，字季。当陈胜、吴广起义时，刘邦正亡匿在山泽之中，已啸聚了数百人。相传刘邦醉酒行于泽中，杀死了一条当道的白蛇，事后有人经过白蛇死处，见到一位老妪在哭泣，怪而问之，老妪说她的儿子是白帝子，被赤帝子杀了，说罢便不见影踪。人们猜想白帝子是秦人，赤帝子是刘邦。刘邦听说如此这般，不禁窃喜。在陈胜、吴广起义后，沛县的主吏萧何、狱掾曹参和屠狗为业者樊哙与刘邦里应外合①，杀县令，占县城。萧、曹推刘邦为首，父老卜筮也以刘邦为最吉，于是刘邦自号沛公，响应陈王，祠黄帝，祭蚩尤，张赤帜。刘氏乃晋裔楚籍，仍尊龙。当时楚人已与诸夏认同，奉黄帝为共祖，所以要祠黄帝。蚩尤为战神，所以要祭蚩尤。楚人固尚赤，刘邦及其从者又相信赤帝子斩白帝子的吉兆，所以要张赤帜。秦人则尚白，秦始皇据五德终始之说，以秦朝为水德而尚黑，但秦俗仍尚白。

大约同时，会稽郡假守殷通出于秦朝将亡的预感，与项梁商议起兵，意欲命项梁、桓楚为将。项梁以为殷通不可深信，召项羽入，伺机杀殷通。项梁自任会稽太守，募得精兵八千，命项羽为裨将以统之。项羽，名籍，起兵后以字行，力能扛鼎，才亦出众，吴中子弟多闻其名而惮其勇。

陈胜以吴广为假王，监诸将，引兵围荥阳（今名仍旧）。李斯子李由为三川守，坚守荥阳，义军屡攻不克。陈胜与豪杰商议，以故楚房君上蔡人蔡赐为上柱国，以曾为春申君门客并曾为项燕视日时占吉凶的陈人周文为将军。

周文受命将兵击秦，破函谷关，兵力增至车千乘，卒数万。进围戏亭（在今陕西西安市临潼区东北），军威大振。秦朝赦骊山役徒，免奴产

① 楚俗喜食狗肉，以狗羹为美味，见《淮南子·修务训》。

子为良，匆忙组织起一支大军，命少府章邯为将。义军将领缺少指挥经验，遇上章邯这个老练的统帅，就束手无策了。章邯率秦兵大破义军，穷追不舍，周文自刭，义军溃散。

先是，陈人武臣、张耳、陈余奉陈胜命经略赵地。至邯郸，武臣自立为赵王，以陈余为大将军，以张耳、召骚为左右丞相。陈胜从蔡赐议，遣使贺武臣为赵王，而拘留武臣等家属于宫中，封张耳子张敖为成都君，促赵发兵击秦。武臣等拒不出兵，坐视义军为秦军所败。武臣遣卒吏韩广引兵北上，经略燕地。韩广受故燕遗老遗少煽动，袭武臣故智，自立为燕王。武臣无奈，遣使送韩广家属到燕国。齐人田儋自立为齐王，击起义军将领周市所部。周市退至魏地，欲立故魏宁陵君咎为魏王，而咎尚在陈县。周市请于陈胜，使者往返五次，陈胜无奈，遣咎至大梁为魏王，而周市为魏相。这时，楚、赵、燕、齐、魏都已复国，独韩因适在激战之地而尚未复国，但后来也有了韩王成。

刘邦率所部攻克丰县（今名仍旧），命部将雍齿留守，自引兵进攻薛县（在今山东滕县）。魏相周市以丰县原属魏国为由，将攻夺之。雍齿背叛刘邦，投降魏国。

吴广所部义军围荥阳，旷日持久。章邯所部秦军东进，攻无不克。义军将领田臧矫陈胜令杀吴广，献其头于陈胜。陈胜顺水推舟，即以田臧为令尹。田臧率精兵迎击秦军，不幸兵败身死。秦军解荥阳围，义军败退。

李斯身为丞相，不能安民。其子李由职居三川守，不能平乱。由此，秦国某些贵族对李斯颇有讥诮、谴责之辞，秦二世对李斯也啧有烦言。李斯忧惧，乃上书言“督责之术”。所谓“督责之术”，据《史记·李斯列传》所记，即人主须“独断”“独行”“独制”“独擅”，对臣民宜轻罪重罚。秦二世从李斯议，于是，“税民深者为明吏”，“杀人众者为忠臣”，“刑者相半于道，而死人日成积于市”。如此倒行逆施，无异为渊驱鱼。

但这时义军的状况也不佳，四分五裂不足以喻其乱。他们各霸一方，相互猜忌，相互掣肘，相互残杀，内耗严重。

秦嘉所部义军围秦东海守庆于郯县（在今山东郯城县），陈胜命武平君畔监其军。秦嘉不受命，矫陈胜令杀武平君畔，自立为大司马。

章邯以秦军主力攻克陈县，杀楚上柱国蔡赐。陈胜逃到下城父（在今安徽涡阳县东南），为其御庄贾所杀，庄贾降于秦，时在夏历十二月。秦以夏历十月为岁首，陈胜遇害时已入秦二世二年。

陈胜从首义到就难，将近半年。

司马迁认为，陈胜之所以败亡，是因为用人不当，施刑太滥，既疏远了民众，也疏远了将领，以至效忠于他的人越来越少。据《史记·陈涉世家》所记：陈胜早年做过雇工，曾对同伴说："苟富贵，无相忘。"称王后，有个同他一起做过雇工的老朋友跑到陈县去找他，进了他的王宫，见到巍峨的殿宇和华美的帷帐，叹曰："夥颐！涉之为王沈沈者！""夥"乃楚地方言，其义为多。"颐"为助声之辞。"沈沈"，裴骃《集解》引应劭所云为深邃之貌，但其义与"涉之为王"不相接；司马贞《索隐》引刘伯庄所云同"谈谈"，"故人呼为'沈沈'者，犹俗云'谈谈汉'是"，此说可通。全句可意译为现代汉语如下："真多啊！陈涉这王做得可真不赖！"这话传了出去，被人引为笑谈。这位雇工老朋友在王宫里进进出出，举止越来越随便，说话越来越放肆，竟被陈胜处死。"诸陈王故人皆自引去，由是无亲陈王者。"陈胜派朱房做中正，派胡武做司过，专门纠察群臣，苛刻严酷，深受陈胜宠信。"诸将以其故不亲附，此其所以败也。"

陈胜、吴广起义纯属官逼民反，一切都是自发的。对暴虐的义愤和对专断的喜好，对贫贱的嫌恶和对富贵的歆羡，仁厚的心肠和狭隘的胸襟，英勇和怯懦，机敏和愚昧，愿望的明确和理想的模糊，无不显示了古代农民的本色。他们失败了，但有天然弱点的英雄毕竟还是英雄。他们牺牲了，但他们的事业后继有人。《史记·陈涉世家》云："陈涉虽已死，其所置遣侯王将相竟亡秦，由涉首事也。"

第八节　秦　亡

义军将领吕臣曾为陈胜涓人，获悉陈胜遇害，即率所部攻占陈县，擒获并处死了庄贾。不久，陈县再次被秦军攻破，吕臣率残部南走。

秦嘉知陈胜已死，乃立景驹为楚王，时在秦二世二年端月[①]，公元前 208 年春初。大约同时，义军将领召平矫陈胜命拜项梁为上柱国。项梁率江东子弟八千，西渡长江。刘邦率所部往投景驹，攻克砀县（在今河南夏邑县东南），兵员增至九千。项梁引兵西进，在淮南收容了陈婴所部义军。继而北进，在淮北收容了英布（黥布）所部义军。到下邳县时，兵力增至六七万。项梁不知陈胜已死，认为秦嘉和景驹是背叛陈胜，其罪当诛，即麾师北上，击杀秦嘉和景驹，并其军。随即率所部进占薛县，兵力逾十万。刘邦攻丰县不克，到薛县求项梁。项梁助以义军五千，刘邦才占领了丰县。这时，项梁获悉陈胜确实已经遇难，乃召请刘邦和其他义军将领到薛县会商。

与会者有一位范增，居巢人，年已七十，深谙韬略，好用奇计。范增对项梁说：陈胜失败，是因为他不立楚王的后裔而自立，势难持久；现在楚地的义军诸将都追随您，是因为您的先人世世为楚将，相信您能扶立楚王的后裔。项梁和义军诸将都以范增所言为是，便派人到民间去寻找楚王的后裔。不久，找到了楚怀王的一位孙子，其名为心，在替富人牧羊。项梁把这位王孙请来，立之为王。为了顺从民意，仍称楚怀王，即以祖谥为号。陈婴受命为上柱国，封五县，随侍楚怀王，以盱台（在今江苏盱眙县东北），为临时国都。项梁自号为武信君，统领义军。

章邯率秦军击败齐军，进围东阿（在今山东阳谷县东北）。项梁率楚军与齐军联合，大破秦军，解东阿围。楚军追击秦军，齐军竟拒不相从。项梁以大局为重，敌友分明，仍与齐国通好。项羽军与刘邦军协同作战，

---

① 秦讳“正”，因称正月为“端月”。

连破秦军于城阳（在今山东菏泽市东北）、濮阳（在今河南濮阳市西南）、雍丘（在今河南杞县），斩李由，战绩辉煌，兵势炽盛。

赵高与李斯相攻讦。秦二世处深宫，耽燕乐，为赵高玩于股掌之上，以谋反大罪腰斩李斯，夷其三族。《史记·李斯列传》记李斯将就斩时，“顾谓其中子曰：‘吾欲与若复牵黄犬，俱出上蔡东门逐狡兔，岂可得乎？’”

李斯的一生，功固煊赫，罪亦昭彰。后世之论者，以国家统一而褒之固宜，以民众苦难而贬之亦无何不当。

项梁因胜而骄，疏于戒备。章邯得援兵，衔枚疾走，突袭项梁军于定陶（在今山东定陶县东北），项梁兵败身死。楚怀王徙都于彭城（在今江苏徐州市）。项羽、刘邦、吕臣相约东保彭城，项羽军驻彭城西，吕臣军驻彭城东，刘邦军驻砀县。楚怀王以吕臣父吕青为令尹，而形同虚设。

章邯也因胜而骄，以为楚军不足为忧，乃北上击赵军，遣将围巨鹿。宋义曾预言项梁必败，楚怀王以为其才堪大用，命为上将军，号曰“卿子冠军”①；命项羽为次将，封鲁公；命范增为末将；命刘邦为砀郡长，封武安侯；命吕臣为司徒。宋义、项羽、范增俱受命北上援赵，刘邦则受命西进略地。据《史记·高祖本纪》，楚怀王与诸将相约：“先入定关中者王之。”②

宋义好发高论，偶或言中，颇为自负，其实既不通兵法，又不顾大局。顿兵安阳 46 日，意在待秦之弊。其时已入秦二世三年，天寒，大雨，士卒缺衣少食。项羽要求北上击秦军，宋义执意不从。一日早晨，诸将晋见宋义，项羽矫楚怀王令，拔剑斩宋义。诸将共立项羽为假上将军，遣桓楚向楚怀王报命。楚怀王真除项羽为上将军。

项羽引兵渡河，破釜，沉舟，烧舍，只带三天军粮，以示有进无退。楚军围秦军于巨鹿，九度合战，大获全胜，时为公元前 207 年初。《史

① “卿子”：义同“公子”。“冠军”，因其位在全军众将之上，故云。

② 《史记·秦楚之际月表》所记为“先至咸阳者王之”，语意微异。

记·项羽本纪》云："当是时，楚兵冠诸侯。诸侯军救巨鹿下者十余壁，莫敢纵兵。及楚击秦，诸将皆从壁上观。楚战士无不一以当十，楚兵呼声动天，诸侯军无不人人惴恐。于是，已破秦军，项羽召见诸侯将，入辕门，无不膝行而前，莫敢仰视。项羽由是始为诸侯上将军，诸侯皆属焉。"

项羽军进击章邯军于洹漳水南，大破之。章邯请求与项羽为盟相约，实即投诚。项羽留章邯于楚军中，以防反侧。命章邯部属长史司马欣为上将军，将秦军为前导西行。进至新安（在今河南渑池县东），发现秦军吏卒似有携贰之意，项羽命楚军连夜包围并击毙、坑杀秦兵 20 余万人。坑杀降卒是秦人发明的战法，这时轮到秦人自己成为坑杀的对象了。没有被坑杀的，只有章邯、长史司马欣和都尉董翳。

赵高已为中丞相，不知足，迫秦二世自杀，欲自立为帝。无奈百官无拥戴之意，于是立秦二世兄子子婴。子婴称病不临朝，诱赵高入宫，命宦官韩谈刺杀之，夷其三族。

刘邦兵少势弱，受命西征，屡战屡败。此人既不儒雅，又不威武，但能礼贤下士，知人善任，因而屡蹶屡兴，部属逐渐变少为多。刘邦舍北趋南，避实击虚。韩王成与刘邦交好，遣张良送刘邦至关中。刘邦用张良所献计，先后诱降秦南阳守和秦武关将，北上与秦军战于蓝田。刘邦多张疑兵旗帜，严禁士卒掳掠。秦人斗志冰消，两战皆败，从此溃不成军。当项羽军未到新安时，刘邦军正直趋咸阳。是年十月，子婴乘素车白马，奉皇帝玺符，以组系颈，出宫到枳道（或作"轵道"，在今陕西西安市东北），向刘邦投降。刘邦入咸阳，一头扎进秦宫里去，乐不思出。樊哙谏阻，刘邦不听。《史记·留侯世家》记张良继樊哙谏曰："夫秦为无道，故沛公得至此。夫为天下除残贼，宜缟素为资。今始入秦，即安其乐，此所谓'助桀为虐'。且'忠言逆耳利于行，毒药苦口利于病'，愿沛公听樊哙言。"刘邦本来既贪财，又好色，但他能忍小谋大，听了张良的忠言，当即退出秦宫，领兵到霸上（在今陕西西安市东）驻扎，下令守护宫室，封闭府库，这正是他的过人之处。后来项羽的谋主范增听说刘邦如此，断言“此其志不在小”。

刘邦召集当地的长老、豪杰，宣布“约法三章”：其一为，杀人者处死，其二、其三为伤人者、盗物者抵罪。此外，诸多苛细的秦法概予废除。要求官吏各司其职，民人各安其居，派出自己的官吏会同秦地的官吏遍巡关中县乡，晓谕周知。《史记·高祖本纪》云：“秦人大喜，争持牛羊、酒食献飨军士”，刘邦辞让不受，宣称“不欲费人”。于是，“人又益喜，唯恐沛公不为秦王”。

项羽在函谷关外听说刘邦已到咸阳，函谷关内有刘邦的守军，大怒，挥师破关而入，长驱而西，直到鸿门（在今陕西西安市临潼区东北）才驻扎下来。项羽军 40 万，刘邦军 10 万，彼此强弱悬殊。刘邦左司马曹无伤为了讨好项羽，派人对项羽说：刘邦要在关中称王，以子婴为相，独占秦宫的珍宝。范增被项羽尊为“亚父”，这时极力敦促项羽尽快收拾刘邦，以绝后患。项羽传令全军：次日一早就吃好吃饱，去打垮沛公的部队！一场恶战即将爆发，胜负不问可知。然而，它却因项羽季父左尹项伯与张良为生死之交而暂时化解了。

秦末，项伯曾有难，受庇于张良，得免一死，由此对张良感恩图报。项伯知道次日大战刘邦必败，张良必死，于心不忍。于是连夜骑马跑到刘邦军中，秘密会见了张良，要把张良带走。张良问明原委，表示一定要向沛公告辞，否则不义。张良问刘邦是否确实有称王关中的打算，刘邦坦然承认说：那是臭小子给我出的馊主意，我不知怎么竟听了他的。张良问：大王能抵挡项王吗？刘邦说：当然抵挡不住，那可怎么办呢？张良向刘邦介绍了自己与项伯的交谊以及项伯密告的消息，请刘邦对项伯说明绝无背叛项羽之心。刘邦问：项伯和您哪个岁数大些？张良说：项伯比我年长。刘邦说：赶快请项伯来，我得像对待兄长那样对待项伯。项伯见了刘邦，刘邦向项伯敬酒祝寿，约为儿女亲家。双方一下就变得如此亲热，这也是刘邦的过人之处。然后，刘邦说：我进了关，秋毫不敢沾手，等着上将军来。派兵守函谷关，只是怕强盗进出，别无他意。我日日夜夜盼着上将军驾到，难道会反叛吗？请您务必把我的真心实意向上将军转达。项伯请刘邦次日一早到鸿门面见项羽，随即赶回项羽军中，把刘邦的话一五一十向项羽报告，对项羽说：人家若不先击破关中的秦军，你难道就这么容易进来吗？人家有大功，你却去打他，这是不义的，不如善待沛公。项羽耳软心软，当下就同意了。次日便是“鸿门之宴”，《史记·项羽本纪》有精妙的记述，原文如下：

沛公旦日从百余骑来见项王，至鸿门，谢曰：“臣与将军戮力而攻秦，将军战河北，臣战河南。然不自意能先入关破秦，得复见将军于此。今者有小人之言，令将军与臣有郤（隙）。”项王曰：“此沛公左司马曹无伤言之，不然，籍何以至此。”项王即日因留沛公与饮。项王、项伯东向坐，亚父南向坐。亚父者，范增也。沛公北向坐，张良西向侍。（引者按：楚俗尚东、尚左，席间以东向为最尊，以南向为次尊，四人俱坐而张良独侍，太史公叙事曲尽其妙，不著一字之褒贬，而项王倨傲之态和沛公委屈之情跃然纸上。）范增数目项王，举所佩玉玦以示之者三，项王默然不应。（引者按：“玦”“决”音同，范增举玉玦示项羽，是要项羽下决心杀刘邦。）范增起，出召项庄。（引者按：项庄为项羽从弟。）谓曰：“君王为人不忍，若入前为寿，寿毕，请以剑舞，因击沛公于坐，杀之。不者，若属皆且为所虏。”庄则入为寿，寿毕，曰：“君王与沛公饮，军中无以为乐，请以剑舞。”项王曰：“诺”。项庄拔剑起舞。项伯亦拔剑起舞，常以身翼蔽沛公，庄不及击。于是，张良至军门，见樊哙。樊哙曰：“今日之事何如?”良曰：“甚急。今者项庄拔剑舞，其意常在沛公也。”哙曰：“此迫矣！臣请入，与之同命。”哙即带剑拥盾入军门，交戟之卫士欲止不内，樊哙侧其盾以撞，卫士仆地。哙遂入，披帷，西向立，瞋目视项王，头发上指，目眦尽裂。项王按剑而跽曰：“客何为者?”张良曰：“沛公之参乘樊哙者也。”项王曰：“壮士！赐之卮酒。”则与斗卮酒。哙拜谢，起，立而饮之。项王曰：“赐之彘肩。”则与一生彘肩。樊哙覆其盾于地，加彘肩上，拔剑切而啖之。

项王曰："壮士！能复饮乎？"樊哙曰："臣死且不避，卮酒安足辞！夫秦王有虎狼之心，杀人如不能举，刑人如恐不胜，天下皆叛之。怀王与诸将约曰：'先破秦入咸阳者王之。'今沛公先破秦入咸阳，毫毛不敢有所近，封闭宫室，还军霸上，以待大王来。故遣将守关者，备他盗出入与非常也。劳苦功高如此，未有封侯之赏，而听细说，欲诛有功之人。此亡秦之续耳，窃为大王不取也。"项王未有以应，曰："坐。"樊哙从良坐。坐须臾，沛公起如厕，因招樊哙出。沛公已出，项王使都尉陈平召沛公。沛公曰："今者出，未辞也，为之奈何？"樊哙曰："大行不顾细谨，大礼不辞小让。如今人方为刀俎，我为鱼肉，何辞为？"于是遂去，乃令张良留谢。良问曰："大王来何操？"曰："我持白璧一双，欲献项王；玉斗一双，欲与亚父。会其怒，不敢献。公为我献之。"张良曰："谨诺。"

当是时，项王军在鸿门下，沛公军在霸上，相去四十里。沛公则置车骑，脱身独骑，与樊哙、夏侯婴、靳强、纪信等四人持剑盾步走，从骊山下，道芷阳，间行。沛公谓张良曰："从此道至吾军，不过二十里耳。度我至军中，公乃入。"沛公已去，间至军中。张良入谢，曰："沛公不胜杯杓，不能辞。谨使臣良奉白璧一双，再拜献大王足下；玉斗一双，再拜奉大将军足下。"项王曰："沛公安在？"良曰："闻大王有意督过之，脱身独去，已至军矣。"项王则受璧，置之坐上。亚父受玉斗，置之地，拔剑撞而破之，曰："唉！竖子不足与谋。夺项王天下者，必沛公也，吾属今为之虏矣！"沛公至军中，立诛杀曹无伤。

项羽无意为关中之王，于是引兵西进，屠咸阳，杀子婴，烧秦宫，火三月不灭。《史记·项羽本纪》云，项羽"怀思欲东归，曰：'富贵不归故乡，如衣绣夜行，谁知之者！'"曾经劝项羽定都关中的某人说："人言楚人沐猴而冠耳，果然。"项羽听到了，立即烹杀此人。

项羽派人报告楚怀王，楚怀王表示"如约"。于是，以楚怀王为"义帝”。所谓“义帝”，即有名无实之帝。项羽宣布封 18 人为王：刘邦先入定关中，“如约”应王关中。范增与项羽密谋，把刘邦放进山里去，竟说巴、蜀、汉中也算是关中，封刘邦为汉王，王巴、蜀、关中，都南郑①。关中之地三分：章邯为雍王，王咸阳以西；司马欣为塞王，王咸阳以东至黄河；董翳为翟王，王上郡。这关中三王，是项羽用以封堵汉王的。此外，徙魏王豹为西魏王；封申阳为河南王；韩王成仍为韩王；封司马卬为殷王；徙赵王歇为代王；封张耳为常山王；封黥布为九江王；封番君吴芮为衡山王；封义帝柱国共敖为临江王；徙燕王广为辽东王；封臧荼为燕王；徙齐王市为胶东王；封田都为齐王；封田安为济北王。加上项羽自立为西楚霸王，王九郡，都彭城，共为 19 王。此时为公元前 206 年春初，后来刘邦以是年为汉元年。

诸侯各就其国，汉王赴南郑。张良该回韩国去了，但他先送汉王至中途。拜辞之际，张良建议汉王烧绝所经的栈道，示楚霸王以无东还之意。汉王从其议，楚霸王果然不以汉王为忧了。

楚霸王一到彭城，就强迫义帝远徙靠近五岭的郴县。不久，密令衡山王和临江王，袭杀义帝。这位本来就只是象征性的共主，连象征性也随着他的血肉之躯一起消失了。

本来不是象征性的韩王成，这时也变成象征性的。楚霸王不许他就国，他由张良陪同随楚霸王迁居彭城，徒为寓公。

楚霸王的贡献是击败秦军的主力。军事上，他是一位令人敬畏的雄杰，叱咤则风云变色，喑呜则山岳崩颓。然而，政治上，他全无远见卓识，恋旧复古，倒行逆施，以至变统一为分裂。他视诸侯为傀儡，生杀予夺，概由己出。无奈傀儡难得，叛服无常的诸侯彼此攻伐不止，乃如重演春秋、战国故事。

① 项羽、范增原议只给刘邦巴、蜀，经刘邦、张良以厚礼央项伯说情，才加上了汉中。

第九节　汉　兴

汉王跋山涉水前往南郑，途中就有一些将士逃回楚地去了，军中常唱楚歌以寄乡思。官位还不高的韩信，后来佐汉王平天下，用兵若有神助，这时也幵过小差。

韩信，淮阴（今名仍旧）人，少贫。项梁渡淮水，韩信仗剑相从。项梁死，韩信从项羽，为郎中。韩信以其兵略说项羽，项羽漠然置之。汉王入汉中时，韩信去楚投汉，初为连敖，后迁治粟都尉。丞相萧何曾与韩信深谈，叹为奇才。韩信因汉王未予重用，一度逃亡，为萧何追回。《史记·淮阴侯列传》记其事曰："至南郑，诸将行道亡者数十人。信度何等已数言上，上不我用，即亡。何闻信亡，不及以闻，自追之。人有言上曰：'丞相何亡。'上大怒，如失左右手。居一二日，何来谒上，上且怒且喜，骂何曰：'若亡，何也？'何曰：'臣不敢亡也，臣追亡者。'上曰：'若所追者谁？'何曰：'韩信也。'上复骂曰：'诸将亡者以十数，公无所追。追信，诈也。'何曰：'诸将易得耳。至如信者，国士无双。王必欲长王汉中，无所事信；必欲争天下，非信无所与计事者。顾王策安所决耳。'王曰：'吾亦欲东耳，安能郁郁久居此乎？'何曰：'王计必欲东，能用信，信即留；不能用，信终亡耳。'王曰：'吾为公以为将。'何曰：'虽为将，信必不留。'王曰：'以为大将。'何曰：'幸甚。'"汉王思贤若渴，从萧何议，设坛场，具礼节，拜韩信为大将，全军因事出意外而大惊。

汉王向韩信求教，问以如何东争天下。韩信说：主要对手是楚霸王。楚霸王勇悍过人，但只是"匹夫之勇"；慈爱待人，但只是"妇人之仁"；所任唯亲，"诸侯不平"；所过喜杀，"天下多怨"。"名虽为霸，实失天下心。"章邯、司马欣、董翳三王为秦人所痛恨，"今大王举而东，三秦可传檄而定也"。汉王大喜，军务悉委韩信处置。

汉王一行到南郑不过三个多月，就北上关中，降塞王司马欣和翟王董翳，围雍王章邯于废丘（在今陕西兴平县东南），定三秦。这时，楚、齐正在交战，楚军烧杀，齐军顽抗。

公元前205年——汉王二年，春，汉军出函谷关。楚霸王杀韩王成，张良重投汉王，汉王以张良为成信侯。汉军与塞、翟、魏、殷、河南五诸侯兵共56万人，攻克彭城。汉王以为大局已定，连日与诸将会饮。楚霸王亲率精兵仅3万人自齐鲁回救彭城，一鼓作气，大破汉军。汉军崩溃，死二十余万人。汉王突围西走，途中问张良：何人可与共成大业？张良答以黥布、彭越、韩信三人。黥布为九江王，与楚霸王不和；彭越是自成一部的义军将领，未受封，曾与齐共反楚；至于韩信，则是汉军的主将。后来汉胜楚，果然是这三人出力最多。

汉王收散兵，守荥阳。汉军拔废丘，杀章邯。

公元前204年——汉王三年，广野君郦食其建议汉王复立六国之后，以为如此则诸侯必叛楚而从汉。汉王从其言，让人刻好了六国的印，命郦食其出使行封。郦食其将行未行时，张良谒见汉王，汉王正在进食，说起此事，张良以为断不可行。《史记·留侯世家》记张良借汉王进食所用的箸为汉王筹划，一连指出八个“不可”的缘由，最后一个是：“且天下游士离其亲戚，弃坟墓，去故旧，从陛下游者，徒欲日夜望咫尺之地。今复六国，立韩、魏、燕、赵、齐、楚之后，天下游士各归事其主，从其亲戚，反其故旧、坟墓，陛下与谁取天下乎？其不可八矣。”张良的结论是：“诚用客之谋，陛下事去矣。”汉王醒悟，吐出口中的食物，骂郦食其道：“竖儒，几败而公事！”当即让人烧掉了六国的印。

这时的张良，认识大有提高，不再以报仇复国为念，而能为统一大业着想了。在张良诱导、辅佐下，汉王的认识也今非昔比，能看清历史前进的方向了。

楚汉争战历时三年半，逆历史潮流而动的楚霸王终于不敌顺历史潮流而行的汉王。楚霸王一度建议以鸿沟（在今河南，流经荥阳、中牟、开封、通许、太康、淮阳诸县、市）为界，其东属楚，其西属汉，平分天下。汉王表示同意，但在楚军东撤后即纵兵追击。最后一仗的战场是垓下（在今安徽灵璧县东南），汉王召韩信、彭越、黥布等各引所部兵合击楚军。汉军逾 30 万人，楚军近 10 万人。韩信用兵，自称“多多益善”，虽不是每战必胜，但总能反败为胜。这次是最后的决战，汉军主力全是韩信的部下，韩信自将中军，其部属蓼侯孔熙、费侯陈贺分别将左军、右军，汉王和其余诸军殿后。韩信先进兵，不利。左军、右军俱进，楚军败退。韩信纵兵追敌，楚军大败，汉军合围。《史记·项羽本纪》云：“项王军壁垓下，兵少食尽，汉军及诸侯兵围之数重。夜闻汉军四面皆楚歌，项王乃大惊曰：‘汉皆已得楚乎？是何楚人之多也！’项王则夜起，饮帐中。有美人名虞，常幸从；骏马名骓，常骑之。于是项王乃悲歌慷慨，自为诗曰：‘力拔山兮气盖世，时不利兮骓不逝。骓不逝兮可奈何？虞兮虞兮奈若何？’歌数阕，美人和之。项王泣数行下，左右皆泣，莫能仰视。”酒罢，楚霸王上马，率精骑 800 突围南逃。次日黎明，汉军骑将灌婴率 5000 骑追击楚霸王。过淮水后，能跟上楚霸王的只有百余人了。到了阴陵（在今安徽定远县西北），迷失方向，便问一个农夫，这个农夫骗他们向左拐，让他们跑进沼泽中去，以致追兵赶上了他们。到了东城（在今定远县东南），楚霸王身边只有 28 人了。楚霸王对他们说：“吾起兵至今八岁矣，身七十余战，所当者破，所击者服，未尝败北，遂霸有天下。然今卒困于此，此天之亡我，非战之罪也。”到了乌江渡口（在今安徽和县东北），乌江亭长正驾着船，对楚霸王说：“江东虽小，地方千里，众数十万人，亦足王也。愿大王急渡。今独臣有船，汉军至，无以渡。”楚霸王说：“天之亡我，我何渡为？且籍与江东子弟八千人渡江而西，今无一人还，纵江东父兄怜而王我，我何面目见之？”楚霸王下马步战，负伤十余处后自刎而死。时为公元前 202 年初——汉王五年十二月①。

项羽终身自负，虽有谋士而不能用，虽有百姓而不能抚，虽有江山而不能保，至死不悟。《史记·项羽本纪》文末太史公评项羽曰：“身死

① 刘邦也以夏历十月为岁首。

东城，尚不觉寤，而不自责，过矣！乃引‘天亡我，非用兵之罪也’，岂不谬哉！”

因楚怀王曾封项羽为鲁公，汉王乃以鲁公礼葬项羽。项伯受封为射阳侯。项氏入汉后尚有桃侯、平皋侯、玄武侯，俱赐姓刘。

是年二月，汉王即皇帝位于定陶，是为汉高祖。

五月，汉高祖在洛阳南宫宴群臣，论及刘、项的成败，《史记·高祖本纪》记其事：“高祖曰：‘列侯诸将无敢隐朕，皆言其情。吾所以有天下者何？项氏之所以失天下者何？’高起、王陵对曰：‘陛下慢而侮人，项羽仁而爱人。然陛下使人攻城略地，所降下者因以予之，与天下同利也。项羽妒贤嫉能，有功者害之，贤者疑之，战胜而不予人功，得地而不予人利，此所以失天下也。’高祖曰：‘公知其一，未知其二。夫运筹策帷帐之中，决胜于千里之外，吾不如子房（引者按：“子房”乃张良字）；镇国家，抚百姓，给馈饷，不绝粮道，吾不如萧何；连百万之军，战必胜，攻必取，吾不如韩信。此三者，皆人杰也，吾能用之，此吾所以取天下也。项羽有一范增而不能用，此其所以为我擒也。’”

从娄敬、张良议，汉高祖奠都于长安。是年六月，汉高祖入关中。其实，与楚霸王相像，汉高祖也眷恋旧乡。后来他寻访故里，一住就是半个来月。《史记·高祖本纪》云：“高祖……置酒沛宫，悉召故人父老子弟纵酒。发沛中儿约百二十人教之歌。酒酣，高祖击筑，自为歌诗曰：‘大风起兮云飞扬，威加海内兮归故乡，安得猛士兮守四方？’令儿皆和习之。高祖乃起舞，慷慨伤怀，泣数行下，谓沛父兄曰：‘游子悲故乡，吾虽都关中，万岁后吾魂魄犹乐思沛。’”

刘邦为沛公时，对儒生无好感。遇到有人戴着儒冠去拜见他，他常把那人的儒冠摘掉，撒尿其中。有时还骂儒生为“竖儒”，“竖”者奴也。薛人叔孙通曾为秦待诏博士，逃于项梁军中，后来降于汉王。叔孙通儒服，汉王不喜；改服楚制短衣，汉王乃喜。楚人陆贾从汉高祖定天下，官拜太中大夫。陆贾常在汉高祖前称引《诗》《书》，曾使汉高祖不胜其烦，但终于使汉高祖懂得了一个至关紧要的道理。《史记·郦生陆贾列传》记此事：“高帝骂之曰：‘乃公居马上而得之，安事《诗》《书》?’陆生曰：‘居马上得之，宁可以马上治之乎？且汤、武逆取而以顺守之，文武并用，长久之术也。昔者吴王夫差、智伯，极武而亡；秦任刑法不变，卒灭赵氏[①]。乡使秦已并天下，行仁义，法先圣，陛下安得而有之?’高帝不怿，而有惭色，乃谓陆生曰：‘试为我著秦所以失天下，吾所以得之者何，及古成败之国。’陆生乃粗述存亡之征，凡著十二篇。每奏一篇，高祖未尝不称善，左右呼‘万岁’，号其书曰《新语》。”

在中国统一的历史上，秦人只解决了一个问题，即如何取天下；汉代的楚人比秦人多解决了一个问题，即如何治天下。治天下的关键，就是汉宣帝所总结的“以霸王道杂之”[②]。霸道和王道缺一不可，运用之妙在于因时制宜。西汉早期承秦之弊，董仲舒以为“如朽木粪墙矣”[③]，诸帝为政尚清静，以求息兵养民。于是，黄老之学大盛。景帝母窦太后雅好黄老之言，颇尊黄老之术。武帝时成书的《淮南子》，主导思想也是黄老之学。楚人受道家影响既深且广，容易奉行以静制动和以静求动的方针。武帝中期以后，才改为杂用法家和儒家了。

汉朝之所以称汉朝，是因为楚人项羽把楚人刘邦封在汉中和巴、蜀，称之为汉王，刘邦即皇帝位后不改国号，如此而已。究其实，汉朝是楚人建立的。

秦灭楚，只是秦国和楚国的此胜彼负。白色的旌旗，萧森肃杀，插遍了一统的九州大地。楚国王室和贵族的失败使民众也饮恨受辱，但它并不等于民众的失败。王气虽收，民气尚存。楚人和秦人的角逐，归根结底，是两种文化的较量，它并不因楚国的覆亡而终止。旧形式的斗争结束了，新形式的斗争由隐而显地展开了。在新形式的斗争中，王室只留下了一个徽号，辉煌而空虚，但它能使民众回忆光荣的过去，发扬踔厉，追求光荣的未来。贵族也只是配角，但他们的声望、学识、经验等

① 秦、赵俱奉蜚廉为远祖，由此，后人或称秦室为“赵氏”。

② 《汉书·元帝纪》。

③ 《汉书·董仲舒传》。

对民众的斗争有益。主角是民众，无论其为贫民、寒士、小吏，乃至吴中健儿、市井狗屠、江上剧盗，都显示了改天换地的英雄本色。一个“民族”的潜能，说得准确一些，一种文化的潜能，在生死存亡的决斗中一泻无余地发挥出来了。

亡国之痛，不独楚人有之，韩人、赵人、魏人、齐人、燕人亦有之。秦末的民众起义由楚人发动并由楚人完成，决非偶然。细寻缘由，不止一端。楚地最广，楚人最多，此其一；楚人对秦人仇恨最深，此其二；楚人反压迫、反奴役的斗争精神最强，此其三；楚文化水平最高，气魄最大，此其四；楚人有混一夷夏的传统，容易团结东周其他各国的遗民，此其五。

楚亡秦，是楚人与秦人以及楚文化与秦文化的此胜彼负。飘扬在一统的九州大地上的，已是鲜亮火热的红色旌旗了。

汉人像楚人那样，也有宽阔的胸怀。汉文化像楚文化那样，也能博采众长而独创一格。但汉人有所得也有所失：所得者，广土众民，长治久安；所失者，奇思异想，特立独行。也许，历史就是这样，任何前进都包含着后退，只要所进者多、所退者少，民众就满足了，不知读者以为然否？